REGISTRES CONSULAIRES

DE

LA VILLE DE LIMOGES

REGISTRES CONSULAIRES

DE

LA VILLE DE LIMOGES

PUBLIÉS SOUS LA DIRECTION

DE M. ÉMILE RUBEN
SECRÉTAIRE GÉNÉRAL
DE LA SOCIÉTÉ ARCHÉOLOGIQUE ET HISTORIQUE DU LIMOUSIN

AVEC LE CONCOURS

DE MM. ÉMILE HERVY,
JOSEPH GARRIGOU-LAGRANGE, GABRIEL DEBORT
ET ALFRED CHAPOULAUD

MEMBRES DE LA MÊME SOCIÉTÉ

PREMIER REGISTRE

(PREMIÈRE PARTIE : 1504-1552)

LIMOGES

IMPRIMERIE DE CHAPOULAUD FRÈRES
Rue Montant-Manigne, 7

M DCCC LXVII

A MESSIEURS

LES

MAIRE, ADJOINTS

ET MEMBRES

DU CONSEIL MUNICIPAL

DE LA VILLE DE LIMOGES

LA SOCIÉTÉ

ARCHÉOLOGIQUE ET HISTORIQUE DU LIMOUSIN

DÉDIE

CE RECUEIL DES ACTES DES CONSULS
LEURS PRÉDÉCESSEURS

RAPPORT

SUR LE PROJET DE PUBLICATION

DES REGISTRES CONSULAIRES

DE LA VILLE DE LIMOGES

LU PAR M. É. RUBEN

A LA SÉANCE DU 29 AOUT 1865

Messieurs,

La Commission que vous avez nommée à la dernière séance (1) a examiné avec attention ce qu'il conviendrait de faire pour la publication des *Registres consulaires* déposés à la Bibliothèque publique de Limoges.

Ces Registres, qui forment trois gros volumes in-folio,

---

(1) Cette Commission était composée de MM. Ruben, Debort, Alfred Chapoulaud, Guillemot, Hervy et Garrigou-Lagrange.

contiennent, année par année, l'histoire politique, civile et religieuse non-seulement de la ville de Limoges, mais encore de la province du Limousin, pendant une période de près de trois cents ans, c'est-à-dire pendant les xviᵉ, xviiᵉ et xviiiᵉ siècles.

Le premier volume part de l'année 1504, et va jusqu'à l'année 1581 : il contient 464 feuillets ;

Le second, qui ne contient que 239 feuillets, raconte les évènements accomplis de 1592 à 1662 ;

Le troisième, de 411 feuillets, comprend, sauf quelques lacunes, notre histoire à partir de l'année 1662 jusqu'à l'année 1791.

Votre Commission a tout d'abord reconnu que, dans l'intérêt des études historiques, il est utile et urgent de livrer à la publicité des manuscrits qui, quoique surveillés avec le plus grand soin, sont soumis à toutes les vicissitudes de ce monde. Elle s'est ensuite posé diverses questions que je vais vous faire connaître.

Et d'abord plusieurs des pièces contenues dans les *Registres consulaires* ayant été reproduites soit dans le *Limousin historique* de notre regretté collègue M. Achille Leymarie, soit dans divers autres recueils, doit-on se borner à ne donner que les parties complètement inédites ?

Votre Commission a pensé que, les *Registres consulaires* n'étant qu'une sorte de journal, on s'exposerait, en omettant certains faits, à briser le lien des évènements ; elle a pensé en outre que les exemplaires des différents recueils où ces pièces ont été publiées, et peut-être inexactement reproduites, sont nécessairement en petit nombre, et disparaissent de jour en jour; que par conséquent il serait très-difficile, quelquefois même impossible, de se procurer les pièces omises dans la publication que vous vous proposez de faire, et elle conclut à ce que les manuscrits soient donnés *in extenso*.

Après avoir décidé la reproduction complète des *Registres consulaires*, votre Commission s'est demandé si cette reproduction devait être scrupuleuse, sous le rapport de l'orthographe bien entendu. Après discussion, on a reconnu que, dans l'ignorance où l'on se trouve des véritables règles orthographiques de l'époque, il convenait de conserver aux *Registres* leur physionomie pittoresque, et de se borner, pour faciliter la lecture du texte, à rétablir la ponctuation, les abréviations, et à accentuer les voyelles suivant les règles actuelles. Toutefois, quant à l'accentuation, il serait peut-être prudent d'étudier plus mûrement la question (1).

Enfin, pour compléter ce qui a trait à la rédaction, il a été décidé que, tout en conservant aux *Registres consulaires* leur intégrité et leur physionomie, de manière à donner au public une sorte de *fac-simile* de ces Registres, il serait indispensable de joindre de temps en temps au texte quelques notes explicatives, soit historiques, soit grammaticales. Aussi votre Commission vous propose de donner à ce sujet plein pouvoir à la Commission : soyez sûrs qu'elle n'abusera pas de cette liberté.

En faisant de cette publication une œuvre collective,

---

(1) Le Comité de publication a décidé depuis qu'il n'y avait pas lieu de rétablir l'accentuation.

votre Commission a pensé que c'était le seul moyen de la rendre active et durable. Les travaux de cette nature entrepris par une seule personne sont exposés à être retardés ou arrêtés par l'absence, la maladie ou la mort de l'éditeur. D'un autre côté, les *Registres consulaires*, déposés à la Bibliothèque publique, sont à la disposition de tous; de sorte que le travail sera toujours possible, et pourra se poursuivre sans interruption, quand bien même des évènements imprévus viendraient nous priver de quelques-uns de nos collaborateurs.

Votre Commission vous propose donc de décider la publication des *Registres consulaires* dans la forme et sous les conditions ci-dessus énoncées.

RÈGLES

ADOPTÉES

POUR LA TRANSCRIPTION DU MANUSCRIT.

La Commission chargée de la publication des *Registres consulaires* s'est attachée à suivre les indications contenues dans le Rapport qui précède.

L'orthographe du manuscrit a été partout scrupuleusement reproduite ; néanmoins, afin de faciliter la lecture, la plupart des abréviations ont été restituées.

La ponctuation a été partout rétablie.

Certains mots n'ont pu être lus : la Commission a préféré les laisser en blanc que de s'exposer à mal les transcrire.

REGISTRES CONSULAIRES
DE LA VILLE DE LIMOGES.

Ier REGISTRE.

. . . .
....(1) fourme et maniere acoustumee, et que a nous et a nosd. successeurs tout le bien et honneur qu'il pourra, pourtera et procurera, et tout le dommaige a son pouvoir evitera. Et avec ce a promis aussi et jure aux sainctz evangiles Dieu, touche le livre, de venir en n^{re} consulat toutes et quantes foys que mande y sera, et consultera nous et nozdictz successeurs et toute la ville, en tous cas, sans en exiger ne avoir aucun salaire. Et toutes les responces et arengues a seigneurs et autres appartenens a faire par nous et nosd. successeurs et a quelxcomques parsonnes que ce soit, sans aucune difficulte faire quant requis en sera. En tesmoing desquelles chouses, nous, consulz dessusd., pour nous et nosd. successeurs, le seel dud. consulat de Limoges a ces presentes avons mys et appouse. Et par noz greffiers, notaires et jures cy dessoubz nommes les avons faictes signer et marquer.

Donne et faict en n^{re}d. consulat, presens ad ce le sieur Mathieu, bourgeois; maistres Aymery Villebost, licencie en

(1) Le commencement de cette pièce manque.

loix; Jacques Montoudon, Marcial de Champs, notaires, et plusieurs aultres, le vingtiesme jour d'aoust lan mil cinq cens et quatre.

Par commandement de mesd. seign^{rs} les consulz.

(Signé : *illisible*.)

Coppie des lectres doffice de juge criminel de la ville de Limoges par Messrs les consulz.

Nous, Pierre Bardaud, licencie ez droitz; Jehan Romanet dit Gros, Pierre Duboys, Jehan Bouyaud, Jehan Villebost, Jacques Camus, Andre de La Corcelle et Marcial ......, consulz du chasteau et chastellanie de Limoges, tant pour nous que pour Penot Saleys, Mathieu du ....., Françoys Boyol, noz conconsulz absens et deuement (appelez), mandez et interpellez, que pour noz successeurs consulz dud. Lymoges, scavoir faisons a tous presens et advenir que, nous confient a plain des sens, prudence, science, fidelite, loyaucte et diligence de saige homme Marcial Botin, bourgeois de n^{re} ville de Limoges, filz de feu honnourable et scientiffique parsonne maistre Mathieu Botin, licencie ez loix au temps quil vivoit, eue sur ce grande et meure deliberation avec n^{re} conseil et plusieurs bourgeois, praticiens et autres manans et habitans de ladicte ville, icelluy Marcial Botin en n^{re} consulat present et acceptant, avons faict, cree, constitue et ordonne, faisons, creons, constituons et ordonons par ces presentes, et ce tant que a nous ou a noz successeurs qui seront par le temps advenir respectivement plaira, prevost et juge criminel desd. chastel et chastellanie de Limoges, aux gaiges de quarante livres tournois pour ch^{un} an, a cause dud. office, et dix livres tournois pour poiser le pain, lesquelles promectons poyer au nom dud. consulat ch^{un} an sur l'obligation des biens communs dud. consulat. Lesquieulx pour ce luy avons obliges et ypotheques par ses presentes, poyables a ch^{un} quarteron d'annee la quarte partie, en luy donnent et octroyent pleniere puissance, pouvoir et mandement sp^{al} (spécial) de exercer led. office de prevost et la jurisdiction criminelle desd. chastel et chastellanie de Limoges, les causes criminelles meues ou a mouvoir, oyr, decider et determiner tous crimineulx et delinquans corriger, et generallement de faire et exercer toutes les chouses aud. office de prevost et juge criminel, et a icelle justice et juridiction criminelle apartenens tant de droit que de coustume. Eu sur ce premierement le conseil du juge civil de ladicte ville, qui est tenu de luy bailler led. conseil. Donnons en mandemens a tous nos subgectz et autres que audit Marcial Botin comme vray prevost et juge criminel, pour nous, comme dit est, constitue, obeyssent en tout et partout, et que a icelluy n^{re} prevost et juge criminel prestent et donnent conseil, confort et aide quant besoing sera et requis en seront ; lequel Marcial Botin, illec present et acceptant ladicte charge, a jure aux sainctz Dieu, evangiles n^{re} S^r, touche le livre, bien et loyaulment exercer led. office de prevost et juge criminel, soubz pour et ou nom de nous consulz susd. et autres que seront pour le temps advenir respectivement et non autrement garder le bien, prouffit, utilite et honneur de nous, noz successeurs et les privileiges, libertes, coustumes, statutz et ordonnances dud. consulat et le bien et utilite d'icelluy, bonne justice a ung chacun, tant au petit comme au grant, sans pors (peur), faveurs ou amours ou malveillances et rancunes administrer, et les causes le plus brief qu'il pourra expedier, et en toutes causes, mesmement de mort ou mutilation de membre, escherra a nous ou a noz successeurs et avec noz juge civil, advocat et procureur, soy consulter, et de noz subgectz acause de lexercice de ladicte justice criminelle aucune chouse ou don ne prendre, ne recevoir, excepter les droitz des mesures ou visitation des ediffices des quieulx recevra le salaire qui est determine au livre des coustumes dudit consulat et non autrement ; et avec ce a promis et jure de venir en n^{re}d. consulat toutes et quantesfoiz que mande y sera sans exiger aucun salaire, et obeyr en toutes pars a nous et a noz successeurs comme a ses vrays seigneurs et tenent de noz (nous) ou de nos successeurs respectivement ledit office sans aucune faulte ou difficulte, requeit de nuyt et visitation en ladite ville et justice pour reprouver les maulx et delicts que ce commectent en icelle, diligemment exercer sans intermission quelxcomque de luy autre occupation, et luy furniront nous ou noz successeurs six hommes armes et embastonnez et poyes de leurs guaiges a faire informations secretes, captions et prinses, et de punir les crimes sans aucun depport, soy exploiter a tout son pouvoir et puissance. ITEM a aussi jure et promis loyaulment poyser le pain de jour en jour et quantesfoiz que par nous ou noz successeurs luy sera commende, et de tenir ordre et police acoustumee tant en la claustre du ble, en la poissonnarie, que aux reguatieres et revenderesses de victuaires, et de faire tenir les murailles, rues et pavez mondez et nectez de fumers et autres chouses nuysibles selon le coustumier de n^{re}d. consulat, et expressement de garder ou faire garder que len naye (l'on n'aille) laver bueez et autres draptz ez fontaines de ladicte ville, se non des petis enfens, et ce hors la marzele et circuict desd. fontaines; et ceux qu'il trouvera faire le contraire que, sans nul depport ou acceptation de parsonnaiges, il les punyra en ensuyvent les poines ordonnees sur ce au livre dud. consulat, quest de soixante solz tournoys, ou autre plus grant poine ou emende sil voit que le cas y soit subgect, et de ce faire sest oblige et promect et jure lacomplir sans enfraindre, et de tenir et faire tenir et signer toutes mesures de leal mesure, et de venir tauxer les emendes de la court en la maison dud. consulat en presence de nous et de noz successeurs toutes et quantesfoiz que par nous ou le procureur de lad. ville en sera summe et requis, ou ailleurs ou par nous ou noz successeurs en sera ordonne, et ne pourra tenir autre office a nous ou a noz successeurs desplaisant, ne aud. office incompatible ou prejudiciable, et en son absence ne pourra commectre aucun sans la voulente licence de nous ou de noz successeurs lors consulz dud. Limoges, et generallement bien et loyaulment exercer led. office. Et, en tesmoing de ce, nous, consulz susd., avons faict mectre et appouser le seel estably aux contraictz esd. chastel et chastellanie de Limoges a ces noz presentes. Donne et faict en notred. consulat ez presence de honnoure homme et saige maistre Jehan Martin, licencie en loix, Marcial Benoist et Andre Mouret, tesmoings a ce appelles, le vingt troysiesme jour du moys de aoust lan mil cinq cens et quatre.

Par commandement de messeigneurs les consulz.

(Signé : *illisible.*)

Lectres doffice dadvocat de mesd. seigneurs en lad. court de la ville de Limoges.

Nous, Poul Guay, licencie en decret; Jehan Delousme, notaire publicque royal; Marcial Disnematin, Marcial Duboys, Helias Lascure, Jehan Boillon, Jehan Petiot, Pierre Du Mas et Bartholmy Gadaud, consulz de la ville, chasteau et chastellanie de Limoges, pour nous et pour saiges hommes Anthoine Duboys, Peyrichon Gay et Heliot Joussen, aussi consulz de ladicte ville, chasteau et chastellanie de Limoges, scavoir faisons que, pour le bon rapport que faict nous a este par cy devant de la parsonne de honnoure homme maistre Pierre Gay, licencie ez droictz, advocat ez courtz de Limoges, heue (eue) sur ce grand et meure deliberation avec n^{re} conseil et plusieurs des manans et habitans de ladicte ville de Limoges, a ce appeles et convocques, icelluy maistre Pierre absent, maistre Marcial Bardin, notaire de Limoges, illec present pour led. Gay, stipulant et requerent, avons faict, cree, constitue et ordonne, faisons, creons, constituons et ordonnons par ces presentes tant que a nous ou a noz successeurs plaira n^{re} et de nozd. ville, chasteau et chastellanie et court ordinaire de Limoges, advocat aux guaiges acoustumes, poyables pour ch^{un} an aux termes acoustumes, et lesquelz luy promectons poyer pour nous et noz successeurs soubz lobligation des deniers communs de ladicte ville, lesquelz pour ce luy avons oblige et dud. office davocat avons mis et mectons ledit Gay en la parsonne dud. Bardin en possession et saisine, et en ce sera tenu led. Gay de faire le serement en tel cas acoustume a faire, et en foy et tesmoignaige de ce avons faict signer ces presentes par n^{re} greffier soubz escript et n^{re} seel appouser a icelles. Donne et faict en n^{re} consulat; presents a ce et appelles saiges hommes Mathieu de Julien; Marcial Audier, bourgeois, et Marcial Botin, aussi bourgeois, prevost et juge criminel de ladicte ville de Limoges, tesmoings a ce requis, le vingt uniesme jour du moys davril lan mil cinq cens et six.

Et ADVENENT le vingt quatriesme jour dudict moys davril, nous, Poul Gay, Anthoine Du Boys, Peyrichon Gay, Marcial Du Boys, Helias Lascure, Jehan Boillon, Bartholomy Gadau et

Pierre Du Mas, consulz susd., estant en n^rd. consulat et tractans des affaires et negoces de lad. ville et de la chouse publique, tant pour nous que pour lesd. maistres Jehan Delosme, Marcial Dinematin, maistre Jehan Petiot et Heliot Joussen, aussi consulz de ladicte ville, chasteau et chastellanie de Limoges, avons prins et receu le serement dud. maistre Pierre Gay, licencie en droitz, n^re advocat susd., illec present, et lequel maistre Pierre Gay nous a promis et jure aux sainctz Dieu, evangile n^re S^r, touche le livre, que led. office davocat exercera bien et loyaulment sans en icelluy faire aucune exaction ne autre chouse malfaicte, ce non ce qu'il verra et congnoistra en conscience estre a faire en justice, toutes faveurs et portz cessans, la honneur, bien, prouffit et utilite de nous et de noz successeurs procurera et le mal evitera a sa puissance, et en n^rd. consulat, devers nous et noz successeurs pour eulx conseiller viendra quant mande sera se nest excuse par exoine necessaire, et autre serement a faict en tel cas acoustume de faire. Et, en tesmoing de ce, nous, consulz susd., avons faict signer ces presentes par n^re greffier soubz escript et n^re seel appouser a icelles. Donne et faict en n^rd. consulat, en la presence de saiges hommes Bartholomy Audier, bourgeois, et Andre Moret, agulhetier de Limoges, tesmoings a ce requis, ledict vingt quatriesme jour dud. moys davril lan mil cinq cens et six.

Par commandement de mesdseign. les consulz.

Signé ....., greffier de mesd. seigneurs.

Coppie des lectres de garde porte des portes de Mainhenie et Bocherie de Limoges, par mesd. s^rs les consulz.

Nous, Mathieu de Julien, Pierre Veyrier, Jacques Janeilhon, Pierre de Beau Nom, Pierre Guibbert, Jehan de La Roche, Vouzelle, ladvat (avocat?), Jehan Meilhaud, Jehan de Verthamon et Anthoine Voureys, consulz de la ville, chasteau et chastellanie de Limoges, tant pour nous que pour le sire Jaques Fougassier, Jacques Rogier et Pierre Masurier, noz conconsulz absentz, scavoir faisons a tous presentz et advenir que, nous con-

fians a plain des sens, prudence, loyaulte et bonne diligence de
saige homme Balthezar du Peyrat, bourgeois de Limoges, heue
sur ce meure deliberation avec n^{re} conseil, icelluy Balthezar du
Peyrat, illec present en n^{re} consulat et acceptant, avons faict et
constitue, faisons et constituons par ces presentes aux conditions,
califfications et modifications dessoubz escriptes, et ce tant que
a nous et a noz successeurs que seront par le temps advenir
plaira et non autrement pour nous et soubz nous, garde porte
des portes de Maignenie et Bocherie de ladicte ville de Limoges
aux guaiges de vingt livres tournois, poyables ch^{un} an durant
n^{re} plaisir ou de nozd. successeurs par quarterons avec le droit
des boys que vient et entre dans ladicte ville pour vendre seulement pour icelles deux portes pour vendre acoustume a lever.
Donnons en mandement a tous noz subgectz et autres que aud.
du Peyrat obeyssent touchant led. office de garde porte
jusques a ce que de nous ou de noz successeurs auroient mandement du contraire, et que a icelluy garde porte pour nous et
en nom dud. consulat donnent conseil, confort et aide quant
besoing sera et requis en seront, en ce que led. du Peyrat, illec
present, de son bon gre, franche, pure et liberalle voulente, nous
a promis et jure aux sainctz Dieu, evangile n^{re} Seigneur, touche
le livre de ses mains, que bien feablement et loyaulment excercera led. office de garde porte tant que nous plaira et a nosdictz
successeurs pour nous et ou nom de nous et de nosd. successeurs
consulz dud. Limoges pour le temps advenir et de n^{re}d. consulat,
et que bon et loyal sera au roy n^{re} souverain seigneur, a nous
et a nosdictz successeurs et a la ville et aux habitans d'icelle.
Item et qu'il residira et demeurera continuellement ausd. portes,
cest asscavoir a icelle que sera du tout ouverte en propre
parsonne et sans interruption et en temps de peste et autrement; et la, et au cas que ez lieux circumvoisins de la ville de
Limoges eust dangier de peste ou dautre maladie dangereuse,
il sera tenu ainsin que a promis resider a lad. porte continuellement et illec se prendre garde des entrans et sortans en icelle
ville exoines, et quelxcomques excusations cessans, si n'est par
maladie ou autre extreme et urgente neccessite, auquel cas led.
du Peyrat intimera sad. exoine a nous ou a nosditz successeurs,
qui pourverront aud. office en son lieu et aux depens de ses
guaiges, sans ce que led. du Peyrat puisse mectre ne commectre
aucun de son auctorite ne autrement. Item et quil viendra au
seigneur ou seigneurs consul ou consulz qui seront commis et

deppoutes a garder les clefz desd. portes tous les matins a lheure que luy sera dicte pour ouvrir et aller ouvrir en la compaignie dudict seigneur consul ou autres qui sur ce seront ordonnez a ce faire. Et empres ladicte ouverture retournera les clefz aud. consul, qui en aura la garde, et au clorre et fermer lesd. portes en la compaignie que dessus a tielle heure que par nous ou nozd. successeurs luy sera commende, et, close que soit ladicte porte et le pons leve, ne luy sera loisible ne parmis descendre led. pont ne ouvrir, se nest du conge et licence de mesd. seigneurs. Et en oultre que ne permectra point que aux esses (1) sur le pont et dans le baloart (2) de ladicte porte aist aucune multitude de peuple ou foule, et aussi que toutes et quantes fois que le guect sera commende par nous ou nozdictz successeurs ausd. portes, que icelluy du Peyrat sera tenu les actendre le matin avant louverture, et fera regestre des defaillans aud. guect et de ceulx aussi qui y viendront sans arnoiz et de ce faire bon et seur rapport au seigneur consul qui sera commis visiter led. guect ou a autre sur ce par nous commis ou nosd. successeurs. Item quil ne permectra poinct entrer deux charretes dans les barrieres et baloart de ladicte porte jusques a ce que lune desd. charretes soit entree et passee le pont levis pour entrer aux grans dommaiges et inconveniens que sen pourroient ensuyvre, et quil tiendra les chambres desd. portes garnies de boys pour chauffer ceulx qui feront led. guect. Et ne permectra point en icelles aucun feu de sort ausd. portes et chambres, tiendra clouses et fermees en clefz lesd. baloartz et essez faire tenir netz. Item ne prendra et ne levera aucun boys ou estelles (3) du boys des manans et habitans de ladicte ville de Limoges, et ne permectra et ne fera aucune regretarie ausd. portes. Item et ne actendra de fermer lesd. portes oultre lheure ordonnee par nous ou nozd. successeurs et sans leur conge ou licence. Item et soy informera avec les passans et repassans des nouvelles et estat des pays et villes dont viendront, et le fera asscavoir a nous ou a nosd. successeurs. Item et servira comme dit est en parsonne aud. office tant en temps de sanicte que de peste, que aussi de guerre. Item de quinze en quinze jours fornira a la recluse de n^{re} reclusaige devant les carmes une

---

(1) *Esse :* écluse, bonde. (*Glossaire roman* de Roquefort.)
(2) *Balloart,* boulevard. (*Lexique roman* de Raynouard.)
(3) *Estaile, estaille, esselete,* copeau, éclat de bois. (Roquefort.)

charge de boys. ITEM et a volu led. du Peyrat, veult et de sa voulente s'est soubzmis et soubzmect moyenent sond. serement que nous et nozd. successeurs toutes et quantesfois quil nous ou a nosd. successeurs plaira le puissons debouter en son absence ou presence dud. office de garde porte, a la voulente et sans le oyr ou aultre aucune figure de prouces, ne declairer la cause pour quoy; et de ce et sur toutes et ch^{unes} les chouses susd. sen est oblige led. du Peyrat son propre corps et tous et ch^{uns} ses biens en la meilleur fourme. En tesmoing desquelles chouses susdictes avons mis et appouse le seel estably pour nous aux contraux de ladicte ville, chastel et chastellanie de Limoges a ces presentes. Donne et faict en notre consulat, a ce presens et appelles saiges hommes Estienne Biays, receveur commis a la recepte de honnourable parsonne maistre Philippe Billon, Andre Mouret et Marcial Beneyt, pintier, habitans de Limoges, tesmoings a ce appelles et requis, le vingt sixiesme du moys de juilhet lan mil cinq cens et huyt.   (Signé :) BARDIN.

Lectres de lappoinctement fait dentre Messrs les consuls et de messire labbe Jouviont de St Marcial a cause des fontaines du Chavalet et des Barres de la presente ville et de celle du grand claustre du monnaistere Sainct Marcial.

NOUS, GARDE DU SEEL AUCTENTIQUE ROYAL ESTABLY ou bailiage de Limoges pour le roy n^{re} sire, savoir faisons a tous quil appartiendra que par devant les notaires et jures dud. seel a ce par nous commis et depputes et les tesmoings cy dessoubz nommes personnellement constitues, establis, reverend pere en Dieu mons^r Albert Jouviond, abbe de labbaye et monastere mons^r Sainct Marcial de Limoges, ordre de Sainct Benoist, et venerables et religieuses parsonnes freres Martin Ebreyt, licentie en ch^{un} droit, prieur; Estienne de Felmes (?), soubz-prieur; Mathieu Jouviond, chabessier; Pierre du Peyrat, chantre; Pierre Mourmand; Pierre Bruneau, infirmier; Jehan Choutard, segretain de Sainct Pierre; Jehan Audier, reffecturier; Jehan de Plezance, maistre des enfens; Francois Mercier, maistre des novices; Anthoine de Jounhac; Guillem Dohet, ortalier; Jacques du Boys, soubz maistre des enfens; Audoyn Maleden, thesaurier; Pierre Mercier, chappessier du sepulcre; Pierre Chassaigne; Jehan Lapine, maistre des novices; Guillaume Maledent; Jehan Danglard, novice; Jehan Sudoyraud; Jacques du Peyrat, soubz pistancier; Jehan Saleys; Pierre de Beyssac; Pierre Bayle, chambrier, religieux dud. monastere et abbeye, pour eulx et leurs successeurs, dune part, et honnourablez et saiges seigneurs Mathieu de Julien, Jaques de Janeilhac, Pierre Veyrier, maistre Jehan Meilhaud, Pierre Guibbert, Jehan de La Roche *alias* Vouzelle, Jehan de Verthamon, Jehan Mazurier dit Parcet et Anthoine Voureys, consulz pour la present annee dud. Limoges, pour eulx ausd. noms et pour honnoures et saiges hommes Jaques Fougassier, Jaques Rogier et Pierre de Beau Nom dit Lobre, aussi consulz dud. Limoges, leurs compaignons absentz, pour eulx et leurs successeurs, d'autre part. COMME ainsi soit que lesd. parties et ch^{une} delles ont dit et confesse que, question, debat et prouces ayent este meuz entre lesd. parties a cause de leaue provenent et procedent de la roche appellee vulgairement de Combe Farriere, et tumbant ez doatz (1) tendens ez fontaines du Chevalet et de Las Baras des Combes de la ville de Limoges et ez doatz de la fontaine du grant claustre dud. monastere mons^r sainct Marcial, ouquels prouces tant fust et aist este procede que de la noble court de parlement de Bourdeaulx sen sont ensuyvis plusieurs arrestz, entre lesquelz par ung eust este dit que lad. eaue contencieuse seroit divisee et partie, asscavoir est que dicelle eaue litigieuse ont este adjugees par maniere de provision huyt parties et demye des douziemes parties et les douze parties faisant le tout ausd. mess^{rs} de Sainct Marcial et a mesd. seigneurs les consulz seroint baillees et livrees les troys parties et demye dicelle eaue contencieuse par la teneur dud. arrest, lequel arrest lesdictz Messrs de Sainct Marcial ainsin quils dizoient vouloient faire executer, dont fust sorty grans missions et despences tant a cause desd. prouces et exeqution dicelluy arrest que autrement. POURCE est il que, aujourdhuy cy dessoubz escript, lesdictes parties et

---

(1) *Douet, douit, doye, douzil*, canal, conduit, fontaine. (ROQUEFORT, v° *Doisil*.) — *Dotz*, source. (RAYNOUARD.)

ch^une delles voulens et desirens venir a paix et bonne et perpetuelle union entre elles et pour certaines grans causes a ce les mouvens, ont, avec le bon conge de lad. court et non autrement, transige, appoincte, accorde, transigent, appoinctent et accordent desd. prouces, question et debat en la fourme et maniere que sensuyt. Asscavoir est que ladicte eaue contencieuse procedent de lad. roche sera divisee et partie entre deux parties seulement, et ch^une desdictes parties ara la moitie par dunz de ladicte eaue, pour laquelle divire et partir en deux parties sera faicte une murete dune seule pierre, laquelle sera dans le dohat de lad. ville ou pres et joignant de la transverse tendent au dohat de Sainct Marcial, et en oultre sera faicte une autre murete aussi toute dune pierre, laquelle sera assise et situee dedans lad. transverse distant de lentree de ladicte transverse du couste du dohat de la ville de dix huyt piedz et demy, dedans lesquelles muretes sera retenue et enclose toute leaue que vient et procede du commencement de lad. roche. Et seront faictes deux chenaulx de cuyvre, lesquelles seront assises et situees sur icelles muretes, et entaillees dedans les pierres dicelles muretes, lesquelles chenaulx seront dune mesure, aulteur, grosseur et grandeur tellement que par une ch^une dicelles passera autant deaue en une que en lautre, et en facon que les eaux des autres doatz de Sainct Marcial et de la ville ne se puissent mesler ny entrer dedans lesd. muretes, ne empescher les cours de leaue descendent desd. chenaulx; et, si par cas de adventure icelles muretes ou chenaulx estoient pour le temps advenir remueez ou baissees, et que y passeroit plus deaue en lune que en lautre, icelles muretes et chenaulx seront rabillees au sceu, consentement et despence desd. parties, reaulment et de faict, et sans figure de aucun prouces, lesquelles parties pourront aller veoir toutes et quantesfois que bon leur semblera icelles muretes et chenaulx, et seront tenuz lesd. consulz aller faire ouverture des clefz du fosse et du dohat ausdictz abbe et religieux ou leur commis toutesfois que requis en seront et sera aussi necessaire. Aussi lesd. abbe et religieux seront tenuz faire ouverture des clefz de leur couste ausd. consulz quant requis en seront, et sera aussi neccessaire pour veoir et visiter sil y avoit este aucune chouse faicte de nouveau ou aucun defraudement par vieillesse, fraude ou autrement en aucune maniere que ce soit ou prejudice desd. parties ou aucune delles; ouquel cas lesd. muretes et chenaulx seront reduictes et remises au premier estat et a communs despens comme dessus est dit, pour seulement que si, par le faict et coulpe de lune ou lautre desd. parties, led. dommaige avoit este faict, icelle partie que faict le aura ou procure destre faict sera tenu le remectre au premier estat, et deu a ses coustz et despens, sans aucun prouces, comme dessus est dit, en telle fourme et maniere que ladicte eaue contencieuse procedent de ladicte roche viendra tousjours et a perpetuel par commun et par moictie, comme dessus est dit, et ce sans prejudice des despens faictz dung couste et dautre. Et ont voulu et veulent lesd. parties cest appoinctement estre auctorise et confirme par arrest de lad. court en la meilleur fourme pour plus grand seurte de lune et de lautre desd. parties; et ont promis lesd. parties lune a lautre esd. noms lune a lautre, tant que a ch^{une} dicelles touche ou peult toucher, icelles respectivement stipulans et acceptans, esmender, payer et ressarcir (1) tous damps, dommaiges interestz, missions et despens, lesquelz icelles parties ou lune dicelles pour le faict et coulpe de lautre et par faulte de tenir, complir et observer toutes et ch^{unes} les chouses susd. et ch^{une} dicelles, seront et soubstiendront, et ce au simple dit ou serement que la partie que pourteroit ou soubstiendroit lesd. interestz, dommaiges, missions et despens, et sans faire autre preuve, nonobstant le droit que dit que nul ne peult estre tesmoing, juge ne arbitre en sa cause; auquel droit lesd. parties et ch^{une} dicelles, tant que a ch^{une} dicelles touche et peult toucher, ont expressement renonce et renoncent par ces presentes, et en oultre ont renunce et renuncent lesd. parties esd. noms et ch^{une} dicelles, tant que leur touche ou peult toucher respectivement, a toutes aultres exceptions de dol, fraude, deception, doultre moictie de juste pris et a tout usaige et coustume, statut, privileige et cavillation pour lesquelles se pourroient aider contre la teneur de ces presentes et a lexeption de faulx, asscavoir est davoir dit une chouse et escript une aultre, ou davoir plus escript que nauroit este dit ou au contraire et a tout beneffice de droit civil et canon par lesquelles icelles parties ou lune dicelles se pourroient ou leur seroit loisible et permis de venir directement ou indirectement a lencontre de la teneur de ces presentes lettres et a toutes autres exceptions, allegations et deffenses tant de droit canon que civil, par lesquelles lesd. parties ou lune dicelles pourroient

---

(1) Réparer, raccommoder; en latin, *resarcire*.

venir a lencontre de ces presentes lettres ou la teneur dicelles. Et expressement ont renonce et renoncent lesd. parties et ch^{une} dicelles tant que a ch^{une} delles touche ou peult toucher au droit, disant que la generalle renunciation ne doit valoir ne tenir si non en tant quelle est exprimee au contrault. Et ont promis et promectent lesd. parties et ch^{une} dicelles respectivement, lune a lautre icelles respectivement stipulans comme dessus, de jamaiz ne venir par elles ne par autre, directement ou indirectement, contre le contenu de ces presentes, ne aussi donner conseil, confort, aide ne faveur; de venir au contraire, moyenent serement par icelles parties, et ch^{une} dicelles respectivement faict et preste aux sainctz evangiles n^{re} S^{r}, touche le livre manuellement. Et pour toutes et ch^{unes} les chouses susdictes, et ch^{une} dicelles garder, tenir, complir et observer, ont lesdictes parties et ch^{une} dicelles respectivement oblige et ypotheque ez noms que dessus tous et ch^{uns} leurs biens meubles et immeublez presens et advenir quelxcomques, en quelque part, justice et jurisdiction que ·puissent estre; et, ad garder, tenir, complir et observer toutes et ch^{unes} les chouses susd., ont voulu et veulent icelles parties et ch^{une} dicelles respectivement eulx et leurs heoirs et successeurs estre contraings et compelles par nous garde susd. et par noz successeurs et par tous et ch^{un} autres juges et officiers royaulx, par saisine, prinze, vendicion et exploictation de tous et ch^{uns} leurs biens meublez et immeublez presentz et advenir, et aussi par venerable et scientiffique parsonne lofficial de Limoges et sa censure ecclesiastique, et neantmoings par tout autre seigneur ecclesiastique ou seculier ayant justice et pouvoir de ce faire conjoinctement et diviseement une foiz ou plusieurs, toutes et quantesfoiz que de ce faire sera besoing et neccessite, et a tenir, garder, complir et observer de poinct en poinct et sans infraction dicelles. Ont este lesdictes parties et ch^{une} dicelles respectivement, et tant que a ch^{une} dicelles touche ou peult toucher, presentz, voulens et consentens icelles respectivement pour eulx et leurs successeurs stipulans et acceptans, par le jugement de ladicte court dud. seel royal auctenticque, condempnes par Guillaume Baignol et Estienne Parrot, noz feaulx commissaires jures, commis et depputes et jures de lad. court dud. seel royal, pardevant lesquelz les chouses susd. et ch^{une} dicelles ont este faictes et par eulx au lieu de nous receuez, ainsi que feablement nous ont relate par cesd. presentes lettres, signeez de leurs mains, ausquelz nous avons donne pouvoir et commission en telles et semblables chouses, et a la relation desquelz nous avons adjouste et adjoustons foy pleniere comme si avoient este faictes en jugement par devant nous led. seel auctentique royal, lequel nous gardons affin que des chouses susd. et ch^{une} dicelles soit perpetuelle memoire, et, pour tesmoignaige de verite, a icelles avons mis et appouse. DONNE et faict aud. chasteau de Limoges, ez presences de venerables parsonnes maistre Pierre du Grand Chault, licencie en loix; messire Marcial Charles, prebstre, cure de Faulx, et messire Thomas Le Moyne, tesmoings ad ce appelles, le dernier jour du moys daoust lan mil cinq cens et huyct.

(Signé:) PARROT, avec led. maistre Guill. BAIGNOU.

Memorie sia que mesd. s^{rs} lous consulz nommatz au commensament daquey libre feyren plantar laubre de Beauveyr en las Combas et laubre devant lou cementery de S. Paul davant la chapele Saincte Marthe, lou xxvij^e de jenier lan mil cinq cens et sept.

ITEM et loud. an, commencant cinq cens et sept et finissent cinq cens huech, furent faich lous quatre pontz de las quatre portas de la ville et achabatz de farrar lou xxixe de novembre lan mil cinq cens et huech.

ITEM et loud. an cinq cens et huech fust faiche la menuzerie de boys de lauditory de la court de sen (séant) et lous veyriaux deud. auditory et pavat de cayr (carreaux) de tailhe.

ITEM et loud. an cinq cens huech fust fach lou pavat tirant de Montjauvy vert Cozeyr, au long la terre de Bregafert.

ITEM et loud. an fust refache la masse de consulat par mesd. s^{rs} lous consulz de lad. annade cinq cens huech, laqual peze treys marcs ij^o (deux onces) xv den. dargent blanc; pezave la vielhe que y era per davant ung marc ij^o et demye dargent, et per ainsi peza plus que la vielhe dous marcs treys deniers dargent que an coustat, comptat la douradure et la feysou la somme de trente huech $^{ll.}$ douge solz sieys deniers. Et plassa a mess^{rs} que sont et siran que lad. masse no sia preytade ny meza a neguz usaigeys, se non per lostal de sen. Et la feys Pey Guibbert, lors consul.

Lou dimercreys veilha sainct Andrieu, vingt noveyme de novembre lan mil cinq cens et huech, lous seignours Mathieu de Julie, Jaques Fogassier, Pierre de Beau Nom, Jaques Janeilhac, Pierre Masurier dit Parcet, Pierre Guybbert, Pierre Veyrier, Anthony Voureys et Jehan de La Roche dit Vouzele lainat, consulz du chasteau de Limoges, presents per ilz et lours compaignons consulz absentz, an prestat a venerableys homeys monss. Johan de Champs, Arnault Pelete et Jamme Mydi, prebtreys et scinditz de la communaultat, deux prebtreys de leyglise parrochielle de sainct Peyr deu Queyroy deud. Limoges, en presence de venerableys homeys mess^{rs} Liennard de Fursac, Johan Lafosse, Symon Noaille, Domenge de Beau Nom et Marcial Thomas, aussi prebtreys de lad. comunaultat, aussi presentz et supplians, une cloche de metaux appartenent ausd. s^{rs} consulz et a lad. ville, pezant de dous a treys quintaulx, comme las partidas an dich et confessat et en presence deu notary et tesmoing desoubz escriptz, monstrade et ausd. sinditz per lousd. consulz delieurade, esche au tour *consulum Lemovicen. anno millesimo tercentesimo nonagesimo nono.* Et laqualle cloche lousd. sinditz aud. non an promeys redre ausd. s^{rs} consulz deud. Limoges et a lad. ville toutas vetz que mestier sera et requis en seran soubz ypotheque et obligation deux beys de lad. comunaultat. Et en a receubut lettres Liennard Lamye, notary deud. Limoges, presens Johan Car...., espillier, et Jaques Meilhaud, clerc, tesmoings ad ce appellatz, lou jour et an susd.

(Signé:) LAMYE.

Nos, custos sigilli auctentici in baylivia Lemovicensi pro domino nostro Francie rege constituti, notum facimus universis quod coram fidelibus commissariis nostris curieque dicti sigilli juratis subscriptis, adhec a nobis specialiter depputatis, et testibus infra nominatis personaliter constitutis, reverendo in Christo patre et domino Alberto Jouviondi, abbate venerabilis monasterii Sancti Marcialis Lemovicensis, ac venerabilibus et religiosis viris fratribus Martino Ebreyt, in utroque jure licenciato, priore; Stephano de Felmis (?), subpriore; Symone Bechade, tercio priore; Matheo Jouviondi, capissario; Petro Brunelli, infirmario; Johanne Choutardi, sacrista Sancti Petri; Johanne Audierii, reffectivario; Anthonio de Jounhaco; Petro Chassaigne; Francisco de Bosco; Jacobo de Bosco, magistro puerorum; Illario de Malomonte; Johanne Saleci; Johanne Suduyraudi; Johanne Danglard; Petro de Beyssaco; Jacobo de Peyrato, subpistanciario, et Johanne de Felmis (?), puero, religiosis predicti monasterii Sancti Marcialis Lemovicensis, pro se et pro aliis dominis religiosis ejusdem monasterii absentibus, suisque successoribus futuris abbate et religiosis dicti monasterii qui pro tempore erunt quibuscumque, ex una parte; et honorabilibus viris Matheo Juliani, Petro Veyrier, Jacobo Fogassier, magistro Johanne Meslhaud, Petro de Beau Nom, Petro Guibbert, Jacobo de Janeilhaco, Johanne Verthamon, Johanne de La Roche dit Vouzelle, Johanne Masurier dit Parcet, et Anthonio Voureys, consulibus dicti castri Lemovicensis, pro se pred. nominibus ac pro provido viro Jacobo Rogerii, eorum conconsule, absente, suisque successoribus futuris consulibus dicti castri Lemovicensis, qui pro tempore erunt quibuscumque, ex altera parte. Cum prout partes predicte, predictis nominibus, hincinde dixerunt, asseruerunt et recognoverunt alias, lis, processus et causa moti et orti fuerunt inter ipsas partes causa et ratione cursus fontium deu Chavalet, et aliorum in processu declaratorum super quibus lite, processu et causa partes ipse hincinde transhigerunt, composuerunt et accordaverunt, cum beneplacito tamen curie parlamenti, modis et formis contentis, in litteris per commissarios et juratos nostros subscriptos receptis, et ad quas se retulerunt in hac parte et expresse fuisset et fuerit facta predicta transactio seu composicio, sine prejudicio expensarum per dictum reverendum abbatem et ejus predictos religiosos petitarum, super quibus quidem expensis seu earum taxatione dicte partes se compromiserint et arbitrate fuerint in venerabiles viros dominos et magistros Petrum Benedicti et Leonardum Boyol, in juribus licenciatos, canonicos ecclesie cathedralis Lemovicensis, ac honorabilem virum Marcialem Audierii, burgensis dicti castri Lemovicensis, electum pro dicto domino nostro rege in alta provincia Lemovicensi, et venerabilem virum magistrum Petrum de Magno Calido, in legibus licentiatum, quibus et eorum dicto et ordinationi stare et credere promiserint et convenerint expresse, et coram quibus dicti domini reverendus abbas et religiosi suam expensarum declarationem tradiderint, et dicti domini consules easdem expensas impugnaverint, dictique domini arbitri de ambarum partium consensu ipsas expensas taxaverint et moderaverint ad summam ducentarum librarum turonensium, moneta nunc currente, cum aliis tamen pactis et conventionibus infra declaratis. Hinc est quod, die hodierna subscripta, dicte partes hincinde in capitulo dicti monasterii Sancti Marcialis ad invicem congregate pro tractando de negocio supra et infrascripto dicto appunctu..... ..... dictorum dominorum arbitrorum, ipsi de eodem, ut asseruerunt, debite certifficati ac recognoscentes et confitentes ipsum cedere in commodum et utilitate ipsarum partium, predictis nominibus, hincinde eis melioribus modo, via, jure et forma quibus potuerunt et debuerunt, ut dixerunt, laudaverunt, approbaverunt, ratifficaverunt et emologaverunt expresse, ipsumque valere et tenere, et honorare perpetui roboris firmitatem voluerunt, et tenorem illius insequendo predicti domini consules pred. summam ducentarum librarum, predicta moneta, eisdem reverendo domino abbati et religiosis supranominatis solverunt et tradiderunt realiter et de facto in commissariorum et juratorum magistrorum subscriptorum et testium infra nominatorum presentia in moneta alba regia nunc currente realiter et de facto per dictos dominos consules tradita et soluta, et per dictos reverendum dominum abbatem et religiosos habita et recepta, et de quibus ducentum libris predicta moneta, necnon de omnibus expensis, dampnis, et interesse quas et que dicti reverendus dominus abbas et religiosi causa et ratione pred. processuum cum suis deppendentibus et connexis quibuscumque tam contra predictos consules et eorum predeccessores quam contra omnes et singulos alios manantes et habitantes dicti castri Lemovicensis quovis nomine, tam in particulari quam in communi pretendere poterant ex causis premissis eorumque deppendentibus et connexis eosdem dominos consules presentes ac etiam omnes et singulos alios manantes et habitantes dicti castri Lemovicensis qui, quavis causa seu ratione qui propter hoc teneri possent, solverunt et quictaverunt perpetuo penitus et omnino cum pacto perpetuo valido et solenni de aliquid ulterius nec amplius de eisdem non petendo quod si facerent, quod absit, voluerunt se et suos super hoc aliquathinus non audiri in judicio, neque extra ymo hanc legem sibi et suis super hoc imposuerunt quod omnis juris audientibus sibi et suis super hoc denegetur et judicialis adhitus penitus et perpetuo precludatur eisdem in quocumque foro ecclesiastico seu seculari, et cum, premissis et ipsis mediantibus, dicti domini consules predictam ordinationem seu predictum appunctuamentum dictorum dominorum arbitrorum insequendo solverunt, et quictaverunt perpetuo penitus et omnino predictos reverendum dominum abbatem et religiosos dicti monasterii Sancti Marcialis de omnibus et singulis arreyragiis eisdem dominis consulibus debitis causa et ratione decem librarum turonensium, moneta currente, annuatim per dictos reverendum dominum abbatem causa et ratione predicte sue abbatie debite eisdem dominis consulibus, de toto tempore preterito usque ad hujus modi annum millesimum quingentesimum octavum, ipso anno incluso, cum pacto predicto de aliquid ulterius nec amplius de eisdem non petendo, sive tamen prejudicio principalis predictarum decem librarum predicte monete a cetero et ipsis predictis dominis consulibus et suis successoribus, salvis et remanentibus, et similiter dicti reverendus dominus abbas et religiosi dicti monasterii solverunt et quictaverunt predictos dominos consules ibidem presentes, et pro se et suis solidariter stipulantes de omnibus et singulis arreyragiis dictis dominis reverendo abbati et religiosis debitis causa, et ratione arreyragiorum septem solidorum sex denariorum census seu rende anno quolibet in et super quadam domo dicte ville, seu dicti consulatus, sita in rua de Font Grouleu, videlicet inter magnam domum et viridarium dicti consulatus ex una parte, et domum Johannis Trotandi ex altera parte, et predictam ruam de Font Grouleu ex altera parte, cum suis pertinentibus debitis de toto tempore preterito usque ad hunc (?) annum millesimum quingentesimum octavum, ipso anno similiter incluso et comprehenso, cum pacto predicto de aliquid ulterius nec amplius de eisdem non petendo quod se facerent, quid absit, voluerunt se et suos super hoc aliquathinus non audiri in judicio neque extra, et promiserunt ulterius et convenerunt expresse dicte partes hincinde pro se et suis videlicet altera ipsarum partium alteri earumdem, et econverso ipsis adinvicem hincinde pro se et suis solidariter stipulantes; emendare, solvere, reffundere, et integraliter ressarcire omnia dampna, sumptus, missiones, interesse, depperdita et expendita quos, quas et que altera ipsarum partium aut sui ob moram, culpam seu deffectum alterius earumdem paterentur, aut modo aliquo sustinerent ad simplex juramentum illius partis dampna hujusmodi pascientis et sustinentis, et sine alia probatione et judicis taxatione, quibuscumque nonobstante jure, dicente aliquem testem vel arbitrum in re seu causa esse non posse, cui juri predicte partes hincinde pro se et suis super hoc renunciaverunt expresse, et ulterius renunciaverunt super premissis predicte partes hincinde pro se et suis omnibus exceptionibus doli, mali, fori, loci, metus, fraudis, deceptionis in factum, actioni, conditioni indebiti et sine causa, omnique usui, consuetudini et statuto, omnique deceptioni, circumventioni, lesioni cuilibet levi et enormi, et exceptione de falso, videlicet de uno acto et alio scripto et de plus scripto quam acto et econverso, omnique auxilio et benefficio utriusque juris canonici et civilis, scripti et non scripti, editi et edenti, et juri per quod deceptis et cesis ultra dimidiam justi precii seu valoris aut aliis quomodolibet subvenitur, et omnibus singulis privilegiis, graciis, franchisiis, indulgentiis et libertatibus quibuscumque a quibuscumque dominis, judicibus et personis, tam ecclesiasticis quam secularibus, quacumque causa seu favore quocumque in contrarium editis seu edendis, concessis, seu etiam concedendis et omnibus et singulis aliis exceptionibus, rationibus, renunciationibus, allegationibus et deffensionibus utriusque juris que contra tenorem presentium litterarum in toto vel in parte possent obiri, dici, sive proponi, et per quas contenta in presentibus litteris annulari possent imposterum quomodolibet vel infringi, et legi dicenti generalem renunciationem non debere valere nisi quando exprimitur in contractu, promictentes insuper predicte partes, predictis nominibus, hincinde pro se et suis videlicet altera ipsarum alteri earumdem et econverso ipsis ad invicem hincinde pro se et suis solidariter stipulantes, se contra contenta in presentibus litteris, seu eorum aliquod aliquid non proponere, allegare, facere, dicere, objicere quomodo libet, nec venire per se nec per alium clam, palam, tacite nec expresse, nec dare alicui alteri viam, materiam, artem, ingenium sive causam in contrarium veniendi prestitis super hoc ab ipsis partibus et qualibet ipsarum quathinus quamlibet tangit pro se et suis ad sancta Dei Evangelia, manibus tactis, juramentis pro quibus premissis omnibus et singulis sic ut premictitur actendendis, tenendis, complendis et inviolabiliter observandis, obligaverunt, assererunt et ypothecaverunt predicte partes, predictis nominibus, hincinde pro se et suis se et heredes et successores suos ac omnia et singula bona sua, mobilia et immobilia, presencia et futura, quecumque sint et ubicumque ac quocumque nomine dici possint seu censeantur. Ad que premissa omnia et singula sic ut premictitur actendenda, tenenda, complenda et inviolabiliter observanda, voluerunt et petierunt dicte partes hincinde pro se et suis, se et suos heredes et successores, cogi et compelli per nos et successores nostros et per alias gentes et servientes regios, videlicet per saisinam, captionem, vendicionem, distractionem et alienationem rerum et bonorum suorum quorumcumque mobilium et immobilium, presentium et futurorum, et per quecumque alia juris remedia et consueta; et per venerabilem virum dominum officialem Lemovicensem censura ecclesiastica necnon per quodcumque aliud dominum ecclesiasticum et mundanum conjunctim et divisatim, semel et pluries, simul et successive, totiens quotiens opus erit. Ad quorum omnium et singulorum premissorum observandorum et complementum fuerunt dicte partes, predictis nominibus, hinc inde pro se et suis presentes, volentes et consentientes ipsis ad invicem hincinde pro se et suis instantes, petentes, requirentes, et pro se et suis solidariter stipulantes, judicio curie dicti sigilli loco nostri legitime condempnate, per Guilhermum Baignolli et Stephanum Parroti, clericos fideles, commissarios nostros, curieque dicti sigilli juratos, subscriptos, coram quibus premissa omnia et singula acta et per eos loco nostri recepta fuerunt, ut nobis fideliter retulerunt, per has presentes litteras manibus suis inferius consignatas, quibus etiam super hoc legitime commissarios vices nostras quorum relationem nos custos preffatus fidem plenariam adhibentes, premissaque laudantes et approbantes, ac rata, grata et firma habentes, perpetuo pariter et accepta perinde ac si acta essent in judicio provincialiter, coram nobis sigillum predictum regium auctenticum litteris presentibus in premissorum omnium et singulorum fidem et testimonium duximus apponendum. Datum et actum in predicto capitulo dicti monasterii Sancti Marcialis, presentibus dilectis in Christo dominis Marciale Charle, capellano de Faux; magistro Thoma Le Moyne, presbitero comunitatis predicti monasterii Sancti Marcialis, et Marciale Pomaret, presbiteris dicti castri Lemovicensis, habitis testibus ad premissa vocatis, die prima mensis decembris anno Domini millesimo quingentesimo octavo.

(Signé:) PARROTI, una cum predicto magistro
Guill° BAIGNOLLI.

Memorie sia que mesd. ss⁽ʳˢ⁾ lous consulz appoincterem aquest an doud. meys decembre mil v⁽ᶜ⁾ et huech, a cause de la sau que vendut et entrarie en la ville, en mons⁽ʳ⁾ de S⁽ᵗ⁾ Marsau, en mess⁽ʳˢ⁾ sous religieux et daucuns bourgeys de la ville, et per led. appoinctement fut dich que tous aquilz que conduiran ou fairam mectre et venir sau dins la ville siam francz per xxv ans a venir de toute imposition, leyde, passaige, peaige, eyssi que appareys per lettras surce passadas per maistres Estienne Parrot et Guillem Baignou, notarys, lasquallas sam eyssi ampres inseridas.

Senseguem lous noms de mess⁽ʳˢ⁾ lous borgeys que am las claux deu tresor.

De chas lous hers Mathieu Beyneit ;
Lous hers Mathieu Doubost, une clau ;
Lous hers Marsau Manèy (?), treys claux en ung aneu ;
Jacme Rogier, doas en ung aneu ;
Esteve Romanet, treys en ung aneu ;
Mons⁽ʳ⁾ lesleu Marsau Audier, doas claux en ung aneu (1);
Jacme Beyneyt de La Porte, doas claux en ung aneu;
Guillaume Galichier, une clau sole (2);
Peyr Petiot, une clau sole;
Jacme fillh de Peyr Beyneit, une clau sole (3);
Lo xvi j⁽ᵒ⁾ de jenier mil v⁽ᶜ⁾ xj, fust recebrada lad. clau, et fust baillada a meistre Esteve Parot;
Jacme Janelhac, une clau sole ;
Peyr Guylbert, une clau (4);
Lou Dourat Dinemandi.

---

(1) Cette ligne a été biffée postérieurement, et en regard du nom on a ajouté en marge : *Manda a Perbufere.*
(2) Ligne biffée postérieurement, et remplacée en marge par trois mots que nous ne pouvons lire.
(3) Ligne biffée, et remplacée par les deux lignes qui suivent.
(4) Ligne biffée postérieurement, et remplacée par la ligne qui suit.

Memorie sia que mesd. s^rs, lan susd. mil v^c et huech, aguerem un manteu et ung chapeyron de la dompne recluse que se te en lour reclusaige davant lous Carmeys.

Item et chas mons^r lesleu Marsau Audier eys lo petit forcier (1) ont sont lous grans seaulx de la ville, et y a treys claux, lasquallas gardem : une, Jacme Beyneit de la Porte; laultre, Esteve Romanet, et laultre, Marsau Disnemandi lo joune de la Porte (2). Et le xij daoust mil v^c xxij les s^rs consulz de lad. annee ont re..... led. coffret et sceaulx de la vefve dud. Audier, trepasse, et ont este remis lesd. sceaulx au tresor de la ville.

Aquest digeou, vij jour de decembre mil cinq cens et huech, furent elegitz per lous manans et habitans de la ville publiquement mess^rs lous consulz ci ampres nommatz a la forme acostumade :

Le lundy unziesme jour de jung l'an mil cinq cens quinze, furent verifflez les comptes desd. Bermondet et autres consulz cy nommes en eurent quictance.
(Signé :) Bardin.

Monsr loctenent general maistre Pierre Bermondet, de las Taulas ;
Jacme Beyneit, de la Porte ;
Jehan Mercier, de Maignenie ;
Jacme Beyneit, filh de Peyr Beyneit, deu Marchat ;
Peyr Lamote, de la Fourie ;
Maistre Oubert Penicallx, deu Clochier ;
Jacme Nadau, de Bocherie ;
Johan Chousit, de Lancecot ;
Johan Farrant, de las Combas ;
Gabriel Reymond, de Vielh Marchat ;

Acreysense { Barthomieu Marcier,
{ Marsau Peyrat, filh de Franceys du Peyrat.

Lous dilus xj^e jour de decembre lan mil cinq cens et huech, furen elegis conseilliers et partissours de las tailhas per lous manans et habitans de la ville lous cy apres nommatz :

---

(1) *Forchier, forcier*, cassette, écrin, coffre-fort; bas latin, *forsarius*. (Roquefort.)
(2) Ce qui suit dans ce paragraphe est d'une encre postérieure.

De las Taulas :

Maistre Aymeric Eyssenaud ;
Guillaume Boton.

De la Porte :

Peyr Darfeulhe ;
Micheu Rogier.

De Manhanye :

Pierre Bault ;
Johanot La Gaye.

Deu Marchat :

Marsau Beyneist ;
Mathieu Laumosnarie.

De la Fourye :

Coly Noailhe ;
Marsau Gaspy.

Deu Cluchier :

Franceys La Gaye ;
Anthony de La Gorce dict Roby.

De Boucharie :

Tyvot (ou Tynot) Texeron ;
Marsau Bergas (ou Vergas).

De Lancecot :

Guilhem Guery dict Jamay Demo ;
Johan Monteil.

De las Combas :

Nycolas Mercier ;
Johan de La Forest.

Deu Vieilh Marchat :

Peyr Daixe dict Piro ;
Barthomyeu Vertamon.

Sensuyvent les lettres missives et teneur dicelles envoyees par le Roy n^{re} souverain seigneur.

A noz treschers et bien amez les consulz, bourgeoys et habitans de n^{re} ville et cite de Limoges.

De par le Roy :

Treschers et bien amez, naguieres en la ville de Cambray a este faict, traicte, conclud et accorde paix finalle, amictie, confederacion et alliance entre n^{re} trescher et tres ame fr^{re} et cousin lempereur, tant en son nom que comme tuteur et administrateur de nostre cousin larcheduc dAustriche, prince de Castille, dune part, et nous, dautre, tant pour nous que pour noz royaumez, pays, terrier, seigneuries et subgectz, de tous debatz, querelles et differandz quelzconques qui estoient entre ledict empereur et nous, et n^{re}d. seigneur larcheduc et nozdictz royaume et pays durant la vie dudict empereur et nous, ou sont nommez et comprins tous noz amys, confederez et alliez; et depuis lad^{te} paix, amictie, confederacion et alliance, a este sollempnellement juree par icelluy empereur en la presence de noz ambaxadeurs que pour ce y avons envoyes, laquelle paix nous esperons, Dieu aidant, quelle ceddera au bien universel de toute la chretiente, seurete de noz estatz, pais et .... repox, soullagement et enrichissement de noz subgectz. Ce que vous avons bien voulu notiffier et faire assavoir comme a lune de noz principalles villes, et que savons que en aures joye et plaisir comme noz bons et loyaulx subgectz. Et pour lad. paix faire faire les feuz de joye comme il est requis en un tel cas acostume, et aussi assister es processions sollempnelles que mandons en faire faire pour rendre graces et louenges de lad. paix a nostre Créateur dont elle procede, et le prier et requerir devotement pour la conservacion dicelle, n^{re} sente et prosperite de nous, de n^{re}d. royaume. Donne a Bloys le dernier jour de janvier. Ainsi signe LOYS, Gedoyn.

Memorie sie que, lo xvj^e jour de may lan mil v^c et ix, furen balhat lous blans deu jeuc de loubaleste et lo profiech daquilhs a levar a Peyr Filhou, a Peyr Archambaud et a Gilet de Proly, jusques ou dimercrei apres Sent Sebastie, en ce que siran tengut lous susditz de mectre tout largent dins uno boytie fermade en clau, et, ou bout de lan, de tout largent que se trobaro en la boytie se faro un beu servicy; et se faro loud¹ servicy lung an a Sent Peyr, et lautre a Sent Micheu, a Seinct Marsau (1).

Aquest divandreys vii⁰ jour deu meys de decembre lan mil cinq cens et neuf, furent elegitz per lous manans et habitans de la ville, publiquement a la forme acostumade, messʳˢ lous consulz ci ampres nommatz :

Balthesar Dohet,	de las Taulas;
Jehan Romanet dit Gros,	de la Porte;
Andrieu de La Corcelle dit Toupy,	de Maignenie;
Mathieu de Loumosnarie,	deu Marchat;
Monsʳ lesleu Franceys Lamye,	de la Fourie;
Peyr Fordoysson,	deu Cluchier;
Maistre Franceys Lo Quart,	de Bocharie;
Marsau Maubaye,	de Lancecot;
Colau Marcier de La Bische,	de las Combas;
Johan Bouyault,	de Vielh Marchat;
Acreycense { Peyr Juge,	de Maignenie;
Marsau, filh de feu Mathieu Deubost.	

Lo dilus dixiesme jour de decembre lan mil cinq cens et nou, furen elegitz conseilliers et partissours de las talhas per lous manans et habitans de la ville lous cy ampres nommatz :

De las Taulas :

Outhon David;
Philipon Progent.

Deu Cluchier :

Andrieu Gadault;
Grant Johan Barbier.

---

(1) Ces trois derniers mots, dont l'encre est plus blanche, semblent avoir été ajoutés postérieurement.

De la Porte :

Jacques deu Peyrat ;
Peyr Ardit.

De Bocharie :

Johan Pelete ;
Marsau Noailler.

De Mainhenie :

Marsau Romanet ;
Marsau Marty.

De Lancecot :

Jamme Caraveys ;
Mathieu Belac.

Deu Marchat :

Marsau Lavoult ;
Johan, gendre de Mercier.

De las Combas :

Johan Teulier dit Lapasquete ;
Johan Itiey dit Teste despille (1).

De la Fourie.

Peyr Quozet (?) ;
Jamme Lomasson peletier.

Deu Vielh Marchat.

Marsau Goudendaud ;
Loys Valade.

Acte touchant ce que fust faict par Messrs les consulz avec les officiers du pariage de la cite de Limoges que vouloient mectre la teste de feu Marcial Virolle, lequel avoit este execute par auctorite de lad. justice du pariage, et comment y fust procede.

Nous Marcial Botin, prevost et juge criminel de la ville, chastel et chastellanie de Limoges pour nos tres honorez seigneurs nosseigneurs les consulz dicelle ville, savoir faisons que nous, en la compaignie de nos tres honorez seigneurs, monsieur lesleu Francoys Lamy, Jehan Romanet, Pierre Juge, Marcial Du Boys le jeune, Andre de La Corcelle, Nycolas Mercier et Marcial Maubaye, consulz de lad^{te} ville de Limoges, pour eulx et les autres conconsulz leurs compaignons absens, se sont comparuz au chemyn publicque que tire de la ville de Limoges

(1) *Espieule, epiule,* épingle. (ROQUEFORT.)

au bourg de Mont-Jauvy, honnorable maistre Pierre Gay, licencie es loix, lieutenant du juge du pariage de la cite de Limoges, avec Marcial Audier, soy disant substitue du procureur du roy en la present senneschaucee, acompaignez de plusieurs personnaiges dicelle justice et juridicion du pariage, et en grant nombre, lequel juge a voulu faire mectre la teste dung nomme Marcial Virolle, lequel aujourdhuy avoit este exequte en la cite de Limoges, audict chemyn publicque que tire des faulxbourgs Montmaillier de la ville de Limoges au bourg de Mont-Jauvy, et au droit la vigne de mess^{re} Marcial Bargeyron, prebstre, que fust de feu mess^{re} Jehan Varacheu, entre la vigne de Pierre Masurier dict Parcet, dune part, et la vigne dud. Marcial Maubaye, dautre, et ce aud. chemyn publicque, ont voulu mectre anpres de laye de lad. vigne et dans icelluy chemyn publicque la teste dud. Marcial Virolle, lequel, comme dict est, par sentence du juge dud. pariage, avoit este condanné a perdre la teste, et firmee icelle sentence par le lieutenant du seneschal de Limosin et par arrest de la court de parlement de Bourdeaulx. Et, prest le pizon a lever, icelluy Gay a illec faict commandement a Pierre Larmat, exequteur des haultes euvres de la justice, illec present, que avoit appourte la teste dudict Virolle exequte jusques au devant de lad^{te} vigne pour illec la mectre, quil eust illec a mectre lad^{te} teste ainsi que par luy avoit este ordonne. Lequel maistre des euvres a respondu quil ne le feroit pas que ce ne fust du consentement desd. seigneurs consulz. Et lors discrete personne maistre Jehan Rogier, procureur de lad. justice et juridicion de Limoges, a dict que au lieu et place ou len vouloit mectre ledict pizon et teste estoient au dedans lad. justice et juridicion de Limoges, nous requerant, ainsi quil nous a requis, faire inhibicion et deffense audict exequteur de ne mectre lad^{te} teste et pizon audict lieu, a peine de cent livres et de prison. A quoy ledict Gay a dict du contraire, et que le lieu ou len vouloit mectre ledict pizon et teste estoit de la justice du pariage; auquel ledict Audier a requis faire exequter lad^{te} sentence et arrest, et mectre led. pizon et teste audict lieu, ledict Rogier disant du contraire et requerant comme dessus. Veu le dire desd. parties et requisicion du procureur desd. consulz, avons inhibe et deffendu, inhibons et deffendons audict Pierre Larmat, exequteur susd., et ce en presence desd. Gay, Audier et autres dessus nommez, de ne mectre lad^{te} teste et pizon audict lieu ne dans lad^te justice et juridicion de nosd. seigneurs les consulz, a peine de cent livres et de prison. Apres laquelle nostre inhibicion, ledict Gay, juge susd., a commande audict exequteur prandre lad^te teste, et la pourter en lad. cite de Limoges; ce que ledict exequteur a faict. Faict audict lieu, a ce presentz et appellez a tesmoingtz maistre Estienne Bayle, notaire de Limoges; Guischard Veyronneau, pasticier; Andre Moret, agulhetier, et Marcial Benoist, pintier, de Limoges, le quinziesme jour davril lan mil cinq cens dix.

(Signé:) BARDIN.

Sie memorie que, lo xxiij^e jour deu meys de decembre lan mil iiij^c iiij^xx et huech (1488), fut fache certane pronunciacion dune meygo assise en Batlegier, als (alias) au Vielh Marchat, la quau fut de Massias lo Cachalo et Symone Passagane, sa molher, et mantenent apparte aux hers de moss^re maistre Pol Gay, por la qualle messeignors lous consulz furent pronunciatz aveyr sur lad. meygo lx ... de rende a cause de las haumosnas sancte Crot et deux pas de Nadau. Et fut fache lad. pronunciacion per n^re juge maistre Marcial Dauvergne, et ero graffier moss^r Johan de Champs, prestre, la quau avem devers nous grossade.

R^a (remembransa) sia que, lo dissapte vij^me j^or de decembre lan mil v^c dietz, furent eslegitz consulz per lous seignours borgeys, manans et habitans de lad^te ville a estre consulz per lad. annada commensant loud. j^or et finissent lo vij^me j^or deud. meys de decembre mil v^c xj lan revolut, ceulx qui senseguent :

Franceys Audier,	de las Taullas ;
Johan de Jullie,	de la Porta ;
Esteve Romanet,	de Maignenie ;
Peyr Petyot,	deu Marchat ;
Monsr lesleu Audier,	de la Fourie ;
Marsault Rogier,	deu Cluchier ;
Johan Bonet,	de Bocharie ;

Merigot Chambmault (ou Chambinault),	de Lansacot;
Mathieu Bonet,	de las Combas;
Peyr Beneyt,	du Vielh Marchat
Monsʳ Vernage, Guilhem Gallichier,	de creyssensa.

Senseguent lous noms deux concelhers :

Marsault Dohet, Massias Faulte,	las Taullas;
Marsault Dinemandy lo joune, Johan Rogier,	la Porte;
Estienne Petiot, Loys Sibot,	Maignenie;
Franceys Juge, Guilhoumot Sophas,	lo Marchat;
Peyr Archambault, Marsault lo Quart,	la Fouria;
Peyr Pinart, Nardo Penicau,	lo Cluchier;
Guilhemot Mestadier, Johan Eschaupre di Corbin....(?),	Bocharie;
Jacme Douri, Massias Lescure,	Lansaquot;
Johan Parcet Masurier, Peyr de Boscheys di Dade,	las Combas;
Jacme Claveu, Johan Vachier,	lo Vielh Marchat.

Rᵃ (remembransa) sia que comme fuz vengut a nostra notissa que aucuns de nostra justissa avian levat una boyna fazent division entre nostra justissa et la justissa de Monsʳ de Moncagnon, et que aussi Monsʳ de Moncagnon avia fach adjornar plusieurs de sa gens, per chap de fieu, per teneyr sa cort au pas dud. luec, et feys avertir messʳˢ lous consulz quil nentendra surpreneyr en aucuna maniere en lour justissa per que se aguessan atrobar ou trametre, per remetre ladicta boyna en son luec, et que lo drech de chascuna de las partidas fuz gardat per evitar per lo temps avenir noysa, plach et proces; et per ainssi fut commeys per mesd. seig.rs lous (consulz) per ley anar les s.rs Marsault Audier, Theve Romanet, Johan et Mathieu Bonetz et Peyr Beneyt, lesquaulx ley anerent, et y troberent lous officiers de mond. S.gr de Moncagnon, lesquaulx, tuch dung accord, agut premieyrament concelh en gens sabens et anciens, remeyront lad.ta boyna, et tenguerent mess.rs lous consulz susditz la court aud. luec, comme appert per letra et acta passada per mestre Marsault Bardy, lo jo.r de sainct Loup lan mil v.c xj.

Et ley menerent mesd.srs lous consulz Marsault Boty, nostre prebost; mestre Johan Rogier, nostre percurayre, et mestre Marsault Bardy, n.re graffier criminel, et nostres sieys gatgiers; et y furent adjornatz jusques au nombre de cinquante ou lx homeys de village de nostra justissa; et y fut tenguda nostra cort comma appert per lad. acta.

Nous MARCIAL Audier, esleu au hault pays de Lymosin et franc aleu, Francois Audier, Estienne Romanet, Guillaume Galichier, Marcial Rogier, Mathieu Bonet, Jehan Bonet, et Pierre Beneyt, consulz de la ville, chasteau et chastellanie de Lymoges, scavoir faisons que a la notice et congnoissance de nous est venu que Estienne dit Thevenot et Pierre Texier dOurieras, paroisse de Chatelac, et leurs aultres comparcionniers dud. lieu eussent de nouveau commence a bastir et ediffier en n.re d. justice et juridiction, et au gue de Chabanetas, en la parroisse de Beaune, certain molin, et, pour icelluy faire mouldre, avoient faict les excluses et levees dud. moulin que partent desd. appartenances dud. villaige dOurieras, et sont dans les limites et justice de Nyeul, pour reverend pere en Dieu monss.r levesque de Lymoges, et tire leslan et cours deaue desd. escluses et levees droit dans lad. justice et juridiction de nous consulz, et sen va droit aud. molin. Pour nous informer du quel ediffice, ayons commis a veoir et visiter les chouses susd. lesd. Estienne Romanet et Mathieu Bonet, noz conconsulz, les quelz se sont, par n.re commendement, transportez sur led. lieu, et visite a veue deuil. Et, nous ayent rapporte led. molin estre encommence dans n.re d. justice et jurisdiction en la fourme sus declaree, ainsi que lesd. dOurieras, illec presens, nous ont requis, congneu et confesse, et au pres du deymant et boyne nomme dud. gue de Chabanetas et appartenances dud. gue, et au dessoubz dud. gue, distant lad. boyne desd. excluse et eslan douze piedz et dud. molin de quatre vingtz et dix *vel circa;* veu le rapport desquelz commis et par nous depputez, avons parmys et parmectons ausd. Estienne dit Thevenot et Pierre Le Teixier dOurieras et leursd. parcioniers de ediffier et parachever led. molin et edifflce en la forme et maniere que dit est, en et au dedans n^{re}d. justice et juridiction, et ce moyenent la somme de cent et cinq solz, et que lesd. dOurieras nous ont illec baillez et payes reaulment et de faict, et desquelz les avons quictes et quictons en pacte de ne leur en jamaiz demander aucune chouse; et, en ce, ont lesd. dOurieras, pour eulx, leursd. parcionniers et successeurs quelxcomques, promis et jure aux sainctz Dieu evangiles n^{re} Seigneur, touche le livre, que lesd. dOurieras, pour eulx, leurs parcionniers et successeurs, entretiendront la place estant franche entre la levee et la boyne, tellement que par innundacion de eaues ou aultrement lad. place ne sera gastee ne afoulee, ains demeurera liege et franche, comme est de present; et en oultre lesd. dOurieras, ez noms que dessus, ont recongneu led. molin estre dans les fins et justice de nous consulz susd. et promis et jure estre bôns et feables a nous et a nosd. successeurs, le prouffit de lad. justice procurer et le mal eviter a leur pouvoir, et poyer les droiz et devoirs a nous deuz a cause de lad. justice et a ce acoustumes a poyer par les autres justiciables a nous et a noz successeurs. Et, en tesmoing desquelles chouses, nous, consulz susd., pour nous et noz successeurs, avons faict mectre et apposer le seel aux contraulx pour nous estably a ces presentes, et icelles signer et expedier par le notere et jure soubz escript, en foy et tesmoignaige des chouses susd. Donne et faict en n^{re} consulat, presens ad ce et appellez honnestes hommes Andre Moret, agulletier, et Marcial Benoist, pintier, de la ville de Lymoges, tesmoings ad ce requis, le vingt deuxiesme jour du moys de mars lan mil cinq cens et dix. Et tout incontinent, par commendement de nous consulz susd., lesd. notere soubz escript et tesmoings sus nommes se sont transpourtes par deuers et a la parsonne de saige homme Pierre Petiot, bourgeois de Limoges et n^{re} conconsul, pour faire ratiffier ces presentes ausd. de las Ourieras, presentz et requerans, et pour ce compareus par devant lesd. notere et tesmoingtz, lesd. de las Ourieras en leurs parsonnes et es noms que dessus, en la maison dud. sire Pierre Petiot, trouve illec en parsonne, lequel, empres ce que il a veu et entendu le contenu esd. lettres, veu le serement par lesd. de las Ourieras illec faict de tenir la place estant entre la levee et la boyne franche et liege a temps a venir et aultrement, comme est sus contenu, a ratiffie le contenu esd. presentes. Faict et donne aud. Lymoges, led. vingt deuxiesme dud. moys de mars lan mil cinq cens et dix.

———

Nous Leonard Vernaige, licencie en chacun droit, Marcial Audier, esleu pour le roy au hault pays de Lymosin et fran aleu, Francoys Audier, Pierre Petiot, Guillaume Galichier, Estienne Romanet, Marcial Rogier, Pierre Benoist, Mathieu Bonet, Jehan Bonet et Aymery de Vaubrune, consulz de la ville, chasteau et chastellanie de Lymoges, scavoir faisons a tous presentz et advenir que, vivant feu maistre Marcial Dauvergne, en son vivant licencie ez loix, juge civil de ladicte ville, chasteau et chastellanie, venent a la fin de ses jours, et peuvent estre huyct ans passes ou environ, resigna entre les mains des consulz de lad. ville qui lors estoient, en faveur de feu maistre Mathieu Dauvergne, son nepveu, aussi licencie ez droiz et advocat pour le roy en la seneschaucee de Lymosin, au moyen de laquelle resignacion les consulz de lad. ville firent collacion aud. maistre Mathieu Dauvergne dicelluy office de juge civil, et en jouyst jusques a son deces.

Item, maiz il advint que, led. maistre Mathieu Dauvergne estant paisible possesseur dud. office, et que aussi il avoit et tenoit led. office dadvocat du roy en lad. seneschaucee de Lymosin, ung nomme maistre Francoys Durand, licencie ez loix, habitant dud. Lymoges, par emulacion et envye, donna entendre au roy que led. maistre Mathieu Dauvergne tenoit lesd. deux offices tant dadvocat que juge susd., pretendent iceulx offices, contre verite, estre incompatibles, et obtint lettres du roy par lesquelles led. s^r luy donna, pour cause de ladicte incompatibilite, loffice dadvocat que led. Dauvergne tenoit en lad. seneschaucee de Limosin, et parmist aud. Dauvergne de choisir et retenir lequel il vouldroit, et, par aultres lettres royaulx par led. Durand impetrees, fust commis et mande au seneschal de Lymosin ou a son lieutenent de faire commendement aud. Dauvergne, et le contraindre choisir celluy desd. deux offices que bon luy sembleroit; lesquels commendements furent faictz, et sur ce prouces introduict par devant led. seneschal ou son lieutenent a son siege de Lymoges, tellement que la cause fust contestee et enqueste faicte dun couste et daustre.

Item, et apres ce, led. Dauvergne fust prins de la maladie de laquelle il decceda; *et, existens quasi in agonia,* et environ demye heure avant son trespas, declaira quil se retenoit led. office dadvocat; par quoy led. office de juge civil vacqua par le deces dud. Dauvergne entre les mains des consulz qui lors estoient; lesquelz consulz en firent collacion a maistre Pierre Bardaud, licencie ez droiz, conconsul, leur compaignon.

Item, mais led. Durand, procedant par surprinse, nonobstant lad. collacion, et sans ouyr ne appeller lesd. consulz et Bardaud leurd. juge, se tira par devers led. lieutenent dud. seneschal, lequel, de faict et sans garder aultre solempnite, institua led. Durand aud. office de juge civil desd. consulz, en donnent en mandement au premier sergent royal de le mectre en possession realle et actuelle, et fust dirigee lad. commission a feu Leonard de Nouville, sergent royal, qui de ce faire sefforcea.

Item, et de ce advertis, lesd. consulz et Bardaud se pourterent pour appellans, et leur appel releverent en la court de parlement a Bourdeaulx, et *inter moras* ung nomme maistre Francois Suduyraud, licencie ez loix, advocat en la jurisdiction desd. consulz, pretendent que led. office de juge civil estoit electif et non collatif, trouva moyen faire assembler aucuns des habitans dud. Lymoges, qui le esleurent en juge civil de ladicte ville, chasteau et chastellanie, et deux desd. consulz, seavoir est feu Mathieu Du Boys le jeune et Francoys Boyol, luy en firent collacion, et ad ce moyen led. Suduyraud se opposa *liti et cause* aud. parlement a Bourdeaulx.

Item, et auquel prouces entre lesd. parties tiellement fust procede que, par arrest de lad. court, icelles parties furent appoinctees contraires a escrire et prouver leurs faictz, et aussi les appellacions desd. consulz et Bardaud mises au neant, ensemble ce dont avoit este appelle, questoit la provision faicte aud. Durand par led. lieutenent dud. seneschal; et la jouyssance dud. office fust, par led. arrest adjugee, pendent le prouces, aud. Suduyraud, lequel, a ce moyen, jouyst dud. office jusques a son trespas; lequel despuis seroit deccede, et, par tant que besoing estoit et que led. office seroit vaccant, lesd. consulz, appelles grant nombre desd. manans et habitans de lad. ville, en firent collacion aud. Bardaud de nouvel et par tant que besoing seroit; lequel Bardaud, par aultre arrest de lad. court de parlement, fust subroge au lieu et prouces dud. feu Suduyraud, et la recreance et jouyssance dud. office luy fust adjugee pendant led. prouces; lequel en jouyst jusques a son deces, *et, nulla facta decisione, processus principalis* pendent comme dit est en lad. court de parlement de Bourdeaulx entre lesd. consulz et Bardaud dune part et led. Durand dautre, icelluy Bardaud deceda.

ITEM, et les consulz qui lors estoient, tout incontinent apres son deces, le jour de la Nativite N^{re} S^r, sans appeller lesd. manans et habitans dicelle ville, firent don et collacion dud. office de juge civil, vaccant en leurs mains par le deces dud. Bardaud, a maistre Francois Le Quart, bachelier en decretz, leur conconsul, lequel, en vertu de lad. collacion, fust institue par lesd. consulz et mys en possession dud. office, et en jouyst par aucun temps, combien que led. Durand en fust deuement certiffie; neantmoins il bailla requeste a lad. court de parlement, disant que led. Bardaud estoit deccede et quil navoit autre partie, et taisant lesd. consulz estre en prouces et la provision faicte aud. Le Quart.

ITEM, et par son faulx donner a entendre obtint de lad. court une main levee, laquelle presenta aud. lieutenent dud. seneschal de Limosin, lequel, sans appeller lesd. consulz et Le Quart, sefforcea icelle main levee meitre a exequcion; de quoy lesd. consulz et Le Quart se pourterent pour appellans, et leurd. appel releverent en lad. court de parlement de Bourdeaulx. Et apres, lesd. consulz estans *infra tempora conferendi*, assemblerent unze ou douze vingtz desd. habitans, lesquels approuverent et ratiffierent lad. collacion, ainsi que dit est, faicte dud. office aud. Le Quart; et, par leur adviz et deliberacion, iceulx consulz firent de nouveau et par tant que besoing seroit autre collacion dud. office aud. Le Quart. Et, ce faict, pour plus brouller la matiere, ung nomme maistre Pierre Guay, licencie ez loix, pretendent avoir este esleu aud. office par aucuns desd. habitans, obtint collacion dud. office de Marcial Du Boys, lung desd. consulz, et apres, vint oppouser *liti et cause* aud. prouces pendent a Bourdeaulx entre lesd. consulz Le Quart et Durand.

Item, et auquel prouces tellement fust procede entre lesd. parties que led. office fust sequestre et commys a lexercice dicelluy maistre Jehan Lamy, licencie ez loix, advocat en lad. court; auquel prouces fust par lesd. parties dung couste et daultre baille escriptures et produict devers la court tout ce que bon leur avoit semble. Et ce pendent tousjours led. Durand, perseverent en sa malice, de rechief se retira devers le roy, et, des le vingt quatriesme jour du moys de mars lan mil cinq cens neuf, obtint lettres, narracion faicte desd. vaccation et election, ensemble des provisions et declaracions sur ce par led. S^r faictes et de lad. main levee faicte a son prouffit, icelluy seigneur eust declaire que son vouloir et intencion estoit de pourveoir aud. office, et ce de son propre mouvement, plaine puissance et auctorite royal, declairant quil ne vouloit que les elections ne collations faictes par lesd. consulz ou habitans sortissent aucun effect, ne que, au temps advenir, iceulxd. consulz et habitans peussent en aucune maniere proceder a faire election et don dud. office; lesquelles il cassoit, anulloit, et, en tant que mestier estoit et quon eust peu dire led. office estre vaccant aux temps que dessus, icelluy office donnoit de rechief et de nouvel aud. Durand, questoit le toutalle enervacion des privileiges de lad. ville.

Item, et lesquelles lettres, avec certaine requeste a icelles atachee, led. Durand presenta en lad. court de parlement, et dicelles requist linterinement en presence des parties, et, deffendu dun couste et daultre, lad. court appoincta les parties a corriger, produyre et au conseil, et ce dans troys jours apres ensuyvans, pendent lequel terme lesd. consulz, pour ce quil estoit question de matiere doffice et pour le different qui estoit, asscavoir est si lad. court en devoit congnoistre ou les maistres des requestes ordinaires de lhostel dudit S^r, en leur auditoire a Paris, icelluy seigneur, pour certaines causes ad ce le mouvent, eust faict evocquer lad. matiere par devant noz seigneurs tenans son grand conseil; et, les parties ouyes, apres plusieurs altercacions faictes entre elles, tant en la matiere principale que sur certains exces commis et perpetres par led. Durand pendent led. prouces, a loccasion desquelz, par arrest dud. conseil, et requerent le procureur general du roy suivant la court, instigans lesd. consuls, fut arreste par la ville de Bloys, ou lors led. conseil seoit.

Item, pendent lad. matiere indecise, les parties sur lad evo cation appoinctee a corriger et en droit, du consentement desd. parties, le troysiesme jour du moys de janvier mil cinq cens dix, lad. cause fust retenue aud. conseil pour estre jugee en la fourme et maniere et selon les derreniers actes et arremens faicts en lad. court de parlement de Bourdeaulx. Apres lequel arrest, plusieurs commendemens furent faictz a lad. court de parlement denvoyer les sacz aud. conseil, pour, par icelluy conseil, proceder à la judicature dud. prouces. Lesquels sacz, par lad. court cloz et *evangelises* (1), furent envoyes aud. conseil par maistre Gabriel de Mons, clerc, demourant au greffe de lad. court, en la ville dAgrenoble en Daulphine, ou lors led. seign^r et sond. conseil estoient, ou lesd. sacz et pieces furent, parties appellees, veriffiees; lesquelles parties prindrent appoinctement a ouyr droit en ensuyvant le stile dud. conseil.

ITEM, et furent lesd. sacz distribues, par commandement de mons^r le chancellier maistre Jehan Guenay, entre les mains de mons^r maistre Jehan Boulac, docteur ez droiz, conseiller aud. conseil, et par luy veuz et visitez, et, son rapport faict aud. conseil lors seant a Valence, le dixneufiesme jour du moys de juillet lan mil cinq cens unze, veues les pieces et productions faictes par lesd. parties, fust, par led. conseil, prononce en lad. matiere arrest diffinitif, en la forme et maniere que sensuyt :

LOYS, PAR LA grace de Dieu, roy de France, a tous ceulx qui ces presentes lettres verront, salut. Comme noz chers et bien amez les consulz de notre ville de Lymoges et maistre Francoys Le Quart, bachelier ez droiz, se fussent tires en n^{re} chancellarie a Bourdeaulx, et nous avoient faict exposer que proucez sestoit meus en n^{re} court de parlement de Bourdeaulx entre lesd. consulz et feu maistre Pierre Bardaud, comme appellant de n^{re} seneschal de Lymosin ou son lieutenent, aussi de Leonard de Nouville, sergent royal, pour raison de loffice civil de n^{re}d. ville, dune part, et maistre Francoys Durand, appelle et deffendeur a certaines lettres royaulx ; aussi feu maistre Francoys Suduyraud, oppousant, daultre ; ou tant avoit este procede que, par arrest, lappellacion et ce dont avoit este appelle, questoit de la provision et collation faicte aud. Durand dud.

---

(1) « On dit en pratique *évangéliser un sac* pour dire « vérifier s'il est complet suivant son inventaire de production ». Le mot *évangéliser* est pris ici abusivement comme les mots de *baptiser* et de *baptême* le sont en plusieurs occasions. » (*Dict. de Trévoux.*)

office de juge civil par le lieutenent de n^re seneschal de Lymosin, avoit este mise au neant, et les parties appoinctees en preuve et enqueste, et la recreance dud. office adjugee aud. Suduyraud, qui en avoit este, en vertu dud. arrest, mis en possession et joy par certain temps et jusques a son trespas. Apres lequel, par arrest de n^re d. court, maistre Pierre Bardaud avoit este en son lieu subroge et mys en possession dud. office, dont semblablement avoit jouy jusques a son trespas; et en sont lieu en avoit este pourveu led. Le Quart, suppliant. Ce nonobstant, soubz umbre de quelque requeste baillee en n^re d. court par led. Durand, se disant estre sans partie, n^re d. court lavoit maintenu aud. office en tant que touchoit led. feu Bardaud seulement. Laquelle maintenue n^re ame et feal conseillier maistre Pierre Bermondet, lieutenent de n^re seneschal de Lymosin, combien que par lesd. consulz luy fust remonstre les chouses dessusd., et quilz nestoient en riens comprins aud. arrest, luy requerant superceder, ce quil navoit voulu faire, ains sestoit efforce icelluy mectre a execucion, et mectre icelluy Durand en possession dud. office, dont lesd. consulz et Lequart avoient appelle et leur appel releve. Nonobstant lequel appel, et en aitemptant (1), led. Bermondet sestoit transporte en lauditoire du consulat de lad. ville, et efforce mectre led. Durand en possession dud. office, dont de rechief lesd. consulz et Le Quart avoient appelle, et dicelluy appel, le sixiesme jour de janvier mil cinq cens et neuf, avoient obtenu noz lettres, en vertu desquelles led. Bermondet avoit este adjourne et led. Durand intime au premier jour de fevrier ensuyvant; pendant laquelle assignacion led. Durand sestoit tire en n^re chancellarie, et, narracion faicte du don par nous a luy faict, de larrest de mainlevee et execucion dicelluy, et dabondant quil avoit este esleu aud. office de juge par les habitans dud. Lymoges aud. office de juge civil, le vingt troysiesme jour de janvier aud. an, avoit obtenu noz lettres adressans a n^re d. court, par lesquelles estoit a icelles mande subroguer led. Durand au lieu et droit dud. feu Bardaud. Aussi sestoient lesd. consulz et Le Quart tires en n^re chancellarie, le penultieme jour dud. moys de janvier, et en icelles obtenir noz lettres par lesquelles estoit mande a n^re d. court convertir les

---

(1) *Aitemptant* (?) : *Ait*, vieux mot qui veut dire *force*. *Ait* veut encore dire, dans le vieux langage, *aide*. (*Dict. de Trévoux.*) — *Ait* : force, aide, secours. (Roquefort.)

appellacions intergectees dud. seneschal en oppousicion, et mectre au neant certaine aultre appellacion quilz avoient intergectee de Guillaume Guilhot, n^re sergent, de ce quil avoit crie a son de trompe et faict commendement par les carrefours de n^red. ville ausd. habitans deulx assembler pour faire ung juge; aussi subroguer led. Le Quart au lieu et prouces dud. Bardaud. Semblablement n^re cher et bien ame maistre Pierre Le Gay, licencie ez droiz, pretendent avoir este pourveu aud. office par le deces dud. Bardaud, le segond jour de mars ensuyvant, sestoit tire en n^red. chancellarie, et en icelle obtenu noz lettres pour estre subrogue au lieu et prouces dud. feu Bardaud. Toutes lesquelles noz lettres lesd. parties avoient presentees en n^red. court et a icelles atachees leurs requestes, sur lesquelles avoit este ordonne que les parties feroient leurs requestes en jugement au premier jour ensuyvent, auquel jour, que que soit le vingt unziesme jour de mars aud. an cinq cens et neuf, lesd. parties ou procureurs pour elles comparans en n^red. court, cest asscavoir lesd. habitans et Le Quart, appellans dud. lieutenent, et icelluy Le Quart, demandeur et deffendeur, respectivement en lettres de subrogacion et requeste, dune part, et led. Durand appelle, demandeur et deffendeur respectivement en lettres de surrogacion et requeste, daultre, aussi led. Guay, deffendeur et demandeur sur lenterinement de nosd. lettres de surrogacion, daultre, n^red. court, ouy le playdoye des parties et noz advocat et procureur sur ce, ordonnarent que les parties escriproient a fin de memoire, bailleroient leurs escriptures a ces fins de dans quinze jours ensuyvant, et contredictz et salvacions de quinzaine en quinzaine apres; et, ce faict, seroit procede au jugement dud. proces comme de raison, et que led. office de juge civil et ordinaire, contencieux entre lesd. parties, seroit ce pendent sequestre, regy et gouverne soubz n^re main par maistre Jehan Lamy, advocat en n^red. court, lequel n^red. court commist pour ce faire jusque ad ce que autrement en fust ordonne. En ensuyvant laquelle ordonnance, lesd. consulz et Le Quart avoient baille leurs escriptures par lesquelles ilz disoient que, a bons et justes tiltres et moyens a declairer en temps et lieu, la collacion, provision et totalle disposicion dud. office appartenoit ausd. consulz, et de ce estoient en bonne possession et saisine par tel et si long temps quil nest memoire du contraire, par les dernier an, jour et exploiz; que, en continuant leur possession, vaccant led. office par le deces dud. feu maistre Pierre Bardaud, led. Le Quart en avoit este deuement pourveu et institue aud. office par lesd. consulz, miz en possession et jouy long temps, et que, combien que parties adverses ny eussent droit, neantmoins ilz sestoient voulu faire surroguer au lieu dud. Bardaud, parquoy disoient leur intencion estre tres bien fondee. Et a ce que led. Durand disoit que feu maistre Mathieu Dauvergne tenoit deux offices incompatibles, et que luy avions baille lettres pour le faire pourveoir de lun diceulx, disoient lesd. consulz et Lequart que sesd. faictz nestoient recevables, car, nonobstant son pretendu tiltre, il avoit perdu deux foiz la recreance dud. office, par quoy led. Le Quart devoit preallablement demourer en lestat questoit led. feu Bardaud, lequel avoit obtenu la recreance contre led. Durand, et, saucun autre tiltre ou declaracion en avoit de nous, il ne luy pouvoit de riens servir, et nont este lesd. Durand et Gay aucunement esleuz, et, saucune election y avoit, sestoit vray monopole et chouse digne de pugnicion; par quoy avoient conclud lesd. consulz et Le Quart que lesd. Durand et Gay ne faisoient a recevoir, et que de leurs conclusions ilz devoyent estre absolz et relaxez, et, par tant que besoing estoit, led. Le Quart devoit estre maintenu en possession dud. office de juge civil de lad. ville de Lymoges, fruictz, prouffitz, revenuz et emolumens dicelluy, et, en cas de delay, que lestat et la joissance luy devoit estre adjugee, que que soit surrogue au lieu dud. Bardaud, et quilz fussent condempnes ez despens, dommaiges et interestz. Aussi avoit led. Durand baille ses escriptures par lesquelles il disoit quil avoit obtenu lettres de nous par lesquelles avions declaire lun des offices que tenoit maistre Mathieu Dauvergne, pour lors n^{re} advocat en la seneschaucee de Lymosin et juge ordinaire de lad. ville, parce quilz estoient incompatibles, estre vaccant, et voulu que, de loffice quil nauroit choisi, fust de juge ou dadvocat, led. Durand en fust pourveu; et despuis, par aultres noz lettres, avoit este mande a n^{re} seneschal de Limosin ou son lieutenent faire commendement aud. Dauvergne de choisir lequel desd. offices quil vouldroit, ce que led. Dauvergne avoit faict, present le scindic desd. consulz, et retint et choisit led. office dadvocat; au moyen de quoy led. lieutenent avoit institue led. Durand oud. office de juge, et icelluy receu au serment; et, pour le mectre en possession reelle, led. lieutenent avoit decerne lettres adressans au premier n^{re} huissier ou sergent, en vertu desquelles Leonard de Nouville, n^{re} sergent, sestoit efforce le mectre en

possession, dont ilz appellerent ; et peu apres led. Dauvergne
estoit alle de vie a trespas, soubz umbre duquel sept ou huyt
desd. consulz avoient faict election dud. office au prouffit dud.
Bardaud ; quoy voyant, deux autres desd. consulz, en ensuyvant
le privileige de lad. ville par lequel les manans et habitans
dicelle ont voix a eslire led. juge quant il y a vaccacion, firent
appeler a son de trompe tous les manans et habitans de lad.
ville, lesquelz, ou partie deulx assemblez, eslirent feu maistre
Francois Suduyraud, licencie ez droiz, lequel, scaichant prouces
estre pendent pour raison de lad. matiere en n^{re}d. court, sestoit
oppose ; et que depuis avions faict declaracion que n^{re} intencion
estoit que led. Durand fust pourveu dud. office, nonobstant
lesd. elections, et de ce avions octroye noz lettres ; maiz, par ce
quelles ne furent promptement produictes, n^{re}d. court appoincta
les parties contraires, et adjugea aud. Suduyraud qui avoit este
esleu la recreance dud. office ; lequel Suduyraud peu apres
estoit deccede, et, apres son deces, led. Bardaud avoit trouve
moyen se faire eslire par aucuns desd. habitans et surroguer
aud. prouces ou lieu dud. Suduyraud, lequel Bardaud, la veille
de Nouel aud. an cinq cens et neuf (1), a la my nuyt, estoit alle
de vie a trespas, a laquelle heure, que que soit troys ou quatre
heures apres, lesd. consulz, sans appeller lesd. habitans,
sestoient efforces faire eslection dud. office a plusieurs parsonnes
et apres aud. Le Quart, dont plusieurs desd. habitans avoient
appelle et releve et obtenu lettres de nous pour leur assemblee a
faire eslection dud. office ; en vertu desquelles le lieutenent de
n^{re}d. seneschal de Lymosin bailla son atache pour lesd. habitans
faire assemblee, ce quilz ne peurent au moyen des empeschemens
a eulx faictz jusques a ce que, a son de trompe et cry publique,
leur fust donne assignacion a eulx trouver a certaine heure, ce
quilz avoient faict et esleu led. Durand. Et depuis aucuns aultres
particuliers avoient esleu led. Le Gay ; laquelle eslection estoit
nulle, comme non faicte ou elle se devoit et par gens non ayans
puissance. Despuis lesquelles eslections n^{re}d. court, voyant que
led. Durand avoit droit aud. office, le vingt troysiesme jour de

---

(1) L'année devait commencer le jour de Noël, au 25 décembre : Bardaud serait donc mort le dernier jour de l'année 1508. Ceci expliquerait la date (23 décembre 1509) de l'arrêt du parlement de Bordeaux mentionné ci-après : cet arrêt aurait alors été rendu environ un an après le décès de Bardaud. (Voir *Dict. de Trévoux*, v° *Nativité*.)

decembre cinq cens neuf (1), par arrest lauroit maintenu en icelluy, lequel avoit este presente pour executer aud. Bermondet; maiz, au moien de plusieurs forces et violences a luy faictes, led. arrest nauroit peu estre execute; par quoy avoit este contrainct obtenir nozd. lettres de surrogacion, dequelles il requeroit lenterinement; concluand a ce quil fust maintenu diffinitivement en la possession et joyssance dud. office de juge ordinaire de Lymoges, nozd. lettres enterinees, et a tout le moins que lestat et recreance dud. office luy fust adjuge, avec despens, dommaiges et interestz. Semblablement led. Legay avoit baille ses escriptures par lesquelles, recit faict comme noz predeccessseurs avoient donne ausd. consulz, manans et habitans de lad. ville de Lymoges la justice dicelle ville avec tout le prouffit et emolument dicelle, dont ilz avoient joy, et estoient en possession de conferer les offices neccessaires a ladministracion et exercice dicelle justice. Et que toutes et quantesfois que led. office de juge civil vacquoit ilz avoient droit dy pourveoir, les solempnitez requises, qui estoient que lesd. consulz sont tenus faire convocquer et appeller a son de trompe et cry public, par les carrefours de lad. ville de Limoges esquelz ont acoustume a faire criz publicz, tous lesd. habitans pour nommer et eslire celluy qui leur sembleroit estre ydoine et souffisant a lexercice dud. office, et ce a certain jour, lieu et heure. Et, lesd. heure et lieu assigne, lesd. consulz, manans et habitans assemblez avoient acoustume, de tout temps et danciennete, eslire et nommer ung ou deux scructateurs des voix desd. consulz, manans et habitans, lesquelz estoient assemblez, et prins a lad. nominacion et eslection; et celluy qui est nomme par la plus grant et saine partie est institue aud. office par lesd. consulz ou par lun ou deux deulx au reffuz des autres; et, ou lesd. consulz sont reffusans de faire convocquer lesd. habitans, que lun ou deulx diceulx consulz le peult faire faire a son de trompe et cry public, et, en labsence des autres, ceulx qui sont prins peuvent proceder a la election, et icelle ainsi faicte est tenue valable. Icelluy Le Gay disoit que, vaccant led. office par le deces dud. Bardaud, qui mourut la nuyt de Noel, aucuns desd. consulz sestoient, la nuyt mesmes, sans appeller lesd. manans et habitans, ingeres de faire eslection, et de faict en firent deulx, lune de la

(1) Voir la note ci-dessus, page 40.

parsonne dud. Le Quart, et lautre dud. Gay; lesquelles elections faictes, led. Le Quart avoit trouve moien de faire buller par ce que icelluy Le Gay estoit esleu et nomme et par la grant et saine partie. Et, pour ce que lesd. consulz avoyent este reffusans de convocquer et appeller lesd. habitans ne garder les solempnites en tel cas acoustumees, aucuns diceulx habitans sestoient, dedans le temps introduict, tirez en n^{re} chancellarie, et en icelle obtenu permission deulx assembler et convocquer lesd. consulz, manans et habitans pour proceder a lad. election; pour lesquelles faire executer, le lieutenent general de n^{re} seneschal de Limosin avoit baille son atache adroissant au premier de noz sergens, pour faire les proclamacions a son de trompe et cry public, et assigner ausd. consulz, manans et habitans certain jour, lieu et heure pour proceder a lad. election et nominacion dud. office, ce qui avoit este faict; et, lad. assignacion escheue, led. Le Gay avoit este esleu et nomme par tous ceulx qui estoient presens, les solempnites en tel cas requises gardees et observees. Au moyen de quoy, icelluy Le Gay, par ung desd. consulz et ung des manans et habitans, au reffuz des autres consulz, avoit este institue oud. office, et dicelluy prins possession; et, adverty dud. prouces, sestoit icelluy Le Gay oppose, et de nous obtenu lettres de surrogacion ou lieu dud. Bardaud; par quoy disoit que, actendu ce que dit est, et que a lelection faicte de la parsonne dud. Le Quart les solempnitez navoient este gardees, et quil nestoit capable quil devoit estre maintenu et garde diffinitivement en possession et saisine dud. office de juge civil dud. chasteau et ville de Lymoges, fruictz, prouffitz, revenuz et emolumens dicelluy, que n^{re} main devoit estre levee a son prouffit, et inhibicions et deffences faictes ausd. consulz Le Quart et Durand, et, en cas de delay, que la recreance luy devoit estre adjugee. A quoy il avoit conclud et demande despens, dommaiges et interestz. Despuis lesquelles escriptures ainsi produictes et productions faictes par les parties, led. Durand sestoit tire en n^{re} chancellarie, et, narracion faicte desd. vaccacions et eslections, ensemble des provisions et declaracions sur ce par nous faictes, et de lad. mainlevee faicte a son prouffit, eussions declaire que n^{re} vouloir et intencion estoit de pourveoir aud. office sans ce que lad. election ou elections faictes par lesd. consulz ou habitans sortissent aucun effect, ne que en ladvenir iceulxd. consulz et habitans peussent en aucune maniere proceder a faire ellection

et don dud. office, lesquelles pour lors eussions cassees et
adnullees, et, en tant que mestier estoit et quon eust peu dire
led. office estre vaccant aux causes que dessus, icelluy office
luy eussions de rechief et de nouvel donne et octroye pour en
joyr et user aux honneurs, droiz, gaiges, prouffitz, revenuz et
emolumens acoustumes, et de ce, le xxiiij^e jour de mars aud.
an mil cinq cens et neuf, luy eussions octroye noz lettres,
lesquelles, avec certaine requeste, led. Durand avoit presentees
a n^{re}d. court, et dicelles requis lenterinement. Sur quoy fust
par n^{re}d. court ordonne quil feroit sa requeste en jugement au
premier jour plaidoyable ensuyvant; et, advenu led. jour, que
que soit le xxviij^e jour de may mil cinq cens et dix, lesd. parties
ou procureurs pour elles comparans en n^{re}d. court, avoit este
par led. Durand requis linterinement de nosd. lettres, et pour
la part desd. consulz et Le Quart, apres recit faict dud. don a
eulx faict dud. chastel et chastellanie, terre et seigneurie dud.
Lymoges, des deux arrestz de recreance donnez au prouffit de
ceulx qui par eulx avoient este esleuz et nommes oud. office; et
contre led. Durand avoit este dit que icelles noz lettres estoient
obreptices et subreptices, par ce quil avoit donne a entendre
plusieurs chouses ou narre de nosd. lettres, mesmement que
ausd. habitans avoit este oste la faculte de eslire, et que en
avions retenu la totalle disposicion au paravant lelection et provision dud. Le Quart, se qui ne se trouveroit ne ne lavions
jamaiz entendu, ains a chacun garder et conserver son droit;
par quoy avoient conclud que led. Durand ne faisoit a recevoir a
demander lenterinement de nosd. lettres, et que de leffect
dicelles il devoit estre deboute, et lesd. Le Quart et consulz
absolz et relaxez, ou que telles autres conclusions que de raison
leur feussent adjugees, demandans despens, dommaiges et
interestz. Et pour la part dud. Gay avoit este employe le contenu
en ses escriptures precedentes, par lesquelles il apparoissoit estre
le vray titulaire, et que le droit luy estoit acquis; par quoy nozd.
lettres estoient subreptices et obreptices, et que, non obstant
icelles, actendu que icelluy Durand navoit faict mention esd.
lettres du droit dud. Gay ne des privileiges de ladicte ville,
que ses conclusions ja prinses luy devoient estre adjugees, et
que de leffect de nosd. lettres led. Durand devoit estre deboute
avec despens, dommaiges et interestz. Sur quoy, les parties
oyes en repplicques et dupplicques, n^{re}d. court avoit ordonne
que les parties corrigeroient et mectroient par devers la court

et au conseil dedans troys jours ensuyvant. Despuis lequel appoinctement, par ce quil estoit question de matiere doffice et pour le different qui estoit, asscavoir si notred. court en devoit congnoistre ou noz ames et feaulx conseilliers les maistres des requestes ordinaires de n^{re} hostel en leur auditoire a Paris, de n^{re} propre mouvement eussions faict evocquer lad. matiere par devant nous et noz amez et feaulx conseilliers les gens de n^{re} grant conseil a certain jour, auquel, que que soit le troysiesme jour de janvier dernier passe, lesd. parties ou procureurs pour elles comparens en n^{re}d. conseil, et icelles oyes, de leur consentement lad. matiere avoit este evocquee et retenue en n^{re}d. grant conseil en lestat quelle estoit et selon les derniers arremens et appoinctemens faictz en icelle et incidens meuz et pendans entre lesd. parties en n^{re}d. court de parlement a Bourdeaulx, et ordonne que lesd. consulz et Le Quart seroient tenuz dedans certain temps faire apporter a leurs despens en n^{re}d. conseil lesd. prouves, ce quilz avoient depuis faict. Tellement que, le quatorziesme jour de juing dernier passe, apres ce que lesd. parties ou procureur pour elles eurent veu les productions par eulx faictes en n^{re}d. court de parlement de Bourdeaulx, auroient requis leur estre faict droit sur ce quil estoit devers n^{re}d. conseil. Scavoir faisons que, veu par lesd. gens de n^{re}d. grant conseil les escriptures desd. parties, arrest, lettres de mainlevee, de don, de surrogacion et collations desd. parties et aultres chouses quelles ont voulu produyre dune part et daultre, ensemble lappoinctement a oyr droit, et tout considere, iceulx gens de n^{re}d. grant conseil, par leur arrest et jugement, ont mis et mectent lesd. appellacions, ensemble ce dont a este appelle au neant, sans emende; et, en tant que touche la surrogacion requise par lesd. parties, lesd. gens de n^{re}d. grant conseil ont ordonne et ordonnent que lesd. parties ne seront surroguees par vertu des elections et provisions faictes par lesd. consulz, lesquelles ilz ont cassees et adnullees et mises du tout au neant comme nulles et de nul effect et valeur; et, au regard de noz lettres de don et declaracion, dont led. Durand a requis lenterinement, lesd. gens de n^{re}d. grant conseil ont ordonne et ordonnent que nozd. lettres ne seront enterinees, ains de leffect dicelles ont deboute et deboutent led. Durand, et neantmoins ont iceulx gens de n^{re}d. grand conseil ordonne et ordonnent que lesd. consulz et habitans de Limoges feront aultre et nouvelle election dud. office, en la presence du commissaire qui sera a ce deppute et ordonne par n^{re}d. conseil, selon et en ensuyvant la refformacion de la justice dud. Lymoges faicte par feuz maistre Symon Davy, seigneur de Sainct Peravy, en son vivant n^{re} conseillier et maistre des requestes, et Pierre de Serizay, en son vivent conseillier en n^{re} court de parlement a Paris; laquelle refformacion lesd. gens de n^{re}d. grant conseil ont enjoinct ausd. consulz garder et observer de point en point, selon sa fourme et teneur, et sans despans. En tesmoing de ce, nous avons faict mectre n^{re} seel a cesd. presentes. Donne et prononce en n^{rr}d. grant conseil, a Valence, le dixneufiesme jour de juillet lan de grace mil cinq cens et unze, et de n^{re} regne le quatorziesme. Ainsi signe sur le reply : par le Roy, a la relacion des gens de son grant conseil : BARBOT. — A LEXECUCION duquel arrest fust par led. conseil commis led. Boulac, lequel, au moys doctobre derrenier passe, se transporta en ceste ville de Lymoges, en sa compaignie maistre Jehan Savoys, huissier ordinaire des requestes de lhostel dud. seigneur, et, parties deuement appellees et comparans par devant luy, fust par sa sentence appoincte que led. arrest seroit execute de point en point selon sa fourme et teneur, et procede a lelection dud. juge civil de lad. ville, chasteau et chastellanie de Lymoges, en la fourme et maniere que sensuyt :

DE PAR MESS^{rs} les consulz de la ville, chasteau et chastellanie de Lymoges, len faict commendement a tous les manans et habitans de lad. ville que demain, que sera le mercredy vingt neufiesme jour de ce present moys doctobre, heure de mydy, se rendent en la maison du consulat, scavoir est : les chiefz et maistres des maisons, et non aultres, pour illec eslire les cent hommes lesquelz esliront et feront le juge civil de lad. ville, chasteau et chastellanie, au nombre desquelz eslisans seront comprins lesd. consulz, en ensuyvant la teneur de larrest donne et prononce a Valance, le xix^{e} jour du moys de juillet derrenier passe, par Messrs les gens tenans le grant conseil du roy n^{re} souverain seigneur, ensemble la refformacion de la justice autresfoys faicte par Messrs maistres Symon Davy, seigneur de Sainct Pierre Aby (1), maistre des requestes ordinaire de lhostel dud. S^{r}, Pierre de Serisay, conseillier dicelluy, seigneur en sa court de parlement a Paris, et ce sur peine de cent livres contre chascun deffaillant applicables a nosd. S^{rs} les consulz.

---

(1) Il y a plus haut : « Sainct Peravy ».

Intimacion que, viennent esd. jour et heure ou non, en leur absence ou contumace, sera procede comme de raison, leur absence ou contumace nonobstant. Ainsi signe : par commandement de mesd. S^{rs}, BARDIN.

LE MARDY xxviij^e jour doctobre mil cinq cens unze, lesd. jour et an, Messrs les consulz, scavoir est : Francoys Audier, Pierre Petiot, Guillaume Galichier, Jehan Bonnet et Mathieu Bonnet, consulz de lad. ville, chasteau et chastellanie, tant pour eulx que les autres consulz leurs compaignons absens, ont commis Leonard Veruhaud, leur trompete et de lad. ville, illec present, a faire led. edict et proclamacion par les carreffours et lieux acoustumes, faire cryees et proclamacions en ceste ville de Lymoges, et ce en ensuyvant larrest donne par le grant conseil du roy et teneur dicelluy, et en presence de moy greffier criminel cy dessoubz escript, et de Guillaume La Mere, Pierre Caillaud, gaigiers desd. consulz, tesmoings a ce appellez. ET, LESD. jour et an, led. Veruhaud, commiss^{re} susd., sest transpourte en la compaignie du greffier criminel de lad. ville, chasteau et chastellanie, par les carrefours dicelle ville et lieux acoustumes faire criz publicques, lequel commissaire, pour ce quil nest clerc, apres ce quil a eu proclame a son de trompe, a faict lyre par led. greffier led. edict par lesd. carrefours et en sa presence et des tesmoings cy empres nommes, et ce a relate avoir faict en la fourme susd., lesd. jour et an. Faict ez presences de Jacques de Furssac, Guillaume La Mere, Pierre Caillaud et Pierre de Navarre, sergens et gaigiers de lad. ville, tesmoings a ce appellez.

SENSUYT leslection faicte par les manans et habitans de la ville de Lymoges des cent hommes que furent esleuz, au nombre desquelz furent comprins Messrs les consulz, qui lors estoient unze en nombre cy empres nommes, qui avec lesd. eslisans feront le nombre des cent, et ce en presence de Monsr maistre Jehan Boulac, conseillier du roy en son grand conseil, commissaire par led. conseil, deppute a executer larrest prononce touchant loffice de juge civil de ladicte ville, chasteau et chastellanie, et ce pour faire led. juge, a ce presentz lesd. consulz le mercredy xxix^e jour doctobre mil cinq cens unze.

DES TAULES : Francoys Audier, consul; Mathieu de Julien; Balthesar Douhet; Bartholme Mercier; Monsr maistre Pierre Bermondet, lieutenent; Pierre Verrier; Anthoine du Boys; Jehan

Dinematin; Marcial filz de feu Mathieu du Boys; Marcial Douhet.

La banyere de la Porte : Jacques Benoist; Marcial du Peyrat de Leymagene (?); Jacques de Janeilhac; Jehan de Lagerie; Maureil Mathieu; Jehan Boillon. Et a este continuee lad. assignacion a demain, heure de six heures de matin, pour ce quil estoit heure tarde. A laquelle heure a este assigne ausd. manans illec presentz a haulte voix par lesd. consulz.

Et advenent le lendemain, heure assignee, que fust le jeudy penultime jour desd. moys et an, en lad. maison du consulat, se sont de rechief assembles lesd. consulz, manans et habitans, lesquelz, en presence de mond. Sr le commissaire, ont procede a lad. eslection desd. cent hommes, comprins lesd. consulz, comme dit est, faicte par lesd. consulz preallablement par les astans aprinse de lad. heure, qui ont dict et acteste questoit escheue et passee, Marcial du Peyrat, filz de feu Andre du Peyrat; Aymery Guybert; Marcial Disnematin; Jacques des Champs.

La banyere de Manhanye : Estienne Romanet, consul; Francoys du Boys; Marcial du Boys laisne; Jacques Rogier; Andre de Lacorcelle dict Toupy; Jehan Mercier; Guillaume de Julien; Marcial Romanet; Marcial Martin; Jehan Gergot.

La banyere des Bans : Pierre Petiot, consul; Guillaume Galichier, consul; Jacques Fougassier; Bertrand Botaud; Jehan de La Roche dit Vouzelle; Marcial Dinematin dit lou Dourat; Jacques Benoist le jeune; Jacques Meilhaud; Pierre Guybert; Mathieu de Loumosnarie. Et, ce faict, a este continuee lassignacion aujourdhuy, heure de mydy.

Et, advenent lad. assignacion et heure, comparans lesd. consulz et habitans en lad. maison du consulat ont procede au parachevement de lad. eslection desd. cent hommes comme sensuyt, faicte aprinse par les astans que lad. heure estoit passee.

La banyere de la Fourye : Marcial Audier, consul; Pierre de Beau Nom dit Lobre; Pierre La Mothe; Monsr maistre Marcial Mathieu; maistre Jehan Favelon; Marcial Le Quart; Marcial Botin, prevost de Lymoges; Maureil de Lespyne; Jacques Le Masson, peletier; maistre Francoys Bechemeil.

La banyere du Cluchier : Marcial Rogier, consul; Helye Lascure; maistre Albert Texier; maistre Albert Baignol; Pierre Fordoysson; Andre Pauly dit Gadau; maistre Jehan Durand laisne; Leonard Penycaud; Monsr le receveur Estienne Byays; maistre Pierre Martin. Et, pour ce que lheure estoit tarde, a este lad. assignacion continuee a demain, a six heures de matin, pour proceder au parachevement de lad. eslection.

Et, advenent le vendredy darrenier jour doctobre lan susd., de rechief en continuant lad. assignacion, se sont assembles en lad. maison du consulat les manans et habitans de lad. ville, ensemble lesd. consulz, lesquelz ont procede au parachevement de lad. eslection en la fourme que sensuyt faicte, prealablement aprinse par les astans quilz estoient six heures passees, et pres que sept heures, par lesd. Voureys et Quart esleuz, est arrive led. commissaire.

La banyere de Boucharie : Jehan Bonnet, consul; Anthoine Voureys; maistre Francoys Le Quart; Jacques Nadau; maistre Jacques Tousthe (ou Touslhe); maistre Jacques Balestier, licencie en medicine; maistre Pierre Ardy, licencie ez loix; maistre Jehan de Losme; maistre Jehan Lamy; Symon Boysson.

La banyere Lancecot : Aymery de Vaubrune; maistre Jehan Petiot; Marcial Maubaye; maistre Jehan Meilhaud; Monsr Me Jehan Lapine, licencie ez loix; Jacques Caraveys; maistre Pierre Blanchard; Jehan Saleys; Mathieu Belac; Me Anthoine Corteys.

La banyere des Combes : Monsr maistre Leonard Vernaige, consul; Mathieu Bonnet, consul; Jehan de Bouscheys dit Mercier; Monsr maistre Jehan Martin, licencie ez loix; maistre Guillaume Baignol; mons^r maistre Aymery Villebost, licencie ez loix; Jehan Ferrand; Bartholme Pauly dit Gadau laisne; Jehan de Julien; Pierre Ticay.

La banyere du Vieilh Marchat : Pierre Benoist, consul; Jehan Bounhaud; Gabriel Ramond; Pierre dit Penot du Mas; Girault Benoist; Loys Valade; Jacques Chaffort dit Claveu; Jehan de Vertamon; Gros Pierre Benoist; Marcial Goudendaud.

Et, led. jour darrenier du moys doctobre lan susd., lesd. consulz de la ville, chasteau et chastellanie de Lymoges, assembles en la maison du consulat pour led. affaire et negoce, ont commys leur trompete Leonard Veruhaud, illec present, a bailler assignacion ausd. esleux dessus nommes, et ce a son de trompe et cry publicque, a lundi prouchain, heure de six heures de matin, actendent jusques a sept, en lad. maison du consulat, pour par lesd. consulz et eslisans estre procede en presence de mond. S^r le commissaire a leslection du juge civil de lad. ville, chasteau et chastellanie, ainsi quil appartiendra par raison; et neantmoins ont lesd. consulz donne en mandement aud. Veruhaud, leur trompete, se transpourter *hostiatim* (1) aux domicilles desd. eslisans, pour leur bailler et intimer lad. assignacion et intimacion en tel cas requise. Faict en lad. maison du consulat, a ce presentz et appellez a tesmoings Pierre Chivalier et Guillaume La Mere, gaigiers et sergens desd. consulz, les jour et an susd.

Sensuyt lassignacion baillee ausd. eslisans led. juge civil : de par Messrs les consulz de la ville, chasteau et chastellanie de Lymoges, par auctorite du mandement et commission a moy donnee par lesd. consulz, je adjourne, baille jour et assignacion a ceulx qui ont este esleuz par les manans et habitans de lad. ville a eslire le juge civil dicelle ville, chasteau et chastellanie, comprins au nombre desd. elisans lesd. consulz, a lundy prouchain, heure de six heures de matin, actendant jusques a sept, que sera le troysiesme jour du present moys de novembre, en la maison du consulat, pour, par lesd. consulz et eslisans estre procede a leslection dud. juge civil comme de raison. Intimacion que, viennent ou non ausd. jour et heure, sera par iceulx consulz avec lesd. eslisans qui se trouveront a lad. assignacion procede a icelle eslection ainsi quil appartiendra par raison, leur absence ou contumace nonobstant.

A vous, mes tres honnoures seigneurs Messrs les consulz de Lymoges, certiffie, je, Leonard Veruhaud, v^{re} trompete, que, les jour et an cy dessoubz escriptz, et en presence des tesmoings cy empres nommes par auctorite du mandement par vous a moy donne, me suis transporte ez carrefours et lieux acoustumez a faire criz et proclamacions publicques de ceste ville de Lymoges, esquelz carrefours, apres ce que ay eu faicte proclamacion de ma trompe, ainsi que jay acoustume faire, ay donne jour, adjournement et assignacion ez gens nommez et esleuz par les manans et habitans de lad. ville pour eslire le juge civil dicelle en la fourme et maniere contenue en lesdict dessus insere, et ce par lorgane du greffier criminel cy dessoubz nomme, pour ce que ne suis clerc etre scay lire ne escripre, le tout en ensuyvant mad. commission. Et intimacion en tel cas requise, preallablement lecture faicte dud. esdict, ay faict nommer aud. greffier par nom et prenom et par ordre desd.

(1) *Ostiatim*, de porte en porte.

banyeres, les eslisans led. juge, affin quilz nen puissent pretendre cause dignorance. Et dillec, led. jour mesmes, me suis transpourte es presences que dessus es domicilles desd. eslisans ausquelz et chacun deulx par moy trouves comme sensuyt. Et premierement en la banyere des Taules, et aux parsonnes de Mathieu de Julien, Barthesar Douhet, Bartholme Mercier, Pierre Verrier, Anthoine du Boys, Jehan Dinematin, Marcial filz de feu Mathieu du Boys, parlant a leurs parsonnes; au domicille de Monsr maistre Pierre Bermondet, lieutenant general du gouverneur et seneschal de Lymosin, parlant a la parsonne de ma dame sa mere, qui ma respondu que sond. filz ny estoit pas, ains estoit alle a Poictiers quinze jours pouvoient estre passes ou environ, et ne scavoit quant seroit de retour; au domicille de Marcial Douhet, parlant a la parsonne de sa femme Paulye Boillonne, laquelle, apres ce que me suis enquis avecques elle ou estoit led. Douhet, son mary, ma faict responce quil estoit absent, et estoit alle, dix jours peuvent estre passes, dehors et au pays dAlbigeoys. Ausquelz, et chacun deulx par moy trouves comme dessus, ay intime lad. assignacion et adjournement dont dessus est faict mention, et neantmoins les ay adjournes et baille assignacion a demain, que sera le lundy troysiesme jour de novembre, heure susd. de six heures de matin, actendant jusques a sept, en la maison du consulat, pour, par lesd. consulz et eslisans, estre procede a la eslection ainsi que de raison. Intimacion susd. et contenue aud. edict. Et dillec me suis transpourte en la banyere de la Porte, ez domicilles de Jacques Benoist laisne, Marcial du Peyrat de Lymagene(?), Jacques de Janeilhac, Jehan de Lagerie, Maureil Mathieu, Jehan Boillon, Marcial du Peyrat, filz de feu Andre du Peyrat, Aymery Guybert, Marcial Dinematin, et Jacques des Champs, par moy trouves en parsonnes, et parlant a eulx; ausquelz et chacun deulx ay baille pareille et semblable assignation et intimacion de dessus. Et dillec en la banyere de Manhanye, et aux domicilles de François du Boys, Marcial du Boys laisne, Jehan Mercier, Jehan Gergot, parlant a leurs parsonnes; Jacques Rogier, a son domicille, parlant a la parsonne de Catherine du Boys, sa femme, qui ma faict responce que sond. mary estoit en ville, et ne scavoit ou, et quelle luy feroit rapport de mon dire; au domicille de Guillaume de Julien, parlant a la parsonne de Margarite Rogiere, sa belle seur, que ma faict responce que led. de Julien estoit alle en ville, et ne scavoit ou, mais que voluntiers luy feroit rapport de mon dire; au domicille de Marcial Romanet, auquel parlant a la parsonne de Catherine Romanete, sa fille, que pareillement ma dict et respondu que sond. pere estoit alle en ville, et ne scavoit ou, et oultre quelle luy feroit rapport de mon dire; au domicille de Andre de La Corcelle, parlant a la parsonne de Jehannete de Las Rebieyras, sa femme, laquelle ma respondu que sond. mary estoit alle a lesbat, et ne scavoit ou, et quelle voluntiers luy feroit rapport de ce que luy vouldroye dire. Ausquelz et chacun deulx par moy trouves comme dessus ay faict semblables exploiz, adjornemens et assignacion que dessus. Intimacion susd. Et dillec aussi me suis transporte en la banyere des Bans, aux hostelz et domicilles de Bertrand Botaud, Jehan de La Roche dit Vouzelle, Marcial Dinematin dit Lou Dourat, Jacques Benoist le jeune, Pierre Guybert, Mathieu de Loumosnarie, parlant a leurs parsonnes; a Jacques Fogassier, a son domicille, parlant a la parsonne de Jehanne Mormande, sa femme, que ma faict responce que sond. mary estoit a vespres, et que voluntiers luy fera rapport de ce que luy vouldray dire; au domicille de Jacques Meilhaud, parlant a la parsonne de Mariote Rogiere, sa femme, qui ma faict pareille responce que lad. Mormande, et que son mary estoit a vespres, maiz luy fera le rapport de ce que luy vouldray dire. Ausquelz et chascun deulx par moy trouves comme dessus ay baille pareil et semblable adjournement et assignacion que dessus. Et, ce faict, me suis transpourte en la banyere de la Fourye et aux domicilles de Pierre de Beau Nom dit Lobre, Pierre de La Mothe, Monsr maistre Marcial Mathieu, licencie en decretz, maistre Jehan Favelon, Marcial Le Quart, Jacques Le Masson, maistre Francoys Bechameil, parlant a leurs parsonnes, et au domicille de Marcial Botin, prevost de Lymoges, parlant a la parsonne de Jehanne de Mausac, sa chambariere, que ma dit que ne scavoit ou estoit sond. maistre, toutesfoys luy feroit rapport de ce que luy vouldroye dire; au domicille de Moureil de Lespine, parlant a la parsonne de Anne, sa femme, que ma faict responce que sond. mary estoit alle en ville, et ne scavoit ou, mais que voluntiers luy feroit rapport de ce que luy vouldroye dire. Ausquelz et chascun deulx par moy trouves, comme dict est, ay baille pareil adjornement et semblable assignacion et intimacion que dessus. Et dillec me suis transporte en la banyere du Cluchier et ez domicilles de Helye Lascure, maistre Albert Baignol,

Pierre Fordoysson, Andre Pauly dit Gadau, maistre Jehan
Durand laisne, Leonard Penicaud, maistre Pierre Martin, par
moy trouves en parsonnes; au domicille de maistre Albert
Texier, parlant a la parsonne de maistre Bartholme Texier, son
filz, lequel ma faict responce que, des jeudy derrenierement
passe, sond. pere sen estoit alle dehors, et a present ne scest
ou il est, bien a depuis oy dire quil estoit alle a Sainct Sibran (?)
pour les affaires de Messrs de Maignac; au domicille de Monsr le
receveur Estienne Byays, parlant a la parsonne de Marie de
Aulx, sa femme, laquelle, apres ce que me suys este enquis
avecques elle ou estoit led. Biays, ma dict et respondu que, des
jeudy derrenierement passe, sond. mary sen estoit alle a Guerect,
et ne scavoit quante seroit son retour; bien a dict que voluntiers
luy feroit rapport a sa venue de ce que luy vouldroye dire.
Ausquelz et chascun deulx par moy trouves comme dessus ay
baille pareil adjournement et semblable assignacion et intimacion que dessus. Et, ce faict, me suis transporte en la banyere de Boucherie, et es domicilles de Anthoine Voureys,
maistre Francoys Le Quart, Jacques Nadau, maistre Jacques
Touslhe, maistre Jacques Balestier, licencie en medicine,
maistre Pierre Ardy, licencie ez loix, maistre Jehan de Losme,
par moy trouves en parsonnes; au domicille de maistre Jehan
Lamy, parlant a la parsonne de Paulye Jugesse, sa femme, que
ma dict que led. Lamy, son mary, estoit alle en ville, et ne
scavoit ou, maiz voluntiers luy feroit rapport de ce que luy
vouldroye dire; au domicille de Symon Boysson, parlant a la
parsonne de Marie, sa fille, laquelle, apres ce que lay inquise
ou estoit sond. pere, ma faict responce quil ny estoit pas, ains
estoit alle en ville, et ne scavoit ou; toutesfois luy feroit voluntiers rapport de ce que luy vouldroye dire. Ausquelz et
chascun deulx par moy trouvez comme dessus ay baille pareil
adjournement et semblable assignacion que dessus et intimacion
susd. Et dillec me suis transpourte en la banyere de Lancecot,
et ez domicilles de maistre Jehan Petiot, Marcial Maubaye,
maistre Jehan Meilhaud, maistre Jehan Lapine, licencie ez
loix, Jacques Caraveys, maistre Pierre Blanchard, maistre
Anthoine Corteys, par moy trouves en parsonnes; au domicille
de Jehan Saleys, parlant a la parsonne de Jehanne Mormande,
sa belle mere, qui ma faict responce que led. Saleys estoit a
vespres, toutesfois luy feroit relacion de ce que luy vouldroye
dire; au domicille de Mathieu Belac, parlant a la parsonne de

Catherine, sa femme, que ma faict responce que sond. mary estoit alle au cimitiere, maiz voluntiers luy feroit rapport de ce que luy vouldroye dire. Ausquelz et chascun deulx par moy trouves comme dessus ay baille pareil adjornement et semblable assignacion et intimacion que dessus. Et de la me suis transpourte en la banyere des Combes, et es domicilles de Jehan de Bouscheys dict Mercier, mons^r maistre Jehan Martin, licencie ez loix, maistre Guillem Baignol, mons^r maistre Aymery Villebost, licencie es loix, Jehan Ferrand, Bartholme Pauly dit Gadaud laisne, Jehan de Julien et Pierre Ticay, par moy trouves en parsonnes, ausquelz et chascun deulx, parlant a eulx, ay baille pareil adjornement et semblable assignacion et intimacion que dessus. Et de la me suis transporte en la banyere du Vieil Marchat et ez domicilles de Gabriel Ramond, Pierre dit Penot du Mas, Girault Benoist, Loys Valade, Jehan de Verthamon par moy trouves en parsonnes, Jehan Bounhaud a son domicille, parlant a la parsonne de Valere, sa fille, que ma faict responce que sond. pere estoit a vespres. Au domicille de Jacques Chaffort dit Claveau, parlant a la parsonne de Jacques, son filz, que ma faict responce que sond. pere estoit alle a lesbat, et ne scavoit ou; au domicille de Gros Pierre Benoist, parlant a la parsonne de Galienne de Janeilhac, sa femme, que ma dict que sond. mary estoit alle a vespres; au domicille de Marcial Godendaud, parlant a la parsonne de Jehan, son frere, que ma respondu que led. Marcial, son frere, estoit alle a lesbat, et ne scavoit ou; toutesfois mont dict que volentiers leurs feroient asscavoir mon dire, et leur en feroient le rapport. Ausquelz et chascun deulx, par moy trouves comme dessus, ay baille pareil adjornement et semblable assignacion que dessus, et intimacion que, viennent ou non ausd. jour et heure, sera, par iceulx consulz et lesd. eslisans qui a lad. assignacion seront, procede a leslection dud. juge civil ainsi quil appartiendra par raison, leur absence ou contumace nonobstant. Et tout ce, tres honnoures seigneurs, vous certiffie avoir faict par lorgane du greffier criminel de lad. ville, chasteau et chastellanie cy-dessoubz escript, pour ce que ne suis clerc. A ce presentz et appelles a tesmoingtz Mathieu Vignenaud, marchant, Pierre Chivalier et Guillaume La Mere, gacgiers et sergens de lad. ville de Lymoges, le dimanche segond jour du moys de novembre lan mil cinq cens unze.

Et advenent le lendemain, questoit le lundy troysiesme jour du moys de novembre lan cy dessoubz escript, se sont assemblez en la maison du consulat, heure assignee, mons^r le commissaire maistre Jehan Boulac, docteur ez droiz, conseiller du roy en son grant conseil, commissaire deppute a lexequcion dud. arrest, sire Francoys Audier, maistre Leonard Vernaige, licencie ez droiz, Marcial Audier, esleu pour le Roy nostre S^r au hault pays de Lymosin et franc aleu Pierre Petiot, Guillaume Galichier, Jehan Bonnet, Marcial Rogier, Mathieu Bonnet, Pierre Benoist, Aymery de Vaubrune et Estienne Romanet, consulz de lad. ville de Lymoges, ensemble tous mess^{rs} les eslisans dessus nommes, excepte mons^r maistre Pierre Bermondet, lieutenent general du gouverneur et seneschal de Lymosin, Anthoine du Boys, Marcial Douhet, esleus en la banyere des Taules, maistre Albert Teixier, mons^r le receveur Estienne Biays et mons^r maistre Jehan Lapine, licencie ez loix, aussi esleuz en eslisans led. juge, deuement appellez ainsi quil est illec apparu par la relacion dud. Veruhaud, trompete, en presence des dessus nommes leue a haulte voix par le greffier criminel de lad. ville, cy dessoubz escript. Et, faictes lesd. comparicions, lesd. consulz ont faict declaracion quilz commectoient et avoient commys led. Vernaige en president aud. negoce et eslection, et en scruptateurs lesd. Marcial Audier, Francoys Audier et Estienne Romanet. Et aussi ont esleu a tesmoings venerable messire Girauld Guytard, licencie en chascun droit, et maistre Jehan Savoys, huissier ordinaire des requestes de lhostel du Roy, illec presentz. Et, par lorgane dud. Vernaige, president susd., a este dit et remonstre, en presence de mond. S^r le commissaire, ausd. consulz et eslisans quilz estoient illec assembles pour proceder a lelection du juge civil de lad. ville, chasteau et chastellanie de Lymoges, et que en toutes elections estoient troys voyes et manieres deslections ; scavoir estoit : scruptine (1), compromys et *via Spiritus Sancti*. Par quoy les a enquis par quelle voye desd. troys voyes ilz estoient deliberes et avoient intencion proceder. Et, inter-

---

(1) Lo scrutin, le compromis et l'inspiration. — M. Leymarie, dans son *Histoire du Limousin*, T. II, lit *écripture* au lieu de *scruptine*. Nous pensons qu'il n'y a pas lieu d'hésiter. La scrutine ou le scrutin était le mode ordinaire d'élection dans plusieurs villes.

Quant à la voie de l'*Esprit-Saint* ou de l'*inspiration*, nous croyons y voir une imitation de ce qui se passait au conclave pour l'élection des papes. Les cardinaux étant assemblés, l'un d'eux, comme frappé d'une inspiration subite du Saint-Esprit, s'écriait : « Nommons un tel ! »

pelles lung apres lautre, par laquelle desd. voyes estoient deliberes proceder, ont dict quilz vouloient proceder par la voye de compromys; et ce ont dict lung apres lautre et successivement par leurs bouches.

Ce faict, mond. Sʳ le president a exhige le serement de Marcial Bardin, greffier criminel, cy dessoubz escript, ensemble de maistre Jehan Daubertrand, clerc de mond. Sʳ le commissaire, et desd. Guytard et Savoys, tesmoingtz dessus nommes, qui ont jure, scavoir est : led. greffier criminel, Daubertrand, ont jure sur le missel, passion, figures et croix, des deux mains chascun, touche le livre, escrire a la verite et tenir secret ce que sera faict au present acte, et lesd. tesmoingtz pareillement ont faict serement en pourter bon et loyal tesmoignaige, et tenir secret ce que seroit faict aud. affaire. Et semblable serment a faict faire ausd. consulz et eslisans, lung empres lautre, que, selon leurs consciences, esliront leurs compromissaires, scavoir est troys parsonnaiges, lesquelz consulz et eslisans se sont accordes au nombre de troys parsonnaiges, qui par eulx seront esleuz. Et, dune voix, lung apres lautre successivement, ont esleu en leurs compromyssaires saiges hommes Mathieu de Julien, Jacques Benoist, bourgeoys, et Francoys Audier, consul de Lymoges; et en iceulx se sont convenuz et accordez. Ausquelz tous dune voix ont donne autant dauctorite et puissance quilz et chascun deulx avoient et ont pour eslire led. juge. Lesquelz compromyssaires et chascun deulx ont illec preste le serement solempne sur le missel et croix, eulx et chascun deulx lung empres lautre, les deux genoilz a terre, teste nue et des deux mains, que bien et loyaulment selon leurs consciences esliront celluy quilz verront estre le plus souffisant et ydoine, plus prouffitable et convenable a la chouse publicque pour juge

---

Ce n'était, il est vrai, qu'une simple proposition, car il fallait que le cardinal fût acclamé par les deux tiers au moins de l'assemblée.

Nous n'avons rien à dire de l'élection *par compromis*, dont les formes sont minutieusement relatées dans la pièce que nous reproduisons.

Quelque singulières que puissent paraître ces formalités religieuses appliquées à l'élection d'un juge civil, surtout en ce qui concerne la voie d'*inspiration*, qui ne devait pas, du reste, être souvent adoptée, nous sommes cependant confirmé dans notre sentiment par la lecture d'un passage du P. Bonaventure de Saint-Amable, qui prouve que, à cette époque, ces formalités étaient en usage en Limousin, et que dès-lors l'imitation était toute naturelle. En 1510, après la mort de Jean Barton de Montbas II, évêque de Limoges, le chapitre, assemblé pour la nomination d'un successeur, avait décidé, sur la proposition d'Aymery Essenaud, l'un des conseillers de l'élection, que des *trois voies de l'élection* on suivrait celle des suffrages. — (V. les curieux détails de cette élection dans Bonav., T. III. p. 744.)

civil de lad. ville, chasteau et chastellanie, ce quilz ont sur leurs consciences promys et jure en la fourme susd. Et, pour estre presentz a lad. eslection, ont este commys et ordonnez estre tesmoings honnourable maistre Aymery Audien, licencie ez loix, procureur du roy en la seneschaucee de Lymosin, maistre Constantin Lacroix, notaire des faulx bourgs Montmalier de lad. ville, et lesd. Guytard et Savoys, tesmoingtz dessus nommez, lesquelz et chascun deulx ont faict semblable serement que dessus, et quilz seroient bons, feablez et secretz tesmoingtz, ainsi que illec ont promys et jure.

Et, faict led. serement, se sont lesd. compromyssaires dessus nommes, ensemble lesd. tesmoingtz, greffier criminel, et maistre Jehan Daubertrand, clerc de mond. S^r le commissaire, retirez a part en conclavez et chambre posterieure dud. consulat, pour proceder a lad. eslection comme de raison.

Lesquelz Mathieu de Julien, Jacques Benoist et Francoys Audier, compromyssaires susd., tous d'une voix et accord, en presence desd. tesmoingtz, greffier criminel susd., Daubertrand, clerc de mond. S^r le commissaire, ont esleu en juge civil de lad. ville de Lymoges, chasteau et chastellanie, honnourable homme maistre Aymery Essenaud, licencie en chascun droit, auquel Essenaud ont donne, octroye et confere led. office de juge civil, et, par ces presentes, donnent, octroyent et conferent, avec les droiz, prerogativez, prehemynences et gaiges que y sont et appartiennent, en donnent en mandement aux subgectz et justiciables de lad. juridiction a icelluy Essenaud obeyr comme leur vray juge.

Et, leur d. eslection ainsi faicte, se sont lesd. compromyssaires, tesmoingtz, greffier et clerc susd., presentes devant led. commissaire, consulz et eslisans susd., ausquelz lesd. compromyssaires ont declaire lad. eslection ainsi par eulx faicte par lorgane dud. Francoys Audier.

Par commendement duquel commissaire, consulz et eslisans, lad. eslection a este publiee a haulte voix au devant la porte de la maison dud. consulat en presence que dessus.

Et, relation faicte de lad. proclamacion par led. huissier, a este donne en mandement par lesd. consulz a Marcial Botin, prevost et juge criminel de lad. ville, aller querir led. Essenaud, juge susd., ce que a este faict, et lequel sest comparu illec, et a accepte led. office, et preste le serement solempne entre les mains desd. consulz en tel cas requis. Et faict led. serement par led. Essenaud, lad. eslection et don dud. office a luy faict par lesd. compromyssaires a estee approuvee, confirmee et auctorisee par mond. S^r le commissaire en exequtant led. arrest et teneur de sa commission.

ET, LED. jour mesmes, et tout incontinent, sans divertir a autres actes, Messrs les consulz, scavoir est : Francoys Audier, Marcial Audier, Pierre Petiot, Guillaume Galichier, Estienne Romanet, Pierre Benoist, Jehan Bonnet, Marcial Rogier, Mathieu Bonnet et Aymery de Vaubrune, consulz de lad. ville, chasteau et chastellanie, ont icelluy maistre Aymery Essenaud, juge civil desd. ville, chasteau et chastellanie, mys et institue en reelle et actuelle possession dud. office, par ascendement et possession de la chaire de lauditoire de la court ordinaire dud. Lymoges, et cognoyssance des causes de lad. court. Presentz et appelles a tesmoingtz maistre Constantin La Croix, Jehan de Saude... (1), garde de la monnoye de Lymoges, et Mathieu Vuchenaud, marchand, tesmoingtz a ce appelez, le lundy troysiesme jour de novembre lan mil cinq cens unze.

Par commandement de mesd. seigneurs les consulz :

(Signé :) BARDIN, greffier criminel susd.

Et desquelles chouses susd. lesd. consulz dessus nommes firent et firent faire extreme diligence, et prononcer icelluy arrest, a la poursuyte duquel proces despendirent et frayarent grand somme de deniers.

. . . .
. . . . (2) nombre de douze vings chevaulx et plus, tous en belle ordonnance, allerent aloudevant dud. S^r pour icelluy recevoir jusques a my chemin dud. Sainct Leonard ou environ, au Maszest, et le receurent le plus honnorablement que leur fut possible. Et luy fit larengue le sire Mathieu de Julien, bourgois de lad. ville, lequel, tant en commun que en particulier, offrit

---

(1) La fin du mot est rognée.
(2) Le commencement de cette pièce manque, un feuillet ayant été enlevé depuis très-longtemps, puisque une table manuscrite du présent registre, écriture de la fin du dernier siècle, ne fait pas mention de la pièce. Il s'agit de l'entrée du duc de Bourbon, accompagné de son frère, le 23 juillet 1512, ainsi qu'on peut le voir dans les *Annales manuscrites* de 1638.

aud. S^r les biens de lad. ville ; lequel S^r luy fit responce que tous ses predecesseurs avoyent estes amys et voysins de lad. ville, et que pareillement il le vouloit estre ; et que pour les afferes de lad. ville il semploieroit volentiers tant envers le roy que alliers comme pour ses propres affaires. Et, ce fait, lesd. consulz, ensemble leurd. garde et compaignie susd., chevaucherent devant en belle ordonnance jusques a ce que furent audevant de leglise cathedrale, ou led. S^r dessendit et fut receu par messeigneurs les chanoines et chappitre de lad. eglise honnorablement ; lequel, apres ce, ala offrir a sa devocion, et, ce fait, chevaucha led. S^r, precedent lordonnance que dessuz, jusques que fut au faulxbours de lad. ville nommez les faulx bours de Manignie, lesquelz estoyent tenduz de tapiceries. A loudevant duquel S^r vindrent pour icelluy recevoir en procession et belle ordonnance : premierement tous les religieulx des quatre mendians de lad. ville, les croix precedens, en apres tous les gens deglise des paroisses de lad. ville, tous vestus de supellis, et le dernier mons^r labbe de Sainct Marcial, vestu en pontifical, acompaigne de ses religieulx, chantans hignes et louanges a lonneur de Dieu. Et fit son entree led. S^r de lad. ville, par la porte de Magnenie, en lordonnance que dessuz ; cest assavoir les marchans bourgoys premierement, en apres les prevost criminel et juge civil avecques les gagiers et officiers, abilles chescun en leur endroit de leurs livrees, et mesds^rs les consulz. Apres lentree duquel firent par plusieurs foys lesd. consulz sonner lartillerie, et pardessus les murs de lad. ville sonnoyoit plusieurs trompetes et clerons et tous autres instrumens. Lequel S^r, avecques toute sa compaignie, entra en lad. ville pard. la porte de Magnenie, les rues nectoiees et tendues de tapicerie, chevaucha jusques a Sainct Marcial, toutes cloches sonnans, ou led. S^r dessendit, et alla ouffrir. Et, ce fait, lesd. consulz le mennerent et conduirent jusques au Breuilh, ou fut son logis, prest et appareille par lesd. consulz espressement. Et apres diner, heure de deux heures, lesd. consulz, acompaignes de leursd. officiers et bien jusques au nombre de quarente des plus apparens de lad. ville, bourgoys et marchans, allerent devers led. S^r luy faire la reverence, et luy fit larengue maistre Aymeric Essenaud, licencie en loys et juge civil de lad. ville. Et tout incontinent lesd. consulz, retournes en la maison de ceans, transmirent aud. S^r ung present tant en vin, en torches et en espicerie, tant en sucres, dragees de Lion de plusieurs fasons, razyns de Damas et toutes autres sortes despicerie, le tout montant a la somme de deux cens cinquante livres t/. Et pareillement tout incontinent fut envoye ung autre present par lesd. consulz a Francoys Mons*, frere de mond. S* de Bourbon, qui cousta, tant en torches, espicerie, sucres, dragees et autres espiceries, sexante livres t/. Et en apres led. S* vouloist quon luy monstra le chief du glorieulx apostre mons* sainct Marcial, laquelle monstre luy fut concedee ainsi questoit de raison, et luy fut faicte le samedi apres, questoyt le lendemain de sad. entree, et fut faicte lad. ostencion a tous publicament led. jour et le lendemain questoit dimanche, pareillement. Et furent monstres pareillement aud. S* les chiefz de sainct Loup et sainct Aureillen; a laquelle ostencion assisterent mess** les consulz et habitans en grande liminaire et devocion par lespace desd. deux jours. Et led. jour mesmes led. S* delivra les prisonniers questoyent aux prisons, et, ce faict, arriva ung poste luy pourtant nouvelles du roy, lesquelles vues, led. S* partit de nostred. ville pour sen aller coucher (à) Aysse, auquel departement assisterent mesd. S** les consulz et officiers, acompaignes bien de huyt vings bourgoys et marchans de lad. ville; et le conduirent bien jusques amy chemin dud. lieu dAisse, ou led. S* leur commanda quilz sen retournassent, et quil estoyt content de la ville et habitans dicelle et toute sa compaignie, les remersioit de leur requeil (1), et tous autres bon motz par lesquelz pouvoit clairament apparestre quil sen alloit et toute sa compaignie de la ville bien contens.

Extraict des registres de la court des aides.

Entre maistre Pierre Bermondet, appellant, de Francoys Lamy et Marcial Audier, esleuz au hault pays de Lymosin et franc aleu, dune part, et le procureur general du roy, qui huy a soustenu lassiete fete par lesd. esleuz du taux dud. appellant, et lesd. esleuz adjornez et intimez, daultre. Les parties oyes,

<small>Dictum des esleus contribuables à la taille.</small>

---

(1) *Requelle*: accueil, réception. (ROQUEFORT.)

apres ce que le procureur general du roy a prins la cause pour lesd. esleuz, la court les a mys et mect hors de proces, et, sur les despens requis par lesd. esleuz en droit, a (*mot illisible*) par advertissemens et produire dedans le lendemain de Quasimodo prochain, venant pour tous delays. Et au surplus, lappellacion convertie en opposicion, la court dict que lesd. parties sont contraires et feront leurs faictz par ung intendit (1), quelles bailleront dedans huytaine. Et sur icelluy feront preuves, lesquelles faictes et rapportees droit sera faict ausd. parties ainsi que de raison. Et neantmoings garnyra led. appellant pendant le proces son taux de la tailhe. Et au surplus, a la requeste du procureur general du roy, enjoinct icelle court aux consulz et habitans de lad. ville de Lymoges quilz assieent et imposent a la taille les esleuz et autres officiers de lad. election, se non que lesd. esleuz et officiers aient privilege autre que a cause de leurs offices. Faict le cinquiesme avril mil cinq cens et unze avant Pasques. Ainsi signe Debidant. Collation est faicte.

Collationne a loriginal.

(Signé :) BARDIN.

Sensuyt la teneur du Statut fait par mess^{rs} les consulz et conseillers, manans et habitans de la ville de Limoges, sur la tauxe des taillees de la presente annee que lesd. consulz et conseillers seront esluz a gouverner la maison de ceans.

Nos consules castri et castellanie Lemovicensis notum facimus universis quod, die hodierna subscripta, nobis, videlicet Marciale Martini, in legibus licenciato, Matheo Juliani, Johanne de Campis, Marciale Dinamandi, Johanne Audier, Petro Benedicte, Johanne Petiot, Matheo Columbi, Johanne Vertamont, Johanne Parcet, consulibus castri et castellanie predicte Lemovicensis, tam pro nobis quam pro magistro Petro Bardini,

(1) *Intendit*, demande formulée en justice. (DU CANGE.)

Johanne Nadau dit Rivaut, ectiam consulibus absentibus, convocatis habitatoribus hujus castri Lemovicensis subscriptis, et pluribus aliis qui minime comparuerunt in presentia infrascriptorum habitantium hujus castri ac honorabilium virorum magistri Francisci Suduyraudi, in legibus licenciati, et Johannis Chausade, locatenentium dominorum electorum, pro domino nostro rege in Lemoviciano ordinatorum, ibidem presentium, dicimus et proposuimus et dici et proponi fecimus quod verum fuerat et erat quod commissiones taillarum domini nostri regis et gencium armorum annatim ipsis dominis consulibus et domui consulatus tradebantur, et, commissionibus receptis, per habitantes hujus castri, ipsis consulibus presentibus, eligebantur conciliarii pro denarios commissionum ponendo singulariter super habitantes hujus castri, *le fort pourtant le foible;* quod fieri consuetum erat, et ita hujus anni fuerant sibi et domui predicte commissiones tradite. Quodque fuerant electi consiliarii et nominatim per habitatores hujus ville ad ponendum super habitantes villam predictos denarios, qui consiliarii et ipsi consules vacaverunt isto tempore ad ponendum cuilibet ex habitoribus eorum debitam taxam, et vacando comperierant per papiros anteriores nonnullos consules et consiliarios qui se eximerant ab eorum debita taxa, et plures rancores et rumores ac lites oriebantur medio predictarum diminucionum tam in particulari quam alias. Et volentes ipsi consules talibus rancoribus villam hujusmodi pro posse in transquillitate et unione tenere, et omnes suspictiones tollere, advisaverant facere statutum perpetuum ac cum consensu habitantium hujus castri si in hoc consentire volebant, et per eos advisaretur esse utile rei publice videlicet quod a cetero et perpetuo omnes consules et consiliarii qui futuris temporibus erunt, et ipsi consules qui de presenti sunt, et consiliarii in hoc deprehensi, remaneant et existant in eorum taxa, durante eorum annata qua reperientur fuisse taxati anno presedenti, absque augmentacione seu diminucione, nisi ipse talie existant augmentate, quia eo casu tenebuntur portare eorum augmentacionem *au solz la livre,* et ectiam si existant diminute, ectiam diminuentur *au solz la livre.* Et, finita eorum administracione, quod alii consules et consiliarii qui erunt anno sequenti possint ipsos tales consules et consiliarios taxare, augmentare vel diminuere secundum eorum facultates, prout eorum discrectioni videbitur quod statutum cum consensu ipsorum volebant facere perpetuum et ad hoc evocari fecerent habitatores hujus ville per servientes nostros, pro sciendo si esset utile vel non, et prodictum statutum faciendo si eis videretur utile. Qui habitatores hujus ville subscripte hoc audientes dicerunt et responderunt seriatim, unus post alium, prout sequitur : et primo predictus Marcialis Dinamandi, consul, qui ipse pluries fuerat taxatus ultra quo debebat, et pro eo plures processus extiterant moti in curia dominorum electorum, et plures sentencias obtinuerat ab eisdem, per quas constabat de excessiva taxa quia per easdem fuerat appunctuatum, quod ab ejus taxa esset diminutus; quare in hoc statuto non consenciebat, et abinde recesset. Honorabiles viri magistri Paulus Gay, in decretis, Johannes Lapine senior, in legibus, Johannes Benedicti, in decretis, Marcialis Cassegrani, Petrus Texenderii, in legibus licenciati, dicerunt quod proposita bene preceperant, et quod faciendo predictum statutum erat utile rei publice, et consensum prebebant prout prebuerunt racionibus et causis per nos allegatis supra. Johannes Lapine junior, in legibus licenciatus, dicit quod, si auderet quod aliquis ex dominis consulibus seu consiliariis haberet aliquam magnam successionem, quod esset oppinionis quod juxta ejus successionem proferret ejus taxam. Prudentes viri Franciscus Saleys, Geraldus Petiot, Johannes Douhet, Marcialis Sarraceni, Franciscus Bruneau, Matheus Benedicti, Johannes Boti de Crochadoz, Johannes de Sandelis (?), Petrus Romaneti, Marcialis Fogassier, Johannes Audier, Johannes Mercier, Guillelmus Meyso senior, Stephanus Romaneti, Andreas de Peyrato, Johannes Romaneti dit Gros, Marcialis Debosco, filius Anthonii Debosco, Maurillius Mathei, Johannes Boillon de Ymagene (?), Leonardus Gravier, Marcialis Maledent, Jacobus de Julie dit Doury, Bartholomeus Mercier, Johannes Vidau, Johannes Dinamandi, Matheus Debosco junior, Leonardus Saleys, Guillelmus Peytelli, Guillelmus Meyso junior, Johannes Romanet, Johannes Rogier, Matheus Debosco senior, burgenses et mercatores habitatores castri Lemovicensis, unanimiter et seriatim unus post alium dicerunt prout et quemadmodum supranominati (*mot illisible*) advocati dicerunt et eorum consensum prebebant prout et prebuerunt et voluerunt quod predictum statutum supra deductum per nos esset perpetuum. Aymericus Vigenaud, Matheus Palays, Petrus Doulcet (?), Johannes Troutaud, Jacobus Soumier (?), magister Johannes Durandi, notarius, Johannes Mouraud, Petrus Noaille, magister, Petrus Beylengier, notarius, Leonardus Vernault, Theodoricus Serrant, Arnaldus Teiller, Guillelmus Farlet junior, Johannes Lagorse, Johannes Las Ayras, Johannes Venault (?), Petrus Teulet, Petrus de Jonhe, serviens regius, Anthonius Buschon, Stephanus Lobre, Petrus Nycolay, Johannes Ruaud, Marcialis Duvergier, Johannes Seynat, Petrus Court, Oliverius Gobin, Andreas Teulier, Jacobus Belugon, serviens regius, Leonardus Cusgy, Johannes de Noz, Marcialis Moureau, Bernardus Freysinaud, Bartholomeus Teyseraud, Johannes de La Vigne, Marcialis Botault, Leonardus Dayso, Ivonetus Debuat, Marcialis de Monteicot (?), Marcialis Monteilh, Johannes Piteau, Jacobus Morotaud (?), Geraldus Anthoni, Jacobus Peyrat, Johannes Souvanet, Guillermus Coutissas (?), Petrus Jungaud, Johannes Botineau, Johannes Petit, Stephanus Paneau, Johannes Penicaud, Leonardus Moret, Hugonotus Moury, Johannes Gardeau, Dionisius Picaud, Johannes Gay, Stephanus Alvardi, Jacobus Boysso, Marcialis dit Magister, Jourdanus Petioti, notarius, Nycolaus Lamote, Matheus Bellac, Bernardus du Devallat, Petrus Peyrisac, Petrus Vouselle, Johannes de Mons, Guillelmus de Mouret, Petrus Alabloye, Johannes Boulo, Petrus Chasseur, Matheus Decordas, Bartholomeus Fornier, Petrus Gaultier, Johannes Murat, Thomas Arechambaut, Petrus deu Mas, Bartholomeus Navieras, Johannes Raynier, Johannes Lavaudi, Eliotus Jossen, Johannes Servieyre, Laurencius Maseau, Petrus deu Monteilh, Marcialis deu Verdier alias Daumault, Matheus Sirgaut, Johannes Bardi, Petrus Peleto, Dionisius de Bonniat, habitatores castri hujus Lemovicensis unanimiter et concorditer seriatim tamen unus post alium, dicerunt quod, faciendo predictum statutum supra naratum, erit bonum, et cedebat ad utilitatem rei publice, et ad predictum statutum consensiebant et volebant quod fieret a cetero perpetuum. Johannes Gregori, Marcialis Bardi, Albertus Arditi, Franciscus Durandi, dicerunt quod statutum esset bonum cum condicione proposita per magistrum Johannem Lapino juniorem, in legibus licenciatum. Eutachius Faure, Johannes Voureys, Jacobus Nadau, Johannes Peleto, Johannes Germa, Jacobus Noailhe, Geraldus Peleto, Guillelmus Bouti, Petrus Bertrand, Geronimus de Betoux, Johannes Las Ayras, Petrus Teillet, Johannes Froment, Johannes Troutault de Magnenye, Andreas Viravaleys, Eutachius de Gorseys, Andreas Michaelis, Dyonisius Cartier, Ademarus Chamborest, Johannes Mydy, Dulcetus de Chava Rebiere,

Leonardus Poyt, Johannes Mestadier, Bartholomeus lou Petit, Johannes Barbet, Leonardus deu Poyou, Johannes Sire, Giletus Geofroy, Petrus Bouchet, Stephanus de La Faye, Stephanus Damet, Leonardus Las Ayras, Johannes de Chambo, Marcialis Codero, Petrus Courteto, Marcialis Courteto, Johannes Monteilh, Johannes Loudeys, Petrus Louvast, Guillelmus Delavau, Petrus Gravier, Guillelmus Vigier, Franciscus Nadau, Matheus Pabo, Jacobus Nadau, Georgius Raoul, Marcialis Troulo, Marcialis Botineau, Petrus Gay, Johannes Vigier dit Peysac, Johannes Pinot, Marcialis Meyso, Raymondus de las Courrieras, Petrus Demuaud (?), Johannes Bilhard (?), Jacobus de Boubiac, Petrus Chabrou et Matheus Teseron, ectiam habitatores ipsius castri, dicerunt unanimiter singulariter, unus post alium, quod ipsi bene perceperunt statatum quod nos consules predicti volebamus facere, et quod, faciendo predictum statutum, bene faceremus, quia cedebat ad utilitatem rei publice, et consensiebant ac volebant quod predictum statutum sic supra deductum fieret perpetuis temporibus. Et, consensibus supra nominatorum habitatorum ipsius castri Lemovicensis et voluntatibus per nos auditis, fuit per nos statutum statuto et ordinacione perpetuis quod nos consules et consiliarii ipsius presentis anni et omnes ceteri consules et consiliarii qui temporibus futuris erunt ipsius castri Lemovicensis, durante eorum annata solum qua erunt consules et consiliarii, remanebunt in tallas tam domini nostri regis quam gentium armorum in taxa in qua reperientur fuisse taxati anno preterito ultimo absque augmentacione seu diminucione, nisi accidat quod talie augmententur seu diminuentur; eo casu augmentabuntur secundum augmentacionem *au solz la livre*, vel diminuentur secundum ectiam diminutionem, et hoc pro eorum annata; et, eorum annata finita, taxabuntur per consules et consiliarios qui erunt, secundum facultates ipsorum prout eis et discrepcioni ipsorum videbitur, secundum prout et quemadmodum ceteri ex habitatoribus ville erunt subciti taxe. In quorum omnium et singulorum premissorum fidem et testimonium, sigillum consulatus hiis presentibus duximus apponendum. et, hiis peractis nobis, Francisco Suduyraudi in legibus licenciato, et Choussade, locatenentibus predictorum dominorum electorum, requisierunt ipsi domini consules, quatinus in premissis omnibus et singulis tanquam rite et legitime peractis, auctoritatem ordinariam imponeremus cum decreto, actentis consensibus predic-

Marginal note: Conclusio edicti cum conditione.

torum habitancium. Igitur nos locatenentes predicti, videntes quod predictum statutum vergebat ad utilitatem rei publice ad evictandum processus ville, sine prejudicio juris denariorum regiorum et scribe curie nostre, actentis consensibus et voluntatibus predicte, auctoritatem nostram ordinariam imposuimus pariter cum decreto. In quorum premissorum fidem et testimonium sigillum nostrum hiis presentibus duximus apponendum : constat de rasuris superius factis *in divisione* (?) erunt et *in quorum*. Datum et actum in domo consulatus castri Lemovicensis, die vicesima prima mensis decembris, anno Domini millesimo quadringentesimo octuagesimo nono. Sic signatum F. Sodouraudi, locumtenens susdictus, J. Chaussade, J. Camus, greffier de mesd. sg^{rs} les consulz, M. Vertamont, et sigillatum per dictum sigillum.

Collatio facta est cum vero originali.

(Signé :) BARDIN.

Memorie sie que lou viie jour de decembre lan mil cinq cens et douze furent eyslegitz consulz per lous seigniours, bourgeys, manans et habitans de la ville de Limoges a estre consulz de lad. annade, commensant loud. jour et finissent a meyme jour lan seuvent, ceulx qui senseguen.

Et primo :

De las Taulas,	Johan Disnemandi ;
De la Porte,	Marsau Disnemandi ;
De Magnynie,	Franceys Deubost ;
Deu Marchat,	Mathieu Beyneys ;
De la Fourie,	Pauly Gay ;
Deu Cluchier,	Monsr lou recebedour Biays ;
De Boucherie,	Marsau Noaslher ;
De Lansacot,	Mathieu Belat ;
De las Cumbas,	Jehan Deuboscheys dit Mercier ;
De Vielh Marchat,	Gros Peyr Beneyt ;
Decreyssensas	{ Monsr maistre Aymeric Villabost ; lou seigneyeys Marsau Dohet.

Lou x^e jour de decembre mil cinq cens et douge, furent

cyslegitz conseilhers e partissours de las tailhas per lous manans et habitans de Limoges lous cy ampres nommatz.

Et primo :

De las Taulas	Peyr Juge; Johan Deyscendier;
De la Porte	Audoys David.... (?); Johan Troutaud;
De Magnynie	Johan Filhou; Johan Testus;
Deu Marchat	Bartrand Boutaud; Jamme Meslhaud;
De la Fourie	Moureilh de Leypine; maistre Johan Favellon;
Deu Cluchier	maistre Albert Baignou; Jamme Boubyat;
De Boucherie	maistre Jacques Toslhe; Thosmieu Villete;
De Lansacot	Thosmieu Legier; Peyr Cortete lannat;
De las Cumbas	Thosmieu Gadaud; Peyr Villabost;
Deu Vielh Marchat	Peyr Celier; maistre Guillem Juge.

Confirmation des privileigez donnez et octroyes aux consulz, manans et habitans de la ville de Lymoges, touchant lexemption des ban et arriere ban obtenuz par les consulz susd.

Loys, par la grace de Dieu roy de France, au gouverneur seneschal de Limosin ou a son lieutenent, salut. Receu avons lhumble supplication de noz chers et bien amés les consulz, manans et habitans de n^{re} ville de Limoges, contenant que combien que par privileiges a eulx octroyes par noz predecesseurs roys de France et par nous confirmez, lesd. supplians puissent tenir noblement fiefz, et que, nonobstant lesd. fiefz et autres chouses nobles quilz tiennent, ilz contribuent auz taillez et deniers sans quelque difficulte a bien grans sommes de deniers par quoy raisonnablement ne deussent estre contrainctz a eulx armer et suyvre les armes. Neantmoins, soubz umbre de certaine commission a vous adroissant pour faire mectre sus les gens de noz ban et arriere ban, vous avez voulu contraindre lesd. habitans, qui tiennent noblement de eulx armer, en leur faisant commendement de par nous, sur grosses peines, quilz eussent a aller en n^{re} armee estant en Guyenne. Et, combien quilz vous eussent remonstre leursd. privileiges et quilz sont contribuables a nozd. deniers, et par ce exemptz de nosd. ban et arriere ban, neantmoins les avez voulu contraindre a aller ou envoyer ausd. ban et arriere ban, qui seroit enfraindre leursd. privileiges, dont aucuns deulx se sont pourtez pour appellans. Et a ceste cause se sont tirez devers nous, en nous humblement requerant quil nous plaize lesd. appellations mectre au neant sans emende, et sur ce leur impartir n^{re} grace. Pourquoy nous, ces chouses considerees et mesmement que lesd. supplians payent la taille et contribuent a noz deniers, en faveur aussi et consideracion de la bonne amour et loyaulte en laquelle lesd. supplians se sont maintenuz envers nous et noz predecesseurs, et quil est necessaire que les gens notables de n^{rrd}. ville y demeurent en temps de eminent peril pour la garde et tuition dicelle, lesd. appellations intergectees par aucuns desd. supplians et non relevees avons mises et mectons au neant sans emende de grace special par ces presentes, sans ce quilz soyent plus tenuz icellez poursuyr ne relever en aucune maniere. Et avecques ce avons octroye et octroyons ausd. consulz et habitans de Limoges supplians, qui paient taille et noz aultres deniers pour raison de leursd. heritaiges nobles, quilz soient exemps de venir et envoyer en noz ban et arriere ban de noz guerres ; et de ce les avons exemptez et exemptons de grace special par ces presentes, et vous mandons et commectons par cesd. presentes que de n^{re} presente grace, exemption et octroy vous les faictes, souffrez et laissez joyr et user plainement et paisiblement, en leur mectant ou faisant mectre leursd. bien pour ce empeschez a plaine delivrance. Et lesquelz nous y avons mis et mectons de grace special par ces presentes, nonobstant quelque mandement qui ait este sur ce faict de par nous par maniere de ban et arriere ban. En quoy ne voulons lesd. habitans de Lymoges, supplians, contribuables, et payans taille pour raison desd. chouses nobles, estre comprins ne entenduz et quelxcomques ordonnances, mandemens ou deffenses a ce contraires, pourveu que lesd. supplians se tiendront souffisemment armez pour la tuition et deffense de lad. ville. Donne a Bloys, le deuxiesme jour de mars lan de grace mil cinq cens et douze, et de n^{re} regne le quinziesme. Ainsi signe au marge : *Par le roy*, ROBERTOT, et seellees en cyre jeaulne a simple queue.

Executoire desd. lettres.

Germain de Bonneval, seigneur dud. lieu, de Blanchefort, de Chevoultomie (?) et baron de Courraze, conseiller et chambellan ordinaire du roy n^{re} sire, seneschal et gouverneur de Limosin, aux commissaires qui sont ou seront commis et ordonnes a mectre sus et faire assembler le ban et arriere ban, et a tous les justiciers, officiers et subgectz du roy n^{rre}d. S^r, salut. Veuez par nous les lettres patentes du roy n^{rre}d, S^r, par luy octroyees aux consulz, manans et habitans de la ville de Limoges, cy actachees soubz n^{re} seel, par lesquelles et pour les causes contenues en icelles, le roy n^{rre}d. S^r a mys et mect au neant certaines appellacions intergectees de nous par lesd. manans et habitans sans emende, et avec ce a octroye icelluy seigneur ausd. manans et habitans quilz payent taillez et noz autres deniers pour raison de leurs heritaiges nobles, ilz ne soient tenuz aller ne envoyer aud. ban et arriere ban, et duquel ban et arriere ban le roy n^{rre}d. S^r lez a exemptez ainsi quil est plus a plain contenu et declaire esd. lettres. Consentons, en tant que a nous est et quelles sont a nous adroissantes, comme dict est, linterinement dicelles, et que lesd. manans et habitans en joyssent et usent selon leur forme et teneur, et tout ainsi que le roy n^{rre}d. S^r le veult et mande par icelles. Donne soubz le seel de noz armes le premier jour de may lan mil cinq cens et treize. Ainsi signe : BONNEVAL, P. le Flament, *par le commandement de mond. S^r*, et seellees en cyre rouge a simple queue.

Syo memorie que lou dimescreys viiⁱᵉ jour de decembre lan mil vᶜ xiij furent elegiz consulz per messʳˢ lous bourgeys, manans et habitans de la ville de Limoges, per banieyras, comme eys de bonne coustume, aquilz que senseguent. Et primierement :

> Le mardy vingtiesme jour de novembre l'an mil cinq cens vingt, les comptes desd. Peyr Veyrier et autres ses compaignons furent veriffiez, et eurent quictance par le greffier criminel cy dessoubz escript.
> (Signé :)
> Bardin.

Peyr Veyrier, de las Taulas ;
Jacques Janailhat, de la Porte ;
Jacques Sarazi, de Manynhe ;
Jehan de La Roche dit Vouzele, deu Marchat ;
Couly Noalye, de la Fourie ;
Nardon Penicault, deu Cluchier ;
Anthony Voureys, de Boucharie ;
Jacme Meilhaud, de Lansacot ;
Guilhommot Joanaud, de las Combas ;
Meistre Guillemme Joye, deu Vielh Marchat.
    Creyssensas :
Peyr deu Bost ;
Marsault Marty.

Le samedi jour et feste de la decolation de la tres glorieuse virge et martire madame saincte Valerie nʳᵉ dugesse, quon comptoit dixiesme de decembre de lan mil cinq cens et treze, que, par les grans afferes du fait de la guerre, le roy nʳᵉ sire avoit grandement augmente les tailhees, fust par bon et grand nombre de populaire de la present ville procede a la election des conseillers, colecteurs et partisseurs desd. tailhes, et fusrent choisis ceulx qui sensuyvent :

Les Taules :

Maistre Marc Juge ;
Leonard Serviere.

La Porte :

Marcial du Peyrat, filz de Andre du Peyrat ;
Jehan Mydy.

Maignenie :

Jehan du Vergier ;
Guilhaume de Soloignac.

Le Marche :

Jacques Fogassier ;
Jehan Juge, gendre de Marcier.

La Fourie :

Maistre Francois Bechameil ;
Jehan du Pic dit Pichote.

Le Clouchier :

Jehan David ;
Jamme Peyrat dit Lauvete.

Bocharie :

Pierre La Gorce ;
Simon Buysson.

Lanssacot :

Jehan Dufre dit Fricacee ;
Jehan Boriaud.

Las Combas :

Pierre Tiquay ;
Marcial Puymeyrat (?).

Le Vieulx Marche :

Girault Benoist ;
Nadau Bardinet.

Arest done par messg^{rs} les generaulx des aydes a lencontre de lesayeur de la monoye (1).

Memorie syo que lou penultime jour deu meys de may lan mil cinq cens et quatorze, estans consulz Pierre Veyrier, Jacques Janailhac et les auctres dessoubtz nommatz, fust pro-

(1) Ce titre est d'une écriture postérieure.

nonciat ung certain arrest devant messg^rs lous generaulx des aides pour le roy a Paris, au proufficht et utilitat deusditz Sg^rs consulz, manans et habitans de la ville de Limoges, a lencontre de Marcial du Bost lannat, assayeur de la monnoye de Limoges, louqual Marcial deu Bost se disio estre clerc de ladicte monnede de Limoges per raison deusdiz offices, ce desio estre exempt de las tailhas et cruas ordinarament impousadas per lou rey sur lousdiz manans et habitans de ladicte ville de Limoges. Et avyo loudit deu Bost alleguat plusours raisou per lasquallas disio estre exempt de las dichas tailhas. Et neanmains avyo product loudit deu Bost ung certain arrest en cas semblable, louqual avyo eystat prononciat au proffict et utilitat de lassayeur de la ville de Lion, et auctras productions fachas per loudit deu Bost. Et de la partide deusdiz S^rs consulz fust dit que loudit deu Bost avyo loudit office dassayeur per resignation, et que loudit Deubost et sous predecessours avyant acoustumat de payer de toute ancienetat, et que loudit deu Bost extant present, et non contredissent, avyo eytat enroullat en lasdichas tailhas luy eytant consul et coullecteur per plusours vectz. Au surplus feserent appareistre lousdiz consulz que loudit deu Bost nero point deu nonbre deux ouvriers et monnoyers de ladicho monnedo destot ne de lignaige. Et dissiant plus lousdiz consulz quel avyo eystat fach declaration en parlament a Paris que tous officiers de rey syriant contribuables a las tailhas, synon quilz aguessant previleges expres, fachas toutas allegansas, productions et contraditz. Meys au conseilh, lou tout veu et visitat, fust dit per arrest de ladicho court ce que senset : « Veu par la court le playdoye fait en icelle le dixiesme de decembre lan mil cinq cens et treze entre les consulz de la ville de Limoges, demandeurs en matiere dexecution dune part, et Marcial Duboys, essayeur de la monnoye de la ville de Limoges, deffendeur et oppossant daultre part, les productions desdictes parties, lappoinctement au conseilh sans contredictz, la nouvelle production dudit deffendeur, contrediz et salvacions a icelle, et tout considere, LA COURT dit que a bonne et juste cause lesdiz demandeurs ont assis et impose a la taille de ladicte ville ledit deffendeur, et pour son taux fait proceder par execution sur ses biens; a tort et sans cause ledit defendeur se y est oppose. Et sera ladicte execution en commencee fete et parfete, et sans despans, et pour cause, prononce le penultime jour de may lan mil v^c xiiij. » Et ne fust que leve le dictum dudit arrest. Signe

Du Peyrat. Et, si fait bessoingt, larest se trouvera au regestre du greffe du parlement de messg⁻ˢ les generaulx des aides a Paris de lan et jour susd.

<small>Larest donat per lo parlament de Bourdeu contre lous monnediers touchant lou souchet.</small>

Memorie syo a tous presens et advenir que durand n⁻ᵉ dicho annade se mouguet grand proces entre lou scindic deux oubriers et monnediers de la monnede de Limoges, appellans et provocans *omisso medio du juge ordinaire de la ville de Limoges dune part,* a lancontre deu scindic deu procureur de honnourables et saiges messeigneurs lous consulz deudit Limoges, appelle et provoque daultre part; auqual proces ero question que perce que mesdisseignours lous consulz de lan mil cinq cens et doutge avyo eystat appoinctat que lousdiz oubriers et monnediers de ladicte ville de Limoges no syriant point descriptz ny nommatz au libre ou papier de la vissee per estre elegitz en consulz, actendu que aucuns desdiz monnediers de lad. ville de Limoges aviant proces en ladicte ville touschant lou drech deux souschet, louqual drech deu souschet eys quasi tout lou revengut deudit Limoges, et avyant fach aussi lousdiz monnediers bourse commune per persegre loudit proces per Petit Jehan Guybert lou joune, a lencontre deusdiz Sg⁻ˢ consulz. Et aussi ny avyo daultres monnediers aussi que metiant loudit drech deu souschet en contradicion, comme Franceys Felinas et Marsault Ruaud et dauctres de lourdich office de monede, deuqual appoinctament loudit scindic deusdiz oubriers et monediers appellet, mas que sondit appel non relevet point et per ce loudit appoinctament ou sentence ero passade en force de chause jugade. Et per ce, lannade apres enseguen que ont contavo lan mil v⁻ᶜ et xiij, et loudit jour que ont accostumat far lelection deusdiz seignours consulz, vessent et considerans que lousdiz monediers persequtans tousjours loudit proces a lencontre de ladicte ville, et continuant tousjours en lour grande malice et errour, requeret lou procureur deusdis Sg⁻ˢ consulz que non fussant point meys en ladicte visee, actendu ce que dessus eys dich. Et veudo ladicto requisicion fache per n⁻ᵉdit procurayre, nostre juge civil, agudo lou oppihion deux saiges et auctreys manans et habitans de lad. ville que illec erant congregat et amassat en grand nonbre per proceder a leclection deusdis Sg^{rs} consulz futurs, fust appoinctat per n^{re}dict juge civil que lousdictz oubriers et monnediers non syriant point descriptz ny nommatz au papier de la vissee per estre eligitz en consulz, et ce tant que lousdiz monnediers auriant proces en ladicte ville touschant loud. drech deu souschet. De laqualle sentence ou appoinctament lou Sr Guilhoumet de Julie, ce dissent scindic deusdiz monnediers, illec present appellet, et sond. appel relevet en la court souveraine deu parlement de Bourdeulx, *omisso medio*. Et mesdis Sg^{rs} lous consulz envoyerent ung de lours compaignoux audit Bourdeux per persegre loudit proces et auctreys, louquau y demouret aud. Bourdeulx lespasse de doux meys. Auqual proces fust fache si bonne deligence a laide de Dieu et de sa glourieuse Mayr et de monsg^r senct Marcial, n^{re} patron, que fust prononsat arrest par ladicho court, per louqual arrest furent lousdiz monnediers et oubriers comdempnatz per arrest a payar lou drech deudit souschet comme lous auctreys manans et habitans de ladicte ville, et au surplus que lousdictz de la monnede de Limoges syrant descriptz et nommatz au papier de la vissee per estre consulz si senblavo aux auctres manans et habitans de ladicte ville que lou deguessant estre, et si erant eligitz per la plus grande partide deusdiz manans et habitans. Et fust prononsat loudit arrest per monsg^r lou premier president en la grand chambre, ont il y avyo xvij ou xviij de messg^{rs} lous conseilliers et deux monediers de Bourdeulx. Et y aguet grande solempnitat a vuydar loudit proces, car lousdiz monnediers per lours previlegeys ce dissiant estre exemptz de tailhas, stabellez, piacges, viij^{es}, vj^{mes} et iiij^{es} et de tous auctres suctedez, par lousqualx ilz comprenyant loudit souchet. Et fust prononsat apres loudit arrest a la baro lou xx^e jour deu meys de julhet lan mil v^c xiiij, donc nous avent levat lou simple dictum signat DE MARCILHAC.

Nota. Que les monnoyeurs ne sont exemptz du droict de souchet.

Et eys aussi a notar que audit proces fust bailhade une requeste a la court contenent causas de recusacion a lencontre de mons^r de Lavau, contenent en effect que madamoyselle sa fenne ero extrade deux Jouvyons, lousquaulx erant de toute ancienatat de ladite monede de Limoges, perque lous enfans que sortiriant de mond. Sr Delavau et delle jouvyriant deuxdictz privileges de ladicte monede. Item aussi segondement que la fenne dou Sr Guilhoumot de Julie ero aussi extrade doudiz Jouvyons, et que loudit de Julye ero scindic et negociatour deusdiz oubriers et monnediers, et sa fenne aussi ero cousine germano de madicho damoyselle Delavau. Item aussi tercement la fenno deu S⁰ Jehan de Sandelas, garde de ladicho monede de Limoges, ero aussi cousine germano de madicho damoysello Delavau, louquau Sandelas ero partide principale audit proces, perce que ont no lavyo meys en la vissee; per lasquallas chousas nous dissiant que mondit S⁰ Delavau noz syrio grandement favorissable per las chausas dessus dichas et auctras. Et per ce suppliavant ladicho court que fuz lou bon plaseir de mondit S⁰ Delavau de ne absistir point a la consultacion, judicature et rapportz deudit proces. Laqualle requeste fust rapportade per monsg⁰ de Cassaignhes, conseillier en ladiche court. Et fust appellat en la grande chambre lou consul qui ero audit Bourdeulx per sollicitar loudit proces, louquau consul fust interrogat per mondit S⁰ mons⁰ lou premier pressident moyanant grand segrement, en presence de xvij ou xviij de mess⁰⁰ lous conseilliers de ladicho court, premierament perque el avyo bailhat ladicho requeste; auquau interrogatori fust respondut per loudit solliciteur et consul que en avyo bailhat ladicho requeste perce que las chousas contengudas en sadicte requeste erant vrayas, notorias et manifestas, et que lasdichas chousas erant vengudas nouvellement a sa notice. Item plus en oultre fust may interrogat loudit sollicitour consul que ce voulyo disre touschant las tailhas, a que fust respondut per loudit sollicitour que, tant que touchavo las tailhas per lou present, no ero point de question; per ce el dissio que el avyo levat lou dictum de larrest touschant lasdichas tailhas, per louquau ero dit que lousdiz oubriers et monnediers que bessoignent actualement et sens fraude au fach de la monede jouvyriant deux privileges a eulx octroyactz, et que ilz non payariant point de tailhas, et ce per maniere de provision. Et furent ameys lousdiz seignours consulz a provar lou pretendude fraude. Mes ero per lou present question soulement deu drech deu souschet deuquau erant en contradicion de payar et mesmement ung nommatz Petit Jehan Guybert, dont lou proces ero pendent en ladicho court, dont per segre loudit proces avyant fach bourse commune lousdiz monediers. Dit plus loudit solliciteur que loudit souschet et tailhas erant doas chausas distinctas et separadas que ne avyant re ensemble, car loudit drech deu souschet ero applicat a entreteneyr las muraillas, pons, chamys, fons et auctras chousas neccessarias a ladicho ville, et que en ladicte ville ny avyo auctre revenguet au meins be petit ; au surplus, que aquilz que achaptavant loudit vy payavant loudich drech deu souschet, et non pas lous vendeurs, et ce per lamyndrissament de ladiche mesure, louquau drech fust donnat per ung reys de France per entreteneyr las chausas desus dichas ; dont ny hon avesque ny abbat ny auctre privilegiat que ce peusche exemptar, sinon a present lousdiz monnediers, que voulent troubar ladicho exemption et fant persegre loudit proces audit Guybert, affin que sy loudit Guybert jouvyo, et per consequens ilz vouldriant jouvy. Et, apres louditz interrogatorrys factz, fust appellat Mylanges, louquau disset que en ero per loudit Petit Jehan Guybert. Et per ce fust appoinctat per la court que en vendrio disre sas causas dappel lendema, auctrement .... en cas dappel. Et treys jours apres fust de rechiept appellat loudit Guybert, louquau respondet que non voulio soubteneyr loudit appel. Et per ce fust prononsat mal appellat et be jugat, et ranvoyat sur lou principal ... devant lou seneschal de Limosin ou son lieutenent. Et fust retengut en lous deypens, taxatz a xv l. x s. vj d.

' Et deypuey loudit temps, loudit Guybert, de son consentement, a eystat condempnat per loudit louctenent a payar loudict drech deu souschet avec despans.

Sye memorie que lou vij^e jour de decembre lan mil v^c xiiij, furent eylegit consulz per mess^{rs} lous bourgeys, manans et habitans de la ville de Lymoges, per banieyras comment eys de bonne coustume, aquilz que senseguent.

Et premieyrament :

Thoumieu Marcier,	de las Taulas ;
Jamme Beyney,	de la Porte ;
Loys Cybot,	de Manenye ;
Bertrand Boutaud,	deu Marchat ;
Peyr Lamothe,	de la Fourie ;
Maistre Albert Banhou,	deu Cluchier ;
Jamme Nadau,	de Boucherie ;
Maistre Johan Melhaud,	de Lancequot ;
Peyr Tiquay,	de las Combas ;
Guabriel Reymond,	deu Vielh Marchat ;
Jamme Fougassier,	} de creyscensas.
Marsau deu Peyrat de Leymageno ;	

Le vendredy xxix^e jour de novembre lan mil cinq cens vingt et ung, lesd. Bartholme-Loys Sibot et autres leurs compaignons ont rendu leurs comptes, et sont estez veriffiez par maistre Francoys Durand, Marcial Martin, Helias du Boys et autres consulz modernes, et ont receu quictance devant le greffier criminel et en presence de tesmoings. (Signé :) BARDIN,

Lou xᵉ jour de decembre mil vᶜ xiiij, furent eylegit concelliers et particens de las tailhas per lous manans et habitans de Lymoges aquilhs lousquaulx sont eysy nommatz. Et primo :

Micheu Rougier, Guilhoumot Bouton,	de las Taulas ;
Per Darfeulhe, Peyr Filhou,	de la Porte ;
Peyr Gergot, Pierre Bauld,	de Manenye ;
Marsau Beyney, Merigot Joussen,	deu Marchat ;
Maistre Loys Deupy, Johan Noalhe,	de la Fourie ;
Peyr Las Cyras, Pierre Moureilh,	deu Cluchier ;
Lieunard La Gorce, Johan de Mons,	de Boucherie ;
Lieunard Barny, Guilhem Guery,	de Lancequot ;
Marsau Pouzou, Johan de La Gouteu,	de las Combas ;
Lieunard Lo Coulhon, Jamme Pipey,	deu Vielh Marchat.

Memoria sia que, incontinent que nous entren consulz, nous trobem en las preygous de la ville Guillaume dit Maumot et Bartholmieu de la Juddie, preys a la requeste de nostre procureur, et fut tant procedit contre ilz que de ce que furent condennatz a la geine, se porteren per appellans a monssʳ le senneschal de Limosin per *omne judicium*, que ben avie estat appoinctat per nʳᵉ prevost et mal appellat per ilz fut dit et prononciat, dont ilz se pourteren per appellans en parlement a Bourdeaulx. Et, per administrar justice, veu lo cas, que ere grand, tout incontinent lous fezen mennar per nʳᵈ. prevost en bonne garde et companie a Bourdeulx, et y arriberent lo jour de Nadau, et treys jours apres, per arrest, fut confirmade la sentence et lo proces contre lesd. de la Juddie per permission de la court per achabar a Bourdeulx. Et ampres losd. de la

Juddie, lung exequtat jouxte la sentence, batut per doux dissabdeys per la ville et coppat las aureilhas, et, lo derrier dissabde, fach lo pizon et es pillory ampres deux Treys Trueilhz, ou era estat commis lo crime et delict. Et aqui lod. de la Juddie perdet dernierement laureille jouxte la tenour de lad. sentence. Et eys lod. proces pendent en la court de parlement per la subbastation de lours beys.

ITEM eys a notar quel advent que a Dieu plaguet, que eys doulour a rappourtar, prendre a sa part feu de bonne memoire n^{re} souverain S^r lo reys Loys xij^e, qui redet lesperit a Dieu aux Tourneles, a Paris, lo premier jour de janvier lan mil cinq cens quatorze, dont tous en furen esbays et tres tristez. Per que assemblen la gens de la ville tant per sabeyr que siria de far que de la confirmation de nostreys privilegis. Et furent dadvis far bon gach per teneyr la ville soubz la vraye et bonne obeyssence deu rey n^{re} souverain S^r, et que ampres om envoyarie confirmar nostreysd. privilleges, ce que fut fach.

Et ampres, deu consentement de la gens de la ville, envoyen a Paris en embeyssade mess^{rs} maistre Pierre Benoyt lo joune, chanoine de Limoges, Marcial Mathieu, licencie, et Pierre Veyrier, et doux vasletz, per aveyr lad. confirmacion, losquaulx demoureren despuey lo quatriesme de fevrier jusques au vingt troisiesme de mars lan susd. Et obtenguerent la confirmacion de n^{treys} privillegis de n^{re} souverain S^{or} lo reys Franceys premier de ce nom, a qui Dieu donne bonne vite. Et costerent lousd. privilegis ung grand argent, comme appert per lous compteys deux S^{ors} susd.

ITEM aven meys lousd. privilleiges au tresor, le six^e jour de ce present moys de decembre lan mil cinq cens et quinze, et ce en la presence de mons^r lofficial maistre Benoyt le vieulx, des sires Pierre Petiot, Pierre Verrier, maistres Estienne Farot et Jehan Petiot, des sires Bartholmieu Mercier et Jaques Fogassier, consulz de lad. presente annade.

ITEM sia memorie que nous avem agut de mess^{rs} lous cossoulz de lan mil v^c et xiij lo privilegi deu ban et arrier banc, loqual avem meys au tresaur de la ville.

Lo divendreys septeyme jour de decembre lan mil cinq cens et quinze, per lous bourgeys, manans et habitans daqueste ville et chasteau de Lymoges, degudament assemblatz en la sale de consulat, come eys de bonne coustume, furen eslegitz consulz per banieyras per la presente annade aquilz que senseguen :

Balthesar Douhet,	de las Taulas;
Audoy Dauvergne,	de la Porte;
Pierre Juge,	de Mainhenie;
Mathieu Loumosnarie,	deu Marchat;
Peyr Losbre,	de la Fourie;
Peyr Fourdoysson,	deu Cluchier;
Maistre Franceys Loquart,	de Bocharie;
Marsau Maubaye,	de Lancecot;
Maistre Guillem Baignol,	de las Combas;
Loys Beneyt,	deu Vielh Marchat;
Monsr maistre Johan Marti,	} de creyssensas.
Jamme Rogier,	

Privilege et exemption de ne receveyr et logar gens-darmas en la ville, avec expresse prohibicion.

Charles, par la grace de Dieu, roy de France, a tous ceulx qui ces presentes lettres verront, salut. Scavoir faisons que, pour obvier aux perilz et dommages qui se pourroyent en suyr, et mesmement que, en temps de guerre, les habitans des bonnes villes et forteresses de n^{re} reaulme ne peuvent pas avoir la notice et cognoissance des gensdarmes et aultres qui suyvent les guerres, Nous avons octroye et octroyons de grace special et deffendons expressement par ces presentes a noz ames et feaulx les consulz et habitans de la ville et chasteau de Limoges quilz ne recoyvent ne soyent tenus a recepvoir en leurd. ville gendarmes ne aultres quelcomques quil leurs y puissent pourter ou faire dommaige, fors que seullement ceulx et jusques a tel nombre comme il leur semblera bon, sans ce que, pour ceste cause de non laisser entrer lesd. gensdarmes et aultres, il doibvent ou puissent encourir aulcune poyne ou emende envers nous. Si donnons en mandement par ces presentes au seneschal de Limosin, que est ou sera pour le temps advenir et a tous nos aultres justiciers et subgectz, et a chacun deulx que lesd. consulz et habitans il fassent et souffrent joyr et user paisiblement de n^re present grace et octroy. Et contre la teneur de ces presentes ne les seuffrent estre empesches et molestes en aulcune maniere. En tesmoing de ce, nous avons faict mectre n^re seel a ces lettres. Donne a Paris, en n^re hostel lez Sainct Pol, lan de grace mil iiij^c lxxj, et de n^re regne le viij^e, le xxvj de janvier. Et au reply, signe : par le Roy. Et au reply : Tabary. Sellees.

Et lo xiiij^e jour de decembre furent eslegitz conseillers et partissours de las taillas per lous manans et habitans de Limoges lous cy desoubz nommatz. Et primo :

De las Taulas :

Marsau deu Bost lo joune ;
Anthony Palays.

De la Porte :

Jaques deu Peyrat ;
Peyr deu Quars.

Deu Marchat :

Johan Disnemati dit Dourat ;
Marsau La Voulte.

De Manhenie :

Andrieu de Lacorcelle dit Toupy ;
Albert Crosier.

De la Fourie :

Jamme Lo Masso, pelletier ;
Pierre Guozet.

Deu Cluchier :

Andrieu Gadault ;
Guillem Fanet, costurier.

De Bocharie :

Leonnard Voureys ;
Tynot Texeron.

De Lancequot :

Jamme Caraveys;
Johan de Betz.

De las Combas :

Colau Mercier;
Peyr Deboscheys.

Du Vieilh Marchal :

Janot Bouyault;
Leonnard Bardinet.

<small>Baillete de certaine portion du vergier du Corps de Dieu de Sainct Michel au lieu des Arenes.</small>

Nous, Jehan Martin; Francoys Lequart, licencie es droicts; Guillem Baignol, notaire; Pierre Fordoysson; Pierre Debeaunom; Mathieu de Loumosnarie; Audoyn Dauvernhe, et Marcial Bouriault dit Maubaye, consulz de la ville, chasteau, chastellanie de Limoges, tant pour nous que pour honorables et saiges Balthezar Douhet, Jacques Rougier, Pierre Juge et Loys Benoist, aussi consulz desd. ville, chasteau, chastellanie de Limoges, scavoir faisons que nous, aujourduy cy dessoubz escript, estant en nostre consulat, et traictans des affaires et negoces de la chouse publicque de lad. ville de Limoges, par ladviz, conseil et deliberation des manans et habitans dud. Limoges ou de la plus saine partie pour la cause soubz escripte assemblez, avons assensse perpetuelement, cede et transporte, assenssons et a assensse perpetuelle cedons et transportons pour nous et noz successeurs a saiges hommes maistre Jehan Debelestes, notaire et practicien de Limoges, Pierre Ticay, Jacques Peyrac, marchans de Limoges, bayles de la frerie du Corps precieux N^{re} Sr Jhesucrist que se faict en leglise parochalle de Sainct Michel des Lyons de Limoges, illec presens, et pour eulx et Bartholome Gadaud le jeune, aussi bayle de lad. frerie, absent, et pour lad. frerie stippulans a faire a leur volente et de lad. frerie, certaine place publicque sise et situee aupres du Croz de la Rene, entre le vergier de lad. frerie, dune part, et lad. place publicque du Croz de la Rene, le chemin publique entre deux, daultre part, et les vignes ou treilhes de Marcial Vidau et des heoirs Jehan Vidau, daultre part, et le chemin publicque par lequel lon va de la porte de la Rene au couvent des

Carmes, daultre part, scavoir est de la longeur quest a present led. vergier de lad. frerie et au droict dicelluy en tirant vers lesd. treilhes desd. Vidaulx, parmys ce que de lad. place assenssee jusques a lapparest desd. treilhes devienra place ouverte et chemin publicque ouvert de la largeur de quatorze piedz pour le service de la chouse publicque. Et ce a assensse perpetuelle chescun an et annee de six deniers tournoys.... a perpetuel cens et fondalite, poyables par lesd. bayles de ladicte frerie et leurs successeurs chescun an et perpetuelement, comme ont promis et promectent par ses presentes a chescune feste de Noel, avec cinq soulz tournoys que lesd. bayles ont recogneu et confesse devoir chescun an et perpetuelement de cens et fondalite a nous et a noz successeurs sur leurd. vergier joignant a lad. place assenssee par sarement par eulx faict aux sainctz Dieu evangiles N^{re} Seigneur, touche le livre, sans prejudice des parties et convenances faictz entre lesd. parties ou leurs predecesseurs touchant la bailhete faicte dudict vergier. Et pour les *intra scripta* (?) a cause de lad. place assenssee, nous, consulz susd., recognoissons avoir eu et receu reaulment et de faict content desd. bayles la somme de dix livres tournoys, monoye courrente, de laquelle somme les avons quictes et quictons par ces presentes, en pacte de nen demander aulcune chouse. Et dicelle place assensee, dessus confrontee, sauf et reserve le chemin que dessus, avons envestis et envestisons lesd. bayles par latraihon (?) de ses presentes, et lad. place leur promectons garantir et deffendre envers tous et contre tous de tout aultre cens, rente, droict et ypothecque quelzconques, soubz lypothecque des biens dud. consulat, et en avons oblige et obligons par ses presentes, ausquelles, en foy et tesmoinage que dessus, avons faict mectre et appouser le seel par nous ordonne aux contraictz esd. ville, chasteau et chastellanie de Limoges. Donne et faict en n^{re}d. consulat, presens ad ce et appelles maistre Pierre Boutin, notaire de Limoges, et Guillaume Lemere, sergent de n^{re} court ordinaire de Limoges, tesmoings ad ce requis, le septiesme jour du moys de juing lan mil cinq cens et seze.

Par commandement de mesd. seigneurs les consulz :

(Signé :) Melhaud (?).

Senseguen lous noms de mess^rs lous borgeys que an las claulx deu trezaur de la ville quei chas lous hers Mathieu Beyneyt.

Lous hers Mathieu deu Bost, — une clau ;
Lous hers Marsault Dinemandi, — cinq claux en ung aneu ;
Jacme Rogier, — doas claux en ung aneu ;
Esteve Romanet, — treys claux en ung aneu, que a estade bailhade a Peyr Romanet, son filz ;
Johan Disnemandi, deu Bancs, — doas claux en ung aneu ;
Marsault Beyneyt de la Porta, — doas claux en ung aneu ;
Johan Reymond, — una clau (1) ;
Peyr Petiot, — una clau ;
Mestre Estienne Parot, — una clau (2) ;
Jaques Janelhac, — una clau (3) ;
Peyr Guybbert, — una clau (4).

Le mercredy xxviij^e jour de novembre lan mil cinq cens vingt, led. Pierre Petiot et autres consulz de lad. annee ont rendu et veriffie les comptes de ladministracion, tant recepte que myse, aux consulz modernez de ceste annee, et ont quitancereceue par le greffier criminel cy dessoubz escript. (Signé :) BARDIN.

Sia memoria que lo vij^e jour deu meys de decembre l'an mil cinq cens setge furent elegitz publiquement en la grant sale per lous manans et habitans de la ville, a la forme acostumade, honnorables mess^{rs} lous consoulz desoubz nommatz :

Franceys Audier,	de las Taulas ;
Guilloumot de Cordas,	de la Porte ;
Estienne Romanet,	de Maignenie ;
Peyr Petiot,	deu Marchat ;
Moureil de Lespine,	de la Fourie ;

(1) Cette ligne a été biffée, et remplacée par ces mots : « Balhade a Marsau deu Bost de Maignenie », lesquels ont aussi été biffés, et remplacés par ceux-ci : « Balhade despuez a Guilhem Disnemandi ».
(2) Cette ligne a été biffée, et remplacée par ces mots : « Remudada a Tisto Lacoustura (?), — una clau ».
(3) Cette ligne a été biffée. En marge est écrit : « Decessit ».
(4) Cette ligne a été biffée. A la suite est écrit, d'une écriture postérieure : « Jehan deu Bost, filz de Franceys, — una clau ».

Maistre Bartholmieu Penicaille,	deu Clochier;
Johan Bonnet,	de Bocharie;
Johan Boriault,	de Lancecot;
Nycholas Marcier,	de las Combas;
Jacme Claveu,	de Vieilh Marchat;
Johan Disnemandi dit lo Dourat, Marsau Beyneit, filhz de feu Jacme Beyneit,	de creysensas.

Et lo diet° jour deud. meys de decembre furent elegitz conseliers et partissours de las taillas per lous manans et habitans de Limoges lous desoubz nommatz :

Las Taulas :

Macias Faulte;
Bartholme Palays.

La Porte :

Jehan Godyn;
Marcial Vidau.

Maigncnie :

Estienne Cenomaud;
Marcau Botineu.

Lo Marchat :

Marcau Rogier;
Jacme Beyneit.

La Fourie :

Johan Bachelier;
Heliot Arnau.

Lo Cluchier :

Franceys Lagaye;
Aymard Chamborest.

Bocherie :

Nardon Mouraud;
Guillem Mestadier.

Lancecot :

Leonet Delaneau;
Maistre Jehan Debetestes.

Las Combas :

Jourde Las Ayras;
Johan Parcet.

Vieilh Marchat :

Marcau Godendault;
Johan Reynau dit Farno.

De lermite de Mont Jauvy.

Memorie fia que comme feu frayr Denys, jadiz hermite de Limoges, demorant et resident en lermitaige de Mont Jauvy deypuey petit de temps en ca, fuz oud. luec anat de vite a trespaz. A cause de que, en gardant la constume ancienne de Limoges, fuz neccessary mectre, instituir et y perveyr daulcun homme de bien, devot, de bonne conscience, per lo be, proffit et utilitat de la chause publique. Perque fut advisat per mess^{rs} lous consulz que Glaude Argelier, habitant de Limoges, homme vefve et bon homme, de bonne vite et honneste conversation, devot, et de bonnas mœurs et vertuz remplit, ydoine, suffisant et cappable per estre hermite deud. Limoges, residir et far demorance continuele audit hermitaige. Perce oussi que led. Glaude, ampres la mort deud. Denys, avie requiz a mesd. S^{rs} fuz lour plaseir lo mectre et instituire hermite oud. hermitaige de Mont Jauvy per y estre hermite, et menar a qui vite solitari en pregieyras et oraisous, et aultrament selon que lestat de hermite requiert. A la supplication et requeste deuqual ausd. S^{rs}, ampres ce que lour apparust degudament de la bonne vite deud. Glaude, lui accorderent estre hermite aud. hermitaige de Mont Jauvy, per y vieure sainctament et devotament, per pregar Dieu per lo Reys n^{re} souberen seigneur et per lo salut de las armars (des âmes) dung chascun. Et perce aujourduey, dieument de *Letare Jherusalem*, xxij^e de mars mil cinq cens setge, mesd. S^{rs} lous consulz, acompaignat de beaucoup de gens de bien de la ville, losquaulx aviam convocatz et appellatz, ampres ce que au despens de la ville aguem abilhat led. Glaude de raube, manteu et chappeyron convenables a hermite, et lesquaulx abilhemens et grans patrinostres de boys, ac vestit et preys en consulat, daqui fut menat et conduit per mesd. S^{rs} oud. luec de Mont Jauvy, et fut led. Glaude receubut a lintran de leygleyge parochiale de Mont Jauvy per venerable personne maistre Anthoni de Lachassaigne, licencie en decret, au luec de venerable personne mons^r maistre Pierre Beyneit, licencie en chascun drech, chanoine et official de Limoges et chappelle deudit Mont Jauvy. Et la messe en ladicte eygleige per loud. de Lachassaigne celebrade, qui administret lo Sainct Sacrament

— 85 —

de laultar; et ampres fut lod. Claude meys hermité aud. hermitaige de Mont Jauvy, ou prege Dieu per loud. S^rs et per tous. Amen. Jhesus.

De la dompno recluse de Limoges devant et onpres deux Carmeys (1).

Sia memoria a tous que comme lo dieument noveysme dabrieu mil cccc iiij^xx xvij (1497), bonne et honneste femme Johanne de Lagarde, vefve de Jacme de Lavigne, chappellier de Limoges, par mess^rs lous consulz fuz estade meze recluse en lour reclusaige ampres lous Carmeys, eyssi que appart plus amplament au libre rouge de consulat et au registre de la court de mesd. S^rs, auqual reclusage lad. de Lagarde a vesqut ben honnorablament sans aulcune reprehensio lespasi de xviij ans et plus, et jusques ad ce que, lo dimars xxiij^e de decembre dernier passat, eys aud. reclusaige anade de vite a trespaz; despueys loqual jour am mesd. S^rs fach diligence trobar qualque femme de be per la far et mectre recluse au luec de lad. feue. Et PERCE que a mess^rs fut dit et remonstrat per plusieurs gens de be que honneste femme CATHERINE Guillote, vefve de Jehan de Las Cousturas, et fille naturelle et legitime de feu honorable maistre Rillaud Guillot, licenciat en leiz, advocat, quant vivie a Limoges, ere femme de bien, devocieuse, de bonne vite et honneste conversation; laqualle requeire et fasie requeste a mesd. S^rs la mectre recluse aud. reclusaige, per y vieure et finir sous jours en be, offrent, comme offrit, far ce que eys acoustumat de far. OUVIDE LAQUALLE requeste, mesd. S^rs, informatz de la bonne vite et conversation honneste de lad. Catherine Guillote, lui octroierent et voulguerent quelle fuz recluse de lourdit reclusaige de Limoges. Et, per ce, AUJOURDUEY dieument de la Passion, xxixe de mars mil cinq cens dix sept, ampres ce que mess^rs agrem fach couvidar et assabeyr a

---

(1) Cette pièce a été relatée par M. Leymarie dans son *Histoire du Limousin*, T. I, p. 411. La transcription de cet auteur est fautive et incomplète en un grand nombre d'endroits.

plusieurs gens de bien de la ville se rendre en consulat audit jour, houre de huech horas de mati, per venir a lonnour de lad. donpne recluse; et furent assemblatz aud. consulat, ou venguet et arribet lad. Catherine Guillote de sa meygon, en son abit de vefvage acoustumat, ben acompaignade de plusieurs gens de bien et en grant nonbre de femmes de bien et destat que se eram redutz chaz elle. Et mesd. S^{rs} lous consulz la receuberent en lourd. consulat. Et aqui leysset sousd. vestimens, et preys et vestit lous abillamens, manteu et chappeyron que mess^{rs} lui aviam fach far de lours despens. Et ampres deud. consulat fut menade per mess^{rs} Franceys Audier et Peyr Petiot, consulz de Limoges, subsequens mess^{rs} lous consulz et lours officiers, permi (?) multitude de peuple ampres et en bon ordre, a leygleige parochiale de St Michel, a lentrant de laqualle fut venerable parsonne maistre Guillem Jouviond, licencie en decret, chanoine de Limoges et chappelle de lad. esgleigo, enchappat sur son aulbe, acompaignat de sous vicarys, assistens diacre, soubz diacre, en cortibaulx (1), et prebtreys de ladicte esgleige; LOQUAL receubet de mesd. S^{rs} ladicte dompne recluse, laqualle, estant de genoilh, feiz et promeys entre las mas de mond. S^r lo chappelle le vot de chastetat, et, ce fach, lui baillet laygue beneyte, et la preys per la ma, et la mennet au grant aultar et au costat deu banc deux bayles deu Corps de Dieu, om avie une couverte estendude, sur la qualle lad. dompne recluse se meys et prostret. Et, ampres que mess^{rs} deigleigo agrem dich *Veni Creator! cum collecta*, fut diche la messe deu jour *cum collecta de Sancto Spiritu*, en grant sollennitat, et lo sermon devant lod. aultar per mons^r maistre Anthoni de La Chassaigne, licencie en decret, accessour de monss^r lofficial de Limoges. Et, durand lad. messe, lad. dompne recluse demouret prostrade aud. luec. Ampres ce que fut fach lod. office, mond. S^r lo chapelle administret la dompne recluse, et ampres la repreys per la ma, et son vicary per laultre part, et en procession honnorablement, mess^{rs} lous consulz en bon ordre subsequent menerent lad. dompne recluse aud. reclusaige, et ampres labsolution generale illec faicte per mesd. S^{rs} de lesglise, sen retournarent chantans *Te Deum laudamus* a leur esglise; e mesd. S^{rs} les consulz en leur consulat. LADICTE dompne recluse prege Dieu per tous. Amen. Jhesus.

---

(1) « *Cortibaut*, vêtement d'église, sorte de dalmatique. » (DU CANGE.)

Lo grant pardon general de la croisade.

Aqueste present annade, commencant mil v⁰ secge, fut per nostre S¹ Paire lo Pape, a la requeste de nostre souberen S ͬ lo Reys de France, a qui Dieu donne bonne vite, donnat, octreat et concedat lo grant pardon general appellat de la croisade, per anar contre lous Turcz et infideles, et per lo contengut en las bullas sur ce espedidas; loqual pardon dure dous ans, pendens lesquaulx tous aultres pardons sont souspenduz. Ou moien de que lous troncs furent pousatz en leigleise de Limoges et per toutas las bonnas villas de Limosin, en las enseignas et banieras de la croisade, dont y avie, en chascun evesquat, commissaris depputatz. Dieu nous donne grace de lo gaignar. Amen. Jhesus.

Creacion des consulz de la ville, chastel et chastellanie de Lymoges, faicte par les habitans dicelle, le septiesme jour de decembre lan mil cinq cens dix sept.

Des Tuules :

Marcial Duboys le jeune.

De la Porte :

Marcial Peyrat.

De Manhanye :

Marcial du Boys laisne.

Du Marche :

Aymery Joussen.

De la Fourye :

Jehan Noailhe dict Chabrou.

Du Clochier :

Helias Lascure.

Le mardy vingtiesme jour de novembre l'an mil cinq cens vingt, les comptes desd. Marcial du Boys et autres sescompaignons furent verifflez, et eurentquictance pardevant le greffiercriminel cy dessoubz escript. (Signé :) BARDIN.

De Boucharie :

Guillem Mestadier.

De Lancecot :

Maistre Jehan Petiot.

Les Combes :

Bartholme Gadau.

Du Vieilh Marche :

Jehan Bounhaud.

De croyssanses :

Maistre Girault de Beaune ;
Jehan du Boys, filz de feu Anthoine Duboys.

Election des asseurs et partisseurs des tailles de ceste presente annee, tant de lequivallent que octroy, myses sus par le Roy n^{re} souverain seign^r, faicte par les habitans de lad. ville, le xxij^e jour de janvier, lan mil cinq cens dix sept, retardee obstant la peste (1) *que avoit encore en lad. ville.*

Des Taules :	*Manhanye :*
Jacques Faulte ;	Jehan Michelon ;
Monsr meistre Francoys Durand.	Estienne Petiot.
La Porte :	*Du Marche :*
Francoys Mauplo ;	Mathieu Loudeys ;
Marcial Nadau.	Pierre de Cordes.

---

(1) Voir, au sujet de cette peste, le P. BONAVENTURE DE SAINT-AMABLE, *Histoire de Saint-Martial*, 3^e partie.

La Fourie :

Maistre Julien Frenault;
Hugues Counhard.

Lancecot :

Jehan Saleys;
Pierre Courtete dict lou Petit.

Du Clochier :

Marcial Romanet;
Blaise Doyneys.

Des Combes :

Maistre Jehan Gadau;
Guillem Geneyty.

Boucharie :

Marcial Le Quart;
Marcial de Lougerye.

Le Vieilh Marche :

Loys Vallade;
Pierre du Mas.

Les consulz de la ville de Lymoges, les jour et an cy dessoubz escriptz, heure de deux heures apres mydy, ont receu les lettres missives du Roy n^re souverain seigneur, signees Francoys Robertet, datees et donnees a Amboise, le darrenier jour de fevrier, par les mains de Regne Mylle, chevaucheur ordinaire de lescuerie dudict seigneur. Faict en la maison du consulat de lad^te ville, le vendredy cinquiesme jour de mars, lan mil cinq cens dix sept.

Sensuyt la teneur desd. lettres :

A nos treschers et bien amez les consulz, bourgeoys, manans et habitans de n^re bonne ville de Lymoges.

De par le Roy daulphin :

Tres chers et bien amez, entre les autres et singulieres graces quil a pleu a Dieu n^re Createur nous faire depuis n^re advenement a la couronne, il nous en a faict une que nous tenons et repputons la plus grande et principalle de toutes les autres : c'est que son plaisir a este nous donner ung filz, duquel n^re tres chere et tres amee compaigne la royne est ce jourduy, entre quatre et cinq heures de seoir, acouschee; et faict mere et enfant bonne chere. Et pour ce que savons que ce seront nouvelles nons seullement a vous maiz a n^re royaume et subgectz tres agreables, nous avons bien voulu les vous escripre et signiffier, affin que vous en veullez rendre graces et louanges a nre Dieu createur, luy prier et requerir quil luy plaise le nous garder et conserver et a nred. royaume, et, au surplus, en faire demonstrances par feuz de joye et autrement, ainsi quil est requis et acoustume de faire en tel cas. Et vous nous ferez plaisir et service tres agreable en ce faisant. Donne a Amboise, le darrenier de fevrier. Signe : FRANCOYS ROBERTET.

Et led. jour, par le greffier criminel cy dessoubz escript, furent lesd. lettres a toute diligence publiees a son de trompe par les carreffours de ceste ville de Lymoges, et par les habitans dicelle faictz les feuz de joye et graces renduez a Dieu le createur. (Signé :) BARDIN.

Creation et election des consulz de la ville de Lymoges, faicte par les habitans dicelle le vij° jour de decembre mil v° dix huict pour lad. annee finissant mil v° dix neuf.

Des Taules :

Marcial Douhet.

De la Porte :

Marcial Disnematin.

Manhenye :

Marcial Boyol.

Lou Marchat :

Mathieu Beyneys.

La Fourie :

Pauly Gay.

Lou Cluchier :

Estienne Biays.

Bocharie :

Marcial Noaille.

Lancecot :

Jehan Bardaud.

Las Combas :

Monsr maistre Aymery Villebost.

Lou Viel Marchat :

Pierre Benoist.

Croyssances :

Jehan Disnematin ;
Jehan Boilhon.

Election des partisseurs et collecteurs des equivalent et tailles myses sus ceste present annee en la ville de Lymoges, faicte par les manans et habitans dicelle le xe jour de decembre mil v^c dix huict.

Les Taules :

Helias du Boys ;
Mathieu Tillier.

La Porte :

Jehan Midy ;
Gregoire Puichault (?).

Manhenye :

Pierre Romanet ;
Maistre Jehan Corteys.

Lou Marchat :

Francoys Juge ;
Jehan Juge.

La Fourie :

Maistre Giry de Brofa ;
Geoffroy de Pouroy.

Lou Cluchier :

Jamme Boubiat ;
Jehan Texandier (1).

Bocharie :

Pierre Thomas ;
Thomyeu Villete.

Lancecot :

Thomyeu Legros ;
Jehan Chambinaud.

Las Combas :

Jean Marcier ..... ;
Andre Pozon.

Lou Viel Marchat :

Pierre Verthamon dict Cautele ;
Jamme dAixe.

---

(1) Ce nom a été gratté, mais nous croyons pouvoir lire : « Jehan Texandier ».

Sensuyvent les arrestz donnes au prouffit des consulz, manans et habitans de la ville de Lymoges, touchant les surprinses et desny de renvoys que le lieutenant du roy en la senneschaucee de Lymosin et autres officiers dudit Sʳ sefforcoient faire sur la justice et juridiction de lad. ville de Lymoges, et manans et habitans dicelle.

Extraict des registres de parlement.

La cour a casse et anulle, casse et anulle le stille quest en la court du senneschal de Lymosin, par lequel a este par cy devant observe que quant aucune saisine ou autre exploict de justice sont faictz par auctorite des juges subalternes et subgectz de lad. senneschaucee, ouquel exploict et saisine aucun clerc, prebstre ou praticien de lad. court ont interest, iceulx clerc, prebstre ou praticien se pouvent opposer en lad. court, ou leur procureur comme personnes privillegiees, et peuvent, en vertu dudit privilleige, actirer et actraire avecques eulx en lad. court de lad. senneschaucee les autres non privillegies ayans interestz a lad. saisine ou exploict, et par lequel stille led. senneschal a acoustume les recevoir a opposition, et octroyer lettres formelles pour adjourner les exploicter faisans pour proceder en lad. court de lad. senneschaucee. Et a faict et faict inhibicion et deffense aud. senneschal et a tous autres de doresenavant prendre cognoissance en premiere instance, soubz umbre de telz privileiges, des causes ou ilz seront demandeurs, sur peine de suspension de leurs offices et dautre amende arbitraire, ains leur enjoinct renvoyer lesd. matieres avecques les parties pardavant les juges ordinaires dicelles. Faict a Bourdeaulx, en parlement, le premier jour de decembre, lan mil cinq cens et treze. Ainsi signe. Collacion est faicte : DE MARCILLAC.

Franciscus, Dei gracia Francorum rex, universis presentes litteras inspecturis salutem. Notum facimus quod, tradita curie nostre parlamenti Burdegale certa requesta pro parte consulum ville nostre Lemovicensis continente quod, quamquam ipsi supplicantes omnimodam justiciam et jurisdicionem altam, mediam et bassam, cum mero et mixto imperio et omne id quod ab ea deppendet, pro exercicio cujus eorum judices civilem et criminalem graffarios, servientes et alios officiarios haberent, et in possessione et saisina de omnibus causis tam criminalibus quam civilibus infra fines et limites eorum jurisdicionis in prima instancia cognoscendi existunt, in quibus eorum possessionibus et saisinis minime turbari debuissent, nichilominus dilectus noster magister Johannes de Piohet, locum tenens senescalli nostri Lemovicensis, de die in diem, contra omnem racionem, de materiis denunciacionis novi operis inhibicionem de non utendo nec explectando in aliqua domo seu hereditagio infra eorum juridicionem sitis exequcionis facte in vim litterarum de debitis, oppositionis, executionis sentencie seu alie exequcionis auctoritate ipsorum supplicantium facte, simplicis reintegracionis et excessuum simplicis querele presbiterorum advocatorumque et procuratorum curie dicti senescalli contra subjectos et justiciabiles ipsius jurisdictionis dictorum consulum, et aliarum materiarum tam criminalium quam civilium de quibus cognicio eisdem supplicantibus spectabat et pertinebat, cognicionem impedire innitebatur, et de dictis materiis rannodium facere denegabat. Et expresse ipsi supplicantes dudum ab eodem locumtenente rannodium recte, cavise excessuum inter procuratorem nomine, actorem, ex una, et Marcialem Rogier, Johannem Saleys, Johannem Colomb et Johannem Chambinaud, deffensores, ex alia, mote et pendentis, requisivisset id quod ipse locumtenens denegasset. A quaquidem denegacione aliisque tortis, gravaminibus, perturbacionibus et impedimentis dicti supplicantes ad eamdem curiam nostram appellassent, in qua, ad certam diem elapsam, ad requestam dicti procuratoris nostri anticipati fuissent. Quare inhibicionem et deffensionem jam dicto senescallo et locumtenenti de ipsos supplicantes a cetero non perturbando nec impediendo in eorum dictis possessionibus et saisinis, ac de amplius non cognoscendo in prima instancia de dictis causis et materiis denunciacionum novi operis, inhibicionum, exequcionum factarum virtute litterarum *de debitis*, nisi ad hoc dicti subjecti expresse cohercioni curie dicti senescalli forent submissi opposicionum, exequcionum, sentenciarum aut aliarum exequcionum auctoritate et vigore dictorum supplicancium factarum, simplicium rintegracionum et processuum actionis vel querelle quorumcumque presbiterorum, advocatorum quoque et procuratorum dicte curie ejusdem senescalli contra quemcumque subjectum et justiciabilem prefatorum supplicancium fieri requirebant; cuiquidem requeste litigando materiam faciant supplicantes requestam in judicio, prima die vicesima sexta maii novissime effluxi, ipsa curia respondisset, tamdemque predictis partibus in judicio ad longum auditis ac etiam predicto Prohet, necnon magistro Johanne Lamy, graffario civili dicte senescallie, qui ad interinacionem ipsius requeste se opposuerant, PREFATA CURIA nostra, visa dicta requesta una cum aliis peciis per ipsos auctores penes curiam positis et productis, auditoque super hoc procuratore nostro generali dictam requestam ipsorum actorum interinando, inhibicionem et deffensionem eidem Prohet ne a cetero cognicionem in prima instancia super habitantes ipsius ville et jurisdicionis Lemovicensis in causis et materiis unde prima cognicio eisdem consulibus spectat et pertinet, nisi solum insequendo ordinaciones nostras et certum arrestum in dicta curia prima die mensis decembris, anno Domini millesimo quadringentesimo decimo tercio datum assumere easdem (?) absque expensis et ex causa, fecit acque facit. Igitur harum serie dilecto et fideli nostro ac in eadem curia consiliario magistro Guillelmo Delavau commictimus et mandamus, quathinus has presentes curie nostre ordinacionem continentes juxta eorum formam et tenorem in husquam exequcionem requirunt, exequcionem debite vocatis vocandis demandet omnes qui propter hoc fuerint compellendi omnibus viis et modis racionabilibus, et debitis cohercendo et compellendo. Ab omnibus autem justiciariis, officiariis et subdictis nostris urbis in hac parte .... volumus et jubemus. DATUM Burdegale, in parlamento nostro, die prima mensis septembris anno Domini millesimo quingentesimo decimo septimo et regni nostri tercio. Sic signatum per arrestum curie : DE MARCILLAC.

(D'une autre main :)

Larest an fourme est au tresor ensenble lexecutoire dis un bissac.

Creacion et election des consulz de la ville, chastel et chastellanie de Lymoges, faicte par les habitans dicelle le mercredy septiesme jour de decembre, lan mil cinq cens dix neuf.

Des Taules :
Pierre Veyrier ;

La Porte :
Jacques Janeilhac.

De Manhanye :
Jacques Sarrasi.

Du Marche :
Pierre du Boys.

De la Fourie :
Colin Noailhe.

Du Clochier :
Marcial Romanet.

De Boucharie :
Anthoine Voureys.

De Lancecot :
Jehan Chambinaud.

Des Combes :
Jehan de Boscheys.

Du Vieilh Marche :
Marcial Goudendaud.

De croyssansses :
Maistre Mathieu Maseutin (?) ;
Jehan Vouzelle laisne.

Le mercredy iiij^e jour de decembre lan mil cinq cens vingt et ung, lesd. Veyrier, Janeilhac et autres ses compaignons ont rendu les comptes de l'administracion en recepte des deniers de lad. annee a honorable maistre Francoys Durand et autres consulz modernez de lad. ville, comme appert par la quictance receue par le greffier criminel soubz escript. (Signé :) BARDIN.

Election des asseurs et partisseurs des tailhes tant des equivallens que octroy, mises sus par le Roy ceste presente annee en la ville de Lymoges, par les manans et habitans dicelle, le sabmedy dixiesme jour de decembre lan susd. mil cinq cens dix neuf.

Des Taules :

Maistre Marc Juge ;
Liennard Mosnyer.

De la Porte :

Mathieu du Boys ;
Pierre Bastide.

De Manhanye :

Marcial Martin ;
Gillet Moureau.

Du Marche :

Francoys Colomb ;
Jehan Boutin.

De la Fourye :

Maistre Francoys Bechameil ;
Marcial Teilhet.

Du Clochier :

Nardon Penicaud ;
Jacques Peyrat.

De Boucharie :

Maistre Jacques Touslhe ;
Guillem Borie.

De Lancecol :

Jehan du Fre dict Fricassee ;
Pierre Courtete laisne.

Des Combes :

Guillem Johanaud ;
Jacques Verdy.

Du Vieilh Marche :

Maistre Guillem Joye ;
Noel Bardinet.

La letre de dix livres de rente que doibt labbe de Sainct Marcial a la ville. Ladite letre grosse est au tressort.

Nos custos sigilli auctentici in baylivia Lemovicensi, pro domino nostro Francie rege constituti, notum facimus universis quod, coram fideli commissario nostro in officioque dicti sigilli jurato, subscripto, ad hec a nobis specialiter depputato, et testibus inferius nominatis personaliter, existentes et constituti, reverendus in Christo pater et dominus dominus Jacobus, miseratione divina abbas devoti monasterii Sancti Marcialis Lemovicensis, ordinis Sancti Benedicti, de et cum consensu honorabilium fratrum Petri Choussade, prioris, Petri Saleys, capisserii, Johannis Sapientis, Petri Brunelli, Bartholomei Saleys, Petri Banili, religiosorum dicti monasterii ibidem presentium, necnon honorabilis magistri Michael Jouviondi, in decretis licenciati, cappellanus parrochialis ecclesie Sancti Michaelis de Leonibus et canonicus Lemovicensis, ut procurator et procuratorio nomine, ut asseruit, venerabilis et religiosi viri fratris Alberti Jouviondi, sacriste majoris dicti monasterii, pro se et eorum successoribus, ex una; et honorabiles et scientifici viri magistri Paulus Gay et Johannes Benedicti, in decretis licenciatus, Eutachius de Janeilhaco, Franciscus Saleys, Johannes de Sandelis, Leonardus Saleys; burgensis, Johannes Boty, carnifex, et Johannes Gay, mercator, consules, pro se et pro aliis eorum conconsulibus dicti castri Lemovicensis absentibus, ac pro comunitate seu universitate et habitatoribus ipsius castri suisque in futuram successoribus ejusdem castri pro tempore consulibus, parte ex altera. Cum, prout partes ipse utrobique dixerunt, asseruerunt et recognoverunt, lis, controversia, debatum et questionis materia *dud. acte,* et mote fuissent per ampliusque in futurum moveri et oriri possent inter dictas partes super hoc quod ex parte dictorum dominorum consulum dicti castri dicebatur et proponebatur quod ipsi domini consules universitasque seu comunitas ejusdem castri, habebant seu habebat jus, eratque et erant in bona possessione et saisina pacifica et quieta, a tanto tempore quod de contrario hominum memoria non existebat, habendi, levandi et percipiendi annuatim et perpetuo in quolibet festo octabarum majoris festi sancti Marcialis, apostoli, ipsius civitatis seu universitatis patroni, in et super manso seu clauso olim vocato sancti Marcialis, nunc vero *lo Clau choudeyro* (1), sito et situato prope ecclesiam beate Valerie ultra muros castri et civitatis Lemovicensis, inter clausum Decanatus, levi quodam itinere, pauco (?) intermedio, ex una, et iter quo itur de ecclesia Sancti Geraldi ad pontem Sancti Marcialis, ex alia, et trilhias et vismeriam prioratus Sancti Geraldi, ex altera, et iter quo itur de fonte Sancti Geraldi ad locum dictum *la Roche ou gua* (2), ex reliqua, partibus et super tenenciariis ejusdem clausi, summam decem librarum monete usualis curentis eisdem dominis consulibus solvendam et tradendam per dictum dominum abbatem Sancti Marcialis Lemovicensis anno quolibet et perpetuo termino predicto prout constare asseruerunt per arrestum supreme parlamenti Parisius curie et alia legitima documenta pro parte ipsorum dominorum consulum exibitem et exibita. Et, quia cessatum fuerat per dictum dominum abbatem in solucione dictarum decem librarum de pluribus annis, videlicet de septem vel octo annis inter cetera, dicti domini consules, seu saltem eorum precessores, saisiri et ad manum regiam poni fecerant dictum clausum Sancti Marcialis, adversus et contra quam saisinam et manus regie apposicionem et eam fecifacionem dictus dominus abbas, seu ejus pro eo procurator, se opposuerat, et per medium dicte oppositionis processus inter partes predictas ortus fuerat, in quo tantum processum extiterat quam a sentencia seu ordinatione super hoc ad utilitatem dictorum dominorum consulum lata dictus dominus abbas appellaverat, et dictam ejus appellationem in suprema parlamenti Burdegale curia relevaverat, ubi adhuc indiscussa pendebat, et in pendenti sopita certo tempore

---

(1) Aujourd'hui le Clos-Chaudron.
(2) *Ga, gua, gué* (Raynouard): *la Roche au gué.* On en a fait abusivement *la Roche au goth.*

permansuerat. Quamquidem causam dicti domini consules de novo suscitaverant, et dictum reverendum dominum abbatem juxta retroacta et agenda adjournari in dicta causa secundum sui exigenciam processurum uteriusque cum eisdem facturum, prout juris racio suaderet, fecerant pro solutione dicti arreyragii consequenda. Dictus vero reverendus dominus abbas in contrarium dicebat se ad prestationem dictarum decem librarum turonensium non teneri, et se bene et debite opposuisse contra saisinam et alia predicta explecta ad requestam quorum supra factam, et a sentencia predicta debite et legitime appellasse, et dictam suam appellacionem bene et debite relevasse in dicta parlamenti curia pluribus de causis, racionibus et mediis in processu super hoc agitato contentis; et ob hoc dicti processus, debatum, lis et controversia fuissent et essent orti et moti inter partes ipsas, pluresque sumptus et expense facti, amplioresque moveri et fieri possent. Hinc, siquidem fuit et est quod dicte partes et earum quelibet hincinde nominibus quibus supra non cohacte, non seducte, non circumvente super hoc, ut asseruerunt, aliquathinus nec decepte, ymo gratis, sponte, proinde et scienter, certeque de earum juribus et facto et ad plenum instructe, volentes, ut dixerunt, sumptibus et expensis predictis possethenus parcere, litium anfractus vitare, pacemque inter se amorem et concordiam habere, et initorie animadvertentes dictorum anfractus litium dubios habere eventus, tractantibus nonnullis partium ipsarum amicis et benivolis de et super dictis lite, controversia, questione, processu et debato inter partes ipsas, occasione predictarum decem librarum rendualium et arreyragiorum predictorum motis et ortis, adinvicem inter se convenerunt, transigerunt, composuerunt et accordaverunt, et tales compositionem, transactionem et accordum fecerunt, videlicet quod dictus dominus abbas, de et cum consensu dictorum suorum religiosorum superius nominatorum, laudando, approbando et insequendo tenorem dicti arresti pro parte dictorum dominorum consulum exhibiti, pro se et suis successoribus recognovit et confessus fuit se debere ac tenere solveri bene et legitime dictis dominis consulibus ibidem presentibus, pro se et suis successoribus solempniter stipulantibus et acceptantibus dictas decem libras renduales monete usualis currentis super clauso predicto Sancti Marcialis annuatim et perpetuo, in quolibet festo octabarum dicti majoris festi Sancti Marcialis, ex causis in dicto arresto contentis et declaratis, prout et quemadmodum dictus dominus abbas et ejus precessores soliti erant et consueverant solvere. Et ulterius recognovit et confessus fuit se debere ac teneri legitime solvere pro omnibus arreyragiis usque ad presentem diem debitis summam octuaginta librarum turonensium monete nunc currentis. Quamquidem summam octuaginta librarum turonensium, ex causa jam dicta, sepefati domini consules superius nominati recognoverunt et confessi fuerunt se favuisse et realiter recepisse ab eodem reverendo domino abbate. Et de quaquidem summa octuaginta librarum eumdem reverendum dominum abbatem et ejus conventum eorumque res et bona solverunt et quictaverunt perpetuo, penitus et omnino cum pacto de ulterius aliquid de et pro eisdem non petendo, quod si facerent (quod absit), voluerunt non audire in judicio neque extra, ymo voluerunt et hanc legem sibi et suis imposuerunt quod omnis juris audiencia sibi et suis denegetur et judicialis adhitus totaliter precludatur in quocumque foro ecclesiastico et mundano. Et insuper renunciaverunt exceptioni dictarum octuaginta librarum ex causa præmissa non habitarum, non receptarum, nec numeratarum, et spei habendi, recipiendi et numerandi in futurum; et, cum et mediante dicta summa octuaginta librarum, dicti domini abbas et religiosi de omnibus et singulis arreyragiis in quibus occasione dictarum decem librarum rendualium teneri poterant et possent quicti remanserunt et remanent erga dictos dominos consules et consulatum predictum et alios quoscumque eosdemque dominos abbatem et religiosos et eorum successores ac res et bona dicti eorum monasterii solverunt et quictaverunt cum pacto *de veternis*, aliquid de seu pro dictis arreyragiis non petendo expensis, siquidem hincinde propter hoc hactenus factis utrobique compensatis. Quas quidem composicionem, transactionem et accordum dicte partes et earum quelibet hincinde laudaverunt, approbaverunt et ratifficaverunt, ac perpetui roboris firmitatem habere voluerunt et tenere; et easdem composicionem, transactionem et accordum laudando, approbando et ratifficando, dictus reverendus dominus abbas, pro se et suis successoribus, dictas decem libras renduales monete usualis currentis a cetero perpetuo anno quolibet termino predicto solvere et tradere dictis dominis consulibus ejusdem castri et suis successoribus promisit, et expresse convenit sub ypotheca et obligacione expressa bonorum dicti monasterii, ipso domino abbate prius summato et requisito in ejus aula abbaciali

Sancti Marcialis, et, in sui absencia, capisserio dicti monasterii, etiam in dicta aula summato et requisito. Et super dicta summatione seu requisicione credetur pro omni probatione simplici assertioni unius ex consulibus ejusdem castri juxta pacta, conventiones et reservaciones in dicto arresto superius memorato, quod hic in presentibus haberi volumus pro justo contentas, cum protestatione de non discedendo nec deviando per tenorem presentium a contentis in dicto arresto, sed eidem per presentes ins'stendo et adherendo, et absque novatione quacumque. Et fuit actum expresse quod, casu quo tenenciarii dicti monasterii Sancti Marcialis questionem seu debatum in premissis apponerent et eisdem dominis consulibus solvere et tradere dictas decem libras renuerent vel contradicerent, dictus dominus abbas, pro se et suis successoribus, dictum debatum et contradictionem seu impedimentum tollere, sedare et pacificare, et dictas decem libras t/ renduales eisdem dominis consulibus garentire et deffendere ab omnibus et contra omnes, et garimentum in se suscipere in quacumque litis parte suis sumptibus et expensis promisit et convenit, promictit et convenit per presentes sub ypotheca et obligacione, ut prefertur, bonorum suorum et dicti monasterii quorumcumque. Et dictas decem libras renduales dictus reverendus dominus abbas, pro se et suis successoribus, termino predicto solvendum fore et esse sitas, situatas et assignatas in et super dicto manso Sancti Marcialis superius confrotato, bayliis et terris ejusdem et recognovit et confessus fuit. Preterea dicti domini consules superius nominati pro se et suis successoribus recognoverunt et confessi fuerunt dictum sacristam majorem dicti monasterii Sancti Marcialis, licet absentem, sed dicto magistro Michaele Jouviondi, ejus procuratore, presente, pro ipso stipulante, habere suosque precessores habuisse, fuisseque et esse in bona possessione et saisina habendi, levandi et percipiendi annuatim et perpetuo in et super claustro bladi in rua de Taulis summam triginta solidorum monete usualis currentis anno quolibet et perpetuo censualium seu rendualium. Quosquidem triginta solidos dicti consules, nomine consulatus predicti, pro se et suis successoribus, solvere et tradere dicto sacriste promiserunt modo et forma ac terminis consuetis. Et de omnibus et singulis arreyragiis usque ad hujusmodi diem presentem subscriptum debitis, dictus procurator, nomine dicti sacriste, recognovit et confessus fuit sibi integre et plenarie fuisse satisfactum, et de eisdem dictos dominos consules et eorum successores solvit et quictavit, et quictum tenere et indempnem servare erga dictum sacristam, ejus fratrem, et quoscumque alios promisit et convenit sub ypotheca et obligatione omnium et singulorum bonorum suorum. Cumque dictus reverendus dominus abbas, nomine et causa dicti monasterii, diceret et assereret se habere in et super dicto consulatu Lemovicensi seu certis domibus ejusdem octo solidos censuales seu renduales de quibus dicti domini consules nec eorum precessores nullam solutionem de et pro certis annis dudum elapsis sibi fecerant, peteretque, quathinus dicti domini consules recognitionem de eisdem in forma concederent et expedirent, dicti domini consules ex .... recognoverunt dictos octo solidos deberi casu quo infra annum proximo venturum dictus reverendus dominus abbas, seu ejus procurator, pro eo docebit per litteras vel alia documenta legitima aut alias debite dictos octo solidos censuales seu renduales sibi deberi bene et legitime et non aliter, nec alias nec alio modo; ymo expresse voluit dictus abbas ex .... dicte recognicionis nullam fuisse et esse nullius efficacie, roboris seu firmitatis, et pro non factam hoc casu quo et in eum eventum quod infra dictum annum dictus abbas non docuerit de dictis pretensis octo solidis censualibus vel rendualibus per litteras vel alia legitima documenta, aut alias debite, absque aliqua alia interpellacione. Et insuper promiserunt ipse prenominate partes, nominibus quibus supra, et earum quelibet altera alteri et e contra utraque ipse instantes et petentes, emendare, solvere, reffundere et resarcire omnia dampna, sumptus, missiones, interesse, depperdita et expensa que et quas partes ipse hincinde facerent, patirentur aut quomodolibet sustinerent ob moram, culpam et deffectum garimenti premissi, ad simplex dictum partis, illiusque dampna hujusmodi faciet et patietur, absque alia probatione quacumque non obstante, renunciantes ulterius omni exceptioni doli mali, fori, loci, in factum, actum condicioni indebite. Et suis casu omnique usui, consuetudini et statuto omnique deceptioni, contravencioni, lesioni levi et enormi, omnique auxilio et beneficio utriusque juris, canonici et civilis, scripti et non scripti, editi et edendi, per quod deceptis et lesis quomodolibet subvenitur, et expresse omni beneficio restitucionis in integrum et ab omnibus aliis exceptionibus, racionibus et allegacionibus juris et facti que contra tenorem presentium litterarum in toto vel in parte possent obiri vel proponi, et per quas contenta in presentibus litteris anullari possent imposterum vel infringi, et omnibus et singulis privilegiis, a quibuscumque personis ecclesiasticis seu secularibus in contrarium editis quomodolibet seu edendis, concessis seu etiam concedendis, et juri generalem renunciacionem repprobanti, nisi quathinus expressa fuerit in contractu. Et promiserunt partes hincinde, quathinus quamlibet tangit, se contra in presentibus litteris contenta aliquid non proponere, allegare, obicere, facere, nec venire, nec dare alicui viam, materiam seu occasionem in contrarium veniendi, per se vel per alium clam, palam, tacite vel expresse, casu aliquo in futurum, prestitis ab ipsis, videlicet a dicto reverendo domino abbate manu sua apposita supra pectus suum, et a dictis consulibus supra nominatis et eorum quolibet ad sancta Dei evangelia, libro tacto corporaliter, juramentis. Et pro premissis observandis, tenendis et complendis, obligaverunt dicte partes, nominibus quibus supra, altera alteri, ipsis inter se adinvicem solemniter stipulantibus, quathinus quamlibet tangit, videlicet dicti abbas et conventus omnia bona sua et dicti monasterii, et dicti consules omnia bona consulatus et comunitatis seu universitatis castri predicti. Et nichilominus dicte partes et earum quelibet hincinde, asserentes premissa esse et cedere in utilitatem et commodum earumdem monasteriique et civitatis seu universitatis predicte, ad omnium et singulorum premissorum observationem et complementum voluerunt ipse prenominate partes agi et compelli per nos et successores nostros et per alias gentes servientes et allocatos dicti domini nostri Francie Regis, per captionem, saisinam, vendicionem, distractionem et alienacionem rerum et bonorum suorum predictorum quorumcumque et per quevis alia remedia solita et consueta, necnon et per venerabilem virum dominum officialem Lemovicensem censura ecclesiastica, et per quemlibet ipsorum in solidum conjunctim et divisim, semel et pluries, simul et successive, quotiens opus erit. Et pro eisdem actendendis, complendis et inviolabiliter observandis, eorumque observanciam et complementum, fuerunt ipse prenominate partes, presentes, volentes et consencientes ipsam hincinde instanciam judicio curie dicti sigilli loco, vice et auctoritate juris, summaliter condempnate per Johannem de Ulmo, clericum fidelem, commissarium nostrum in officioque dicti sigilli juratum; coram quo premissa omnia et singula acta et per eum loco nostro recepta fuerunt, ut nobis fideliter retulit per has nostras presentes litteras, manu sua inferius consignatas, relacionem cujus nos custos prefatus fidem plenariam adhibentes premissaque laudantes et approbantes, ac rata, grata habentes pariter et accepta, perinde ac si coram nobis judicialiter acta fuissent, sigillum predictum auctenticum regium in premissam fidem et testimonium litteris presentibus duximus apponendum. Datum et actum in aula abbaciali Sancti Marcialis, presentibus domino Johanne de Pozviex, magistro Michaele de Lobelhaco et Jacobo Beyneyt, pintario, testibus ad premissa vocatis, die lune quinta mensis novembris, anno Domini millesimo quadringentesimo octuagesimo septimo, ubi fuerunt presentes dicti religiosi fratres Petrus Choussade, prior claustralis, Johannes Sapientis, Petrus Brunelli, Bartholomeus Saleys, Petrus Saleys, capissarius, Petrus Banili et honorabilis magister Michael Jouviondi, ut procurator religiosi viri fratris Alberti Jouviondi, sacriste Sancti Marcialis, prout in precedentibus continetur. Datum ut supra. Sic signatum : DE ULMO.

Facta est collacio cum originali per me Marcialem Bardin, una cum magistro Juliano Frenaudi. (Signé :) BARDIN.	Et per me Julianum Frenaudi, notarium regium, una cum prefato magistro Marciale Bardin. (Signé :) FRENAUDI.

De la dame recluse de Lymoges, receue lan mil cinq cens vingt.

Comme il fust avist que mess[rs] noz predeccesseurs consulz de lannee quon comptoit mil cinq cens dix sept, finissant mil cinq cens dix huyt, et le vingt neufiesme jour de mars, informez de la bonne vie et conversacion honneste de Catherine Guilhot, vefve de Petit Jehan Coustures, luy eussent confere et donne lestat en religion du reclusage de lad. ville, et par eulx induicte et myse en la possession dicelluy reclusage, les solempnitez requisez observees, laquelle Guilhot apres ce ne voulust faire residence au reclusage, et disoit ne pouvoir resister a plusieurs temptacions et troublemens de nuyt que lui survenoient; de quoy iceulx consulz advertis luy firent remonstrer et prier resider, comme estoit tenue, en icelluy reclusage, par gens de bien. Maiz de obeyr ne tint compte, et, bien que par le prevost de la ville et autres noz predecesseurs et officiers luy fust reiterablement et gracieusement remonstre, ains, apres plusieurs injunctions et admonestemens a elle faictes resider audict reclusage, rendit les clefz dicelluy a Jehan Deboscheys, consul, n^re compaignon, comme le tout peult apparoir par le proces sur ce faict. Par quoy nous, consulz modernez de ceste presente annee mil cinq cens vingt, pour le prouffit de la chose publicque, voulans pourveoir a ce que dict est, eu sur ce meure deliberacion de conseil, aplain informez de la devocion singuliere et vie honneste de Anne Angelaud, vefve de feu Michel Charle dict Nyot, pasticier de Lymoges, a icelle avons baillez les draps de devocion et habit de recluse en la maison du consulat, le vendredy devant la feste de Penthecouste darrenier passee, vingt cinquiesme de may, lan susd. Et partit dud. consulat led. jour, acompaignee de plusieurs gens de bien, tant hommes que femmes, de lad. ville, et conduicte audevant le pourtal de leglise parrochielle Sainct Michel des Lyons de lad. ville, audevant duquel pourtal si fust receue par venerable et scientiffcque parsonne frere Jehan Gigonnet, docteur es droitz, religieux du couvent des Augustins de Lymoges, en procession, acompaigne des autres prebstres de lad. eglise; et par led. Gigonnet conduicte audevant le grant autel dicelle, qui celebra la messe en solempnite, et fist le sermon auctenticque. Et, ce faict, fust lad. dame recluse conduicte, en la presence et compaignie de nous, jusques aud. reclusage pres le convent des Carmez les Lymoges en procession et canticques honnorables.

Et soit memoire que, audict an, lesd. consulz firent recouvrir les quatre portalz de la ville, tours et dezaines (?) des murailles de ceste ville de Lymoges somptueusement, et autres plusieurs belles reparacions neccessaires tant es chemyns pour lad. ville que ailleurs.

Lous nous daquilz que an las claux deu tresaur.

Marsau deu Bost, de las Toullas, — une clau;
Marsau Beyney, de la Porte, — doas clau;
Marsau Mandy, de la Porte, — une clau;
Jaques de Janeilhat, — une clau (1);
Peyr, filht Eytiene Romanet, — iij clau;
Marsau Deubost, de Mananie, — j clau (2);
Jame Rougier, — iij clau;
Peyr Petiot (?), — une clau;
Johan Mandy lou Dourat, — ij clau;
Ellias Lascure, — j clau.

Lou divendreys sept° jour de decembre, lan mil cinq cens vingt, furent elegitz consulz par Mess⁰ˢ lous bourgeys, manans et habitans dudict Lymoges, a estre consulz per ladicte annade, commensan loudit jour et finissem a mesme jour lan revolut aquilz que senseguem. Et primo:

Monsʳ maistre Franceys Durand,	de las Taulas;
Mathieu Duboys,	de la Porte;
Marcial Martin,	de Manhenie;
Jacques Beyneyt,	deu Marchat;
Pierre La Mothe,	de la Fourie;
Maistre Aubert Baignol,	du Cluchier;
Liennard Lagorce,	de Boucherie;
Maistre Jehan de Bestetes,	de Lansecot;
Francoys de Julien,	de las Combas;
Maistre Guilhem Joye,	deu Vieilh Marchat.
Pierre Romanet,	} Decreyssensas.
Helies Duboys,	

(1) Cette ligne a été biffée, et en marge est écrit : « *Decessit* ».
(2) A la suite a été ajouté : « Baïlhade a Guilhem Disnemandi ».

Lou jour de madame sencte Valerie, que ero lou ix jour de decembre, lan susdit, furent eligis comcelliers et particeurs de las tailhas per lous manans et habitans de Limoges acquis lousquaulx sont eysy nommatz. Et premierement :

Barthoumyeu Mercier, Micheu Rougier,	las Taulas ;
Jehan Meyze, Peyr Filhou,	la Porte ;
Pierre Baud, Mathieu Syreulh,	Manhenye ;
Marsault Fordoysson, Marsault Beyneys,	du Marchat ;
Maistre Loys deu Py, Maistre Jehan Favelon,	la Fourie ;
Guillem Mazeu, Jehan Ponset,	lou Cluchier ;
Jordo Treignac, Jehan de Mons,	Boucharie ;
Maistre Jehan Meilhaud, Jehan Campane,	Lansacot ;
Jehan Laguouteu, Peyr Tiquay,	las Conbas ;
Guabriel Raymon, Leonard Bouty,	lou Vielh Marchat.

Memorio syo que en lan mil cinq cens vingt, finissant vingt ung, venguerent plantifz en la chambre de messeigneurs lous consulz aucuns manans et habitans daqueste presente ville de la rue de las Combas, que laygue de la font deu Chavalet venguet trouble, ce que navyo eystat jamays. Et per ce fust advisat per mesdisseigneurs lous consulz de sabeyr dont venyo loudit empeschement. Et furent commeys aucuns de mesdisseigneurs per veyre et visitar loudit empechament. Lousquaulx seignours consulz et officiers ce transportaren aux faulx bourgtz de Montmalier, ensemble deu expers, en la maison que soulye estre dung nommat Beau Regard, sergent royal, laquelle te a present Jehan Grasset. Et fust troubat per mesdisseignors et auctres expres comment loudit empachament ero vengut per lo faulte deudit Jehan Grasset, per ce que en avyo fach une cavo de nouveau ont jamays ny avyo agut. Et per ce fust comdempnat loudit Jehan Grasset a payar ce que constario de reabilhar lous doatz de ladicho font, affim que nen vengues aucum empachament, a ditz deux expers, et se fario une murete de chau et areno, et, si bessoingt eys, de plastre, affim que a temps avenir nen vengues aucuns empachament a temps avenir. Et fust condempnat per lous frays et misses que avyant fach mesdiss^{rs}, asin que appert per lectre passade per n^{re} graffier Bardin, le darnier jour de may, a payar la somme de quarante soulz t/, lousquaulx devyo payar dins ung meys prouchament venent.

ITEM aussi est a noter que aucuns noctables parsonnages, comme gens desglisse, consulz, bourgeois, marchans et auctres gens ayans bon zel au fait politique, et pour augmenter la foy catholique, deliberarent, en lan dessoubt escript, se jouver par representacion de parsonnages la aspre passion de N^{re} Salveur Jesus Cript, laquelle fust jouve auctentiquement et moult richement; et commansa le segond dimanche daoust lan mil v^c xxj, et finit le segond jor du moys de septembre. Lequel mistere fust jouve en la place communement nommee *Dessoubt lez Arbres;* et lez eschaffaulx furent fait fort sontuezement et richement tous couvers de toillez, lesquieulx constarent, comprint lez faintes que estoient a se fere neccessaires, environ troys mile livres tournoys; et fust fait appoinctement entre mesdiss^{rs} lez consulz et reverend Pere en Dieu mons^r labbe de Sainct Marcial, frere Albert Jouvyont et ces religieulx touchant le different que pouroit advenir de lexercice de la justice durand led. mistere (1), lequel fust passe par n^{re} graffier criminel maistre Marcial Bardin ; et

---

(1) En marge sont écrits ces quatre vers :

« Lan mil v^c xxi
La mort et dure passion
Pensons de ♥ et desperit,
En luy priant daffection.
Garde Lymoges Jhesucrist ! »

aud. mistere joua Dieu M. de Villereal, et Nostre Dame joua Estienne Baud.

Sensuyt la teneur de lappoinctement fait entre reverend Pere en Dieu frere Albert Jouvyont, abbe de Sainct Marcial, et ces religieulx, touschant le mistere de la passion N^{re} Saulveur Jesus Cript.

Sachent tous presentz et advenir que, par devant le notere et greffier criminel et tesmoingtz cy ampres nommez, sont estes presentz et personnellement constitues reverend Pere en Dieu frere Albert Jouviond, abbe de labbaye du devot monastere mons^r Sainct Marcial de la ville de Limoges, et honnourables et religieuses parsonnes freres Pierre Bourdeau, soubz prieur, Symeon Bechade, tier prieur, Estienne Felines, Jacques Saleys, Anthoine de Jounhac et Pierre Mercier, religieulx de ladicte abbaye, dune part, et honnourables Marcial Martin, Pierre La Mothe, Guillem Joye, Albert Baignol, Jehan de Betestes, Mathieu Du Boys, Helyas Du Boys et Francoys de Julien, consulz de ceste presente annee de ladicte ville de Limoges, tant pour eulx que pour honnourable maistre Francoys Durand, licencie ez loix, Jacques Benoist, Pierre Romanet et Leonnard La Guorce, consulz, leurs compaignons absens, ausquelz et chacun deulx ilz ont promis fere ratiffier le contenu en ces presentes, toutesfoys et quantes que par lesdiz abbe, religieulx et convent ilz en seront requis, daultre part. Lesdictes parties, de leur bon gre et liberale volunte, ont consenty, voulu et accorde, et, par la teneur de ces presentes, veullent, consentent et accordent que lez actes de justice mere, mixte, impere, et ce que en deppend, requis de fere pour le bien de la justice sans contradicion et prejudice du droit pretendu par lesdiz abbe, religieulx et convent, se feront au nom desdiss^{rs} consulz, en la place appellee *Dessoubz les Arbres* dudit monastere de Sainct Marcial, pendant le temps que le mistere de la passion n^{re} Seigneur Jesus Cript ceste presente annee se jouera; en protestacion expresse faicte entre lesdictez parties que, par quelque faict, acte ou excercisse de justice ou juridicion, soit en general ou en particulier, et en quelque facon ou maniere que puisse estre, contre quelconques personnes de quelque estat ou condicion que soient, que soit ou puisse estre fait par lesdiz consulz ou leurs officiers, sergens alloues et auctres commis et depputes ou aucuns deulx, tant en general que en particulier, par eulx, leurs officiers ou par leur commandement en ladicte place ou cimitiere communement appelle, comme dit est, *Dessoubz les Arbres*, joignant a ladicte esglisse et monastere de Sainct Marcial, durand les jours susdiz; et que en ladicte place sera faict et joue la presente annee le mistere de la passion Jesus Crist. Lesdiz consulz nentendent que, par ce, soit aucunement prejudicie aux droitz, prerogatives et preheminances appartenans, et que lesdiz abbe, religieux et convent pretendend leur competer et appartenir en et audedans ladicte place, soit par droit de justice ou auctrement; ains veullent que ce non obstant lesdiz droitz, prerogatives et preheminances appartenans a present ausdiz abbe, religieulx et convent, quilz pretendent, s aucuns en y ont, leurs soyent et a leurs successeurs gardez et demeurent saulvez et entiers, tout ainsi et par la forme quils sont a present; et que lesdiz consulz ne puissent, pour raison de ce, pretendre leur estre actribue de nouveau, par ce moyen, aucun droit, contre ne au prejudice desdiz abbe, religieulx et convent ou de leurs successeurs; ains ont voulu et consenty que, ledit mistere parachave, iceulx abbe, religieulx et convent et leurs successeurs soyent et demeurent dez a present comme des lors, et des lors comme dez a present, en leurs droitz et preheminances tout ainsi quilz sont a present; et que pareillement lesd. consulz soient en telz droitz, prerogatives et preheminances que sont a present, tellement que, quelque acte et excercice de justice que soit faict durand lesdiz jours en ladicte place, il ne soit en riens prejudicie ausdiz abbe, religieux et convent ne a leurs successeurs; et, ledit mistere parachave, lesdiz abbe, religieux, convent et cousulz soyent en mesmes droitz, prerogatives et preheminances quilz sont ce jour duy et comme ont este par cy devant, non obstant le droit et raison que dict que « protestacion naproffite aucunement quant lacte que lon excerce est contraire a icelle protestacion ». Dont et desquelles chouses susdictes lesdictes partiees reciproquement ont demande a moy, notaire et greffier criminel de la justice ordinaire dudit Limoges, en presence dez tesmoingtz ci empres nommez, acte pour leur valoir ce que de raison, que leur ay concede soubz le seel aux contraictz de ladicte ville de Limoges, en tant que jay peu et deu. Fait en la maison abbaciale dudit monastere, en presence de Anthoine Voureys, Anthoine Mercier, marchans et habitans dud. Limoges, tesmoingtz a ce appellez, le lundy huytiesme jour de julhet, lan mil cinq cens vingt et ung. Et, advenant heure de vespres dudit jour, en la maison et chambre posterieure du consulat de ladicte ville de Limoges, par devant ledit greffier et tesmoingtz cy ampres nommez, se sont comparuz en leurs parsonnes lesdiz Durand, Benoist, Romanet et Liennard Laguorce, lesquelz et chacun deulx ont ratiffie et emologue le contenu au present pacte es presences de saige homme Audoy Dauvernhe, prevost et juge criminel de ladicte ville, et Jehan Taloys, masson, tesmoingtz a ce appellez, les jour et an susd.

(Signé:) BARDIN.

Nous, Francoys Durand, Marcial Martin, Guillaume Joye, Albert Baignol, Helias du Boys, Jehan de Bestestes, Pierre La Mothe et Francoys de Julien, consulz de la ville de Lymoges, tant pour nous que pour Pierre Romanet, Mathieu du Boys et Jacques Benoyt, conconsulz, noz compaignons, absens, et noz successeurs quelzconques, avons assense a assense perpetuelle et *emphiteosim* a Leonard La Gorce, Jehan Bouthelier et Jehan Nadau, illec presens, stipulans avec le notaire et greffier criminel cy dessoubz escript pour Francoys Cenon, leur compaignon, ou nom et comme bayles de la frayrie du Corps Jhesus Crist, que se selebre chacune annee en leglise parochielle Sainct Pierre du Queyroy de lad. ville, une place abse et solier (?), situee oud. Lymoges, appellee Bon An, confrontee entre la muraille du cimitiere de labbaye Sainct Marcial appelle *de Soubz les Arbres*, dune part, et la maison de Pierre Debeaunom, laquelle fut de messire Jehan Janailhac, prebstre, dautre part, et la maison faisant angle qui fut de Jehan des Pratz dit Pichote, clauvoier, dautre part, et le chemyn publicque que va de la fontaine du Queyroy a la place publicque appellee Vieillas Claux, dautre part; et ce par ladvis et opinion de honnorable maistre Mathieu Masautin, licencie ez loix, Pierre Veyrier, Jacques Janeillac, Marcial Romanet, Anthoine Voureys, Jehan de La Roche dit Vouzelle laisne, Colin Noailler et Marcial Godendaud, manaus et habitans de lad. ville, illec presens; et ce a assense de dix l^{res} t/ chacune annee de cens, avec la directe ...... fonciere, poyables par lesd. bayles dessus nommes et leurs successeurs bayles ausd. consulz et ez autres consulz aussi leurs successeurs, a chascune feste de Noel. Et a este, par pacte expres, dit et accorde du consentement desd. parties que, ou cas que pour ladvenir lesd. consulz ou leurs successeurs voldroient prendre lad. place pour la necessite de la ville, comme pour ediffier maison pour les escolles ou autrement, ilz la pourront prendre de leur auctorite privee et sans figure de proces, non obstant la present assense et baillete, sans ce quilz soient tenuz poyer aucune chose des reparacions que y pourroient avoir este faictes par lesd. bayles ou leurs successeurs qui pour lors seroient. Et a este plus dit entre lesd. parties reciproquement que, avant construire ou edifier muraille ou autre chose en lad. place, seront mises boenhes et limites en presence de deux consulz de lad. ville tant de la longueur que largeur dicelle place, et de laquelle lesd. consulz ou leurs successeurs tiendront, si bon leur semble, une clef pour la visitacion des conduictz de la fontaine du Queyroy. Desquelles choses susd., par devant n^{re} greffier criminel soubz escript, avons concede et baille ce present acte ausd. bayles soubz le seel aux contraictz de lad. ville. Donne et faict en la maison de consulat de la ville de Lymoges, presens et appelles a tesmoingtz Jehan Moret, bourcier, et Pierre Fiquet, pintier, dud. Lymoges, le mercredy quatriesme jour de decembre, lan mil cinq cens vingt ung.

Par commandement de mesd. seigneurs les consulz :

(Signé :) BARDIN.

Lou disabde vij^e jour de decembre, lan mil cinq cens vingt et ung, furent elligitz consulz per mess^{rs} lous bourgeys, manans et habitans de Lymogeys a estre consulz per lad^{te} annade commensant led. jour et finissen a meyme jour lan revollut aquilz que senseguen.

Et primo :

Balthesar Dohet,	de las Taulas ;
Marsau Granier (ou Gravier),	de la Porte ;
Peyr Jucge,	de Maignynye ;
Mathieu de Loumosnarie,	deu Marchat ;
Pierre de Beaunon,	de la Fourie ;
Pierre Fourdoysson,	deu Cluchier ;
Jehan de Mons,	de Boucharie ;
Maistre Jehan Meilhaud,	de Lancecot ;

Monsʳ maistre Jehan Marti,	de las Combas;
Guabriel Reymond,	deu Vielh Marchat;
Jacme Rougier,	de creyssenssas.
Marsau Gregori lo joune,	

Lo jour madame saincte Vallerie, que eis lo ix*e* jour de decembre an susd., furent elligitz concelliers et partisseurs de las talhas per lous manans et habitans de Lymoges lousquaulx sont eyssi nommatz.

Et premierament :

Thousmieu Bilhard,	las Taulas;
Domenge Moret,	
Jozex Disnemandi,	la Porte;
Pierre deux Quars,	
Loys Cybot,	Maignynye;
Liennard de Champs,	
Guillem Disnematin,	lo Marchat;
Thousmieu Jucge,	
Jamme lo Masson,	la Fourie;
Pierre Gouset,	
Andrieu Guadau,	lo Cluchier;
Jehan Court,	
Jamme Nadau,	Boucharie;
Liennard Yourey,	
Marsau Petinhaud,	Lancequot;
Mᵉ Pierre Ardit,	
Maistre Guillem Baignol,	Combas;
Peyr de Bouscheys dit Dade,	
Liennard lo Colhon,	Vielh Marchat.
Jacme Parpey,	

Les noms des centenaulx.

Las Taulas :

Balthesard Dohet ;
Peyr Veyrier ;
Jehan Disnemandi laisne ;
Marsault Dohet ;
Marsault Deubost lo joune ;
Maistre Franceys Durand ;
Franceys deu Peyrat ;
Jehan Deubost ;
Jehan de Sandelas ;
Helies deu Bost.

La Porte :

Jacques de Janellac ;
Marsau Disnemandi ;
Marsau Beynect ;
Johan Bilhard ;
* Audoy Dauvergne (1) ;
* Guillomot de Cordas ;
Pierre Filhou ;
* Mathieu Deubost ;
* Peyr Bastide ;
Jozept Disnemandi.

Maignenie :

Guillemot de Julie ;
Marsau Marty ;
Peyr Juge ;
Jacques Sarrasi ;
Marsau Deubost lannat ;
Marsau Romanet ;
Jacme Rogier ;
Peyr Bault ;
Johan Deubost ;
Marcial Gregory lo joune.

---

(1) En marge des noms marqués par un astérisque on trouve la mention : « Las Taulas ».

Lo Marchat :

Pierre Petiot ;
Bertrand Botault ;
Jacme Beyneit ;
Mathieu Beyneit ;
Johan Disnemandi lo joune ;
Mathieu de Loumosnarie ;
Johan de La Roche lannat ;
Peyr deu Bost ;
Peyr de Cordas ;
Johan Deubost.

La Fourie :

Pierre de Beu Nom dit Lobre ;
Maistre Johan Faudon ;
Peyr La Mothe ;
Jacme Lo Masson ;
Couly Nolhier ;
Maistre Marcau Mathieu ;
Me Franceys Bechameil ;
Maureilh de Lespyne ;
Maistre Loys Delpy ;
Marsau Lo Quart.

Lo Clochier :

Peyr Fordoysson ;
Maistre Barthoumieu Teixier ;
Me Albert Baignoul ;
Estienne Biays ;
Andrieu Gadau ;
Helies Lascure ;
Me Peyr Marty ;
Nardon Penicault ;
Jacme Peyrat ;
Maistre Masauty.

Bocharie

Maistre Jacques Tolhu (?) ;
Jacme Nadau ;
Guillomot Buat ;

Johan de Mons ;
Johan Bonnet ;
Anthony Voureys ;
Marsau Coly ;
Maistre Leonard Lamy ;
Leonard Lagorse ;
Peyr Thomas.

Lancecot :

Maistre Peyr Blanchard ;
Johan Boriault ;
M[e] Johan Melhaud ;
Thomyeu Legier ;
Maistre Johan Petiot ;
Johan Saleys ;
Maistre Johan Debetestes ;
Lo Petit Cortete ;
Maistre Marsau Bardy ;
Marsault Fordoysson.

Las Combas :

Maistre Aymery Villebost ;
Nycholas Mercier ;
Peyr Ticay ;
Maistre Guillem Baignou ;
Johan de Boscheys ;
Guillomot Johanaud ;
Franceys de Julie ;
Jacques Costuras ;
Johan de Lagouteu ;
Jacques Gay.

Vieilh Marchat :

Jehan Bouyault ;
Gabriel Reymond ;
Loys Vallade ;
Marsault Godendau ;
Loys Beneyt ;
Gros Peyr Beyneit ;
Maistre Guillaume Joye ;
Johan deu Mas ;

Nadau Bardinet ;
Maistre Marc Juge.

Creacion et election des consulz de la ville, chastel et chastellanie de Lymoges, faicte par les habitans dicelle, le septiesme jour de decembre lan mil cinq cens vingt et deux.

Des Taules :

Franceys deu Peyrat.

La Porte :

Guillomot de Cordas.

De Maignenhe :

Jehan deu Bost.

Du Marche :

Peyr Petiot.

De la Fouryc :

Moureil de Lespine.

Du Clochier :

Maistre Bartholome Texier (1).

De Boucharie :

Jehan Bonnet.

De Lancecot :

Jehan Saleys.

Des Combes :

Maistre Guillem Baignol.

(1) D'une encre postérieure : « dict Penicailhe ».

Du Vielh Marche :

Loys Beneys.

De croyssansses :

Jehan Disnamatin ;
Pierre Bastide.

Election des asseurs et partisseurs des tailles, tant des equivalent que octroy, mises sus par le Roy, ceste presente annee, en la ville de Lymoges, par les manans et habitans dicelle, le jour saincte Valerie, dixiesme jour de decembre, lan susd. mil cinq cens vingt et deux.

Des Taules :

Mathieu Marcier ;
Macias Faulte.

La Porte :

Jehan Godin ;
Jehan Colin.

De Maignenhe :

Franceys Cenon ;
Mathieu Boulles (?).

Du Marche :

Jehan Juge lannat ;
Marsaud Loudeys.

De la Fourye :

Jehan Bacheiller ;
Helyot Arnault.

Du Clochier :

Jehan Court lo joune ;
Bertrand Petit.

De Boucharie :

Nardon Mouraud ;
Symont Rogier.

De Lancecot :

Jehan Bouriaud ;
Mᵉ Anthony Gamaud.

Des Combes :

Jacques Costures ;
Mᵉ Jehan Penicaud.

Du Vieilh Marche :

Mᵉ Eymard Juge ;
Johan Farne.

Memoryo syo que perce que aulcuns vaccabons et malfactours appellatz *lous mille diableys* faziant de grandz maulx per lou reaulme, lousquaulx vengueren a banieyre desplegade jusques a las portas de la ville, dun se troberent maul. Et, per ladvis et deliberacion deux habitans de la ville de Lymoges, furent elegis cappitaines per cantons aquilz que senseguent :

De las Taulas :

Peyr Veyrier ;
Marsaud deu Bost.

De la Porte :

Marsaud Mandy ;
Mathieu deu Bost.

De Maignenhe :

Germo Pinot ;
Penot Romanet ;
Marsaud Marty.

Deu Marchat :

Guillem deu Bost ;
Peyr Botaud ;
Loys Beyneys.

De la Fourye :

Mᵉ Jehan Favelon ;
Peyr La Mouthe ;
Pauly Gays.

De Clochier :

Mᵉ Albert Baignol ;
Nardon Penicaud ;
Marsaud Romanet.

De Bocharie :

Thony Voureil ;
Peyr La Gorsse.

De Lancecot :

Mᵉ Joseph de Lachassaigne ;
Mᵉ Marsaud Bardy ;
Jehan Boryaud.

De las Combas :

Mᵉ Jehan Penicaud;
Pierre Gadaud;
Franceys de Julie;
Jacque Gays.

De Vieilh Marchat :

Helyot Beneys;
Gabriel Reymond.

[Démarche faite par les consuls pour faire lever la main mise par le Roi sur les deniers communs.]

Est a noter que lesdictz jour et an que lesdictz consulz furent creez, ilz navoient aulcune administration des deniers communs de lad. ville ne de la justice dicelle, car longtemps auparavant et despuys le septiesme jour du moys de juillet lan precedent mil cinq cens vingt et deux, tout le revenu et deniers communs de lad. ville avoyent este mys a la main du Roy nʳᵉ sire par monsʳ de La Roche Beaucourt et monsʳ maistre Bertrand de Brassat, president des enquestes en la court de parlement a Bourdeaulx, commissaires par le Roy nʳᵉd. Sʳ, expressement depputes a executer certaines lectres a eulx droissantes pour fere rendre compte et reliqua a ceulx qui avoient heu le maniement et administration desd. deniers communs despuys vingt anneez precedentes; et par le proces verbal desd. commissaires est dit et contenu que ladᵗᵉ main mise fut faicte pour certaines desobeissances et rebellions que lesd. commissaires disoient avoir este faictes par les consulz de lannee precedente, pour ce quilz navoient comparu pardevant eulx ne obey a certains commandementz a eulx faictz en excercant lad. commission; au moyen de quoy lesd. commissaires, despuys led. moys de juillet precedent, avoient faict inhibitions et deffences ez juges civil et criminel, advocat, procureur, greffiers et tous aultres officiers qui par avant avoient exerce offices pour lesdictz consulz, de plus nexcercer leurs offices pour eulx ne par leur auctorite; et avoient lesd. commissaires commis et deppute de par le Roy Mᵉ Pierre de Grandchaud, prevost, et Mᵉ Marc Gasthon, greffier criminel, et faict fere serement a tous aultres officiers de servir soubz la main du Roy nʳᵉd. Sʳ, tellement que, audict temps que lesd. consulz furent creez, la justice estoit administree soubz la main dud. Sʳ, et les officiers, gatgiers, sergens ne aultres nobeyssoient en riens esdictz consulz; a cause de quoy lad. justice estoit mal administree. Et, combien que en lad. ville eust lors grand dangier de peste, il y avoyt pouvre pollice, dont la commune de lad. ville et toute la chouse publicque estoit en grand esmay et desolation, car tous les deniers et emolumentz tant du soquet que limposition des marchandises et bles et tous emolumens de la justice et aultres estoient leves soubz lad. main du Roy, sans ce que lesd. consulz en peussent riens administrer; a loccasion de quoy iceulx consulz dessus nommes, pour subvenir ez afferes et neccessites de la ville et de la chouse publicque, employarent grandz sommes de deniers de leurs propres et particuliers. Et dura ladicte annee la peste en lad. ville jusques au moys de juilhet lan susdict mil cinq cens vingt et troys.

Item, et voyans iceulx consulz laffere si urgente et la neccessite ou ilz estoient et toute la chouse publicque assemblarent plusieurs des manans et habitans de ladicte ville, et par leur advis et deliberation envoiarent devers led. S^r de La Roche Beaucourt, commissaire susd., lors estant en sa maison, pour scavoir sil seroit possible trouver moyen estre exemptz et quictes de reddition de comptes, et fere tollir et oster lad. main mise. Et furent envoyes devers led. seigneur le sire Marcial Douhet et Me Jehan Daulvergne, procureur de lad. ville, par lesquelz led. S^r escripvit que en brief vouloit aller a la court, et que lon envoyast par de la unes memoires et homme bien instruict pour avoir sur ce provision du Roy nostred. S^r, et il y aviseroit a son pouvoir, toutesfoys dit ez dessus nommes; et par eulx manda que, si du commancement len eust compose, en fut bien este quicte pour troys ou quatre mil livres, et que despuys par lesd. consulz precedans avoyt este parle de dix mil livres, et seroit impossible de fere a moindre somme; encore craignoit il la matiere ne se pouvoir conduire.

Item, lesd. lectres receues, et ouy par lesdictz consulz et aultres habitans de lad. ville le rapport des dessus nommes, fut arreste quil estoit expediant fere memoires pour obtenir provision pour avoir main levee et quictance de la reddition des compte demandes; lesquelles memoires furent faictes et lectres minuteez au long pour led. affere en la meilleure et plus seure forme quil fut possible adviser et penser; lesquelles memoires et minute de lectres furent bailleez aud. Daulvergne, qui fut commis pour aller en court, et luy fut dit expressement et donne charge quil les obtint en celle facon et non aultrement, et audit moyen luy fist lon signer de sa main lesd. memoires.

ITEM, lequel Dauvergne, apres estre revenu, dit que, quand il fut par de la, ne fut possible trouver aulcun moyen pour avoir provision et lectres selon lesdictes memoires, et, sans plus advertir lesdictz consulz, obtint lectres en aultre forme, lesquelles lesd. consulz neussent oncques executeez ne faict diligence de les fere executer, car estoit a craindre quelles portassent dommaige pour plusieurs causes et raisons resultans dicelles; mais lesd. commissaires dirent que, actendu que cestoit le bon plaisir du Roy n^{re}d. S^r, et veuz les urgens afferes que led. S^r avoit lors, ilz trouveroient moyen icelluy fere executer.

ITEM, lors lesd. consulz envoyarent par devers led. S^r de La Roche Beaucourt maistres Guillem Baignol et Bartholome Texier, consulz dessus nommes, affin de scavoir son intencion sur lexecution desdictes lectres, et entreprendre jour auquel icelluy S^r et led. Sr de Brassac, president susdict, vinssent par de ca pour icelles ramener a execution, affin de mectre lad. ville et commune hors du soucy et de ladversite ou estoient pour les causes susdictes.

ITEM, bientost apres, et le unziesme jour du moys davril lan susd., arriva a Lymoges led. Sr de Brassac, president, et led. S^r de La Roche y arriva le treziesme jour desd. moys et an; et, avant quilz arrivassent, avoient este faictes plusieurs assembleez de lad. commune, manans et habitans dud. Lymoges, pour scavoir leur advis et deliberation sur le contenu esdicts lectres, et quelz moyens len pourroit trouver pour parfornir lad. somme de dix mil livres tournois, laquelle par lesd. lectres estoit mande fournir et aussi les fraiz et mises.

[Les consuls font lever la main-mise moyennant dix mille livres tournois plus mille livres pour les frais.]

ITEM, apres que lesd. commissaires furent arrives, ilz firent par leur auctorite assembler lad. commune, manans et habitans, et, apres plusieurs remonstrances faictes sur ce que dessus et plusieurs oppinions, advis et deliberations sur ce leuz, fut par la plus grand et saine partie, et quasi par ladvis de tous, arreste et advise que le plus expediant et meilleur pour le soulaigement du commun peuple estoit quilz fussent cent des plus apparans qui fornissent lad. somme de dix mil livres et aultres mil livres pour les fraiz et mises, et que leur fut vendu ou assense du dommaine de la ville pour dicelluy joyr jusques seroient rambourses; et ad ce tous consentirent.

Item, apres furent choisis certains desdictz consulz et habitáns pour nommer les cent et les quotiser selon leurs consciences, ce que fut faict. Et, pour ce que se justement ne se pouvoit esgaller sur cent, furent esleuz et choisis cent et dix apres. Ceulx qui furent nommes et quotises consentirent lung apres lautre pardevant lesd. commissaires quilz peussent estre contrainctz a paier; lesquelz consentemens faictz furent octroies lectres de contraincte par prinse de corps et de biens, lesquelles furent tellement executeez que len amassa et colliga lesdictes unze mil livres tournoys.

Item, ledict Granchauld instiga lesdictz seigneurs de La Roche et de Brassac le fere continuer aud.. office de prevost et juge criminel, disant quil avoit vacque entre leurs mains, car ledict Daulvergne avoyt dit ne le vouloir plus servir et lavoyt quicte; aquoy icelluy Daulvergne disoit le contraire, et quil ne lavoyt jamais quicte; mais, pour ce quil ne vouloit fere desplaisir esdictz consulz, bourgeoys et habitans, il avoyt faict response quil ne le serviroit poinct soubz la main du Roy; et trouva moyen icelluy Grandchaud de fere declairer led. office vaccant, et sefforca le se fere conferer par lesd. commissaires comme vaccant; au moyen de quoy lesd. consulz, bourgeoys et habitans furent en gros broilhes et trouble, car, si lesd. commissaires eussent confere led. office, eust este gros prejudice et dommaige et grosse consequence, car eust este controvenir a larrest donne touchant loffice de juge civil et contre lexecution dicelluy faicte par mons^r de Baulac, conseilher du Roy en son grand conseilh; lesquelz arrest et execution par cy devant avoyent grandement couste a lad. ville, comme dessus en ce papier est faicte mention (1). Sur quoy fut remonstre esd. commissaires que, si led. office estoit vaccant, ne seroit vaccant entre leurs mains ne du Roy ains entre les mains desd. consulz, bourgeoys et habitans, et seroit

[Compétition pour l'office de prévôt et juge criminel.]

---

(1) Voir ci-dessus, pages 32 et suiv., le récit du long procès qui eut lieu au sujet de l'élection du juge civil.

electif par les cent parsonnaiges nommes et esleuz a eslire officiers. Et leurs furent monstres lesd. arrest et execution, lesquelz veuz, ledict Grandchauld, saichant quil ne seroit esleu par la commune, fit fere par iceulx commissaires esd. consulz, bourgeoys et habitans plusieurs remonstrances et requestes en sa faveur, tant en general que en particulier. Et, apres avoir entendu la mauvaise consequence que ce eust este a lad. ville, sen depportarent.

[Paiement définitif des onze mille livres. La ville rentre dans ses priviléges.]

ITEM, et apres lesd. commissaires se transportarent a la maison commune de lad. ville, et illec, apres que lesd. dix mil livres furent mises en evidence pour les paier, furent lesd. lectres royaulx par iceulx commissaires executeez, et, icelles executant, fut par eulx tollue et ostee la main mise faicte sur les justice, deniers, revenu et offices de lad. ville pour et au prouffit desd. consulz, bourgeoys, manans et habitans et tous leurs officiers dicelle ville presens et advenir; et furent remys lesd. consulz, bourgeoys, manans et habitans et tous leurs officiers au premier estat, selon la forme des previleges precedens et veriffication diceulx, sauf et reserve led. Audoyn Daulvergne, qui souloit paravant excercer loffice de prevost et juge criminel de lad. ville, lequel office lesdictz commissaires, qui, comme dit est, auparavant avoient este requeste de continuer led. Grandchaud, declararent vaccant, et fut commis en presence desd. commissaires par lesd. consulz honorable maistre Marcial Mathieu, licencie ez loix, a excercer led. office jusques par eulx y seoit pourveu.

ITEM, et, ce faict, iceulx commissaires, du consentement desd. consulz, bourgeoys et habitans ad ce deuement par plusieurs assembleez, ordonnarent que les cent et dix parsonnaiges qui avoyent forny lad. somme de dix mil livres tournoys et aultres mil livres pour les frays et mises joyroient lespace de douze ans du soquet et imposition tant du vin que aultres marchandises et des droictz des fours et de tout ce que en deppend durans douze anneez apres ensuyvans; et pour eulx rambourser desd. sommes et chacun deulx en prendroit selon quil avoyt forny, et que iceulx cent et dix seroient tenus bailler chacun an par quartiers ez consulz qui estoient et seroient deux centz cinquante livres chacun an pour subvenir aux afferes dicelle ville.

Item, est a noter que honnorable M⁰ Aymery Essenauld, licencie ez droictz, juge civil de lad. ville, avoyt este tauxe pour parfornir lad. somme a trente escutz solas (?), lesquelz avoyt promis, et apres luy furent rendus moyennant ce quil volut et consentit que durans lesd. douze ans lesd. consulz et leurs successeurs fussent seulement tenus luy paier chacun an la somme de trente livres tournoys pour les gaiges par luy acoustumes lever a cause de sondict office; et, par ladviz, deliberation et consentement de toute la commune ad ce deuement assemblee, fut dit que led. juge et aussi le prevost qui seroit durant led. temps et durans lesd. douze anneez auroyent seulement chacun trente livres pour les gaiges quilz avoyent acoustume avoir, et les deux garde portes ou cappitaines auroient seulement chescun quinze livres tournoys pour chacun an; le procureur durant ledict temps auroit vingt livres tournoys pour an seulement, et pour ce que les gaiges des aultres officiers estoient petis ny fut riens diminue.

<small>Nota des guages des officiers.</small>

Item, apres que lesdictz consulz eurent faict et forny les fraiz et mises neccessaires au faict de lad. commission, furent assemblez lesdictz cent et dix qui avoyent forny lesd. unze mil livres, et pardevant eulx lesd. consulz rendirent compte desdictes unze mil livres tournoys, et en heurent quictance, comme appert par la processure sur ce faicte par M⁰ Marcial Bardin, greffier criminel, receue.

Item, est a noter que lesdictz consulz ont leve le proces verbal desdictz commissaires contenant tout ce que dessus, qui contient plus de cinquante peaulx de parchemyn, lequel proces verbal, grossoye, signe et seelle par lesdictz commissaires, a este mys au thezor de lad. ville.

Item, et, apres que lesdictz commissaires furent bouges, fut faicte assemblee desd. consulz, bourgeoys et habitans pour traicter de pourveoir aud. office de prevost et juge criminel, et, pour ce que lesdictz consulz, bourgeoys et habitans ou la pluspart diceulx estoient deuement informes et certiffies que ce que ledict Dauvergne avoyt faict quand avoyt reffuse excercer led. office pour le Roy durant ladicte main mise, il avoyt faict a bon zel et pour cuyder proffiter a la chouse publicque, et craignant porter

<small>[Election du prévôt.]</small>

dommaige a lad. ville, estoient dadviz que len debvoyt fere excercer led. office par led. Dauvergne, et le continuer sans fere aultre election. Toutesfoys, apres avoir consulte ensemble la matiere, actendu que lesd. commissaires lavoyent declaire vaccant, fut arreste que, pour continuer la possession de eslire, et affin que dud. office ne peult estre faicte aulcune impetracion dont peusse venir proces ou desplaisir a lad. ville, seroit procede a fere election dud. office. Pour laquelle fere furent assemblez par plusieurs foys lesdictz consulz, manans et habitans, et, pour ce que plusieurs des ceulx qui avoient este choisiz et nommes par cy devant pour eslire estoient deccedez, furent creez et esleuz plusieurs nouveaulx centeniers, au lieu des aultres deccedes, par cantons, ainsi quil est acoustume. Et certain jour apres furent tous appelles deuement et assignation baillee a fere ladicte eslection de prevost et juge criminel. Advenant le jour de laquelle assignation, fut celebree en lesglise de Sainct Marcial par monsʳ Mᵉ Pierre Benoist, official, une messe du Sainct Esperit apres laquelle tous lesd. centeniers furent appelles, et ceulx qui estoient en la ville et navoyent empeschement de maladie comparurent; les aultres qui estoient absentz furent exoines, et les malades envoyarent procuration a eslire, gardeez les sollempnites requises et acoustumeez, selon led. arrest et execution dicellui Et tant led. Mᵉ Pierre de Granchauld que Mᵉ Marc Juge, Marcial Disnematin et aultres plusieurs pretendens aud. office, firen plusieurs requestes et remonstrances; finablement fut procede a lad. election par la voye du Sainct Esperit ou quasi, et par tou. dung commun accord et consentement fut esleu aud. office de prevost et juge criminel ledict Audoyn Dauvergne, qui fit l serement, et consentit que lesd. consulz, durans lesdictz douz ans, ne fussent tenus luy bailler que lesdictes trente livres pou ses gaiges acoustumes pour chacun an. Et fut receue lad. electio par Mᵉˢ Jehan Durand et Anthoine Gamaud, greffier civil notaires ad ce commis et depputes. Et de tout ce appert amplement par le proces par eulx receu sur lad. election.

[Nomination de garde-portes.]

ITEM, pour ce que les cappitaines ou garde portes avoyen servy soubz la main du Roy, et que Mathieu Audier, qui auparavant estoit commis ad ce ez portes de Larene et Mont mailher, a present sen estoit alle a La Rochelle servir a l monnoye, fut par lesdictz consulz esleu et commis esdictes porte de Larene et de Montmailher Guilhomot Johanaud, et ez aultre portes Balthesar du Peyrat, lesquelz prindrent charge de ce avec toutes les reservations, pactes, accordz et qualiffications mentionneez ez lectres desdictz offices au commancement du present livre insereez (1), lesquelles reservations, pactes et qualiffications promirent et jurarent de nouveau tenir, garder et observer, et durant lesdictes douze anneez servir pour lesdictz quinze livres de gaiges pour an a chacun. Et de ce receust de nouveau lectres Me Marcial Bardin. Et soient advertiz mess^{rs} les consulz qui seront pour ladvenir de fere entretenir le contenu esd. lectres, et les fere bien servir, car la ville en a este par cy devant longtemps mal servie, et a faulte de ce pourroient venir plusieurs inconvenians a la chouse publicque.

ITEM, lad^{te} annee fut le bon plaisir du Roy n^{rr}dict S^r fere crier et proclamer le ban et arriere ban au pays de Lymosin, et fut commissaire ad ce deppute mons^r le baron de Maulmont, par devant lequel lesd. consulz ont par plusieurs foys comparu a dire quilz estoient appellans, et quil y avoyt appel releve et proces pendent en la court de parlement a Bourdeaulx. Et pour ce que, non obstant icelluy appel, il vouloit proceder, obtindrent lectres de *ne lite pendente*. Or il a este de nouveau bailhee assignation. Pour led. affere au quinziesme de decembre prochain, venant pour ce y fault donner ordres et faire intimer lesd. lectres et fere les inhibitions. Et pieca fut envoye en court pour ledict affere et fut expediee nouvelle provision et declaration sur les privileges sur ce octroyes, et les lectres sur ce expediees demeurarent entre les mains de feu mons^r des Molins. Et est tres neccessaire les avoir, car sa vefve les a, et ne tiennent que a vingt cinq escutz, et la poursuyte de les fere expedier a beaucoup couste. Pour ce fault les promptement retirer, et fere veriffier par la chambre des comptes, affin den estre exemptz a parpetuel, car tous les ans en feusmes (?) molestes, et en pourroient venir plusieurs dommaiges esquelz a present len an pourroit remedier plus facillement que en aultre temps. [Exemption de ban et arrière-ban.]

ITEM, lad. annee le royaulme de France fut invade et assailly par Angloys, Espagnolz et plusieurs aultres ennemys, et durant icelle annee fut faict en plusieurs et divers lieulx dud. royaulme grosses assembleez de pietons et aultres gensdarmes, qui [Invasions et troubles en France. — Attaque de Poitiers.]

(1) Voir page 6.

corurent par tout icelluy, firent plusieurs et infiniz maulx, forces violences et pilheries, gastarent et pilharent plusieurs grosses villes et places, et lune desdictes compaignies bailla lassault a la ville de Poictiers, et sefforca entrer dedans.

[Défaite des *mille diables* près de Charroux, et exécution, à Limoges, de trois chefs et de cinq bandits.]

ITEM, le Roy n^re souverain S^r, voyant que le peuple estoit ainsi pilhe et mange, et asscavante quil y avoyt une grand compaignie de gens a cheval et a pied aupres de Charroux qui se faisoient appeler *les mil diables*, envoya des archiers de la garde, prevostz des mareschaulx et certains cappitaines et gentilzhommes au pays, lesquelz, par le commandement dud. S^r, firent plusieurs assemblees de gens, tellement quilz rompirent lad. compaignie, prindrent les cappitaines et principaulx de lad. bende, et en firent pendre, descapiter et deffaire plusieurs. Entre aultres, un prevost des mareschaulx fut envoye en ceste ville avec deux desd. cappitaines, lung nomme de Sainct Privat et laultre de Maulevrier, avec aultres cinq de lad. bende, dont lesd. Sainct Privat et Maulevrier furent menes sur une clie aux queues de deux chevaulx jusques en la place quest par devant Sainct Michel, et illec heurent couppes les poings dextres, apres menes au pilloire, ou furent escapites ; les aultres cinq de leur compaignie furent penduz, et en plusieurs aultres villes de Poictou et ailleurs furent executes plusieurs aultres de lad. bende.

[Passage de compagnies.]

ITEM, durant icelle annee plusieurs compaignies, tant de gens a cheval que a pied, passarent par les cite et faulx bourgz de ceste ville, toutesfoys ne logarent dans icelle ville, combien que fissent plusieurs menasses dy entrer et la piller.

[Attaque de Limoges à la porte Boucherie.]

ITEM, advint que, au moys de jung, une grand compaignie de gensdarmes et pietons, desquelles le Sr de Paroutignac estoit cappitaine, mandarent quilz entreroient et lougeroient dans icelle ville, et de ce avoyent donne et faict plusieurs menasses, et de faict vindrent en grand nombre et grosse compaignie, a plusieurs enseignes et estendartz desployes, a facon dennemys, donner une halarme et assault a icelle ville a la porte de Boucharie. Et vindrent joindre jusques a icelle porte, dont furent virilement reboutes ; et, si len eust laisse sortir la commune, elle estoit si fort animee et eschauffee quil fut este dangier y avoir grandz meurdres, homicides et plusieurs inconvenians; et, combien que lesdictz consulz fissent fermer les portes de ladicte ville pour eviter lesmotion desdictz gensdarmes, donnarent contre le baloard dud. Boucharie plusieurs couptz daquabutes, arbalestes et aultres, et fut tue lung des porte enseigne de ladicte compaignie et certains aultres de leur compaignie.

ITEM, au moyen de ce, lad. ville et tout le pays fut grandement esmeu, et y avoit en lad. ville grand discorde a faulte de cappitaines, et que len nestoit pourveu et ne pouvoit on se soubdain mectre ordres a lad. commune. Et aud. temps une partie de la murailhe de lad. ville aupres la porte de Larenne estoit ouverte, et y avoit une grand berche fort dangereuse. [Désordres dans la ville.]

ITEM, bien tost apres lesdict consulz firent repparer ladicte murailhe et clorre lad. berche, et firent fere commandemens a tous davoir des hacquebutes et aultres arnoys; et, par ladvis et deliberation desdictz consulz, bourgeoys et habitans, fut advise que, affin que tousjours len fut pourveu, seroient commis et depputes cappitaines par bannieres et cantons, esquelz chacun obeyroit quand besoing seroit, ce que fut apres faict. [Réparations à la muraille des Arènes et nomination de capitaines.]

ITEM et apres furent plusieurs monstreez et revues des habitans de lad^{te} ville et de leurs arnoys.

Inventoire des biens delaisses en la chambre de consulat.

Premierement, treze brigandines, comprinses celles des gatgiers.

ITEM, treze arbalestes.

ITEM, neuf salades.

ITEM, huict pieces dartilharie avec leurs chevaletz, curadours et chevilhes, et deux pieces rompues, et ung molle pour gecter les pierres, et ung petit coutauld de chasse en boys.

ITEM, ung petit coffre ou sont les grandz seaulx et une boyte ou sont les petitz seaulx dargent.

Item, six bonnetz descailhe, lesquelz ont les gatgiers chacun le sien.

Item, plus la masse.

Item, plus le livre ou sont insereez les recognoissances des aulmosnes Saincte Croix et Pain de Noel.

Item, les clefz des tours de la ville.

Item, plus le proces verbal des commissaires, ensemble la quictance de dix mil livres et les comptes questoient devers lesd. commissaires.

Item, plus deux coffres de boys en troys fermures chacun.

Lectre du garde porte de Montmailler et Larene.

Nous, Francoys du Peyrat, Guilhomot de Cordes, Jehan du Boys, Pierre Petiot, Marcial de Lespine, Bartholme Texier, Jehan Bonnet, Jehan Saleys, Guillem Baignol, Loys Beneys, Jehan Disnematin et Pierre Bastide, consulz de la ville, chasteau et chastellanie de Lymoges, scavoir faisons a tous presentz et advenir que, nous confians a plain des sens, prudence, loyaulte et bonne diligence de saige homme Guilhaume dit Guilhomot Johanaud, marchant de Lymoges, heue sur ce meure deliberation avec n^{re} conseilh, icelluy Guillomot Johanaud illec present en n^{re} consulat et acceptant, avons faict et constitue, faisons et constituons par ces presentes, aux conditions, qualiffications et modifications dessoubz escriptes, et ce tant que a nous et noz successeurs qui seront par le temps advenir plaira, et non aultrement, pour nous et soubz nous, garde porte des portes de Larene et de Montmailler de lad. ville de Lymoges, aux gaiges de quinze livres tournoys, paiable chacun an durant n^{re} plaisir ou de noz successeurs, par quarterons, avec les droictz des boys que vient et entre dedans lad. ville pour vendre, seullement pour icelles deux portes pour vendre acoustume a lever. Donnons en mandement a tous noz subgectz et aultres que audict Johanaud obeissent touchant ledict office de garde porte jusques ad ce que de nous ou de nosdictz successeurs auroient mandement du contraire, et que a icelluy garde porte, pour nous et en nom dud. consulat, donnent conseilh, confort et aide quand besoing sera et requis en seront; en ce que ledict Johanaud, illec present, de son bon gre, franche, pure et liberalle voulente, nous a promis et jure aux sainctz Dieu Euvangilles nostre S^r, touche le livre de ses mains, que bien feablement et loyaulment excercera ledict office de garde porte tant que nous plaira et a nosdictz successeurs pour nous et au nom de nous et de nosdictz successeurs consulz dud. Lymoges, pour le temps advenir et de nostredict consulat, et que bon et loyal sera au Roy n^{re} souverain Seign^r, a nous et a nosdictz successeurs, a la ville et aux habitans dicelle. ITEM, et quil residera et demeurera continuellement esdictes portes, cest ascavoir a icelle que sera du tout ouverte, en propre personne et sans interruption; et en temps de peste et aultrement et la et au cas que ez lieux circumvoisins de lad. ville de Lymoges eust dangier de peste ou aultre maladie dangereuse, il sera tenu, ainsin quil a promis, résider a lad. porte continuellement, et illec se prendre garde des entrans et sortans en icelle ville; et quelzconques excusations cessans, se nest par maladie ou aultre extreme et urgente neccessite, auquel cas led. Johanaud (1) sad. exoine a nous et a nosdictz successeurs, qui pourverront aud. office en son lieu et aux despens de ses gaiges, sans ce que led. Johanaud puisse mectre ne commectre aulcun de son auctorite ne aultrement. ITEM, et quil viendra au seigneur ou seigneurs consul ou consulz qui seront commis et depputes a garder les clefz desdictes portes, tous les matins, a lheure qui luy sera dicte, pour ouvrir et aller ouvrir, en la compaignie dud. S^r consul ou aultres qui sur ce seront ordonnes a ce fere, et ampres ladicte ouverture, retournera les clefz aud. consul qui en aura la garde, et au clorre et fermer lesd. portes, en la compaignie que dessus, a tielle heure que par nous ou nosdictz successeurs luy sera commande. Et, clouse lad. porte et le pont leve, ne luy sera loisible, ne permis descendre led. pont, ne ouvrir, si nest du conge et licence de mesdictz S^{rs}. Et, en oultre, que ne permectra poinct que aux esses sur le pont et dans le baloart de lad. porte aist aulcune multitude de peuple ou foule. Et aussi que, toutesfoys et quantes que le guect sera commande par nous ou nosdictz successeurs ausd. portes, que icelluy Johannaud sera tenu les actendre le matin avant louverture. Et fera registre des

---

(1) Le copiste a omis le verbe.

deffaillans aud. guect et de ceulx aussi que y viendront sans arnoys. Et de ce fera bon et seur rapport au S^r consulz qui sera commis visiter led. guect ou aultres sur ce par nous commis ou nosdictz successeurs. ITEM, quil ne permectra poinct entrer deux charretes dans les barres et baloard de lad. porte, jusques ad ce que lune desdictes charretes soit entree et passee le pont levis, pour eviter les grandz dommaiges et inconveniens que sen pourroient ensuivyr; et quil tiendra les chambres desd. portes garnies de boys pour chauffer ceulx qui feront ledict guect, et furnira de boys le guarde pourtaneu pour se chauffer a ladite porte, et ne permectra poinct en icelle aulcun jeu de sort ausd. portes, et chambres tiendra clouses et fermeez en clefz, et lesdictz balouardz et esses fera tenir netz. ITEM, ne prendra et ne levera aulcun boys ou estelles du boys des manans et habitans de lad. ville de Lymoges, et ne permectra et ne fera aulcune regretarie ausd. portes. ITEM, et ne actendra de fermer lesd. portes aultre heure ordonnee par nous ou nosdictz successeurs et sans leur conge ou licence. ITEM, et soy informera avec les passans et repassans des nouvelles et estat des pays et villes dont viendront, et le fera scavoir a nous ou a nosd. successeurs. ITEM, et servira, comme dict est, en personne aud. office, tant en temps de sanicte que de peste que aussi de guerre. ITEM, toutes les septmaines fornira a la recluse de n^{re} reclusaige devant les Carmes une charge de boys. ITEM, et a volu ledict Johanaud, veult et de sa voulente sest soubmiz et soubzmect moyennant sondict serement que nous et nosdictz successeurs, toutes et quantesfoys quil nous ou a nosd. successeurs plaira, le puissions debouter, en son absence ou presence, dud. office de garde porte, a la volente et sans le oyr ou aultre aulcune figure de prouces, ne declairer la cause parquoy. Et de ce et sur toutes les chouses susdictes sen est oblige led. Johanaud son propre corps et tous et chascuns ses biens en la meilleur forme. En tesmoing desquelles chouses susdictes avons mys et appose le seel estably pour nous aux contraictz de ladicte ville, chastel et chastellanie de Lymoges, a ces presentes. Donne et faict en nostre consulat.

Et soit memoire que reverend pere en Dieu frere Mathieu Jouviond, abbe esleu et confirme du monastere Sainct Marcial de ceste ville, fit son entree, en laquelle mess[rs] les consulz de ceste presente annee furent audevant aux Carmes, acompaignies de grand nombre de bourgeoys et marchans de ceste ville, et le conviarent jusques aud. monastere, auquel ledict reverend celebra la messe en sollempnite. Et, icelle celebree et dicte, nous trouvasmes au disner en la maison abbatialle, ou avions este convies de la partie dud reverend ; lequel fit disner sollempne aux principaulx des habitans de ceste ville qui furent convies. Et fut faicte lad. entree le jour sainct Marcial Barretaveilh (?), que les comptoit le unziesme jour du moys doctobre lan mil cinq cens vingt et troys.

[Entrée à Limoges de l'abbé de Saint-Martial.]

Eslection des consulz de la ville de Lymoges, faicte par les habitans de lad. ville le lundy septiesme jour de decembre lan mil cinq cens vingt troys.

Des Taules :

Marcial du Boys le jeune.

De la Porte :

Marcial Benoist.

De Magnenye :

Marcial du Boys laisne.

Du Marche :

Guillem du Boys.

De la Fourye :

Maistre Francoys Bechameil.

Du Clochier :

Helies Lascure.

De Bocharie :

Pierre Thomas.

De Lancecot :

Maistre Jehan Petiot.

Des Combes :

Jacques Coustures.

Du Vieilh Marche :

Noel Bardinet.

Croyssansses :

Jehan de La Roche dit Vouzelle le jeune,
Guillem Dinematin.

Eslection des collecteurs, conseilliers et asseeurs des taillez myses sus ceste presente annee par le Roy n^{re} souverain seig^r, faicte en la maison de la ville par les manans et habitans dicelle, le lundy xxviij^e jour de decembre lan mil cinq cens vingt troys.

Des Taules :

Jehan du Boys ;
Guillem Bouthou.

De la Porte :

Francoys Mauplo,
Anthoine George.

De Magnenye :

Pierre Gergot ;
Jehan Moureau.

Du Marche :

Pierre de Cordes ;
Aymery Joussen.

De la Fourye :

Maistre Julien Frenault;
Leonard Chabrou.

Du Clochier :

Francoys La Gaye;
Pierre Le Chasseur.

Boucharie :

Guillem Mestadier;
Marcial Lequart.

Lancecot :

Pierre Courtete dict Lou Petit;
Bartholme Chousit.

Des Combes :

Bartholme Gadaud;
Jehan du Monteil.

Du Vieilh Marche :

Jehan du Mas;
Jacques Claveu.

Soit memoire que en lannee susd. fut faict et repare le pont de Sainct Marcial, lequel sen alloit du tout en ruyne et estoit en dangier de tumber, que eust couste beaucoup. [Réparations au pont Saint-Martial.]

ITEM aussi, en ladicte annee, fut reintegree et remise au reclusage dame Catherine Guilhote, recluse, apres le decces de feue Anne Angelaude. [Recluse.]

ITEM, et comme le seigneur du Saillant, soy disant commissaire pour loger et mectre garnisons de gens darmes au hault et bas pays de Lymosin, voulsist mectre garnisons en ceste ville, fut envoye par devers led. commissaire n{re} greffier criminel, avec le privilege a nous octroye de ne recepvoir aucunes [Exemption du logement de gens de guerre.]

gens darmes en la ville, lequel veu nen fut point mis en lad. ville.

[Réception de Mme de Lautrec.] ITEM, et en ladicte annee, vint en ceste ville Madame de Lautret, gouvernante en Guyenne, fille de mons^r Dorval; au davant de laquelle furent mess^rs les consulz de lad. ville avec leurs officiers, ensemble plusieurs des manans et habitans de lad. ville. Et luy fut faicte une arangue par le juge de lad. ville. Et fut receue lad. dame moult honnorablement, et conduicte jusques au monaistaire de Sainct Marcial, ou elle fut receue par mons^r labbe et les religieux dud. monastere. Et fut logee a la maison abbaciale dud. monastaire, en laquelle mesd. seigneurs les consulz, acompaignez de plusieurs notables gens de la ville, luy furent faire la reverence. Et luy fut faicte une autre arangue par ladvocat de lad. ville. Et luy fut donne ung present, lequel elle print fort en gre. Et soffrist faire tout plaisir a la ville.

Eslection des consulz de la ville de Limoges, faicte par les habitans de lad. ville, le mardi vij^e jour de decembre lan mil cinq cens vingt et quatre.

Des Taules :

Jehan Disnemandi.

De la Porte :

Marsault Mandi.

De Magnenhe :

Peyr Romanet.

De Marchat :

Mathieu Beysney.

De la Fourie :

Pauly Guay.

Deu Clochier :

Helias Gualichier.

Le Bocharie :

M^(re) Leonard Lamy.

Lancecot :

Marsault Fourdoysson.

Las Combas :

Monsr M^(re) Eymery Villebost.

Du Vielh Marchat :

Jehan du Mas.

Creyssensas :

Marsault Douhet;
Jehan Juge lannat.

Eslection des collecteurs, conseilhiers et asseurs des tailhies mysses sus ceste presente annee par le Roy n^(re) souverain seigneur, faictes en la maison de la ville par les manans et habitans dicelle le lundi xv^e jour de decembre lan mil cinq cens vingt et quatre.

Des Taules :

Barthomieu Palays;
Franceys de Naugat.

De la Porte :

Jehan Mydy;
Pierre Mosnier.

Manenio :

Meystre Jeham Corteys ;
Marsaul Greguori lannat.

Lou Marchat

Meystre Marsaul deu Dompnhon
Jehan Deysseindier.

La Faurie :

Mre Jhery de Bronha ;
Huget Coignhar.

Lou Clochier :

Mre Marsault Montaudon ;
Le second nom a été gratté (1).

Bocharie :

Mre Jehan Bonny ;
Marsault Noualhie.

Lancecot :

Thomieu Legier ;
Grand Pey Vigier.

Las Combas :

Mre Jehan Guadaud ;
Peyr Penicaud.

Lou Vielh Marchat :

Gros Peyr Beneyst ;
Jamme Piro.

---

(1) Il nous semble encore lire, comme à la page 91 : « Jehan Texandier ».

Sensuyvent les noms de ceulx qui ont les clefz du tresor.

Jehan Dinematin dit Le Dourat, — deux clefz (1);
Marcial Benoyt de la Porte, — deux clefz;
Pierre Verrier, — troys clefz;
Helias (2) Lascure, — une clef;
Guillem (3) Dinematin, des Taules, — une clef;
Marcial du Boys, des Taules, — une (4) clef;
Helies Galichier, — une clef;
Jehan Juge, — une clef;
Pierre Romanet, — une clef;
Pierre Romanet, filz de Estienne Romanet, — troys clef;
Marcial Disnematin, — cinq clefz.
Memoire que le coffre du grant seel de la ville est dans un coffre au tresor. Et y a deux grans seelz dargent (5).

Nos, CAPITULUM ECCLESIE LEMOVICENSIS, AD ROMANAM ECCLESIAM nullo modo pertinentes, videlicet Marcialis Boyol, ebdomadarius, Marcialis Benedicti, archidiaconus de Mala Morte, Marcialis de Beyssaco, Jacobus Jovyondi, Franciscus Bardoni, Bartholomeus Saleys, Franciscus de Lomenia, Petrus Cibot, Franciscus de Lomenia junior, Petrus Fouschier, Albertus Romaneti, Petrus Suduyraudi, Stephanus Texerand et Huguo de Lomenia, dicte ecclesie nostre Lemovicensis canonici, capitulantes et capitulum nostrum facientes et tenentes, ad sonum capitularis campane, ut moris est, insimul congregati, venerabili et circumspecto viro domino decano ipsius ecclesie [Transaction entre les consuls et le chantre de Saint-Martial au sujet des écoles.]

(1) Cette ligne a été biffée. A la marge on lit : « *Decessit* »; à la suite de la ligne : « *Modo tenet Leonard de Champz* » ; et à la suite encore, d'une autre encre : « iij clefz ».
(2) Le prénom a été biffé et remplacé en marge par celui de « Jehan ».
(3) Le prénom a été biffé et remplacé en marge par celui de « Jehan ».
(4) Le mot « une » a été biffé et remplacé par le mot « deux »,
(5) Cette dernière phrase est d'une autre encre.

absente, notum facimus universis quod comparuit coram nobis, ut premissum est, capitulantibus et de negociis dicte ecclesie tractantibus, venerabilis et circunspectus vir dominus et magister Michael Jovyondi, in juribus licenciatus, cantor et canonicus dicte ecclesie nostre Lemovicensis, qui nobis exponere curavit quod alias fuit processus motus in curia parlamenti Burdegale inter quondam bone memorie dominum et magistrum Johannem Bracheti, olim cantorem et canonicum dicte ecclesie nostre Lemovicensis, et dominos consules ville Lemovicensis, ratione scolarum castri et ville predicte Lemovicensis; eoque dicebant dicti consules quod ipsi in eisdem castro et villa et in nonnullis aliis locis illis adjacentibus habebant justiciam altam et bassam ac merum et mixtum imperium cum pollicia ipsius ville. Summopere cupientes ut pueri ipsius ville et quamplures alii clerici inibi affluentes in gramaticalibus, logicalibus, philosophie poeticeque et arotarie (oratorie) artibus, bonisque moribus induerentur et erudirentur, domus scolarum castri et ville fecerunt, et illarum excerticium commiserunt nonnullis probis et litteratis viris bone vite et emynentis sciencie. Autem quidem bone memorie dominus Johannes Bracheti, cantor et canonicus predicte ecclesie nostre Lemovicensis, se dicebat collatorem magistri scolarum dicti castri Lemovicensis; et a dictis tunc consulibus provocaverat et appellaverat, eamdemque appellationem coram nobili et potenti domino domino sennescallo Lemovicensi seu ejus locumtenenti relevaverat. Tandemque dicta causa fuit per appellationem introducta in dicta curia parlamenti Burdegale, in qua, partibus auditis et viso processu, per ipsius curie arrestum quod appellatione et a eo quo appellatum extiterat adnullatis, principalique materia apud eamdem curiam evocato, super quo partes venirent ad incrastinum festi sancti Martini hyemalis, tunc proximi futuri, debite ut rationis esset processure, dictus Bracheti, cantor, per dictarum excerticio scolarum de magistro Petro Boneti aut alio sufficienti et ydoneo, per medium provisionis, dicto pendente processu et donec aliter per eandem curiam ordinatum foret, provideret, expensis in diffinitiva reservatis, dictum et ordinatum fuerit. Verumque viri hucusque commissi excerticio earundem scolarum per cantores ecclesie predicte liberam obedienciam in correctione puerorum minime habere poterant: ex eo, cum cantor dicte ecclesie nullam jurisdictionem quoad hoc habeat in dicta villa et castro, pueri ejusdem ville et castri ceterique clerici qui inibi affluebant plerique indocti minusque eruditi varii quoque et discoli remanserunt, in maximum reipublice non solum ville sed patrie prejudicium atque dampnum. Quare idem Jovyondi, cantor et canonicus jam dictus, volens et affectans premissis provideri, ut pueri a cetero utilius et liberius valeant, sciencia et virtutibus erudiri, ad finem ut utilitas reipublice augmentetur ac aliis de causis rationabilibus animum suum moventibus, amicabilem compositionem, concordiam et transactionem fecit cum honorabili viro magistro Marciale Mathei, in juribus licenciato, advocato et substituto procuratoris dicti castri et ville, venerabilibus et prudentibus viris magistro Aymerico Villebost, in legibus licenciato, Johanne Disnemandi, de Taulis, Leonardo Amici, graffario regio, Johanne Judicis, Marciale Disnemandi, Paulo Gay, apothecario, Helia Galichier et Johanne du Mas, consulibus ville predicte, pro ipsis et pro eorum conconsulibus absentibus, facientibus seniorem et majorem partem consulatus predicte ville, ac etiam providis viris Petro Veyrie, Helias Lascure, Johanne Disnemandi alias Dourat, et Jacobo Sarasi, et nonnullis dicte ville burgensibus et habitatoribus, et cum eorum consensu et ex consilio, cum consensu dicte curie parlamenti Burdegale, transegerunt, concordaverunt et compositionem fecerunt de premissis, modo et forma sequentibus. Videlicet quod idem dominus cantor, cum consilio nostro, cedet et renunciabit, prout cessit et renunciavit omni juri sibi competenti ac spectare et pertinere valenti nunc et in futurum, in collatione, dono et provisione ac excertitio per se vel per alium scolarum predictarum, nichil sibi neque successoribus suis in eisdem retinendo seu reservando. Quinymo presentatio, collatio et institutio ac omnimoda dispositio earumdem de cetero ac perpetuo ad preffatos dominos consules et successores suos pertinebunt, absque eo quod dictus dominus cantor et successores sui habeant se aliquathinus intromictere de eisdem, et hoc infra dictam villam et castrum, suburbia, castellaniam et jurisdictionem ejusdem, solum et duntaxat cum hoc tamen quod ipse dominus cantor in civitate Lemovicensi et aliis locis, extra tamen jurisdictionem dictorum dominorum consulum, providere potuerit, dum et quando sibi placuerit. Et, ne per hujusmodi transactionem, compositionem et accordum dictus dominus cantor et successores sui patiantur dispendum, aut se possent dicere lezos, fraudatos, vel deceptos, preffatus magister Marcialis Mathei, advocatus et procuratoris substitutus antedictus, juxta et insequendo potestatem sibi actributam et concessam per dominos consules ville predicte, pro utilitate, comodo et honore que exinde dictus dominus cantor et ejus successores in dono, collatione et provisione predictis consequi possent, preffato domino cantori et suis successoribus cessit, constituit et assignavit summam decem librarum monete currentis anno quolibet et perpetuo rendualium eidem solvendarum, medietatem videlicet in Domini nostri Jesu Christi, et aliam medietatem in beati Johannis Baptiste nativitatem, quibuscumque festivitatibus, super fructibus, profficuis et emolumentis graffarie civilis curie ordinarie castri et castellanie Lemovicensis. Et ex nunc dedit in mandatis et concessit graffariis qui sunt et erunt castri et castellanie predicte seu ipsis assenssatariis presentibus et futuris quathinus dictas decem libras renduales preffato domino cantori et successoribus suis acetero solvant et tradant terminis jam dictis. Et, hoc faciendo, ipsi graffarii de eisdem quicti remanebunt, acto tamen expresse et accordato quod dicti consules et eorum successores poterunt redimere et ad se retrahere dictas decem libras renduales tociens quotiens voluerint infra duodecim annos proximo venturos, assignando, dando et tradendo eidem domino cantori et successoribus suis, solvendo summam tercentum librarum turonensium pro illas convertendo ad utilitatem predicte dignitatis cantoritatus, et casu que (quo) predicti domini consules qui pro tempore erunt non retraxerunt dictum reddictum infra dictos duodecim annos, elapso dicto termino, tenebuntur et promiserunt dicti domini consules qui pro nunc sunt et pro tempore erunt assignari in bonis et competentibus locis in jurisdictione, civitate seu villa, dictas decem libras censuales cum fundalitate et directo dominio. Et cum hiis partes ipse a dictis lite, causa et processu impune concordes abire et suis expensis voluerantque et consenserunt prenominate partes et earum quælibet hujusmodi presentes transactioni, compositioni et accordio predicte curie parlamenti decretum et auctoritatem interponi, prout hec latius idem dominus cantor constare asseruit per litteras per magistros Guillelmum Baignolli et Johannem Durandi, ville Lemovicensis, inquisitas et receptas in et sub data diei vigesime none mensis maii anni Domini millesimi quingentesimi vigesimi quinti. Quiquidem venerabilis et circunspectus vir magister Michael Jovyondi, cantor et canonicus, jam dictus, nobis supplicavit quathinus dictas compositionem, accordum et transactionem laudare, approbare, emologare, ratifficare et auctoritatem nostram capitularem eisdem imponere vellemus et dignaremus. QUAPROPTER Nos, audita supplicatione jam dicta, visisque litteris jam dictis, et ex causis in eisdem contentis, actendentes dictas compositionem, accordum et transactionem fuisse et esse factas in comodum, utilitatem dicte cantorie et dicti domini cantoris ac aliorum dominorum cantorum qui pro tempore erunt, aliorumque degentium in dicto castro et villa Lemovicensi ac justicia earumdem et comodum puerorum jam dictorum, laudavimus, approbavimus et emologavimus ac ratifficavimus, laudamusque, approbamus, emologamus et ratifficamus, ac habere voluimus roboris perpetui firmitatem, ac eisdem nostram capitularem auctoritatem interposuimus et interponimus per presentes. In quorum premissorum fidem et testimonium, sigillum nostrum commune quo in talibus et similibus utimur hiis nostris presentibus litteris, quas per scribam nostrum subscriptum signari jussimus, duximus apponendum. DATUM ET actum in dicto nostro capitulo, teste dicto nostro sigillo, die veneris ante festum Penthecostes, que fuit secunda mensis junii, anno Domini millesimo quingentesimo vigesimo quinto.

IN DEI NOMINE, AMEN. — NOS, CUSTOS SIGILLI AUCTENTICI, in baylivia Lemovicensi pro domino nostro Francie rege consituti, universis presentes litteras inspecturis notum facimus universis quod coram fidelibus commissariis et juratis nostris, ad hec a nobis specialiter depputatis, et testibus inferius nominatis, fuerunt presentes et personaliter constituti venerabilis et circunspectus vir magister Michael Jouviondi, in juribus licenciatus, cantor et canonicus ecclesie Lemovicensis, ad Romanam ecclesiam nullo medio pertinentis, pro se et suis successoribus cantoribus pro tempore ipsius ecclesie, ex una parte; et honorabilis vir magister Marcialis Mathei, in decretis licenciatus, advocatus et procurator substitutus dominorum consulum ac manantium et habitantium ville ac castri et castellanie Lemovicensis, dictorumque consulum ac manantium et habitantium

[Même objet.]

successoribus, parte ex alia. Cum, prout prenominate partes dixerunt, asseruerunt, recognoverunt et publice ibidem confesse fuerunt dudum, consules castri seu ville Lemovicensis, habentes in eisdem castro et villa et in nonnullis aliis locis eis adjacentibus justiciam altam, mediam et bassam ac merum et mixtum imperium cum politia ipsius ville, summopere cupientes ut pueri ipsius ville et quamplures alii clerici inibi affluentes in grammaticalibus, logicalibus et philosophie poeticeque et oratorie artibus bonisque moribus imbuerentur et erudirentur, domum scolarum castri et ville predicte fecerint, et illarum excercitium commiserint nonnullis probis et licteratissimis viris, bone vite et eminentis sciencie, unde quidam bone memorie magister Johannes Bracheti, cantor et canonicus ecclesie Lemovicensis, qui se dicebat collatorem magisterii scolarum predictarum a dictis tunc consulibus, provocaverit et appellaverit, suamque appellationem coram nobili et potenti domino domino senescallo Lemovicensi seu ejus locumtenenti relevaverit, coram quo, in curia presidiali senescallie Lemovicensis taliter processum fuerit quod, instante procuratore regio pro bono et commodo publico ipsius ville, quondam frater Petrus de Artigia, in sacra theologia licenciatus, ordinis Predicatorum conventus Lemovicensis, per modum provisionis, sine jurium partium prejudicio, excercitio magisterii scolarum predictarum per ipsius senescalli seu ejus locumtenentis aut assessoris sentenciam commissus et depputatus, a qua quidem interlocutoria et provisionali sentencia prefatus quondam Bracheti cantor appellaverit, suamque appellationem in suprema Burdegale parlamenti curia relevaverit, et in ea tantum extiterit processum quod, partibus auditis et viso processu, per ipsius curie arrestum, quod appellatione et eo a quo appellatum extiterat anullatum, principalique materie apud eamdem curiam evocato, super quo partes venirent ad incrastinum festi sancti Martini yemalis tunc proximo futuri, debite ut rationis processure, dictus Bracheti cantor, pro dictarum excercitio scolarum, de magistro Petro Boneti aut alio sufficienti et ydoneo, per modum provisionis, dicto pendente processu, et donec aliter per eamdem curiam ordinatum foret, provideret, expensis in diffinitiva reservatis, dictum et ordinatum fuerit. Verum, quia viri hucusque commissi excercitio earumdem scolarum per cantores ecclesie predicte liberam obedienciam in correctione puerorum minime habere poterant, ex eo cum cantor nullam jurisditionem quoad hoc haberet in dicta villa et castro, pueri ejusdem ville et castri ceterique clerici qui inibi affluerunt plerique indocti minusque eruditi, vagi quoque et discoli remanserunt, in maximum rei publice non solum ville sed patrie prejudicium acque dampnum. QUARE idem cantor, hiis de causis, volens et affectans premissis provideri, et ut pueri acetero utilius et liberius valeant, sciencia et virtutibus erudiri, et utilitas rei publice augmentetur, ac aliis de causis racionabilibus animum suum moventibus, compositionem amicabilem, concordiam et transactionem cum eisdem dominis consulibus seu eorum procuratore inhire velit et intendat. HINC igitur fuit et est quod prenominate partes et earum quelibet assistentes, cum prefato magistro Marciale Mathei, advocato et substituto procuratoris predicto, venerabilibus et prudentibus viris magistris Aymerico Villebost, in legibus licenciato, Johanne Disnemandi, de Taulis, Leonardo Amici, graffario regio, Johanne Judicis, Marciale Dinemandi, Paulo Gay, apothecario, Helia Galichier et Johanne du Mas, consulibus ville predicte Lemovicensis, pro ipsis et eorum conconsulibus absentibus, facientibus saniorem et majorem partem consulatus predicte ville, ac etiam providis viris Petro Veyrier, Helia Lascure, Johanne Dinemandi, alias Dourat, et Jacobo Sarrasi et nonnullis ipsius ville burgensibus et habitatoribus, et cum eorum consensu et consilio, gratis et scienter, non cohacte, non seducte, nec ab aliquo seu per aliquem in hac parte circumvente, ymo earum mera, libera et spontanea voluntate, ut dixerunt, de premissis, lite et debato sic ortis et pendentibus in dicta parlamenti curia, cum beneplacito tamen ipsius curie parlamenti, consideratis, considerandis, ac habito penitus tractatu inter ipsos de et super premissis, ac etiam cum venerabilibus et circunspectis viris dominis de capitulo ecclesie Lemovicensis et de ipsorum consensu, transegerunt, composuerunt et accordaverunt in modum qui sequitur et in forma : Videlicet quod idem dominus cantor cedet et renunciabit, prout cessit et renunciavit ibidem omni juri sibi spectanti et competenti ac spectare et pertinere valenti nunc et in futurum in collatione, dono et provisione ac excercitio per se vel per alium scolarum predictarum, nichil sibi neque successoribus suis in eisdem retinendo seu reservando. Quin immo prestatio, collatio, provisio et institutio et omnimoda dispositio earumdem de cetero et perpetuo ad prefatos dominos consules et successores suos pleno jure spectabunt et pertinebunt, absque eo quod dictus dominus cantor et successores sui habeant se aliquathenus intromictere de eisdem, et hoc infra dictam villam seu castrum, suburbia, castellaniam et jurisditionem ejusdem, solum et duntaxat cum hoc tamen quod ipse dominus cantor in civitate Lemovicensi et aliis locis extra tamen jurisditionem dictorum dominorum consulum providere poterit dum et quando sibi placuerit. Et, ne per hujusmodi transactionem, compositionem et accordum dictus dominus cantor et successores sui patiantur dispendium aut se possent dicere lesos, fraudatos vel deceptos, prenominatus magister Marcialis Mathei, advocatus et procurator substitutus, antedictus, juxta et insequendo potestatem sibi concessam per dominos consules et habitatores ville predicte, pro utilitate, commodo et honore que exinde dictus dominus cantor et ejus successores in dono, collatione et provisione premissis consequi possent, prefato domino cantori et successoribus suis cessit, constituit et assignavit summam decem librarum monete currentis anno quolibet et perpetuo rendualium eidem solvendarum, medietatem videlicet in Domini nostri Jhesu Christi, et aliam medietatem in beati Johannis Baptiste nativitatem, quibuscumque festivitatibus, super fructibus, proficuis et emolumentis graffarie civilis curie ordinarie ville, castri et castellanie Lemovicensis. Et ex eo ex nunc in mandatis dedit et concessit graffariis qui sunt et erunt castri et castellanie predicte seu ipsius graffarie assensatariis presentibus et futuris quathinus dictas decem libras renduales prefato domino cantori et successoribus a cetero solvant et tradant terminis supra dictis; nam, hoc faciendo, ipsi grafferii de eisdem quicti remanebunt, et de eorum assensa illis deducetur per dominos consules antedictos, presentes pariter et futuros, perpetuo. Et quemquidem grafferium domini consules qui pro tempore in assensis fiendis de dicto grafferiatu tenebuntur facere obligari quoad solutionem dicti annui redditus, jam dicto domino cantori seu ejus procuratori predicto assensatariis graffarie predicte; acto tamen expresse et accordato inter et per partes predictas quod dicti consules et eorum successores poterunt redimere et ad se retrahere dictas decem libras renduales totiens quotiens voluerint infra duodecim annos proximo futuros, assignando, dando et tradendo eidem domino cantori et successoribus suis decem libras annui et perpetui census cum fundali dominio super bonis et competentibus locis in civitate, castro, villa et castellania supradicta et infra districtus et territoria earumdem, aut eidem domino cantori et successoribus suis solvendo summam ter centum librarum turonensium pro illas convertendo ad utilitatem predictam dignitatis cantoriatus. Et, casu quo predicti domini consules qui pro tempore erunt non retraxerint dictum redditum infra dictos duodecim annos, elapso dicto termino, tenebuntur et promiserunt domini consules qui, ut premissum est, pro tempore erunt consules assignare in bonis et competentibus locis in juridictione, civitate seu villa dictas decem libras censuales cum fundalitate et dominio directo. Et cum hiis partes ipse a dictis lite, causa et processu impune concordes abiere et sine expensis, volueruntque et consenserunt prenominate partes et earum quelibet hujusmodi presentibus transactioni, compositioni et accordio predicte curie parlamenti decretum et auctoritatem imponi, partesque predictas et earum quelibet ad premissorum observantiam et complementum et earum successores cogi et compelli, et cum hoc prenominatus dominus et magister Michael Jouviondi, cantor antedictus, melioribus modo, jure, via et forma quibus melius et efficatius potuit et debuit potestque et debet, suos fecit, constituit, creavit et ordinavit veros et indubitatos procuratores generales et nuncios speciales, ita tamen quod generalitas specialitati non derroget nec e contra, videlicet venerabiles et discretos viros magistros Johannem Milanges, Ademarum Moureau, Vincentium Debar, et eorum quemlibet insolidum, scilicet ad expresse et specialiter ad ipsius domini constituendos nominem, et pro eo consenciendos et consensum prebendos in prefata parlamenti Burdegale curia, quathinus hujusmodi transactio, accordium et compositio per ipsius curie arrestum confirmentur, approbentur et corroborentur, et illis auctoritas curie predicte imponatur pariter cum decreto, partesque predicte ad premissorum observantiam et complementum juxta transactionis hujusmodi formam, tenorem et continentum condempnet, easdemque partes a processu impune abire permictendo sine expensis. Quasquidem transactionem, compositionem et accordum partes ipse et earum quelibet laudaverunt, approbaverunt et ratifficaverunt, eademque valere et tenere voluerunt, habereque perpetui roboris firmitatem, in ipsisque suos prebuerunt assensus pariter et consensus, promictentes prenominate partes et earum quelibet, prout supra constituentes et stipulantes, una videlicet alteri, emendare, solvere, reffundere ac resarcire omnia dampna, sumptus, missiones, interesse, depperdita et expensa, que et quas prenominate partes facerent, paterentur aut sustinerent ob moram, culpam seu deffectum solutionis, complementi et observencie premissorum, ad simplex juramentum partis illius expensa facientis, et dampna hujusmodi modo aliquo sustinentis, sine alia probatione quacumque, non obstante juredicente aliquem judicem, testem vel arbitrium in re seu causa sua propria esse non posse; cui juri prenominate partes et earum quelibet renunciaverunt expresse, renunciantes ulterius prenominate partes et earum quelibet de et super premissis omni exceptioni dolimali, fori, loci, metus, fraudis in factum, actioni, condicioni indebiti et sine causa, omnique usui, consuetudini et statuto, omnique deceptioni, circumvensioni, lesioni levi et enormi, exceptionique de falso, de uno acto et alio scripto et de plus scripto quam acto et e converso, omnique auxilio et beneficio utriusque juris canonici et civilis, scripti et non scripti, editi et edendi, et juri per quod deceptis et lesis quomodolibet subvenitur, omnibusque et singulis graciis, franchisiis, libertatibus, statutis et ordinacionibus quibuscumque a quibuscumque personis tam ecclesiasticis quam secularibus, tam ob favorem .... sumpte vel sumende quam alia quavis causa seu favore in contrarium editis et edendis, concessis seu etiam concedendis, ceterisque aliis omnibus et singulis exceptionibus, deceptionibus, cauthelis, cavillationibus, allegationibus, renunciationibus, rationibus et deffensionibus juris et facti que contra tenorem presentium litterarum dici possent seu proponi, et per quas contenta in presentibus litteris annullari possent, cassari, destrui imposterum quomodolibet, vel infringi, legique dicenti generalem renunciationem non debere valere nisi quathinus exprimitur in contractu, promictentes prenominate partes et earum quelibet se contra contenta in presentibus litteris vel earum aliquod aliquid non proponere, allegare, facere, dicere, obicere nec venire per se nec per alium, clam, palam, tacite nec expresse, nec dare alicui alteri viam, materiam, causam, artem vel ingenium in contrarium veniendi, prestitis ab ipsis partibus et a qualibet earumdem super hoc sponte ad et super sancta Dei evangelia, libro tacto corporaliter, juramentis. Et, pro premissis omnibus et singulis, sic ut premictitur, perpetuo actendendis, tenendis, complendis et observandis, obligaverunt, affeceruut et ypothecaverunt prenominate partes et earum quelibet, videlicet prenominatus Mathei, procurator substitutus, omnia et singula bona dicti consulatus, prefatusque dominus cantor omnia et singula bona dicte sue dignitatis, mobilia et immobilia, presentia et futura, quecumque et ubicumque existentia, ad vires, rigores, districtus et cohertiones curie regie senescallie Lemovicensis et audiencie curie dicti sigilli auctentici regii, juridictioni quarum et cujuslibet earumdem se submiserunt expresse per saisinam, captionem, venditionem, distractionem et alienationem rerum et bonorum suorum predictorum, et per quecumque alia juris remedia consueta. Adque premissa omnia et singula, sic ut premicitur, perpetuo actendenda, tenenda, complenda et inviolabiliter observanda et adimplenda, fuerunt prenominate partes et earum quelibet presentes, volentes et consencientes judicio curie dicti sigilli, loco, vice et auctoritate juris sentencialiter condempnate per Guillelmum Baignolli et Johannem Durandi, clericos fideles, commissarios et juratos magistros subscriptos, qui premissa loco nostri audiverunt et receperunt, ut nobis fideliter retulerunt per has presentes litteras, manibus suis propriis inferius consignatas, quibus super jus legitime commisimus vices nostras. Relacionem quorum nos, custos prefatus, fidem plenariam adhibentes, premissaque laudantes et approbantes, ac rata, grata et firma habentes, pariter et accepta, perinde ac si coram nobis in judicio provincialiter acta fuissent, sigillum predictum auctenticum regium in premissorum fidem et testimonium hiis presentibus litteris duximus apponendum. DATUM et actum Lemovicis, presentibus ibidem et audientibus domino Simone Bacton et Leonardo Tornier, presbyteris, et magistro Leonardo Bochard, de Panasolio, ville predicte Lemovicensis habitatoribus, testibus ad premissa vocatis, die vicesima nona mensis maii, anno Domini millesimo quingentesimo vicesimo quinto. Sic signatum : *G. Baignol avec maistre Jehan Durand, Durand avec maistre Guillem Baignol.*

De par ma dame, Regente en France.

[Paix avec l'Angleterre, 1525.]

Treschers et bien amez, pour commancer de mectre paix et repoz en ce royaume, ainsi que lavons tousjours desire et encores desirons, nous avons, avecques layde de Dieu, tant faict que bonne paix, amytie et alience est faicte, contracte et traicte entre le Roy n^{re} trescher S^r et filz, son royaulme, pais, terres, seigneuries et subgectz, dune part, et le roy dAngleterre, son royaulme, pais, terre, seigneuries et subgectz, dautre part, telle et si seure que nous la tenons estre de longue duree, et qui redondera au grant bien, prouffit et utilite non seulement desd. royaulmes, mais de toute la chretiente, et avec ce aidera grandement a la liberte et delivrance de n^{re}d. trescher S^r et filz. Et, pour ce quil est requis de tel et si grant bien faire publicacion et demonstracion generalle par tout le royaume, nous vous envoyons cy dedans encloz la forme qui se doibt faire de lad. publication. Et vous mandons et ordonnons, par vertu du pouvoir et regence quil a pleu aud. S^r nous bailler et laisser en ced. royaulme durant son absence, que icelle publicacion vous faictes faire a son de trompe et cry publicque par tous les lieux ou vous avez acoustume le faire, en maniere que nul nen puisse pretendre cause dignorance, en rendant graces, louenges et merciz a n^{re} Createur, principal aucteur dicelle, de ce que luy a pleu commancer par cested. paix vouloir mectre unyon et repoz en lad. chretiente. Treschers S^s et bien amez, N^{re} S^r vous ayt en sa garde. Escript a Condrieu, le xvij^e jour de septembre. Ainsi signe : Loyse, Robertet. Et audessus : a noz treschers et bien amez les consulz, bourgeois et habitans de la ville de Lymoges.

[Même objet.]

Le comte de Foix, de Comminge, de Rethel et de Beaufort, Sr de Lautret et Dorval, grant senneschal et gouverneur de Guyenne et lieutenant general du Roy ez pays dud. Guyenne et de Languedoc.

Chers et bien amez, nous vous envoyons une lettre que ma Dame vous escript, ensemble la forme selon laquelle se doibt faire la publication de la paix conclute entre le Roy et le roy d'Angleterre. Et, pour ce que lad. paix porte tel et si grant bien et repoz a tout ce royaume que chacun peult conjecturer, et grandement ayder a la liberte et delivrance du Roy, vous en ferez faire la publication et en rendre graces et louenges a N^{re} S^r, principal aucteur dicelle, ainsi que en tel cas appartient et que ma Dame le vous escript et mande. Et a Dieu qui vous ayt en sa garde. A Condrieu, le xxj^e jour de septembre. Ainsi signe : Odet de Foix, J. Viau. Et au dessus : a noz chers et bien amez les consulz, bourgeois et habitans de la ville de Lymoges.

On fait assavoir que, a la louenge de Dieu n^{re} createur, a este traictee, faicte, conclute et accordee bonne, sincere, fidele, vraye, entiere, parfaicte et ferme paix et amytie, fraternite, unyon, ligue, intelligence et confederation indissoluble et perpetuelle entre le Roy, n^{re} souverain S^r, et ma Dame regente en France en son absence, et treshault et trespuissant prince Henry, huictiesme de ce nom, par la grace de Dieu roy dAngleterre, pour eulx, leurs heoirs et successeurs, leurs royaumes, pays, cites, villes, terres et seigneuries, places et chasteaulx, vassaulx et subgectz, tant par mer que eaues doulces, par laquelle toutes injures et offences faictes de faict et de parolles durant les guerres derrenieres ont este et sont abolies et estainctes; et ne pourront lun ne lautre desd. roys, leurs heoirs ou successeurs envahir, guerroyer ne assallir, ne souffrir estre envahy, guerroye ou aissailly les royaumes, pais, terres et seigneuries, citez, villes, chasteaulx, lymites de present appartenans a lun ou a lautre desd. princes; et que nul desd. S^{rs} princes ne bailleront respectivement ne souffreront, consentiront, permectront ou dissimuleront estre baille par lun de leurs vassaulx et subjectz aux ennemys lun de lautre passaige, port, faveur, ayde, argent, victuailles, armes, artillerie ou municions, navires, gens de guerre, ne autre chose quelle quelle soit par mer ou par terre; maiz sentredeffendront, garderont et ayderont lun lautre, leurs royaumes, pais, terres et seigneuries, citez, villes, chasteaulx et limites par eulx respectivement tenues et possedees vers et contre tous princes et potentatz et tous autres de quelque dignite ou auctorite spirituelle ou temporelle quilz puissent estre, et de quelque degre de consanguinite ou affinite quilz les atou-

[Articles du traité.]

chent, sans aucun en excepter. Et se ne pourront lesd. S^rs roys prendre en leur protection, favorriser, entretenir, recepter ou retenir en leurs royaumes ou quelque autre lieu, ne souffrir y estre favorisez, receptez, entretenuz ou retenuz aucuns rebelles ou traictres nottez ou suspectz de crime de lese mageste des subgectz de lun ou de lautre desd. princes, maiz seront tenuz les rendre et remectre ez mains du prince desd. rebelles ou traistres que lon requerra ou du pourteur des lettres notifficatoires dud. prince dedans vingt jours apres quil aura este requis.

PLUS a este accorde que les vassaulx et subjectz de lun et de lautre desd. roys et royaumes pourront, sans aucun destourbier ou empeschement, lettre de conge et sauf conduyt, aller dun royaume a lautre, hanter, converser, frequenter, communiquer, trafficquer, marchander, vendre, achapter toutes sortes de marchandises et joyaulx non prohibez ne deffenduz par les loix et statutz des pais et royaumes, passer, repasser, venir et retourner, et demourer franchement et seurement avecques leurs hardes, meubles, marchandises, navires, charrois, voicturez, chevaulx, armeures et autres biens quelzconques, sans quilz puissent estre arrestez par marque, contremarque, soit par mer, par terre ou eaues doulces, tous peaiges et subsides nouveaulx imposez et mys sus puis cinquante ans de jour et date dud. traicte estainctz et abatuz. Et seront les prisonniers de guerre de lun et de lautre desd. royaumes, moindres des princes ou de contes, franchement et quictement relaschez et delivres dune part et dautre. Ouquel traicte de paix ont este et sont comprins les alliez et confederez de lun et de lautre desd. princes. Et dedans quatre moys apres ceste presente publication par leurs lettres patentes, quilz seront tenuz denvoyer a lun et a laultre desd. princes, ilz declairent quilz le veullent accepter : cest assavoir de la part du Roy n^re souverain seigneur, n^re sainct pere le Pape, le sainct siege apostolicque, le roy dEscosse, le roy de Portugal, le roy de Hongrye, le roy de Navarre, le duc et seigneur de Venise, le duc de Savoye, le duc de Lorraine, le duc de Gueldres, le duc de Ferrare, messieurs les Suysses, le marquis de Mont Ferrat, le marquis de Salusses.

Plus a este accorde que, si aucun des comprins aud. traicte avoit este prins et occupe sur n^red. souverain S^r aucunes terres et seigneuries depuis le traicte faict a Londres en octobre lan mil cinq cens dix huyt, que, non obstant lad. comprehension, icelluy Sr les pourra recouvrer sur eulx, et ne donnera le roy dAngleterre a aucun desd. comprins pour la deffence desd. choses occuppeez faveur ne assistance. Donne a Condrieu, le xvij° jour de septembre lan mil cinq cens vingt cinq. Ainsi signe : Loyse, Robertet.

Letres envoyes de par Madame Regente en France.

Loyse, mere du Roy, duchesse dAngoumoys, dAnjou et de Nemoux, contesse du Mayne et de Gyen, regente en France, Daulphine et Provence, a tous les lieuxtenans et gouverneurs pour le Roy n^{re} trescher S^r et filz ez pays de France, Brie, Champaigne, Normandye, Guyenne, Languedoc, Bourgoigne, Daulphine et Provence, mareschaulx de France, gens du grant conseil et des cours de parlement de ced. royaume, pays et seigneuries, balliz, seneschaulx, prevostz et tous les justiciers et officiers dud. S^r, ou a leurs lieuxtenans prevostz tant desd. mareschaulx de France que de ceulx qui sont ordonnes sur le faict de la pillerie, capitaines et conducteurs des gens des ordonnances, ban, arriereban, francz archierz et gens de pie, et aussi des villes et forteresses, contes, barons, seigneurs, chastellains, nobles et gentilz hommes, vassaulx dicelluy Seigneur, maires, eschevyns et consulz de ses villes, et a chacun deulx, endroit soy, salut. Comme, au moyen de linfortune nagueres advenue de la roupte du cam et armee du Roy n^{re}d. S^r et filz estant de la les mons et de la prinse de sa personne, il est merveilleusement a craindre et doubter que les gens de guerre a pye et autres, retournans par deca de lad. armee, et, soubz leur umbre, plusieurs mauvais garcons, pillars, vaccabons et sans adveu se mectent sus par grosses bandes, tiengnent les champs en ce royaume, et viennent sur le peuple faisans pilleries, ranconnemens, forces, violances, meurdres, homicides et aultres maulx infiniz, a la tresgrant charge, foulle, oppression, detriment et dommaige dud. royaume, bons, vrays, loyaulx et obeyssans subgectz dicelluy, Nous, a ces causes, voulans et desirans de tout n^{re} cueur a ce pourveoir et soullagier et deffendre ce poure peuple desd. charges et oppressions, ayans pitie et compassion deulx, avons ordonne et ordonnons en vertu de n^re pouvoir et regence, eu sur ce ladvit et deliberation des gens du conseil du Roy n^red. S^r et filz estans lez nous, et vous mandons, commectons et enjoignons, en vertu de n^red. pouvoir, et a chacun de vous, par ces presentes, en son endroit, que, des lheurs que verres et cognoistrez que plus hault de dix personnaiges se mectent ensemble pour tenir les champs sans mandement et lettres de nous, ou que aucuns feront sonner le tabouriu pour assembler gens sans n^red. mandement, vous assemblez et courez sur eulx comme contre les ennemys de ced. royaume, et les deffaictes et mectez a pieces; et ceulx que prendrez punissez comme crimineulx et ennemys de la chose publicque. nonobstant oppositions ou appellations quelzconques, pour lesquelles ne voulons estre differe, et y procedez de sorte et facon que la force et auctorite en demeure a nous et justice, et que par v^re soing et cure empeschez que dangier et inconvenient nen adviengne aud. royaume, sans ce que ores ou pour lavenir on puisse apprehender ceulx qui leur auront couru sus, pillez, tuez ou blessez, ne que pour ce il leur en conviengne prendre lettre de grace, pardon, remission ou aultre en quelque maniere que ce soit. Et, affin que nul nen puisse pretendre cause dignorance, Nous voulons cesd. presentes estre leues et publiees a son de trompe par toutes les villes, lieux et endroys de ced. royaume, pays et seigneuries du Roy n^red. S^r et filz, et les doubles dicelles, signez par notaires royaulx, ausquelz voulons foy estre adjoustee comme a loriginal, estre placques et affichez aux portes des eglises, parroisses, coyns et carrefours des villes de ced. royaume. Si vous mandons et enjoignons, en vertu de n^red. pouvoir, et a ung chacun de vous, endroit soy, dexecuter le contenu en cesd. presentes selon leur forme et teneur, car de ce faire vous avons donne et donnons pouvoir, auctorite, commission et mandement special. Donne a Sainct Just sur Lyon, le xj^e jour de mars lan de grace mil cinq cens vingt quatre. Ainsi signe : Par Madame, regente en France, Robbertet.

Memoire que, le xx^e jour du moys daoust an susd., noble et puissant messire Galiot de Las Tours, chevalier, baron et seigneur dud. lieu, n^{re} senneschal et gouverneur, vint faire son entree en ceste ville de Lymoges, que fut grandement honnorable ; et les seigneurs consulz, bourgeois, manans et habitans de la present ville allerent au devant de luy en beaul et notable ordre, tant a cheval que a pie, et luy fut donne deux douzaines de torches, une pipe de tresbon vin, un beaul sert (cerf) que avions nourry en noz fousses ; et ce aux despens de la ville et dez deniers communs. Et en oultre fut donne a n^{re} senneschal une cheyne dor de cent ung escu et demy, lesquelz donnerent liberallement les seigneurs, bourgeois, marchans et autres apparens de lad. ville, que furent iiij^{xx}x (90) ou environ.

[Réception du gouverneur Galiot de Las Tours.]

Election de mess^{rs} les consulz de la present ville de Lymoges, faite par les habitans dicelle le septiesme jour de decembre lan mil cinq cens vingt cinq.

Des Taules :

Pierre Veyrier.

De la Porte :

Francoys dAuverigne.

De Magnenye :

Jacques Sarrasi.

Du Marche :

Pierre du Boys.

De la Fourye :

Colin Noailher.

Du Clochier :

Marcial Romanet.

De Boucharie :

Anthoine Voureys.

De Lancecol :

Jehan de Vaubrune.

Des Combeys :

Jehan de Boscheys.

Du Vieilh Marche :

Gros Pierre Beneist.

Croyssansses :

Monsr maistre Mathieu Masautin ;
Et Jehan du Boys, des Bans.

Les noms des conseilliers et collecteurs des taillez de ceste presente annee.

Des Tuules :

Leonard Mosnyer ;
Pierre Vidau dict Papey.

De la Porte :

Estienne Sennemault ;
Pierre Boutault.

De Maignenye :

Loys Rogier ;
Maistre Marcial de Champs.

Du Marche :

Jehan Vouzelle laisne ;
Jehan Pabo laisne.

De la Fourye :

Marcial Teilhet ;
Marcial Dinematin le jeune.

Du Clochier :

Leonard Penicaud ;
Jacques Boubiac.

De Boucharie :

Maistre Jacques Touslhe ;
Guillem Borye.

Lancecot :

Pierre Tarault ;
Pierre Courtete laisne.

Des Combes :

Andre Pouzol ;
Jehan de La Gouteau dict Chardon.

Du Vieilh Marche :

Loys Vallade ;
Mathieu Celier.

Je, Michel Jouviond, chanoyne et chantre de l'Eglise de Lymoges et prevost des Seschieres, cognoys et confesse avoir receu reallement et de faict de messrs les consulz de la ville et chasteau de Lymoges, par les mains de sire Jacques Sarrazi, lung desd. consulz, la somme de dix livres tournoys, a moy comme chantre susd. deues pour cause des escolles de lad. ville par chacun an, comme plus amplement appert par certaines lettres de transsaction receues par maistres Jehan Durand et Guillem Baignol, notaires, lesquelz consulz audict nom quitte de lad. somme de leur annee commencant mil cinq cens vingt cinq et finissant mil cinq cens vingt six, tesmoingt mon seing manuel cy mys. Le premier jour du moys de mars, lan mil cinq cens vingt cinq. (Signé :) M. JOVION, *chantre de Limoges susd.*

[Quittance de la somme de dix livres, donnée par M. Jauviond. — Voir page 139.]

Election de mess^rs les consulz de la presente ville de Lymoges, fecte par les habitans dicelle le septiesme jour de decembre lan mil sincq cens xxvj.

Helyas deu Bost,	de las Taulas;
Mathieu deu Bost,	de la Porte;
Peyr Gergot,	de Magnenye;
Loys Beyney,	deu Marchat;
Peyr Lamouthe,	de la Fourye;
Mestre Oubert Banhou,	deu Cluchier;
Liennard La Gorce,	de Boucherie;
Barthomieu Legier,	de Lansacot;
Barthomieu Gadau,	de las Combas;
Helyot Beneyt,	deu Vielh Marchat;
Peyr Romanet,	} de creycensas.
Johan Vouzelo,	

Les noms des conceilliers et collecteurs des tailhes de ceste presente annee.

Micheu Rougier,	} de las Taulas;
Marcialet dit Lou Camus,	
Marsau Vidau,	} de la Porte;
.... (1)	
Pierre Baud,	} de Manenye;
Pauly deu Bost,	
Marsau Beyney,	} deu Marchat;
Mathieu Loudeys,	
Pierre Bardonau,	} de la Fourye;
Peyr deu Davalat,	

(1) Cette ligne a été grattée.

Francey Charreyron, Johan Ponsset,	deu Cluchier;
Cristofle Samson, Micheu Chapelas,	de Boucherie;
Francey Teyceulh, Johan Picart,	de Lansacot;
Johan de La Goutheu, Guilhoumot Vigier,	de las Combas;
Liennard Boniau, Peyr Verthamon,	deu Vielh Marchat (1).

A TOUS CEULX QUI CES PRESANTES VERRONT, Nous, garde du seel auctentique estably aux contraictz au bayliage de Limoges pour le Roy nostre sire, salut. Scavoir faisons que par davant Anthoyne Gamaud, notaire et jure en loffice dudict seel cy dessoubz signe, et en presence des tesmoingtz cy ampres nommes, ont este presens et personnellement establis en droictz honnorables seigneurs Helyes du Boys, Mathieu du Boys. Loys Benoist, Pierre La Mouthe, maistre Albert Baignol, Bartholme Legier, Leonard de La Gorce, Bartholme Gadaud, Heliot Benoist et Jehan de La Roche laisne, consulz de la ville de Limoges, tant pour eulx que pour et au nom de Pierre Gergot et Pierre Romanet, consulz de ladicte ville, leurs compaignions, absans, ausquelz ont promys faire tenir et avoir agreable le contenu en ces presentes, toutesfoys et quantes requis en seront, pour eulx audict nom et leurs successeurs quieulxconques, dune part, et sire Jehan de Sandelles, bourgeoys et marchant dudict Limoges, pour luy, ses heoirs et successeurs quieulxconques, daultre part. Comme il soyt vray, ainsi que les parties ont dit et confesse, led. de Sandelles soyt seigneur, util proprietaire et paisible possesseur dune maison assise en ceste ville de Limoges, en la rue des Taules, joignant dune part au cloistre ou len tient le marche du ble, et au cloistre boursier, daultre, le long duquel cloistre du ble y ayt certains piliers et crosses de boys qui portent non tant seulement led. cloistre, ains la maison dudict de Sandelles,

Tiltre pour la ville contre Sandelles, touchant le cloixtre du ble.

---

(1) En marge de cette liste se trouve la quittance, signée par le chantre Janviond, des dix livres à lui dues pour les écoles pendant l'année 1526. Cette quittance est dans les mêmes termes que celle relatée page 157.

mesmement devers le bout du cloistre tirant envers lesglise de
Sainct Marcial, lesquelz piliers soyent pourris et corrumpuz
par vetuste ou aultrement, en tele facon que led. cloistre ensemble lad. maison dudict de Sandelles estoyent et sont en
dangier de tumber en deccadance et par terre si promptement
ny estoyt pourveu. A ce moyen, led. de Sandelles sestoyt retire
ausd. seigneurs consulz, les avoyt supplies et requis de y
mectre ordre, offroyt, daultant que sa maison pourroyt tumber
en ruyne, faire faire a ses despans une pile de pierre qui pourteroyt le fays dud. cloistre ensemble de sa maison, suppliant
mesd. seigneurs de luy bailler permission de faire faire ladicte
pile au bout dud. cloistre et le long de sa maison, disant que
ce seroyt le prouffit de la chose publicque, car led. cloistre en
seroyt beaucoupt plus seur. Lesdictz seigneurs consulz, a
linstance et requeste dudict de Sandelles, se fussent transpourtes
sur le lieu, et, en la presence de sire Audoing Dauvernhe, leur
prevost et juge criminel de Limoges, et de plusieurs bourgeoys
et marchans circunvoysins a ce appelles et convocques,
heussent veu et visite le lieu dont estoyt question et auquel led.
de Sandelles voulloyt et pretendoyt faire lad. pile, et avoyent
trouve que ladicte pile, en la facon que led. de Sandelles lentendoyt faire, estoyt plustost proffitable que domageable a la
chose publicque; pour ce est il que aujourduy, date des presentes, lesd. seigneurs consulz dessus nommes, au nom que
dessus, de leur bon gre, certaine science, et pour ce que bien
leur a pleu et plaist, ont donne conge, permission et licence
aud. de Sandelles, voullu et consenty, veulent et consentent par
ces presentes, pour eulx et leurs successeurs, que led. de
Sandelles puisse faire edifier et construyre lad. pile au bout
dudict cloistre, de la longueur de sept piedz et demy, tirant
envers le monestaire de Sainct Marcial, et dun pye et demy
despeysseur hors de mur tirant envers le cloistre, selon et en
ensuyvant la mesure ou eschantillon faicte sur le lieu, que a
este mise du consentement des parties entre les mains dud.
Dauvernhe, prevost, et ce moyenent que led. de Sandelles
sera tenu, comme a promys, pour luy et les siens, desormais
et a perpetuite tenir et entretenir led. cloistre du ble couvert en
bon et compectant estat, et fournir pour lentretenement dicelluy
cloistre tant le gros boys, aiz, late, tibles que aultres choses
neccessaires toutesfoys et quantes en sera besoingt. Et, pour ce
faire, a icelluy de Sandelles expressement oblige lad. maison

joignant aud. cloistre, ensemble tous et chascuns ses aultres biens meubles et immeubles. Au surplus, ont promys les parties tenir et observer ce que dessus, ne contre icelles venir par eulx ne aultre en aucune maniere, soubz lobligation et ypothecque de tous et chascuns leurs biens meubles et immeubles que, pour ce, lesd. parties, ausd. noms, ont expressement oblige; et neanmoingtz ont promys lesd. parties respectivement lune a laultre emender et poyer tous despans, interrestz et domaiges que lune partie pour deffault de laultre ou dacompliment du contenu es presentes feroyt et soubstiendroyt en aucune maniere, au simple serement de la partie faisant et soubstenent lesd. despans, domaiges et interrestz, sans aucune aultre preuve ou taxation de juge quieulxconques, non obstant le droict disant aucun ne pouvoir estre juge, tesmoingt ou arbitre en sa propre cause, auquel droict les parties et chascune delles, en tant que a chascune dicelles toche, ont expressement renonce; renoncant en oultre a toutes aultres exceptions, deffanses, raisons, renonciations, cauthelles et cavillations tant de faict que de droict a ce que dessus contraires et par lesquelles le contenu esd. presentes pourroyt estre enffrainct, nul et casse, et a la loy disant la generale renonciation ne devoir valoir sinest en tant quelle est exprimee au contraict, promectans, comme ont promys lesd. parties et chascune delles ne venir contre le contenu es presentes ores ne a ladvenir ne donner a aucun conseil, confort ne ayde pour au contraire dicelles venir, moyenent le serement par icelles parties et chascune delles sur ce faict et preste aux sainctz Evangilles Nostre Seigneur, touche le livre, et en et soubz lypotheque et obligation de tous et chascuns leurs biens aux noms que dessus, meubles et immeubles, presens et advenir quieulxconques, lesquelz lune des parties respectivement a oblige a laultre. Et a ce faire et souffrir et les choses susd. acomplir, icelles parties respectivement ont voullu et consenty estre contrainctes et compellees par nous et par noz successeurs et par noble et puissant seigneur mons^r le gouverneur et senneschal de Limosin et par aultres sergens et aloes du Roy nostre S^r, par prinse, saisine, vente, delivrance de leurs biens, et par venerable mons^r lofficial de Limoges, par censure ecclesiastique, et par toutes aultres voyes et manieres deues et raisonnables. Ausquelles choses susd. tenir et inviolablement observer lesd. parties et chascune delles, en tant que a chascune toche et peult toucher, ont este, de leur vouloir et consentement, respectivement jugees et condampnees par led. Gamaud, nostre commissaire et jure soubz signe, par davant lequel toutes les choses susd. ont este faictes et par luy en lieu de nous receues, si comme il nous a feablement rapporte par ces presentes signees de sa main, a la relation duquel nous adjoustons pleniere foy, les choses susd. louons et approuvons et icelles avons agreables, nemplus que si par davant nous en jugement avoyent este faictes. En foy et tesmoigniage desquelles, led. seel auctentique, que nous gardons, a ces presentes avons faict mectre et apposer. Donne et faict a Limoges, en la maison du consulat, es presences de honnorable maistre Marcial Mathieu, licencie ez droictz, advocat de lad. ville, et de maistre Laurens Dupin, substitue du procureur de lad. ville, tesmoingtz a ce appelles et requis, le vingt sixiesme de novembre lan mil cinq cens vingt sept. (Signé :) GAMAUD.

<small>Contract de bailhette dune terre pres lAurance.</small>
Le dernier de may mil cinq cens vingt sept, personnellement constitues honnorables maistre Albert Baignol, Mathieu du Boys, Pierre Romanet, Pierre de La Mothe, Loys Benoist, Jehan de La Roche, Pierre Gergot et Bartholme Legier, consulz de Limoges, pour eulx et mess^rs les absans, scavoir est Leonard Lagorse, Helyes du Boys, Bartholme Gadau et Helies Benoist, consulz ....., ont assense et baille a assance perpetuelle a Jehan du Mas Sarrasy dit Moury, *alias* Picault, presant, ... une terre perriere et paschaige, appartenent a mesd. seigneurs, contenent huict sepsterees tiers ou environ entre le chemyn par lequel on va de Limoges a Cozeys, dune part, et le fleuve de lAurance, daultre, et les terres du Massarrasy, daultre, et le pre de monss^r loumosnier de Sainct Marcial, daultre, et ce pour sept solz six deniers tournoys de cens et rente censive, poyables chascun an et perpetuellement a chascune feste de la Nativite sainct Jehan Baptiste, et douze livres dix solz que a baille dentrages, comptes en monnoye blanche, dont mesd. seigneurs font quicte, et ce sauf a mesd. seigneurs de pouvoir faire prendre et tirer lad. piarre, quant bon leur semblera, pour lediffice et bastiment de la ville. Et aussi ne pourra led. Moury toucher aux troys chemyns que sont autour en maniere que soyt. Et promys emender ... renonce ... jure ... oblige

... et concede lectres *in forma*. Presens maistre Francoys Le Chanteur (?), maistre es ars, et Leonard Roche, pintier, tesmoingtz. (Signé :) GAILHAUD.

Les noms de ceulx du conseil touchant le proces du roy de Navarre.

Mons' de Sainct Martin ;
Mons' lofficial ;
Mons' Mathei ;
Mons' Villebost ;
Mons' Maseutin ;
Maistre Jehan Petiot ;
Maistre Bartholme Texier ;
Loys Benoist ;
Helies du Boys ;
Maistre Albert Baignol ;
Pierre Romanet ;
Mathieu du Boys ;
Jehan de La Roche ;
Mathieu Benoist ;
Pierre du Boys ;
Jehan Dinematin dict Dourat ;
Jehan Juge ;
Symeon Boyol ;
Pierre, filz de Jehan Romanet ;
Jacques Sarrasi ;
Marcial Martin ;
Pierre Juge ;
Jehan du Boys, de Magnenye ;
Pierre Veyrier ;
Jehan Dinematin ;
Marcial du Boys ;
Jehan du Boys, des Taules ;
Marcial Romanet, du Clochier ;
Jehan Bonnet ;
Helias Galichier ;
Marcial Benoist, de la Porte ;
Pierre Bastide ;
Pierre Boutault ;
Audoyn Dauverigne ;
Marcial Dinematin, de la Porte ;
Marcial Greguoyre le jeune ;
Maistre Jehan Meilhaud (1).

(1) Ces deux derniers noms sont d'une autre écriture ; le dernier a été biffé.

Election de mess^{rs} les consulz de la present ville de Lymoges, faicte par les manantz et habitantz dicelle, le sabmedy septiesme de decembre lan mil cinq centz vingt et sept.

Jehan du Boys,	des Taules ;
Pierre Boutaud,	de la Porte ;
Pierre Juge,	de Magnenye ;
Jacques du Boys,	du Marche ;
Estienne de Beaunom,	de la Fourie ;
Jehan Lascure,	du Clochier ;
Pierre Le Roy,	de Boucherie ;
Me Jehan Meilhaud,	de Lancequot ;
Francoys de Julien,	des Combes ;
Liennard Bouyaud,	du Vieulx Marche ;
Marcial Greguoire le jeune,	} de croyssances (1).
Simeon Boyol,	

Et le jour madame saincte Vallere, par lesd. manantz et habitantz ont este esleuz les concelliers pour les tailhes de lad. annee :

Dominique Moret,	} des Taules ;
Pierre, gendre de Peiroche,	
Marcial Granier,	} de la Porte ;
Liennard de Champs,	
Guabriel Ramond,	} de Magnenye ;
Loys Soduyraud,	
Mathieu de Losmonerie,	} du Marche ;
Me Pierre Hardit,	

(1) En marge de cette liste est la quittance de dix livres donnée par Michel Jauviond pour l'année 1527. semblable à celle relatée plus haut . page 157.

Francoys Boutin, \
Jeoffroy Gironde, } de la Fourie ;

Andre Guadaud, \
Jehan Court, } du Clochier ;

Jehan de Montz, \
Pierre Vesrier le jeune, } de Boucherie ;

Mᵉ Jehan de Bestetes, \
Barthelemy Bilhard, } de Lancequot ;

Pierre du Boscheis dit Dade, \
Tomieul de Vaubrune, } des Combes ;

Liennard Boutin, \
Jacques Bardinet, } du Vieulx Marche.

Acte des bouchiers.

En ladjournement aujourduy par Jehan de Furssac, sergent de la present justice, ainsi quil a par sa relacion rappourte, a la requeste du procureur de la present court, comparant par maistre Laurens Dupyn, son sustitut, avec honnorable maistre Marcial Mathieu, advocat en lad. juridicion, donne a Loys Benoist, Leonard Botin, Jacques Bardinet et Jehan Sibot, bayles des bouchiers de lad. ville, comparans par Betestes, assistant Villebost, leur conseil. Led. faisant adjourner a dict que les adjournes, ainsi quilz sont tenuz de tout temps et anciennement ont ascoustume faire et ont faict serement tenir la boucherie de lad. ville garnye de chers, ce quilz ne font, combien que de ce faire en ait este enjoinct, a peine de lamende ; car lundy darrenier, es bancs charnyers de lad. ville, il ny avoit point de chers ; au moien de quoy ilz sont contrevenuz a leur serement et aux injunctions a eulx faictes par auctorite de la present court. Si conclud quil leur soit de nouveau enjoinct, et a grans peines, de tenir la boucherie garnye de chers ; aultrement, veues les precedantes injunctions et processure faicte contre eulx, a requis quil soit permys a tous les habitans de lad. ville tuer bestail et vendre chers es lieux publicques scelon et en ensuyvant les statuz et ordonnences anciennes faictes sur la faict dud. mestier, que sont ordonnez, et que lesd. adjournez soient retenuz et condannez en lamende tant *racione perjurii* que pour la infraction de lad. injunction. Pour deffence ont dict lesd. deffendeurs que la coustume de ceste ville est telle que tous les vendredy len tue les bestes et chers pour menger le dimanche; et les lundy vendent le relief desd. chers tueez des le vendredy, quant sont bonnes et visitees par les bayles du mestier; et ainsi lont acoustume a faire par temps inmemorial; et les chers quon tue le lundy, fault que, avant les pourter esd. bans charnyers, lesd. chers ainsi freschement tuees soient taillees et reposees. Par ainsi sans cause sont estez lesd. adjournez convenuz. Pour repplicques, a led. procureur persiste en son dire et conclusions, et accepte le dire desd. adjournez contre eulx en ce quilz confessent vendre le lundy les chers tuees des le vendredy; car, en ce faisant, la chose publicque est grandement interressee, pour ce que lesd. chers ainsi gardees sont infectes, mesmement en temps deste; et dict plus que lesd. adjournez sont tenuz, ainsi quilz ont, comme dict est, jure et promys tuer la grosse omailhe (1) publicquement esd. bans charnyers affin de eviter les tromperies que se y pourroient commectre et aultres malefices, requerant comme dessus en summant mons^r le prevost veoir les proces que par cy devant en ont este faictz, et en faire la justice quil appartient en tel cas. Pour dupplicques, ont dict lesd. deffendeurs comme dessus et que du proces allegue et pendant ont dict estre appellans des griefz a eulx inferez, releve leur appellacion, faict faire les inhibicions et intimacions requisez, et ont requis que led. procureur leur monstre des visitacions par luy pretendues et alleguees, disant leurs faictz deduictz et par eulx alleguez estre admissibles et recevables. Les parties oyes, a este ordonne que led. procureur produira le proces par luy allegue pour donner ausd. parties forme de proceder; et; icelluy veu, sil y a aucuns faictz recevables, leur en sera faict droit. Et ce pendant a este enjoinct ausd. deffendeurs, *omni die*, excepte les festes solempnez non acoustumees, vendre chers, et expressement de pourter lesd. chers freschez tuees les lundy vendre esd. bans charnyers, et tenir lad. boucherie fournye. Duquel appoinctement et injunction lesd. deffendeurs ont appelle et requis apostres (2), auquel appel na este differe. Faict en juge-

---

(1) *Omaille*, *aumaille*, bêtes à cornes; lat., *animalia*; mot encore en usage dans la Creuse.
(2) On appellait autrefois *apotres* les lettres dimissoires données à un appellant par les juges *a quo*, adressées aux juges d'appel, etc. (Trévoux.)

ment, en la court ordinaire de Lymoges, seant Audoyn Dauvergne, prevost et juge criminel de la present justice, le sabmedy vingtneufiesme jour de septembre lan mil cinq cens vingt sept. (Signé :) BARDIN.

Pour ce que, tant par fame publique, informations deuement faictes que aultrement, deuement apparust a mess^{rs} les consulz Simon Reys, de Soubrevaz, estre home dissolu, incidiateur de chemins publicques, ravisseur de fames, larron, yvrongnhe, blasfemateur du nom de Dieu et daultres grandz crimes et delictz, accuse et acteint par le prevost de Limoges pour mesd. S^{rs}, bien acompaigne, fut prins de nuyt au bourg de Sobrevas, pour ce que de jour navoit peu estre prins, obstant sa fuicte, conduict et mene aulx prisons de mesd. S^{rs}, et tellement contre luy procede que, ampres ce quil eust obtint lettres de graces des delictz et crimes par luy commis, desquelles, comme non vrayes et soubz faulx obtenuez, debboute, et estre pendu au crcs de Larenne et estrangle, dont led. Symon se porta pour appellant en la court de parlement a Bourdeaulx, ou mesd. S^{rs} les consulz, a leurs propres coutz et despens, come neussent aulcuns deniers communs, pour bon zeel de justice, le firent en bonne et seure guarde conduire et mener. Par arrest de laquelle court bien procede et mal appelle, et led. Simon Reys renvoye pour estre exequte, avoit este dict et prononce. A ceste cause, ce quatriesme jour de jung mil cinq centz vingt et huict, ledict Simon Reys, audict cros de Larehe, fut exequte et pendu estrangle, presentz et astans mesd. S^{rs} les consulz, leur prevost et officiers et grand multitude de peuple.

[Procès et exécution de Simon Reys.]

SACHENT TOUS PRESENS ET ADVENIR QUE PARDAVANT le notaire et jure soubz signe, et en la presence des tesmoingtz cy apres nommez, sest comparu personnellement maistre Laurens du Pyn, substitue du procureur de la ville, justice et jurisdition ordinaire de Lymoges, lequel, parlant a honnorable maistre Gerauld de Beaune, juge de la court des Combes dudict

[Déclaration d'incompétence de la cour des Combes.

Procès pour coups et blessures.]

Lymoges, et a maistre Albert Baignol, procureur dicelle court et justice des Combes, a dit et expose que, jacoit que le prevost desdictes Combes, a cause de sa prevoste, aist seulement ausdictes Combes justice basse, et que ses officiers ne puissent faire ne excercer aucuns actes concernans la haulte justice, comme faire faire charges et informations, requerir ne decreter adjornemens personnelz, prinses de corps, ne cognoistre daucunes matieres dexcez et criminales, ains que la haulte justice mere, mixte, impere et tout ce qui en deppend soit, compecte et appartiegne a honnorables messeigneurs les consulz de la present ville, les officiers desquelz, par cy davant et de toute anciennete, ayent excerce ladicte jurisdicion haulte ausdictes Combes, cogneu de toutes matieres dexces et criminales, pugny les delinquans en ladicte justice des Combes, et que seulement led. juge des Combes puisse cognoistre des matieres pures civiles et civilement intentees. Ce NEANMOINGTZ ledict Baignol, procureur susd., sestoit efforce faire faire certaines pretendues charges et informations a lencontre de Pierre du Palays, mareschal, demeurant ausdictes Combes, a cause de certain excez quil pretendoit avoir este faict en lad. justice des Combes en la personne de Jacques de Roussac, serviteur de monss.r labbe de Sainct Chatrice, religieux et tiers prieur de labbaye de Sainct Marcial de Limoges, en vertu desquelles avoit requis adjornement parsonnel contre ledict du Palays, que avoit este decrete par ledict Beaune, et sestoyent efforcez prendre la cognoissance de ladicte matiere, en entreprenant sur ladicte haulte justice de ladicte ville de Lymoges. Par quoy, daussitost quil estoit venu a la notice de mesdictz seigneurs les consulz, de leur procureur et autres officiers dicelle ville, pour eviter proces et pour mostrer quilz ne veulent avoir question ne debat avec ledict prevost des Combes ne ses officiers, les avoyent volu advertir de reparer lesd. griefz et dire la processure que sur ce avoit este faicte nulle; quequessoit, declairer la cognoissance de ladicte matiere et autres semblables ne leur appartenir, et ledict Beaune soy déclairer juge incompectant; autrement mesdictz seigneurs estoyent deliberez de le faire reparer par justice et sen pourveoir comme il appartiendroit. A quoy ledict Baignol, procureur susd., a dit quil estoit vray que, pour aultant que ung nomme Jacques Roussac sestoit venu plaindre et quereler de certains excez quil disoit avoir este faictz en sa personne par led. Dupalays, eulx estans en lad. justice des Combes, led. Baignol, par inadvertance, cuidant que ce fut du gibier du juge des Combes, et quil en peulst et deust cognoistre, si fit faire lesdictes charges et informations, lesquelles veues, requist adjornement parsonnel, qui fut decrete par ledict Beaune, juge de ladicte court des Combes, et apres exequte. Mais ledict Baignol, procureur susd., adverty et deuement informe que la cognoissance de ladicte matiere et autres semblables appartenoit au prevost et juge criminel de Lymoges, icelluy Baignol incontinant declara en jugement audict Beaune, juge de lad. court des Combes, comme declaire encores, quil ne vouloit et nentendoit, comme ne veult et nentend poursuyr ladicte matiere par davant luy, pour ce que la cognoissance ne luy en appartenoit, comme nappartient, ains estoit du gibier dudict prevost et juge criminel de Lymoges. SEMBLABLEMENT ledict Beaune, juge, a baille sa response escripte de sa main, conforme au dire dudict Baignol, contenant ce que sensuyt : « Pour ce que maistre Albert Baignol, procureur de la jurisdition des Combes, nous avoit requis adjornement personel a la promotion de Jacques de Roussac, a lencontre de Pierre du Palays, lequel adjornement par nous soit este decrete et despuis exequte, et ledict Baignol, procureur susd., nous aist declaire que la cognoissance de lad. matiere apartenoit au juge criminel de Lymoges, et quil ne vouloit poursuyvir lad. matiere par davant nous. Au moyen de quoy declairons que ne cognoistrons de lad. matiere, et que la cognoissance dicelle en appartient aud. juge criminel, comme despuis avons este advertiz par reverend Pere en Dieu mons^r de Sainct Martin. » DONT et desquelles responses et autres choses susd. led. Dupyn, aud. nom, a demande acte, que luy a este concede par led. notaire et jure soubz le seel du Roy, establi aux contractz au baliage de Lymoges cy dessoubz signe. DONNE et faict aud. Lymoges, ez presences de Jehan des Vignes dit Cossi, clerc, et Leonard Chanault, des Aloys, tesmoingtz cogneuz, a ce appellez et requis, le douziesme de septembre lan mil cinq cens vingt huict (1). (Signé :) GAMAUD.

Cecy est lacte comment declaration fut faicte par le juge des Combes deu consentamen deu percuraire de la court, touchant [Même affaire.]

(1) En marge est écrit : « Verte folium, et trouveres la pleyderie ».

la haulte justice et criminelle, par laquelle apparest que le prevost de las Combas na que justice basse. Lad. acte ey grossade et pourtade au trezau, et ey dedins la caysse deux grandz privilegiz.

Même affaire.) Audoing Dauvergne (1), prevost et juge criminel de la ville de Limoges, scavoir faisons que au jourduy soubz escript sest comparu par davant nous maistre Jehan Penicaud le jeune, comme procureur de Pierre du Palays, prisonnier detenu, lequel a dict et propouse que Jacques du Teil dit Roussat a faict partie formee contre led. Pierre du Palays, mareschal, lequel, en vertu de ladicte partie formee, a este constitue prisonnier; parquoy a requis leslargissement de sa personne, offrant bailler caution, et de le representer a toutes assignations, et ce en presence de maistre Laurens Dupin, substitue du procureur de lad. court; lequel Dupin a dit quil y a charges et imformations sur ce faictes, et ne inciste poinct quil ne soit eslargi, pourveu quil baille caution et se face ouyr par tout le jour sur lesd. informations. Lors led. Penicaud, procureur susd., nous a presente a caution pour led. Dupalays Jehan de Laforest, cordonnier de Limoges, illec present, lequel de La Forest liberallement sest constitue caution et pleige (2) pour ledict du Palays, prisonnier detenu, et sen est oblige en la meilleur forme, promis et jure de poyer le juge sil est dit, et a promis de le representer a toutes assignations. Veue laquelle caution, a este icelluy du Palays eslargi, et avons ordonne que icelluy du Palays, prisonnier, se fera ouyr par tout le jour sur lesd. charges et informations, et assigne a demain ausdictes parties pour proceder en lad. partie formee, comme de raison. Faict a Limoges, par davant nous, le seziesme jour de septembre lan mil cinq cens vingt huict. ET LE LANDEMAIN, questoit le dixseptiesme desd. moys et an, comparens les parties en jugement, assavoir led. Duteil, demandeur en personne, avec Jayat et Maseutin, ses advocat et procureur, dune part; joinct a luy

---

(1) Cette pièce ne vient qu'après la suivante dans le registre : nous croyons devoir nous permettre cette interversion pour conserver l'ordre des faits.
(2) *Pleige*, *plaige*, *pleidge*, etc. : caution, répondant. (ROQUEFORT.)

le procureur de lad. justice, comparent par ledict Dupin, procureur sustitue, et Mathei, advocat de lad. jurisdiction, dune part; et led. Pierre Dupalays en personne, avec ledict Penicaud et Muret, son conseil, daultre. AMPRES ce que ledict promoteur a narre le prouces et exces a luy faictz et perpetres par led. du Palays en la rue publicque des Combes de ladicte ville de Limoges, justice de ceans, et conclud pour son interest a la somme de cent escutz, offrant prouver ses faictz; et icelluy procureur a employe le contenu esdictes charges et informations, et conclud en lemende. Led. deffendeur, affin destre relaxe avec lamende et despens, a conclud comme est contenu au registre de la presant court. SUR QUOY ont este les parties appoinctees contraires et la cause contestee, et ordonne que elles articuleront leurs faictz a huictaine, et iceulx prouveront a quinzaine ampres, par tous delays, la quarte delation comprinse; et a este icelluy deffendeur eslargi *sub pristinis cautionibus.* FAICT en la court ordinaire de Limoges, judiciallement tenue par mons\` le juge Essenault, ledict dix septiesme jour de septembre lan mil cinq cens vingt huict. (Signé :) M. NANTIAC, *ad ce commis.*

ITEM, et comme mess\`\` les consulz noz immediatz precesseurs de lan mil cinq cens vingt sept nous eussent mis par memoire, entre aultres chouses, que fussions advertiz retirer de nostre compaignon consul sire Marcial Gregoire le jeune et aultres consulz de lan mil cinq cens vingt deux, finissant vingt troys, les piesses quilz avoient tochant la matiere des francz fiefz et les mectre au tresor, AU JOURDUY dixiesme de janvier mil cinq cens vingt sept, ledict Gregoire, consul ceste presente annee, a baille lesdictes piecces, lesquelles ont este mises ou tresor et en ung coffre oud. tresor, es presences dudict Gregoire et de mess\`\` les consulz Pierre Botault et Symeon Boyol, consulz, et S\`\` Marcial du Boys, Marcial Disnematin et Loys Benoist, bourgoiz de Limoges.

<small>Reduction des piesses de francz fiefz au tresor.</small>

Eslection des consulz de la ville de Lymoges, faicte a son de cloche par les habitans de lad. ville assemblez en la maison du consulat, le lundy septiesme jour de decembre lan mil cinq cens vingt huict.

Mathieu Mercier,	des Taules;
Pierre Bastide,	de la Porte;
Germain Pinot,	de Maignenye;
Jehan Disnematin dit Dourat,	du Marche;
Symon du Peyrat,	de la Fourie;
Maistre Bartholme Texier dict Penicaille (1),	du Clochier;
Jehan Bonnet,	de Boucharie;
Maistre Jehan de Betestes,	Lancecot;
Maistre Jehan Penicaud laisne,	des Combes;
Loys Beneyst,	le Vielh Marche.

Croissanses :

Jehan du Boys, filz de feu Francoys du Boys,
Pierre Romanet.

Eslection des conselliers et collateurs de la present annee, que fut faicte par les manens et habitens de la present ville de Limoges, assemblez a sont de trompe, le jeudy dixseptiesme jour du moys de decembre, doutant que la commission des tailles navoit estee envoyee que le jour precedent.

Francoys du Peyrat,
Jacques Faulte, } des Taules;

---

(1) Les mots : « dict Penicaille » sont d'une autre encre.

Jehan Colyn, Pierre Filhou,	de la Porte;
Marcial Verthamon, Francoys Rogier,	de Magnenye;
Helias Boutault, Bartholome Juge,	deu Marche;
Moureil Lespine, Andre Barnou,	de la Fourye;
Jehan Court dit Vigier, Anthoine Mercier,	du Cluchier;
Leonard Voureis, Marcial Delougerie,	Boucharie;
Jehan Boriault, Jehan Saleys,	de Lancecot;
Pierre Thicays, Lucas de Villareynier,	des Combes;
Laurens Selier, Marcial Boutun, bouchier,	du Vielh Marche.

[Nomination d'un garde-portes.] Nous, Mathieu Mercier, Pierre Bastide, Germain Pinot, Jehan Disnematin dit Dourat, Symon du Peyrat, Bartholme Texier, Jehan Bonnet, Jehan de Betestes, Jehan Penycaud laisne. Loys Beneyst, Jehan du Boys et Pierre Romanet, consulz de la ville, chasteau et chastellanie de Lymoges, savoir faisons a tous presentz et advenir que, nous confians a plain des sens, prudence. loyaulte et bonne diligence de saige homme Guillem dict Guilloumot Johanault, marchant de Lymoges, heue sur ce meure deliberation avec n^{re} conseil, icelluy Guillem Johanault illec present en n^{re} consulat et acceptant, avons faict, constitue, faisons et constituons par ces presentes aux conditions, qualiffications et modiffications dessoubz escriptes, et ce tant que a nous et a noz successeurs qui seront par le temps advenir plaira et non autrement, pour nous et soubz nous, garde porte des portes de lArenne et de Montmailler de lad. ville de Lymoges, aux gaiges de quinze livres tournoys, payables chacun an, durant n^{re} plaisir ou de noz successeurs, par quarterons, avec les droitz des boys que vient et entre dedans lad. ville pour vendre, seulement pour icelles deux portes, pour vendre acoustume a lever. Donnons en mandement a tous noz subjectz et autres que aud. Johanault obeyssent touchant led. office de garde porte jusques ad ce que de nous ou de nosd. successeurs auroient mandement du contraire, et que a icelluy garde porte, pour nous et en nom dud. consulat, donnent conseil, confort et ayde quant besoing sera et requis en seront. En ce que led. Johanaud, illec present, de son bon gre, pure, franche et liberalle volante, nous a promis et jure aux sainctz Dieu Evangiles N^{re} S^r, touche le livre de ses mains, que bien feablement et loyaulment excercera led. office de garde porte tant que nous plaira et a nosd. successeurs, pour nous et au nom de nous et de nosd. successeurs consulz dud. Lymoges, pour le temps avenir et de n^{rre}d. consulat, et que bon et loyal sera au Roy n^{re} souverain S^r, a nous et a nosd. successeurs, a la ville et aux habitans dicelle. Item, et quil residera et demeurera continuellement esd. portes, cest assavoir a icelle que sera du tout ouverte, en propre personne et sans interruption, et en temps de peste et autrement, et la et ou cas que ez lieux circunvoisins de lad. ville de Lymoges eust dangier de peste ou autre maladie dangereuse, il sera tenu, ainsin quil a promis, resider a lad. porte continuellement, et illec se prendre garde des entrans et sortans en icelle ville, et quelzconques excusations cessans, si nest par maladie ou autre extreme et urgente neccessite, auquel cas led. Johanaud sera dit exoine a nous et a noz successeurs qui pourverront aud. office en son lieu et aux despens de ses gaiges, sans ce que led. Johanaud puisse mectre ne commectre aucun de son auctorite ne autrement. Item, et quil viendra au S^r ou S^{rs} consul ou consulz qui seront commis et depputez a garder les clefz desd. portes tous les matins a lheure que luy sera dicte pour ouvrir et aller ouvrir en la compaignie dud. S^r consul ou autres qui sur ce seront ordonnes a ce faire. Et, ampres lad. ouverture, retournera les clefz aud. consul qui en aura la garde; et au clorre et fermer lesd. portes en la compaignie que dessus a telle heure que par nous ou nosd. successeurs luy sera commande; et, close lad. porte et le pont leve, ne luy sera loisible ne permis descendre led. pont ne ouvrir, si nest du congie et licence de mesd. S^{rs}. Et en oultre que ne permectra point que aux esses, sur le pont et dans le baloart de lad. porte aist aucune multitude de peuple ou foule; et aussi que, toutesfoys et quantes que le guect sera commande

par nous ou nosd. successeurs ausd. portes, que icelluy
Johanaud sera tenu les actendre le matin avant louverture ; et
fera regestre des defaillans aud. guect et de ceulx aussi que y
viendront sans arnoys ; et de ce fera seur et bon rapport au
S^r consul qui sera commis visiter led. guect ou aultre sur ce par
nous commis ou nosd. successeurs. Item, quil ne permectra
poinct entrer deux charretes dans les barrieres et baloard de
lad. porte jusques a ce que lune desd. charretes soit entree et
passee le pont levis, pour eviter les grans dommaiges et inconveniens que sen pourroient ensuyvir. Et quil tiendra les
chambres desd. portes garnyes de boys pour chauffer ceulx qui
feront led. guect, et ne permectra point en icelle aucun jeu de
sort ausd. portes ; et chambres tiendra closes et fermees en clefz ;
et lesd. baloardz et esses fera tenir nectz. Item, ne prendra et ne
levera aucun boys ou estelles du boys des manans et habitans de
lad. ville de Lymoges ; et ne permectra et ne fera aucune regretarie ausd. portes. Item, et ne actendra de fermer lesd. portes
aultre heure ordonnee par nous ou nosd. successeurs, et sans
leur conge ou licence. Item, et soy informera avec les passans et
repassans des nouvelles et estat des pays et villes dont viendront, et le fera scavoir a nous ou a nosd. successeurs. Item, et
servira, comme dit est, en personne aud. office tant en temps
de sante que de peste que aussi de guerre. Item, toutes les
sempmaines, fournira a la recluse de n^{re} reclusaige devant les
Carmes une charge de boys. Item, et a volu led. Johanaud,
veult et de sa volante sest soubzmis et soubzmect, moyennant
sond. serement, que nous et nosd. successeurs, toutes et quantesfoys quil nous ou a nosd. successeurs plaira, le puissions
debouter, en son absence ou presence, dud. office de garde
porte, a la volante et sans le oyr, ou aucune autre figure de
proces, ne declarer la cause par quoy. Et de ce et sur toutes
les choses susd. sen est oblige led. Johanaud son propre corps
et tous et chascuns ses biens en la meilleur forme. En tesmoing
desquelles choses susd. avons mys et appose le seel estably pour
nous aux contraictz de lad. ville, chastel et chastellanie de
Lymoges a ces presentes. Donne et faict en n^{re} consulat de lad.
ville ez presences de Marcial Lenoist, pintier, et Pierre Maubaye laisne, bolengier de lad. ville de Lymoges, tesmoingz a
ce appelles, le unziesme jour du moys de decembre lan mil cinq
cens vingt huyct, sans deroger aucunement aux pactes faictz
par noz predecesseurs consulz avec led. Johanaud a Balthesar

— 176 —

du Peyrat, aussi n^{re} garde porte (1). DONNE et faict comme dessus. (Signé :) BARDIN.

[Nomination du gardien des étangs.]

Aujourduy, par mess^{rs}, a este baille la charge des clefz des estaings a Gerauld Vignenault, manouvrier de Limoges, ou la charge de tenir la fonteue necte et auter les inmondicites de lautour, le tout a ses despens. Et a faict le serement de fidelite, et de ne bailler les clefz sy non que par mons^r le consul qui sera prevost soyt ordonne.

[Les consuls donnent à bail la maison du consulat.]

Nous, Jehan Disnematin, Bartholme Texier, Pierre Bastide, Germain Pinot, Pierre Romanet, Jehan Penicaud, consulz de la ville de Lymoges, tant pour nous que pour les autres conconsulz noz compaignons, scavoir faisons que, aujourduy soubz escript, par ladvis et deliberation de mess^{rs} les manans de lad. ville, avons loue a Jehan Moret et Marcial Benoyt, presens et stipulans pour eulx, leurs heoirs et successeurs, la grant maison de consulat ou lesd. Benoyt et Moret font et ont faict leur residence, pour le temps et terme de cinq ans (2) a compter du septiesme jour du moys de decembre mil cinq cens vingt et huict et finissant a semblable jour lesd. cinq ans revoluz et escheuz (3); et ce pour le pris et somme de quatre vingtz livres tournoys (4), de laquelle nous avons eu et receu soixante livres, laquelle (5) somme a este employe pour faire les piles de la cave estant soubz la grant sale de lad. maison du consulat, et reparer lapendiz et latrines du vergier. Et le residu de lad. somme lesd. Benoyt et Moret ont promis payer' a la fin dud. terme. Et nous sousmes reserves la grant chambre de davant pour mectre les gaiges (6). Durant lequel temps, lesd. Benoyt et Moret ont promis entretenir lad. maison a leur despens, comme

---

(1) Voir la nomination de du Peyrat ci-dessus, page 6.
(2) Il y avait primitivement : « troys ans et neuf moys », mais ces mots ont été biffés.
(3) Il y avait primitivement : « lesd. troys ans et neuf moys ».
(4) Il y avait primitivement : « de soixante livres tournoys ».
(5) Il y avait primitivement : « et dicelle le quictons ».
(6) Meubles et ustensiles.

boûs peres de famille doyvent faire. Et en oultre esd. Benoyt et Moret avons delaisse le vergier et jardin de lad. maison de consulat tant quil sera nʳᵉ plaisir et de noz successeurs. Et ont promis, tant quilz tiendront icelluy jardin, lentretenir et habiller, et icelluy laisser ouvert affin quon puisse entrer dedans durant le cours de lannee. Et a ce tenir et observer nous consulz et aussi lesd. Benoyt et Moret avons oblige les biens dud. consulat, et lesd. Benoyt et Moret tous et chascuns leurs biens, et ce soubz emendation de ..... renunciations, serement et .... en forme. Faict ez presences de Marcial Vertamon, senturier, et Guillaume, charretier, demeurans en lad. ville de Lymoges, tesmoingz a ce appelles, le cinquiesme de decembre lan mil cinq cens vingt et neuf (*sic*). Et pourront lesd. Benoyt et Moret faire une eschelle pour descendre aud. jardin par le hault de lad. maison. (Signé :) FRENAULT.

Lad. annee mil cinq cens vingt huict, finissant vingt neuf, lesd. consulz firent reparer et fere les fondemens, murs et murailles de la maison de ceans devers le couste des maisons des Peyratz, lesquelz estoyent fort ruyneux, et, par leur grand antiquite et ruyne, lad. maison de ceans estoit en grand dangier de tumber. Et, pour le grand faiz que lesd. chouses portent, furent faictes la pluspart des choses de pierre de taille. [Réparations à la maison du consulat.]

Item, et aussi furent faictes les murailles de lappendiz estant aupres du Vergier ; aussi les retraictz qui estoyent tumbes furent repares, et pareillement la couverture tant de lad. appendiz que de la maison de ceans. [Même objet.]

Item, lad. annee fust grand sterilite de vivres en tout le pays de Lymosin et ez envyrons ; au moyen de quoy en ceste ville eust plus grand nombre de pouvres que oncques ne fust veu. Et, pour donner ordre a iceulx pouvres, furent tous les pouvres estans dans lad. ville mis en escript, et a chascuns des habitans de ceste ville en fust baille selon sa faculte. Et bailloit on esd. pouvres siz deniers pour chascun ou un pain de la valeur. Et de la forme susd. furent nourris lesd. pouvres despuis le premier jour de mars jusques au premier jour de julhet. [Disette en Limousin.]

[Procès entre les consuls et le roi de Navarre (1).]

Item, lad. annee fust faicte par monss^r le president Verjus et monss^r de La Faye, advocat en la court de parlement a Paris, lenqueste du proces que lesd. consulz et habitans ont contre le roy de Navarre, pour laquelle fere vindrent expressement lesd. commissaire et adjoinct.

[Même objet.]

Item, et par lesd. commissaire et adjoinct furent faictz plusieurs extraictz de pieces aud. proces neccessaires. Et, pour fere lesd. enqueste et extraictz, lesd. commissaire et adjoinct demourarent long temps en ceste ville et ez villes dentour, esquelles furent examines plusieurs tesmoings.

[Même objet.]

Item, et, pour ce que lad. ville navoit aulcuns deniers pour la poursuyte dud. proces, ains failloit tousjours faire tailles, au moyen de quoy les pouvres gens estoyent grandement charges, lesd. consulz de lad. annee trouvarent moyen de fere consentir et firent consentir ceulx qui avoyent les deniers de lafferme de limposition que, pour la poursuyte dud. proces, fust prins chascun an la moytie de ce que monteroit lad. afferme.

Election des consulz de la ville de Lymoges faicte par les manans et habitans dicelle le mardy septiesme jour de decembre lan mil cinq cens vingt et neuf.

Des Taules :

Marcial du Boys (2).

De la Porte :

Leonard de Champs.

---

(1) Voir, au sujet de ce procès, LEYMARIE, *Hist. du Limousin*, T. II, chap. IX.

(2) En marge de la liste est écrit : « Le sixiesme jour de decembre lan mil cinq cens trente cinq, par les consulz de lad. annee furent les comptes des consulz cy nommez veriffiez, et en receust quictance le greffier criminel soubz signe. (Signé :) BARDIN. »

Magnenye :

Jehan Penicailhe.

Du Marche :

Helias Boutault.

La Fourie :

Maureil Delespine.

Du Clochier :

Jehan Court laisne.

Boucherie :

Pierre Thomas.

Lancecot :

Maistre Jehan Petiot.

Des Combes :

Jacques des Coustures.

Du Vieilh Marche :

Jacques dAixe dict Piro (1).

De croyssansses :

Marcial Benoist,
Et Pol du Boys.

[Ici se trouve le reçu de Michel Jouviond de la somme de dix livres pour les écoles.]

---

(1) En marge est écrit : « Ledict Jacques dAyxe dict Pire fut navre mortellement par Jehan Pochard, natix de Sable, diocese du Mans, sur le chemyn venant dAyxe en ceste ville, le second jour du moys de novembre dud. an ; et le lendemain fut pourte de par deca dans une lictiere, et, apres avoir receu ses sacrementz, trespassa. Et messrs de la ville luy feirent lhonneur a tel cas deheu. *Anima ejus requiescat in pace ! Amen.*

Election des conseillers et collecteurs de la present annee, que fut faicte par les manans et habitans de la present ville de Lymoges, assemblez a son de trompe, le vendredy le dixiesme jour du moys de decembre lan mil cinq cens vingt neuf.

Las Taulas :

Guilhoumot Boton ;
Jehan de Nougat.

La Porte :

Francoys Maupla ;
Jehan Goudin.

Maignenyc :

Johan Mosnier ;
Johan Moureu.

Lou Marchat :

Merigot Joussen ;
Guillem Disnematin.

La Fourie :

Heliot Arnault ;
M⁰ Julien Frenault.

Lo Cluchier :

Peyr Merly ;
Pierre lo Chasseur.

Boucharie :

Guilloumot Mestadier ;
M⁰ Jehan Lavaudier.

Lancecop :

Marsau Peyteu lannat ;
M⁰ Lupy Bougeron.

Las Combas :

Pierre Gadaud ;
Mᵉ Claude Vincendon.

Lou Marchat Vieil :

Jacme Claveu ;
Johan Cibot lannat.

AUDOYN DAUVERGNE, prevost, juge criminel de la justice or- [Vol d'une partie de la grande croix d'argent de Saint-Martial.]
dinaire de Limoges, pour honnorables seigneurs les consulz
dicelluy, scavoir faisons que, le jour et an soubz escriptz, sest
comparu par devant nous religieuse personne frere Pierre
Audier, religieux et reffecturier du monastere Sainct Marcial de
Limoges, ourdre de Sainct Benoist, lequel nous a dit et expouse
que, puis huict jours en ca, certains larrons avoyent prins et
desrobe dud. monastere une partie de la grande croix couverte
dargent quest dediee a lhonneur de Dieu, portee aux fune-
railhes des trespasses et honneurs funebres, laquelle estoit au
couste dud. autel ; nous disant davantaige que aud. monastere
et clochier dicelluy frequentoit ung jeune homme, lequel se
faisoit nommer le Petit Pierre, grandement suspectionne dudict
crime de sacrilege, en nous advertissant que ledict Petit Pierre
estoit au clochier dicelluy, et que par le deu de nʳᵉ office y
donnissions ourdre affin que la verite du cas fut sceue. Toutesfoys protestoit ledict Audier naccuser comme naccusoit dud.
delict et sacrileige personne, mais nous requeroit retirer seull-
lement la chose furtive. Pour adjurer lequel cas, et requerant
le procureur de la present justice et jurisdiction ordinaire dud.
Limoges, comparent par maistre Jehan Dauvergne, licencie ez
droictz, appelle avec nous le greffier criminel de lad. jurisdiction soubz signe, nous sousmes transportes avec noz gaigiers
et sergens de ladicte justice dans led. monastere ou cluchier,
auquel avons trouve et apprehende en sa personne led. Petit
Pierre accuse. Et, pour la verifification dud. sacrileige, et affin
destre informez du cas, lavons dans lad. esglise, present led.
Audier et aultres religieux dicelluy monastere, prins au corps
et constitue prisonnier de nosd. seigneurs les consulz, protestant,

comme avons proteste, ledict crime et sacrileige adjure, reintegrer la immunite de lad. esglise, et icelluy Petit Pierre faict mener et conduyre en la maison du consulat de lad. ville. Faict par nous, prevost susd., ez presences de Jacques de Fursac et Mathieu Bourgoys, gaigiers et sergens de lad. ville, tesmoings a ce appellez, le mardy vingt huictiesme jour de decembre lan soubz escript. Et led. jour, nous estans en la maison et chambre posterieure du consulat de lad. ville, en presence de nosd. seigneurs les consulz et dud. Mathei, procureur substitut des consulz de lad. ville, et present Michel Rousset, orfeuvre de Limoges, sest comparu maistre Marcial Montoudon, au nom et comme sindic des abbe, religieux et couvent dud. monastere Sainct Marcial, avec honnorable maistre Mathieu Maseutin, licencie ez droictz, son advocat, lequel a dit que led. monastere est fort insigne et notable, ou il y a de beaulx, riches et triumphans joyaulx tant dor que dargent, garnys de plusieurs sortes et sumptueuses piarres precieuses, et que a la notice dud. sindic estoit venu que quelzques larrons nocturnez et sacrileiges, puis peu de jours en ca, avoyent escoote (?) et desrobe grand partie ..... de la grande croix dargent, en commectant sacrilege, et davantaige que les pieces et platines dargent avoyent este trouvees entre les mains de Michel Rousset, lesquelles quelzques larrons luy avoyent pourtees et presentees a vendre. Si concluoid, comme a conclud led. sindic, a la restitution desd. platines dargent, affin de remectre ladicte croix en estat et comme estoit auparavant, pour la decoration dud. monastere, requerant comme a requis led. Rousset ad ce par nous luy estre condampne et contrainct en presence dud. procureur, offrant garder lesd. platines et argent jusques ad ce que par nous led. prouces sera faict et parfaict, et, si besoing estoit de ce faire, bailler caution, et icelles platines dargent nous exhiber toutesfoys et quantes ordonne en sera, et consent que soyent mises entre les mains dud. Audier, refecturier et religieux dud. monastere, soubz main de court. Led. Mathei, procureur substitut susd., a dit que par le prouces appert que lesd. platines et piecces dargent, que sont treze en nombre, sont estees prinses et desrobees de lad. croix Sainct Marcial, et a accorde icelles appartenir ausd. abbe et religieux, mais que le prouces dudict larron et sacrileige nestoit pas encores parfaict; toutesfoys consentoit que lesd. piecces et platines dargent demeurent entre les mains dud. Michel Rousset, soubz main de justice, jusques ad ce que led. prouces sera faict et parfaict, et, icelluy prouces parfaict, soyent lesd. piecces renduez aud. sindic. Ouy le dire desquelles parties, avons appoincte et ordonne, appoinctons et ordonnons que lesd. treze piecces et platines dargent seront et demeureront entre les mains dud. Michel Rousset, illec present, auquel sont este baillees et delivrees, du poix dung marc dargent, lequel Rousset les a prinses comme deppost judiciaire et en garde, lequel Rousset a promis icelles exhiber et porter a justice toutesfoys et quantes que par nous sera ordonne ; et, le proces sur ce faict et parfaict, avons condampne et condampnons led. Rousset, deppositaire, rendre et bailler ausd. sindic lesd. piecces et platines dargent du poix susd. Faict comme dessus, le jour susd., lan mil cinq cens vingt neuf. (Signé :) BARDIN.

VEU LE PROUCES criminel faict par nous a la requeste du procureur de la presant court, a lencontre de Jehan Varacheau, natif du Puy de Malet pres Sainct Victurnien, prisonnier detenu, et mesmement les confessions reiterees par led. Varacheau, liberallement faictes, veriffication du faict, affrontement de tesmoings, conclusions dud. procureur, dire dud. prisonier, tout veu et considere, le nom de Dieu appelle a ce, par ladvis des saiges, pour les causes contenuez aud. prouces, ayant regard au jeune eaige du deffendeur, sterilite de temps et aultres considerations a ce nous mouvens, avons condampne et condampnons ledict Varacheau a estre fustige par lexequteur de la haulte justice par les carreffours de la present ville jusques a effusion de sang ; et ordonnons que, en passant devant lesglise de labbaye et monastere mons^r Sainct Marcial de Limoges, led. Varacheau cognoistra et confessera que mal contre Dieu et conscience il a faict et commis le sacrileige dont au prouces est faicte mention, en tant que touche la croix dud. monastere ; et neantmoings requerra audict lieu pardon a Dieu, monseigneur Sainct Marcial et a justice. Et lequel avons bany et banyssons a perpetuel de la presant justice et jurisdiction, par n^{re} sentance diffinitive, jugement et a droict.

Ainsi a este prononce en jugement. (Signé :) BARDIN.

[Même objet. — Sentence.]

<small>Nod
des chapperons
et livree
que
messeigneurs
les consulz
porteront
doresenavant.</small>

SAICHENT TOUS PRESANS et advenir que les jour et an cy dessoubz escriptz, en presence du notaire et tesmoingtz cy ampres nommez, sont este presans en la maison du Brueilh de la ville de Limoges honnorables Marcial Duboys, Leonard Deschamps, Jehan Penicailhe, Helies Bothaud, Maureil Lespine, Jehan Court laisne, Pierre Lagorse, maistre Jehan Petiot, Jacques Coustures, Jacques Pire, Marcial Benoist et Pol Duboys, consulz de lad. ville, Jehan Disnematin laisne, Pierre Veyrier, Pierre Romanet, Jehan Duboys, des Taules, Symeon Boyol, Mathieu Mercier, Symon du Peyrat, Jacques Sarrasi, Loys Benoist, Jehan Michelon, Mathieu Duboys, Mathieu Alesme (?), Marcial Douhet et Audoyn Dauvergne, bourgois et marchans respectivement de lad. ville, et plusieurs aultres; ausquelz et chascun deulx maistre Jehan Dauvergne, licencie ez droictz, procureur desd. consulz, manans et habitans, par lorgane de honnorable maistre Marcial Mathieu, leur advocat, a faict dire et remonstrer, en presence de noble et puissant Sr monsr le gouverneur et senneschal de Limosin, monsr Gualiot de Lastours, chevalier, Sr et baron dud. lieu, gentil homme de la chambre du Roy, que vendredy prochain, le roy de Navarre passeroit en ceste ville de Limoges, auquel, pour honneur du Roy nre souverain Sr et de la personne et benivolence dud. roy de Navarre, lieutenant general du Roy et gouverneur de Guyenne, lesdictz consulz, manans et habitans et chascun deulx estoyent deliberez luy faire honneur et triumphe comme a luy appartenoit, et que bon seroit que lesdictz consulz entre eulx eussent livree comme aultresfoys anciennement avoyent eu, scavoir chascun son chapperon et crammail de livree de soye et drapt de Damas, de coleur rouge, ainsi que les habitans de lad. ville dessuz nommez et plusieurs aultres leur avoyent, pour le prouffit et honneur deulx et de la chose publicque, conseille, deuement appellez et assemblez en la maison dud. consulat. OUYE par mond. Sr le gouverneur et senneschal de Limosin ladicte requeste et dire dud. procureur, et veu le consentement desd. habitans dessus nommez, par son bon advis et conseil, ensemble de ses lieuxtenens general et particulier, advocat et procureur du Roy en lad. senneschaulcee desd. procureur, manans et habitans illec presens, en tant quil pouvoit et devoit, a ordonne et dit que lesd. consulz, pour ladvenir leurs successeurs, pourteroyent lesd. chapperons de drapt de

Damas rouge, durant leur administration et annee, ez lieux et jours concernans lestat consulaire et de la chose publicque. Dont et desquelles choses lesd. consulz et Dauvergne, leur procureur, ont requis et demande acte au notaire jure, soubz le seel auctenticque estably et ordonne en lad. chastellanie de Limoges, par auctorite desd. consulz, ez presences de reverend pere frere Mathieu Jouviond, abbe de labbaye de Sainct Marcial dud. Limoges; Michel Jouviond, chantre et chanoyne; maistre Pierre Benoist, official et chanoyne, et maistre Marcial Boyol, aussi chanoyne de lesglise de Limoges et cure de St Victurnien, tesmoings ad ce appellez, le cinquiesme jour de janvier lan mil cinq cens vingt neuf. (Signé :) BARDIN.

AU MOYS DE JANVIER dudict an mil cinq centz vingt et neuf, pour aulcuns afferes concernans lestat du royaulme de France, n^{re} trescher et souverain seigneur Francoys, par la grace de Dieu Roy dicelluy, envoya treshault et puissant prince Henri, roy de Navarre, son beau frere, lieutenant general, gouverneur et admiral de Guienne, audict pais de Guienne, et, apres que les S^{rs} consulz de la ville et chastellenie de Lymoges furent deuhement advertis que ledict roy de Navarre, parfournissant sond. voyaige, avoit delibere passer par ceste dicte ville, assemblarent les manans et habitantz dicelle, et fut par unanime adviz conclud et determine de luy faire present et honneur au mieulx quil seroit a eulx possible. Et firent lesd. consulz crier et publier a son de trompe par les carrefours de ladicte ville que ung chascun, endroict soy, fist nectoyer les rues et places, et que chascun heust a tapisser les rues et abatre les haultvantz par ou ledict roy debvoit passer; en oultre, se rendissent a lheure par lesd. consulz assignee, montes et bien en poinct, pour luy aller audevant. A quoy faire, ung chascun mist bonne diligence. Et, advenent le septiesme jour dudict moys, lesdictz consulz, habitues (habillés) de robes noires, portantz chascun ung chapperon de damas rouge sur lespaule, acompaignes de leur masse, prevost, officiers et guacgiers montes en bel ordre, avecq plusieurs bourgeoiz et marchantz de ladicte ville, jusques au nombre de huict vingtz ou envyron, sortirent de ladicte ville, et allarent au devant dudict roy de Navarre, lequel rencontrarent a lissue de la forestz de Beaubrueil distant

[Reception de Henri d'Albret, roi de Navarre (1).]

---

(1) Voir LEYMARIE, *Limousin hist.*, p. 496.

une lieue dudict Lymoges, venent de la ville et monastere de Grantmont, auquel firent honnorable recueil; et luy fist le salut et harengue princyere maistre Jehan Petiot, bachelier ez loix, lung desdictz consulz, luy presentant, tant en general que en particulier, les biens de ladicte ville. Lequel fist response quil venoit veoir et visiter lesd. consulz et habitantz de lad. ville pour leur dire et declairer quil estoit leur bon amy, et prest a leur faire plaisir. Ce faict, led. roy, acompaigne de noble et puissant S^r mons^r le gouverneur et senneschal de Lymosin, mons^r de Pompadour, et de plusieurs aultres seigneurs tant du pays de Lymosin que de sa court, desd. consulz et de leur suyte, marcha vers la cite dud. Lymoges, dans laquelle entra par la porte de Sainct Maurice, la ou estoyent les freres mendiantz et prebtres desd. ville et cipte en procession, portantz les croix de leurs esglises; et en telle maniere fut led. roy conduict jusques a la grant esglise de Sainct Estienne, la ou il descendit et fut honnorablement receu par les chanoynes dicelle, et luy fut faicte une harengue par lorguane de mons^r maistre Michel Jouviond, chantre et chanoine de ladicte esglise. Et, apres ce, led. roy remonta sur son hacquenee, et passant par les faulxbourgz de la porte de Maignenie, de ladicte ville; et, a lentree du balouart dicelle, fut salue par le son de grant nombre de trompetes, clerons, haulboys et aultres instrumentz, pareilhement de lartilherie de ladicte ville. Et luy, entre dans led. balouart, fut salue et recuelli par Reverend Pere mons^r maistre Mathieu Jouviond, abbe du monastere Sainct Marcial, revestu de ses habitz pontificaulx, acompaigne de ses religieulx, tous revestus et enchappes, avecq la grant croix dor de ladicte abbaye. Et, apres avoir passe le pont et entre dans lad. ville, fut mys sur ledict roy ung paille et pavilhon de satin dez couleurs et devise dudict roy, avecq ses armes faictes en orfaverie, lequel pavilhon fut porte sur luy par quatre desd. consulz, habituez comme dessus est dict, despuis ladicte porte jusques a son logis. Si commenca a marcher dans ladicte ville au long dez rues tapisseez pour aller a sondict logis du Brueil, lequel on luy avoit faict aprester en tel ordre comme sensuyct.

Premyerement marchoyent les sergantz du senneschal dud. Lymosin et certain nombre dez gens dudict roy de Navarre; apres eulx lesd. religieulx mendiantz et prebtres devant dictz; apres marchoyent lesd. consulz et leursd. officiers vis a vis dud. roy, et consequemment lesd. abbe et religieux; finablement led.

roy, estant soubz ledict pavilhon, les guacgiers de lad. ville autour de luy avecq leurs bastons et livree; son chancelier, mond. S^r le gouverneur et leur suyte; ensemble lesd. bourgeoiz, marchantz et habitantz de lad. ville. Et par les carrefours dicelle furent faictz plusieurs beaulx misteres. Ledict roy parvenu audevant led. monastere Sainct Marcial, ledict abbe luy bailha a baiser lad. croix, et luy presenta les biens de lad. abbaye; de quoy led. roy le remercia. Si continua son chemyn par la rue du Clochier, et fut conduict jusques a la maison du Brueil, et la descendit et logea. Et, pour aulcune occupacion que ledict roy heust tout cedict jour, lesd. consulz ne peurent parler a luy. Si furent mises et posees par le commandement desd. consulz, de troyz en troyz maisons, par toutes les rues de ladicte ville, lanternes et falotz avecques lumyere ardant toute la nuyct, en sorte que on voyoit marcher si clerement comme si il heust este jour.

Et, le lendemain bon matin, lesd. consulz, acompaignes de leursd. officiers et de quarante ou cinquante dez principaulx bourgeois de ladicte ville, se rendirent aud. logis, et eulx, entres dans la chambre dudict roy, luy firent la reverence, et par lorguane de maistre Marcial Mathieu, licencie ez droictz, advocat de lad. ville, luy fut faicte la harengue comme a tel prince estoit requis, laquelle finee, Audoyn Dauvergne, prevost et juge criminel de ladicte ville, au nom desd. consulz, bourgeoiz et habitantz dicelle, luy fist present dune coupe dargent doree poisant huict marcz dargent fin, a la dourure de laquelle furent mis vingt ducatz dor; ensemble de certaine quantite despicerie, de muscat et bon vin, et de six douzaines de torches, lequel present et aultres chouses quon fist a cause de la bien venue dudict roy, monte la somme de iiij^c huictante livres ou envyron. Lesquelles chouses led. roy heust tresagreables; et tout incontinent partist de sond. logis, et sen alla aud. monastere S. Marcial, et, apres avoir ouy messe, sen retourna aud. Brueil, acompaigne desd. consulz et officiers; et, apres avoir prins son disner, partist de lad. ville acompaigne comme dessus, passant par la rue dez Bancz, vint sortir a la porte de Maignenie, a lissue de laquelle poulca et tira de rechef lad. artilherie. Si fut led. roy conduyct par lesd. consulz et leursd. officiers jusques au pont du fleuve de Valoyne, tirant vers le chasteau de Las Tours, ou il alloit coucher. Et a la departie fut par iceulx consulz humblement remercie de ce quil luy avoit pleu les visiter, luy recommandant lad. ville et pays, et le priant quil luy pleust les avoir tousjours en sa grace; lequel roy les remercia gracieusement, disant quil estoit bien contant deulx et dez aultres habitantz de lad. ville, et que en tous les endroictz quil leur pourroit faire plaisir se monstreroit leur bon amy.

[Procès entre les consulz et le roi de Navarre.] Soit memoyre que, par ce que entre ledict prince et roy de Navarre et les consulz, manantz et habitantz de la present ville de Lymoges, pend proces en la court de parlement a Paris, lesdictz consulz et leur procureur avant la venue dudict roy, pour la concervacion de leur bon droyct tant pour lors que pour le temps advenyr, feirent certaynes protestacions contenues en ung acte receu et passe par maystre Anthoyne Huard, notayre royal, habitant du pont Sainct Marcial, date du vj^e jour du moys de janvyer, heure de cinq heures apres midi dudict jour ou envyron, lan mil cinq centz vingt et neuf, lequel, seelle et redige en bonne fourme, a este mis dans le grant coffre du thesor de lad. ville pour servir et valoir en temps et lieu et quant besoin seroit.

[Mesures prises contre les *capons*.] Parce que en lad. ville et faulx bourgz avoit grant nombre de maraulx vacabons surnommes *capons*, lesquelz ne faisoient journellement autre mestier que desrober et commectre plusieurs autres maulx, fut faict crid a son de trompe, de par les devanditz consulz, que tous lesd. vacabons et gens sans adveu, valides et puissans pour travailler se rendissent a la maison du consulat pour illec estre enrolles pour besoigner aux euvres et reparations des murs et fosses de la ville, et, en ce faisant, seroient nourris et herberges, ou aultrement quilz vuydassent dans troys jours lad. ville et justice, et ce sur peine destre fustiges par les carrefours dicelle. Moyennant lequel crid, plusieurs senfouyrent, mais la pluspart perseveroit tousjours de mal en pis sans tenir compte dobeyr; lesquelz furent prins et enchaynes au tymon dung charriot, et par force contrainctz a nectoyer et trayner en icelluy les fumyers et autres immundicites estantz par les rues de lad. ville, par lespace de deux moys ou environ et jusques ad ce que rompirent les prisons fatigues et travailhes, evaderent, et fut leur peine de telle terreur que le pays en fut totalement purge.

Aussi sestoient mys sus un grant tas de malfaicteurs desrobans et commectans plusieurs villains cas en la present justice, lesquelz destroussoient les allantz et venantz en la present ville. Et en oultre avoit dans lad. ville une autre bende de larrons, crocheteurs et voleurs diurnes et nocturnes relies et coadunes ensemble, tenans les habitans dicelle en craincte et subjection ; desquelz, apres deue information, furent prins ceulx que on peult apprehender, et en fut que pendus que descapites le nombre de douze. Plusieurs en y heut de batus et fustiges par les carrefours, de bannis aussi et de condempnes a mourir par contumaces, lesquelz nont peu estre exequutes realment, car on ne les peult apprehender, ne par figure, parce que le temps de droit prefix a purger leurs contumaces nest encores expire. [Condamnation de malfaiteurs.]

Aud. an, durant les moys de janvier, de febvrier et de mars, le temps fut si serein et chault que nul nestoit que nesperast avoir la plusfertile annee que nulz de noz predecesseurs heussent jamais auparavant heue, et cest espoir continua jusques au penultime jour dud. moys de mars, la lune estant nouvelle, auquel jour led. temps tourna de chault en extresme froydure, tellement que toutes les vignes assises despuis lad. ville en bas, tirant a la riviere de Vienne, jelarent ; et dura lad. froydure jusques au troisiesme jour dapvril ensuyvant, auquel jour neiga et gresla tant que on jugeoit les biens estans sur la terre en voye de perdition. A ceste cause, lesd. consulz se retirerent au devot monnastaire du glorieux apostre Sainct Marcial, et, illec amasses avec le peuple tant de lad. ville que des faulx bourgs, fut, par mess{rs} labbe et religieux dud. monnastaire et autres gens deglise avec solempnite acoustumee, faicte procession generalle par lad. ville, a laquelle fut pourtee la chasse ou repose le chief dud. apostre n{re} patron, celles de sainct Loup et sainct Aurelien ; et dura lad. procession despuis [Froids tardifs. Procession.]

sept heures de soir jusques a lheure de mynuyt; et, par lintercession de la vierge Marie et desd. glorieux sainctz, le temps se couvrit de nuees, et tellement se adoulsit que lad. froydure ne feit pour lors aucun dommaige.

[Même objet. Autre procession.]

Despuis, voyant lesd. consulz que lad. froidure augmentoit de plusfort en plusfort, assemblarent les prelatz et chanoines de leglise cathedralle, labbe et religieux dud. monastaire Sainct Marcial, et, a leur instance, fut conclud que le lendemain, questoit le cinq^e jour du moys dapvril, on feroit procession generalle, a laquelle lesd. chanoines et religieux se conviendroient et marcheroient scelon leur ordre et coustume ancienne. Laquelle conclusion fut denoncee par les vicaires de Reverend Pere en Dieu levesque de Lymoges aux gens deglise, et, de par lesd. consulz, publiee a son de trompe, avec inhibition de ne marchander ne excercer aucun mestier de tout led. jour. Lequel advenu, tous les prebstres et religieux se randirent aud. monnastaire Sainct Marcial, pourtans les reliquaires quilz avoient en leurs eglises, et la fut commancee la devote procession, et pourtee lad. chasse de n^{re}d. patron et autres reliquaires devantditz jusques a lad. eglise cathedrale de Sainct Estienne, lesd. consulz et tout le peuple suyvans apres en bon ordre. En laquelle eglise reposarent lad. chasse sainct Marcial sur la chaire et sieige de levesque. Et fut dict sollempnellement une messe du Sainct Esperit, laquelle celebra pontificalement Reverend Pere labbe dud. monnastaire Sainct Marcial. Icelle finee, lesd. abbe, chanoynes et autres gens deglise parachavarent lad. procession, et entrarent dans lad. ville par la porte Maignanye, faisans le tour acoustume. Et, arrivee en lad. abbaye, et faicte aud. lieu la predication, myrent a repoz lad. chasse sainct Marcial en son lieu acoustume.

[Même objet. Autre procession.]

La nuyt ensuyvant, feit tresmortiffere froidure, laquelle vigea si tresfort que tous les fruictz estans sur terre aud. Lymoges et ez environs jelarent, exceptez seulement les bledz, lesquelz furent miraculeusement preserves. Ce voyans, lesd. consulz allarent aud. monnastaire S. Marcial, et avec led. abbe et religieux conclurent de faire aultre procession generalle, et pourter lad. chasse S. Marcial en leglise de Mont Jauvy, en memoire des benefices que noz predecesseurs, a lintercession de n^{re}d. patron, y avoient jadiz receuz. Et lad. conclusion faicte firent publier a la mode devant dicte. Et fut lad. procession assignee a lheure de vespres dud. jour vj⁵ dud. moys d'apvril, a laquelle heure tant les religieux mendians que tous autres gentz deglise, consulz et autre populaire se rendirent aud. monnastaire Sainct Marcial, pourveuz de grand nombre de torches et cierges et bonne devotion, commencerent la tierce procession, a laquelle assista led. abbe, revestu de ses habitz pontificaulx. Et fut pourtee lad. chasse en lad. eglise de Mont Jauvy, auquel lieu lesd. gens deglise commencerent a chanter : *Veni ad liberandum nos, Domine, Deus virtutum.* Et tout le peuple, par piteuse vocifferation, cria a haulte voix a Dieu misericorde. Et de la fut porte lad. chasse et celle de sainct Loup et S. Aurelien en leglise du couvent des Carmes, ou, mise a repoz sur le grant autel, apres plusieurs himpnes et oraisons chantees en lad. eglise, fut lad. chasse et autres susd. repportees aud. monnastaire et remises en leurs lieux.

Et, parce que lad. froidure et indisposition de temps nous donnoient continuelle vexation, lesd. consulz, affin que, moyennent assidues et reiterees oraisons, n^re Createur heut mercy et pitie de son pouvre peuple, priarent les S^rs gentz deglise de continuer les processions et oraisons, lesquelz, en obtemperant a leurs requestes, deliberarent et arrestarent que le dimenche prouchain feroient une autre procession generalle, et seroit porte le Corps de n^re Redempteur par les lieux acoustumes en lad. ville, ce que fut notiffie et publie par la forme acoustumee. Et, advenent led. jour de dimenche x^e dud. moys dapvril, tous les prebstres de lad. ville, enchappes et devotement revestuz, ensembles les religieux des quatre ordres mendians se assemblerent en leglise parrochielle de Sainct Pierre, et, apres loffice du sacrement de lautel, celebre par mons^r maistre Michel Jouviond, vicaire general dud. Reverend Pere en Dieu levesque de Lymoges, commancerent la quarte procession, laquelle precedoient deux centz enffans pourtans torches alumees, lesd. religieux et gentz deglise apres. Et fut par led. Jovyond porte le sacre Sacrement de lautel par les rues et lieux acoustumes de lad. ville avec telle veneration que pouvres mortelz luy peuvent exiber, lesd. consulz et peuple tant de lad. ville que du pays circunvoisin suyvans devotement apres. Et, oye la predication faicte en lad. abbaye Sainct Marcial, fut rapporte led. Sainct Sacrement en grant

[Même objet.
Autres processions.]

solempnite a lad. eglise Sainct Pierre, et an recepvoir la benediction, tous les presentz en grant compunction de cueur, lermes et pleurs, criarent et demandarent a Dieu grace et misericorde. Plusieurs autres processions particulieres sont este faictes jour et nuit durant lespace dun moys, lesquelles sont laissees a escripre au present livre par cause de briefvete, moyennent lesquelz biens faictz Dieu sappaisa, et nous a donne assez biens. Loue soit son sainct nom *in secula seculorum!* Amen.

[Mesures prises en faveur des pauvres.] Soit memoire que, tant pour cause des sterilites des annees precedentes que par linconvenient devant dit, le nombre des pouvres tant des foriens que des habitans de la present ville fut merveilleusement excreu et plus quil navoit long temps auparavant este, lesquelz la pluspart estoient malades, crians, vagantz et mourans nuyt et jour par les carrefours et rues; a ceste cause, pour eviter linconvenient de maladie que lesd. pouvres malades heussent peu causer, furent lesd. malades retirez, locges et gardes dans les hospitaulx, les aultres pouvres domiciles en leurs maisons, et les estrangiers dans certaines maisons a lescart. Et apres furent rediges par escript et designes par cantons, et inhibes daller mendier par lad. ville, et, par gens de bien ad ce commis, pourveuz de leurs neccessites et nourriture. Et, pour led. euvre de misericorde acomplir, furent contrainctz les aulmosniers contribuer scelon la faculte de leurs haulmosneries. Aussi y fut employe le revenu des haulmosnes Saincte Croix dud. an. Plusieurs confrairies laissarent les reppues, et largent que eussent coste employarent aud. usaige. Et, affin de persuader chacun particulier a faire aulmosne ausd. pouvres, parce que le nombre diceulx estoit plus grant deux foys que on nestimoit, les prebstres de lad. ville firent une procession en laquelle lesd. pouvres mys en ranc, hommes et femmes a part, suyvoient; et pourtoient lesd. pouvres au milieu de leur triste bande lymaige de n^re Redempter a la figure dun *Ecce Homo.* Lad. procession fut piteable que ne eust si dur et tenax cueur que ne fut amolly. Ce faict, fut faicte une queste a laquelle tant les gentz deglise que les lays firent chacun liberallement leur devoir. Desd. pouvres furent choisis ceulx qui estoient valides et actes (aptes) a travailler, et furent mis dans les fosses de lad. ville pour iceulx repparer et nectyer; et entre les portes de Maignenie et Boucharie travaillarent longue saison, si furent nourris despuys la my caresme jusques a la feste de la Nativite sainct Jehan Baptiste dud. an mil cinq cens trente. Et lors cessa lad. aulmosne. Et furent tous les advenuz en la present ville non payans tailhe et nayans industrie pour leur vie gaigner expelles et mys hors avec leur familhe et bernaige (1), tant pour leur remectre couraige de eulx ayder et prevaloir que pour descharger les habitans de la present ville de la fatigue que pour eulx long temps avoient soustenu.

Le sabmedy ix⁰ jour du moys de juillet dud. an furent apportees ausd. consulz nouvelles certaines de la venue de dame Helianor, a present reyne de France, et du retour dEspaigne des seigneurs, le daulphin et le duc dOrleans, enffans de nᵣₑ tres cher Sʳ le Roy. Et led. jour mesmes furent faictz les feuz de joye, et le lendemain procession generalle, laquelle proceda de la matrice (2) eglise, a laquelle assistarent lesd. consulz, rendans graces et loanges a nʳᵉ Createur. [Réjouissances pour le retour d'Espagne de la reine et des princes.]

Le xvjᵉ jour du moys daoust aud. an, environ lheure de midy, Margarite du Vergier dicte Bassetiere par desespoir se pendit et estrangla au haulte solier de sa maison. Et fut faict son proces selon lexigence du cas, et a son corps pourveu de curateur. Et, apres longue processure, fut dit et juge par le prevost et juge criminel de la present ville led. corps estre trayne de sa maison jusques au Cros des Arenes, et illec par le exequteur de la haulte justice estre mys dans une caisse, la teste pendant en bas et atache sur un gibet. De laquelle sentence led. curateur appela par devant le lieutenent du senneschal, par lequel fut dit bien juge et mal appelle. Par quoy le jour ensuyvant fut lad. sentence reallement exequutee. [Suicide. Procès fait au corps.]

Le iijᵉ de novembre lan mil cinq centz trente, lesd. consulz envoyarent a Paris maistre Jahan Petiot, leur compaignon, pour [Suite du procès contre le roi de Navarre.]

---

(1) *Bernage*, équipage, train. (ROQUEFORT.)

(2) « On appelle église matrice celle qui est la plus ancienne d'un lieu, à l'imitation de laquelle on en bâtit plusieurs autres. » (*Dict. de* TRÉVOUX.)

cause du proces quavons avec le roy de Navarre en la court de parlement. Lequel Petiot pourta les pieces neccessaires pour produyre alors, et feist lad. production au greffe dud. parlement, laquelle fust receue et enregistree aud. greffe. Et sont demeurees lesd. pieces dans ung sac, inventorisees aud. greffe; le double duquel inventoire led. Petiot appourta; et est au tresor ensemble le double et extraict des pieces produictes par partie adverse, comme il est plus aplain contenu au papier rouge dud. proces.

[Transaction entre les consuls et la dame de Lynars.] Comme soit meu proces entre le procureur de mess^{rs} les consulz de la ville de Lymoges, demandeur et accusant, a lencontre de dame Loyse de Gaing dicte de Lynars, dame du reppaire noble de Bort, deffen., dautre part, pour raison de ce que led. procureur pretendoit lad. de Lynars avoir excerce aud. reppare noble de Bort acte de justice avec noble Annet de Bonneval et Pierre Nadau, gendre de Patilhaud, ses serviteurs, dont et desquelles choses avoient estees faictes charges, lesquelles veuez, avoit este decrete adjournement personnel a lencontre de lad. de Lynars, Bonneval et Nadau, laquelle auroit este oye sur le contenu esd. charges, et apres auroit este appoincte par le prevost et juge criminel de lad. justice que les tesmoingz nommes esd. charges seroient acarez (1) a lad. de Lynars; lad. de Lynars dud. appoinctement auroit appelle, et son appel releve et intime par davant le lieutenent du senneschal de Lymosin, par davant lequel lad. sentence a este confirmee, dont lad. de Lynars avoit de rechief appelle, et son appel releve en la court de parlement a Bourdeaulx, en laquelle led. procureur lavoit anticipee, et y pendoit la cause indecise, ou led. procureur avoit obtenu deffault. Aujourduy soubz escript, a este present maistre Francoys Bechameil, au nom et comme procureur de lad. de Lynars, a ce souffisamment fonde par procuration par luy illec exhibee et de laquelle la teneur sensuyt : Nous, GARDE du seel royal auctentic estably au bayliage de Lymoges pour le Roy n^{re} S^{re}, savoir faisons que par devant n^{re} feable commissaire et jure de la court dud. seel et les tesmoingz cy ampres nommes a este personnellement establye noble dame Loyse de Linars, dame du lieu et reppayre noble de Bort, parroisse de Sainct Priech las Olieyras, diocese de Lymoges, femme

---

(1) *Acarer, accarer*, terme de palais ; confronter. (Trévoux.)

de messire Loys de Neufville, chevalier, Sʳ dud. lieu de Neufville, savoir est lad. de Linars de la licence, commandement et auctorite dud. de Neufville, son mary, illec present, laquelle, tant que touche a ses presentes, a licence et autorisation, laquelle de son gre en toutes et chacunes ses causes tant meuez que a mouvoir, tant en agissant que en deffendant par devant tous juges et personnaiges tant seculiers que reguliers, de quelque estat et condicion quilz soient, a faict, constitue et ordonne son procureur general et messagier especial, scavoir est maistres Francoys et Jehan Bechameilz, et ce par comparestre pour et au nom de lad. constituant, et specialement et par expres a dire et declarer pour et au nom de lad. constituant que icelluy lieu et reppayre noble de Bort avec ses appartenences est de la justice et jurisdiction des Sʳˢ consulz de la ville de Lymoges, et que en icelluy lieu et reppayre noble de Bort et sur les tenenciers dicelluy lesd. consulz ont toute justice et jurisdiction haulte, moyenne et basse, mere, mixte et impere, et tout ce qui en deppend. Et que lad. constituant ne pretend avoir aucun droit de justice ne jurisdiction aud. lieu ne ses appartenences, et ne pretend tenir lad. constituant led. lieu noble de Bort si nest que en la maniere et forme que ses predecesseurs lont tenu, et quelle na faict, ne faict faire, comme aussi ne vouldroit faire aucun acte de justice aud. lieu de Bort et ses appartenences; et si aucun acte se trouvoit avoir este faict aucontraire et au prejudice desd. Sʳˢ consulz et de leurd. jurisdition, elle veult et consent quil soit dit et declare nul et de nul effect et valeur, promectant lad. constituant par la foy et serement de son corps, et soubz la obligation de tous et ungz chacuns ses biens, avoir agreable et tenir ferme a tousjours tout ce que par led. procureur sera sur ce faict et procure, ester a droit et poyer le juge et le relever de toute charge de satisdation, en renoncant a toutes renonciations ad ce contraires, si comme nʳᵉ ayme et feal Leonnard Charle, notaire et jure de la court dud. seel, auquel nous croyons et adjoustons plaine foy, nous a relate et relate par ces presentes, a la relation duquel a ces presentes led. seel avoir mys et appose. Faict et passe aud. lieu noble de Bort ez presences de messire Jehan de Nouvile, prebstre, paroisse de Sainct Priech, et de Guilhaume Ville Franche, de la ville de Sainct Leonnard, prebstres, tesmoingz cogneuz ad ce appelles, le quatriesme jour du moys de decembre lan mil cinq cens trente. Ainsi signe L. Caroli, lequel, selon et en ensuyvant lad. procuration, avec le bon plaisir de lad. court, a consenty et consent en la forme contenue en lad. procuration; et pour les fraiz, mises de justice et despens, led. Bechameil aud. nom a poye et baille a Marcial Benoist, Leonnard de Champs, Jehan Petiot, Jehan Court, Jehan Texier, Pol du Boys, Jacques des Coustures, Marcial du Boys, Helies Botault, Marcial de Lespine et Pierre Thomas, consulz de lad. ville, illec presentz, et pour eulx et les autres conconsulz, leurs compaignons, absens, stipulans, la somme de trente livres tournoys en quatorze escutz dor couronne et la reste en monnoye, moyennent laquelle somme de trente livres lesd. parties sen vont hors de proces et sans despens. Moyennent les choses susd., lad. de Lynars ensemble led. de Bonneval et Nadau sont demeures quictes, sans prejudice du droit du bayle fermier. Faict ez presence de Marcial Benoist, pintier, et Jehan Moret, agulhetier, tesmoingz a ce appelles, le lundy cinquiesme jour de decembre lan mil cinq cens trente. (Signé:) BARDIN.

Election des consulz de la ville de Limoges faicte par les manans et habitans le mescredi vij^e jour de decembre l'an mil cinq cens trente.

Les Taules :

Domenge Mouret.

La Porte :

Marcial Disne matin.

Magnanhe :

Jehan Cibot.

Lou Marchat :

Mathieu Benoist.

La Faurie :

Mre Francoys Bechameil.

Le Clochier :

Jehan Court dit Vigier.

Boucherie :

Jehan Bonnet.

Lancecot :

Jehan Saleys.

Las Combas :

Monsr Mre Aymery Villebost.

Le Vielh Marchat :

Jehan deu Mas.

Croissances :

Jehan Ange laisne ;
Pierre Romanet.

Election des conseilhiers et collecteurs des tailhies de ceste presente annee mil v^c trente faicte par les manans et habitans le xe jour de decembre an susd.

Des Taules :

Barthelemy Palays ;
Maistre Anthoine Teyzier.

Lou Marchat :

Jehan Vouzelle le jeune, garde de la monnoye ;
Mathieu Galand.

La Porte :

Marcial Fourdoisson ;
Jehan Midi.

La Faurie :

Pierre des Cars ;
Maistre Anthoine Guamaud.

Magnanhe :

Jacques de La Sarre (?) dict Furet ;
Francoys Navyeras.

Du Clochier :

Maistre Marcial Montoudon ;
Pierre Geneyty.

Boucherie :

Jehan Eschaupre ;
Jehan Nadaud.

Des Combes :

Jehan Bonnet, absent ;
Pʳ Penicaud.

Lancecot :

Jehan Guay Coubeys (?) ;
Barthelemy Choussit.

Du Vieulx Marche :

Guilhem Coulonbet ;
Jehan dAixe dit Piro.

[Pluies, inondations.] Memoire soit a tous presens et advenir que lan mil cinq cens trente, despuis la moictie du mois de novembre, commanca le temps soy encliner aux pluyes que sans aucune interruption durerent au hault pais de Lymosin jusques a lamy mars, par inundation desquelles les bleds semmez es valees furent gastez et perduz, et, par limpetuosite de la pluye que incessamment tumboit, les semmenailles du pais de Lymosin, ou la terre est legiere et de varenne, furent desnuees de racine, et par les costaulx et pendens de montaignes trop eslavees et es lieux plains ou leau ne pouvoit courir par labundance dicelle, que continuellement cheoit, tout fut noye. Mesmement le xviij⁰ jour de decembre, dissolues les cataractes du ciel et de la terre, escreurent subitement les revieres de Vienne, Briance, Creuse et Gartempe si enormement que oncques mais lon eust oy dire, dont plusieurs pontz, molins, maisons et autres edifices assis aupres les rives dicelles furent dirruptz et fonduz avec les biens estans dedans, et plusieurs gens et bestes submergees, avec autres maulx innumerables, furent faictz par lesd. eaulx en Lymosin, Poictou et Toraine, comme avoit ja auparavant fait le Thibre dans Romme environ le septiesme du mois doctobre precedent, et la mer Occeane au pais de Zelande environ le commancement de novembre apres.

[Grands froids. Disette.] Item, a lamy avril apres ensuyvant, se tourna le temps a froidures, vens et gelees moult aspres et trop plus que la saison ne requeroit ; dont les bledz demeurez desd. inundations eurent en plusieurs endroictz a souffrir et semblablement les vignes es hault et bas pais de Lymosin, Cahourcin et Perigort, que fut a

Lymoges la totelle destruction de plusieurs vignerons et autres mecaniques qui, par grande curiosite et sollicitude, a gros fraiz avoient fait lyer et cultiver leurs vignes de toutes facons, sperans recouvrer lad. annee partie des pertes encorues les trois annees precedentes; lesquelz frustrez de leur espoir tumberent en si grand disecte que plusieurs furent contrainctz mendier et demander laumosne pour Dieu.

Item, le peuple de Lymoges et lieux circunvoisins, voyant limportunite des froidures continuer et tout le labeur annuel pericleter, nayans plus aucune esperance de recours quen Dieu, par grand devotion treshumblement en jeusnes, oraisons et prieres retournans a luy, firent plusieurs processions en divers lieux, tant de jour que de nuyct, marchans en pleurs et lermes par contrition de leurs pechez, les ungs vestus de leurs simples chemises seulement, les autres piedz nudz, testes decouvertes, pourtans les chasses de mons^r sainct Marcial, n^{re} patron, et autres six ou sept devotz, sainctz et amys de Dieu, afin destre intercesseurs pour eulx envers luy et mitiguer la severite de son ire apparente. Les gens deglise, tant seculiers que religieux, selon leurs ordres, en gros nombre, avec grande multitude de torches, cierges et flambeaulx ardens, imploroyent layde divine par le moyen et intercession des sainctz et sainctes de paradis en grande compunction. La pouvoit on veoir gens de tous estas, sexes et conditions, plorans et lermoyans, crier a Dieu mercy et misericorde, le supplians avoir pitie de son pouvre peuple, ou avoit si grans criz, lamentations, souspirs et gemissemens, tant par la ville de Lymoges que es environs ou alloyent lesd. processions, que a peine on eust peu oyr Dieu tonner. Jeunes et vieulx, femmes et filles, y accouroyent par si grande affluence quil ne demeuroit quasi personne es maisons pour icelles garder. Les petitz innocens crioyent a Dieu si piteusement misericorde quil nest si dur cueur qui les oyst qui de pitie se fust peu abstenir de lermoyer. Si furent faictz plusieurs sermons et exhortations au peuple par les eglises et conventz ou faisoient leurs stations de gens devotz et lectrez, tellement quil nest memoire ne souvenance de personne vivant quen si brief temps eust este fait tant de processions ne si pitoyables en lad. contree.

[Processions.]

Cherté du blé. — Mesures prises.

Item, estoit en lad. saison grande cherte de bledz et de vins par tout Lymosin, car le sestier de froment se vendoit cinquante solz, le sestier de seigle quarante solz ou plus, tellement que les consulz, pour solaiger le peuple et rendre les voicturiers forains plus enclins a appourter bledz des circunvoisins, leur donnarent limposition pour ung temps, comme fut ordonne par le conseil de plusieurs gens de bien de lad. ville. Et finablement, par necessite extreme, firent lesd. consulz ouvrir plusieurs graniers des marchans et bourgeois de Lymoges, vendre et delivrer le ble a pris raisonnable.

[Affluence de pauvres étrangers dans la ville.]

Item, a cause de la pouvrete questoit lors sur les champs, se retirerent a Lymoges grande quantite de pouvres forains jusques au nombre de deux mille ou environ, et tant quon ne voyoit par les rues de lad. ville que pouvres querans laumosne, pourtans leurs colz chargez denfans, et apres eulx menans grandes sequelles de filles, qui avoyent delaisse terres et habitations pour mendier, tellement quon nosait sortir des maisons ne se tenir par les ouvroirs, pour la pitie et misere desd. pouvres.

[Mesures prises par les consuls.]

Item, au moyen de quoy fut advise par lesd. consulz et autres manans et habitans de lad. ville que les hommes et enfans seroient separez et mys pour demeurer a une part, et les femmes et filles a une autre ; ausquelz pour heberger furent baillees plusieurs maisons pres Sainct Pierre et Vielles Claux situees, ou avoit maison expresse pour donner a menger ausd. pouvres, et femmes de bien bourgeoises dud. Lymoges deputees avec chamberieres et serviteurs commis a nourrir et alimenter lesd. pouvres des aumosnes que leur delivroyent et administroient les autres habitans, ou furent entretenuz jusques aux fruictz nouveaulx de lan mil cinq cens trente ung. Plusieurs refusans fournir ausd. pouvres, combien quilz eussent de quoy le fere, furent par justice a ce contrainctz. Les gens de bien liberalement se taxoyent chacune septmaine a certaine quantite dargent, ble, pain ou autres choses, selon leurs facultez et pouvoir, dont Dieu les preserva de mal et inconvenient.

[Nombreuses aumônes.]

Item, les consulz de lad. ville de Lymoges, par ladvis et deliberation des autres manans et habitans de lad. ville, oultre leur particulier taux, baillerent des deniers communs a laumosne desd. pouvres la somme de cent livres tournois. Si furent faictes aud. an plusieurs autres belles aumosnes, tant en general quen particulier; car, a leure quon cuydoit cueillir les bledz, de rechief survindrent les eaulx, que moult retarderent les messons, tellement quil fust mort plus de mille personnes neussent este lesd. aumosnes, par laide desquelles retournarent lesd. pouvres en leurs habitations, bien nourriz et refaictz, remercians Dieu.

Item, firent plusieurs autres biens et reparations lesd. consulz durant led. an, comme eslargir le chemyn quest sur la redoue du fosse de lad. ville tirant de la porte de Manenie a la place Sainct Gerault, afin que le charroy peust facilement passer et venir a lad. ville. [Réparations.]

Item, aud. an mil cinq cens trente ung, le (1) de septembre, alla de vie a trespas treshaulte et tresexcellente dame madame Loise de Savoye, mere du Roy n^{re} sire Francois, premier de ce nom, regente en France. *Ejus anima requiescat in pace!* [Mort de Louise de Savoie.]

Item, combien que par tout le royaume de France y eust peste generale, et par expres en certains lieux de Lymosin se morussent grandement, et, pour la frequentation des marchans, souventesfoiz se fust esprinse ladicte peste tant dans lad. ville, cite que faulxbourgs dud. Lymoges, fut donne si bon ordre durant lad. annee par lesd. S^{rs} consulz que lad. peste fut amortye plusieurs foiz sans grant dommaige recevoir, ne que les habitans ayent este contrainctz desemparer lad. ville. Que a coste beaucopt de deniers communs a la maison dicelle. [Peste.]

Item, nonobstant la sterilite et default des bledz quest ceste presente annee aud. pais de Lymosin et universalement par tout, Dieu na oblye son pouvre peuple, car, moyenant le bon ordre que lesd. S^{rs} consulz ont mys a la vendition du pain et bledz venduz au cloistre de lad. ville durant lad. annee, la charge de ble, tant froment que seigle, sest donnee [Disette.]

---

(1) Il y a ici un blanc dans le texte.

tousjours a meilleur marche quarante solz pour charge quen tous les pais circunvoisins, estant led. marche de lad. claustre franc et liberal dachapter, vendre et empourter hors ville par les forains et estrangiers. Quest chose miraculeuse procedant de la grace et misericorde de Dieu, laquelle il nous vueille octroyer et prester tant que besoing nous sera a garder son pouvre peuple de perir. Amen.

Election des consulz de la ville de Lymoges faicte par les manans et habitans dicelle le vij^e *jour de decembre lan mil cinq cens trente ung.*

Les Taules :

Pierre Verrier.

La Porte :

Francoys Dauverigne.

Maignenie :

Marcial Romanet le jeune.

Le Marche :

Aymery Guybert.

La Fourie :

Colin Noailher.

Le Clochier :

Mar^{al} Romanet laisne.

Boucherie :

Anthoine Voureys.

Lancecot :

Me Joseph de La Chassaigne.

Les Combes :

Jehan de Boscheys.

Le Vieulx Marche :

Jehan Cibot, bouchier.

Croissances :

Jehan du Boys, des Bans;
Jehan Gregoire.

Je, Guillem Jovyond, abbe commendataire de labbaye de Sainct Martin lez Limoges et chantre de lesglise cathedrale de Limoges, cognoys avoir receu reaulment et de faict de messrs les consulz de la ville de Limoges, par les mains de monsr le consul Sr Marcial Romanet le jeune, la somme de dix livres tournois a moy, comme chantre, deuez pour cause des escolles de lad. ville chacun an de rente; de laquelle somme de dix livres les quicte, tesmoing mon seing manuel cy mis, le xxe de fevrier lan mil vc trente ung. (Signé :) JOVIOND, *chantre de Lymoges.*

Election des conseillers et partisseurs des tailles de ceste presente annee, lan mil cinq cens trente ung, faicte par les manans et habitans dicelle le xxvije jour de decembre lan susd.

Des Taules :

Pierre Vidau dit Papeyr;
Bartholome Petit.

De la Porte :

Jehan Maledent;
Audoyn Johanaud.

De Maignenie :

Albert Crozier ;
Loys Rogier.

De Bocherie :

Mᵉ Jehan Bovyn ;
Pierre Nadau.

Du Marche :

Anthoine Colomb ;
Pierre de Leyssene.

Lancecot :

Jehan Chambinaud ;
Francoys de La Chenau, fondeur.

De la Fourie :

Mᵉ Laurens du Pyn ;
Hugues Coignard.

Les Combes :

Jehan de La Gouteu le jeune ;
Jacques Gay.

Du Clochier :

Leonnard Penicaud ;
.... (1).

Le Vieulx Marche :

Mathieu Celier ;
Loys Valade.

Double de dictum darrest prononce a Bourdeaulx au prouffit de la maison de ceans ceste annee 1531.

ENTRE les consulz de la ville de Lymoges, comme prenant ladveu et charge pour leur procureur en la jurisdiction dudict Lymoges, et Jehan Juge, jadiz consul dudict Lymoges, appellant de certaine pretendue surprinse et empeschement de leur jurisdiction a eulx faicte par monsʳˢ Anthoyne Tandon, evesque dudict Limoges (2) ou son official le procureur general du roy joinct a eulx, d'une part, et led. evesque, prennant ladveu et charge pour son procureur doffice, et Jacques de La Roche dict Vouzelle, appellez, dautre ; aussi entre ledict evesque de Lymoges, prennant ladveu et charge pour sond. procureur,

---

(1) Le second nom a été gratté, peut-être « Jehan Tessandier ».

(2) Il s'agit ici d'Antoine Lascaris de Tende, nommé évêque de Limoges en janvier 1530 et démissionnaire en 1532.

et ledict Delaroche, appellant du senneschal de Lymosin ou son lieuctennant, dune part, et les conzulz et juge appellez, dautre. Veu les charges, informations, decret de prinse de corps, de faulx et procedure faictz par ledict juge desd. consulz, datee, au commensement, du vingtseptiesme daoust mil cinq cens trente et ung, la procedure depuis faicte tant pardavant ledict official de Lymoges que senneschal de Lymosin ou sond. lieuctennent entre lesd. parties, datee, celle dud. official du dernier jour desd. moys et an, relief dappel et exploictz faict en la court et autres pieces et productions desd. parties, dict a este que la court a mys et mect lesd. appellations et ce dont a este appelle au neant, et renvoye lesd. Jehan Juge et Delaroche pardavant leur prevost, juge criminel dudict Lymoges, a quinzaine, auquel jour led. Delaroche sera tenu comparestre en personne, par devant lequel il et ledict procureur dud. evesque pourront requerir le renvoy devant ledict official de Lymoges, et lesd. consulz incister au contraire si bon leur semble; pour ce faict estre procede comme de raison, et condempne lesd. evesque et Delaroche es despens de la cause dappel par eulx interjectee dud. senneschal de Lymosin ou sond. lieuctennent, la tauxe diceulx a elle reservee, les aultres despens reserver en fin de cause. Et enjoinct lad. court audict evesque et a ses official et procureur de faire publier en son eglise lestravagante du pape Leon dix aux parties. A Bourdeaulx, en parlement, le quinziesme jour de mars mil cinq cens trente et ung. Ainsi signe : DE PONTAT.

La teneur de laquelle estrevagante sensuyt.

LEO, EPISCOPUS, SERVUS SERVORUM DEI, AD PERPETUAM REI MEMORIAM. Romanum decet pontificem providere, ut hii qui clericalem ordinem suis flagitiis deturpare non verentur, clericali privilegio minime perfruantur, ne quod in favorem bonorum introductum est, improbis delinquendi licentiam subministret, ipsisque in protectionem in eorum excessibus tribuatur. Sane carissimus in Christo filius noster Franciscus, Francorum rex christianissimus, nobis nuper exponi fecerit quod ipse, licet zelo justicie fretus, improbos homines de ejus regno et dominiis ejicere et illorum excessus punire ac super omnia in eisdem regno et dominiis justiciam vigere sommo anhelet desiderio. Quia tamen nonnulli clerici nec in habitu et tonsura clericalibus decentibus incedentes, sed potius ab omnibus pro meris laicis habiti et reputati, a quorum oculis Dei timor et mundanus honor abesset, de ecclesiastice discipline clementia minime confidentes, excessus et delicta quothidie perpetrare non verentur, quam licet dictam tonsuram habeant, tamen revera actibus et operibus vitam ducunt laicalem, ut prefertur, et in suis aprehensi delictis se privilegio clericali deffendere et justiciam secularem illudere conantur, hujusmodi suum desiderium adimplere non potest, ex quo improborum delicta remanent impunita, clericorum status decoloratur, ipsaque justicia non mediocriter impeditur. Quare prefatus Rex nobis humiliter supplicari fecit ut, pro regni et dominiorum suorum hujusmodi quiete et statu tranquillo, super hiis ita oportune providere ut excessus hujusmodi non immerito justicie freno justicie coherceantur et comprimantur, de benignitate apostolica dignaremur. Nos igitur, considerantes quod clerici per decentiam habitus extrinceci morum intrinsecam honestatem ostendere debent, nec indignum arbitrantes viam quam sibi hujusmodi homines ad impune delinquendum per idem privilegium, sub spe ecclesiastice discipline et clementie, quesierunt oportunis remediis amputare, hujusmodi supplicationibus inclinati, auctoritate apostolica tenore presentium statuimus et ordinamus quod deinceps, perpetuis futuris temporibus, hujusmodi clerici in regno et dominiis predictis delinquentes, si tempore perpetrati eorum delicti, et per quatuor menses ante, in habitu et tonsura clericalibus decentibus non incesserint, postquam tamen presentis in metropolitanis et cathedralibus regni et dominiorum predictorum ecclesiis, juxta ordinationem infrascriptam publicate fuerint, per judicem secularem libere et licite capi, inquiri, distringi, et, si in sacris non fuerint, etiam puniri possint districtius sub pena suspensionis a divinis, eo ipso inhibentes locorum ordinariis et ceteris quibuscumque ecclesiasticis ne contra statutum et ordinationem hujusmodi quovismodo, directe vel indirecte, venire presumant, ac decernentes extunc irritum et inane si secus super hiis a quoquam quavis auctoritate, scienter vel ignoranter, contigerit actemptari. Et, ne quispiam de premissis ignorantiam valeat allegare, volumus ac prefatis ordinariis, in virtute sancte obedientie et sub simili pena suspensionis a divinis, eo ipso districtius precipiendo mandamus, ut singulis annis presentes litteras seu eorum transumptum auctoritate primis tribus dominicis quadragesime successive in eorum ecclesiis, dum major inibi populi multitudo ad divina convenerit, pro tertia monitione publicare teneantur, et clericos debite monere ut tonsuram et habitum decentes defferre debeant, ac publicationem cum hujusmodi monitione, loco tertie monitionis a jure requisite, succedere vimque specialis trine monitionis cuilibet ex dictis clericis facte ad hoc ut contravenientes puniri possint habere decernimus, quodque quoscumque, post dictos quatuor menses duntaxat a die prime publicationis, ut prefertur, faciende computandos, ligare incipient, locorum vero metropolitanis, in virtute sancte obediencie et sub simili suspensionis a divinis pena eo ipso incurrenda, commictimus et mandamus ut, si suffraganeos suos vel eorum aliquem in premissis negligentes fore repererint, quilibet eorum in provincia sua prefatorum suffraganeorum negligentiam supplendo omnia et singula premissa debite exequtioni demandari procurent contradictores per censuras ecclesiasticas et alia juris opportuna remedia, appellatione postposita, compescendo, non obstantibus premissis ac felicis recordationis Bonifacii, pape octavi, predecessoris nostri, de una vel duabus dietis in consilio generali edita, ac aliis apostolicis necnon provincialibus et sinodalibus consiliis, edictis generalibus vel specialibus, constitutionibus et ordinationibus, ac quibuslibet privilegiis, indultis et litteris apostolicis generalibus quarumcumque tenorum existentibus, perque presentes non expressa vel totaliter non inserta effectus earum impediri valeat quomodolibet, vel differri et de quibus quorumque totis tenoribus de verbo ad verbum habenda sit in nostris litteris mencio specialis que quo ad hoc nolumus cuique aliquathenus suffragari, ceterisque contrariis quibuscumque per hoc autem eidem privilegio quo ad alios qui veri ecclesiastici fuerint et ipsam miliciam prosequentur non intendimus in aliquo derrogare. Et, quia difficil eforet easdem presentes litteras ad singula queque loca in quibus expediens fuerit defferre, volumus et dicta auctoritate decernimus illorum transumptis manu notarii publici inde rogati subscriptis, et sigillo alicujus prelati seu persone ecclesiastice dignitati constitute, munitis, vel curie ecclesiastice ea prorsus in judicio et extra et alias ubilibet fides adhibeatur que presentibus adhiberetur si fuissent exhibite vel ostense. Nulli ergo omnino hominum liceat hanc paginam nostrorum statuti, ordinationis, inhibitionis, commissionis, mandati, interdictionis, voluntatis et decreti infringere, vel ei ausu temerario contraire. Si quis autem hoc actemptare presumpserit, indignationem omnipotentis Dei et beatorum Petri et Pauli apostolorum ejus se noverit incursurum. Datum Rome, apud Sanctum Petrum, anno Incarnationis dominice millesimo quingentesimo decimo sexto, xvj kalendarum octobris, pontificatus nostri anno quarto, infra plicam signate : BEMBUS, et supra plicam : Jo. CHEMINART, et in dorso : Registratum apud me Bembum, et que sunt moris transumpta Andegavis vj julii millesimo quingentesimo decimo octavo, *Ainsi signe :* A. VIOS.

[Arrêt contre Albert de Granchault.] Sensuyt plus ung double de dictum darrest que heurent et obtindrent mesd. S^{rs} les consulz a lencontre de maistre Albert de Grantchault, praticien de Lymoges.

Extraict des registres de parlement.

ENTRE les consulz de la ville de Lymoges, prenans la cause pour leur procureur en lad. juridiction, appellant du senneschal de Lymosin ou son lieutenent, dune part, et maistre Albert de Granchault, notaire, appelle, dautre, la court dit quil a ete mal juge par led. senneschal ou son lieutenent, et bien appelle par lesd. appellans, et, en emendant son jugement, ordonne que led. Granchault se fera oyr sur les charges et informations contre luy faictes; et, pour ce faire et autrement proceder comme de raison en lad. matiere, renvoye lesd. parties par devant led. senneschal ou son lieutenent, autre que celluy dont a este appelle, a quinzaine; et condanne led. appelle aux despens de la cause dappel, la tauxation diceulx a elle reservee, et reserve ses actions aud. appelle pour raison desd. despens a lencontre du greffier du senneschal et pour raison desd. injures a lencontre de Francoys Dauvergne, comme consul, qui a advohe les injures et plaidoye de ladvocat desd. consulz, et ausd. greffier et consulz leurs deffenses respectivement au contraire. Faict a Bourdeaulx, en parlement, le premier jour de mars lan mil cinq cens trente ung. Ainsi signe : DE PONTAC. Collation est faicte.

Plus ung autre dictum darrest que mesd. S^rs les consulz heurent a lencontre de Peyrnou, senturier dudit Lymoges. [Arrêt contre Pierre Peyrnoulx.]

Extraict des registres de parlement.

ENTRE Pierre Peyrnoulx, senturier de la ville de Lymoges, appellant du prevost et juge criminel de lad. ville, et anticipe, dune part, et les consulz de lad. ville; appelles et anticipans, dautre, la court, oys les procureurs des parties, et de leurs consentement, a mys et mect lappel au neant en acquiescant par led. appellant au decret dont a este appelle, lequel sortira son effect, et a condanne et condanne led. Peyrnoulx aux despens de la cause dappel envers lesd. appelles, la tauxation diceulx a lad. court reservee. Faict a Bourdeaulx, en parlement, le seziesme jour de novembre lan mil cinq cens trente deux. Ainsi signe : DE PONTAC. Collation est faicte.

Plus ung double de sentence que mesd. S^rs heurent a lencontre de laulmosnier de Sainct Marcial dud. Lymoges touchant le souchet du vin. [Arrêt contre Jean Choussade.]

ENTRE le procureur de la ville de Lymoges, demandeur, comparant par du Pin, assistant Mathei, dune part, et frere Jehan Choussade, haulmosnier de Sainct Marcial de Lymoges, deffendeur, comparant par Baignol, dautre; apres que le deffendeur sest purge par serment avoir seulement vendu, deca le temps declare en la demande du demandeur, pour quatre livres tournois de vin, a este condampne a payer aud. demandeur le droit du sochet dedans le terme de la court presente, avec despens que de raison, esquelz a este led. deffendeur condanne envers ledit demandeur, la tauxation diceulx a lad. court reservee. Faict judiciellement a Lymoges, en la court de la senneschaucee de Lymosin, seant mons^r de Prohet, lieutenent general, le vij^e de novembre lan mil cinq cens trente deux. Ainsi signe : GAMAUD.

[Disette.] EN OULTRE il est a noter et reduyre a memoire que, au temps de leslection des susd. consulz, lannee estoit sterile, tant a cause et pour raison des annees precedentes, que furent infertiles, que aussi a cause des mortalites de peste et autres maladies aud. temps en Guyenne universelles. Dont le peuple estoit quasi en desespoir, car le sextier de ble seigle cestoit vendu ausd. annees consecutives quarante solz tournois; froment, cinquante solz; eminal avoyne, x s. t/; son, xiiij s.; chastanhes, x s.; charge vin du pays, quatre livres, et charge sel, dix livres; questoit chose cruelle a veoir, car la pluspart du commun vivoit de boulye faicte davoyne et dudit son; que fust trouve estrange tant par la pitie contraincte que nouvellete du temps, pour ce que jamais en ce pays on navoit veu le semblable. Et, nest este la bonne police, led. commun estoit delibere se eslever et en prendre la ou en pourroit trouver, comme firent ceulx de Lyon, dont mal leur en print par la rigoreuse justice qui en fust faicte.

[Guet.] REMEMORANT lesquelles choses, les susd. S^{rs} consulz, pour commancement de leur annee, firent faire gros guectz, ausquelz assistarent par plusieurs foys auscuns desd. S^{rs} consulz pour la conservation du bien publicque et correction des maulvais.

[Mesures prises pour la vente du blé.] ITEM, pour le soulaigement dud. peuple, donnarent liberte en la cloistre ou se vend le ble, et, pour icelle maintenir, ostarent ung mesureur, lequel prenoit argent pour ses poynes et vessoit les victuriers, tellement que menoient vendre leur ble en la cite pour eviter ceste fascherie, que pourtoit dommaige au bien publicque; et firent faire six emynaulx de bonne mesure de la ville, lesquelz firent tenir en lad. cloistre par homme expres aux despens des deniers communs de lad. ville. De laquelle chose les apportans bles furent grandement allegez, et faisoient meilleur marche a cause dud. mesuraige.

ITEM, et, pour ce que lesd. S^rs furent informes que plusieurs des susd. victuriers menans vendre ble cachoient leurs sacz plains de ble cheuz aucuns voisins de la susd. cloistre, et puis les mectoient en icelle peu a peu, que souvent sembloit ne venir de ble en lad. cloistre et marche, laquelle chose estoit cause dencheriment dud. ble, firent pour le prouffit et utilite du bien commun publier ung edict a son de trompe aud. lieu que nul neust a recapter nulz bles mennes vendre par foriens ne autres que premierement ne fust mys aud. marche publicque, et pareillement que neussent a mesurer en autres mesures que celles que mesd. S^rs y faisoient tenir, et ne prendre nul salaire pour lesd. mesuraiges. [Même objet.]

ITEM, pour les fraudes et tromperies que mosniers faisoient estans pres dud. marche de ble, leur fut commande se tenir durant lad. cloistre davant la maison de Jehan de Champs, du couste de Sainct Marcial et la maison de Guillaume Gentil, du couste du temple, et la maison de Helies du Boys, vers la poulhalerie, et le tout pour la liberalite de lad. cloistre. Laquelle chose fist tresgrand bien, car, Dieu et cella aydant, lorsque plusieurs disoient que le sextier de ble vauldroit cinquante solz, fut au contraire, car davant la fin de lannee le pris dud. ble descendit a quatorze solz le sextier seigle; avoyne, a troys solz leminal; chastaines, a deux solz; charge de vin, a vingt six solz troys deniers; le sel, a troys livres la charge, et toutes autres choses a la raison. [Même objet. Meuniers.]

ITEM, et, pour ce que les bolengiers sont inclins a faire petit pain, expressement sur le pain brun, mesd. S^rs firent ung assay pour lequel trouvarent que lesd. bolengiers pouvoient faire douze tourtes au sextier du poix de neuf livres chascune, et cella fut trouve accordant en troys cuyctes et divres fours; lequel poix fut modere a huyt livres et demye bien cuyctes et appareillees. [Même objet. Boulangers. Poids du pain.]

ITEM, pour plus contraindre lesd. bolengiers a tenir les susd. poix, et affin que chascun le cogneust clerement, mesd. S^rs firent mectre aux quatre portes de lad. ville et en huyt carrefours dicelle douze romaines de fert, la ou les achaptans tortes les pouvoient cognoistre si estoient de poix. Que estoit grand [Même objet. Aumône Sainte-Croix.]

bien pour le pouvre peuple et soulaigement, et sans murmure contre lesd. consulz.

[Même objet. Distribution de pain.] Item, les cinquantes sextiers de ble des aulmosnes Saincte Croix que lesd. S^rs consulz ont acoustume distribuer pour Noel, que len nomme le *pain des bannieres*, pour la grant pauvrete questoit lors, lesd. S^rs firent mectre led. ble en pains bruns de septante au sextier, et livrarent des marreaulx (1) chascun aux pouvres de sa banniere, lesquelz furent assembles la vigile dud. Noel en la grant sale dudit consulat, la ou mess^rs en personne leur livrarent a chascun ung pain et les faisoient sortir par le derriere dudit consulat. Et fut trouve en fin de compte la delivrance de troys mille cinq centz douze pains.

[Les pauvres sont logés et entretenus.] Item, et bien tost apres, le nombre dessusd. pauvres fust si tresgrand que cestoit grand pitie de les veoir. Par quoy mesd. S^rs ensemble les bourgeoys, manans et habitans des plus ayses se tauxarent en telle maniere que mesd. S^rs les consulz fournirent des deniers communs la somme de six vingtz livres et firent retirer tous lesd. pauvres qui nallerent plus pour ville, ains se tenoit chascun en son locgis, en ce que mesd. S^rs, acompaignes de certains marchans, leur livroient et faisoient livrer tous les jours a chascun desd. pouvres troys deniers t/.

[Même objet.] Item, estoient lesd. pauvres en nombre de quatorze cens, sans comprendre les foriens et malades que furent mys en lospital, lesquelz furent pourveuez a deux foys le jour de pain et pistance, et souvant du vin par les susd. consulz acompaignes de certaines bourgoyses de cested. ville, lesquelles les administroient dautres grandes neccessites. Et estoient lesd. pouvres de lad. hospital en nombre de environ troys centz. Que fut une tresbelle ordonnance, et, comme chascun estime, agreable a Dieu.

[Larrons pendus.] Item, au moys de fevrier furent penduz et estrangles cinq larrons fameux et autres cinq, les ungz fustiges, couppes les aureilles et bannys, lesquelz tenoient par leur manopolo au-

---

(1) *Mareaulx*, *mareaux* (Roquefort), méreaux, jetons qu'on distribuait au peuple en particulier pour aller recevoir du blé ou d'autres provisions qui se donnaient aux dépens du public. — C'étaient les *tesseræ annonariæ* de l'ancienne Rome. (Trévoux.)

cunement subjecte la ville et pays, pour les grans maulx et larrecins que commectoient ordinairement, entre lesquelz sen y trouva ung qui faisoit la faulse monnoye. Lesquelz, apres deuez informations, furent mys, lung au mylieu de la rue des Bans, a lentree de la boucherie, les autres, lung devant le convent de N^{re} Dame des Carmes et aux troys portes de lad. ville Larenne, Montmailler et Boucherie. Pour lesquelz extirper, mesd. S^{rs} les consulz prindrent grant peine et firent de grandz fraiz. Que fut le soulaigement et craincte, et a este despuis a lad. ville et tout le pays.

ITEM, et incontinant apres mesd. S^{rs} firent nectoyer les estangz daupres la fontaine, questoient tous plains de boue, pour ce quils craignoient que icelle engendrast en este infection et augmentation de peste, laquelle estoit ja en lad. ville. [Nettoyage des étangs.]

ITEM, regna lad. peste en la susd. ville lespace de sept moys; par quoy estoient pensionnes six personnaiges ordinairement des deniers communs; lesquelles choses montent beaucopt, comme appert par les mises desd. S^{rs}. [Peste.]

ITEM, et bien tost apres firent mesd. S^{rs} bastir la murailhe des fousses tirant de la porte Maignenie a icelle de Boucherie, a longueur de douze a treze brasses de travers, de chault et arenne. [Construction d'une partie du mur d'enceinte.]

ITEM, environ celle saison, mesd. S^{rs} prindrent grand poyne de abolir les usures que estoient trop communes aud. temps, et firent tant entre corretiers et corretieres quilz les amortirent et ne furent plus tant ordinaires. Que fust ung grand bien. [Usure.]

ITEM, est a noter que, au moys davril suyvant, le froit commanca a sarrer, comme avoit faict les annees precedentes. Quoy voyant, mesd. S^{rs} se deliberarent exorter le peuple a devotion; par quoy trouvarent moyen que mess^{rs} les chanoines de leglise cathedrale firent une procession generalle sortant de lad. eglise, le jeudy xviij^e dudit moys, en grosse devotion, pourtant lymaige de N^{re} Dame et de mons^r sainct Marc. A laquelle assistarent mesd. S^{rs} les consulz, et firent pourter pour six de leurs gaigiers six torches avec les armes de la ville. Et entra lad. procession [Crainte de disette. Procession.]

— 214 —

en lad. ville jusques au monnastarre de mons^r Sainct Marcial, ou fust faite une predication exortative de se retourner a Dieu.

[Autre procession.]

ITEM, lendemain, dixneufiesme dud. moys, fut porte la chasse ou repose le chief de n^{re} patron et amy de Dieu sainct Marcial, et dautres sumptueux et sainctz reliquaires en procession generalle, laquelle sortit dud. mounastare dud. Sainct Marcial. Allaquelle assistarent mesd. S^{rs} les consulz en ordre, comme a celle du mardy de Pasques, ensemble gros nombre de peuple meuz de grande devotion. Et fit lad. procession le tour acoustume.

[Autre procession.]

ITEM, le xx^e dud. moys fust faicte une procession par les prebstres des deux parroisses Sainct Pierre et Sainct Michel, lesquelz vindrent au lieu Dessoubz les Arbres a Sainct Marcial, et de la yssirent, avec leur croix dargent, en bel ordre. Laquelle fut dicte *procession piteuse,* car premierement la suyvoient les pouvres davantditz que vivoient de laulmosne ordinare, lesquelz estoient distribues en argent; et apres ceulx la suyvoient les pouvres de lospital que pouvoient aller, entre lesquelz estoit pourte ung *Ecce Homo* de boys et le cruxifix de lospital; questoit une tresgrande pitie de le veoir. Lesquelz pauvres se mectoient de genoulx par tous les carrefours de la ville, et crioient, joinctes mains, a haulte voix, a Dieu misericorde, en plorant. Laquelle chose fut de grand efficace, car beaucopt de gens en eurent compassion. Quest une chose agreable a Dieu, et est de croire que lesd. pouvres furent ouys de Dieu, car estoient grant nombre, jusques a seze ou dixsept cens, et, comme est dit, *impossibile est orationes multorum non exaudiri.* Et les gens avoient faict feste troys jours et jusne plusieurs, et croys que la pluspart.

[Autre procession.]

ITEM, le dimenche xxij^e dud. moys, fut faite une procession generalle, laquelle sourtist de la grant eglise cathedralle; laquelle fut magnifique et sumptueuse sur toutes les autres, ou fust pourte le Corps precieux de n^{re} Facteur et Saulveur, en grosse humilite et reverence solennellement, ou estoient mess^{rs} les chanoines en triumphant ordre, entre lesquelz et le precieux reliquaire marchoient de mille a douze cens personnes pourtant chascun une torche en la main; desquelles en y avoit douze avec les armes de la ville pour mess^{rs} les consulz. Et davant icelles torches marchoient tous les autres gens deglise de ceste ville, tant freres mendians que les prebstres avec leurs croix et bien habitues, chantans en devotion, sans que nulz lays fussent mesles entre eulx. Questoit chose honnorable.

Et apres la susd. procession suyvoient messieurs les gens du Roy, ensemble messieurs de la ville, manans et habitans, humilies en expresse devotion et en grant nombre. Par quoy fut dit navoir veu jamais en ceste ville une pareille procession. Laquelle entra en lad. ville, et vint au monnastaire de n^{re} patron sainct Marcial, la ou fut faite une collation exortative a soy retourner a Dieu. Et puis sourtist par la porte Boucherie, et de la sen retournarent a lad. grand eglise, tousjours suyvie par les susd. sans estre las. Et est vray que durant le tour dicelle les rues estoient tendues de tapisserie, la pluspart a ciel couvert.

ITEM, quant vint la vigile de mons^r saint Marc, a jour fally, le froit recommenca a redoubler plus que navoit encores faict la presente annee si tresimpetueusement que, quant vint entre dix et unze heures de nuyct, chascun ne fit plus grant difference que tous les biens de la terre ne fussent perdus lendemain, et chascun, se levant des litz, survindrent aux paroisses, et de la se retirarent dun bon vouloir vers et au monnastaire de n^{re}d. patron sainct Marcial, ou trouvarent ja les religieux en devotion; et fut delibere avoir les quatre mendians pour faire une procession. Mais, comme par miracle, sans mander, souldainement les religieux des quatre conventz arrivarent, et apres eulx messieurs les religieux de Sainct Martin, ensemble leur abbe, tous esmeuz en devotion, deliberes de prier Dieu pour les biens de la terre. Laquelle chose voyant le peuple, furent plus incites et fervens en devotion que jamais. Et fut descendue la chasse du susd. mons^r sainct Marcial, et sourtie de lad. eglise, et pourtee a Mont Gauvy, la ou estoient tous les religieux de lad. eglise, ensemble les autres susdits, en chantant le plus devotement questoit possible. Apres lesquelz estoient messieurs les consulz tenant chascun ung flambeau ardent en la main, en grosse humilite, avec les manans et habitans de ceste ville, et dautres, les ungz en chemise, les autres piedz nudz et testes nuez. La ou eussiez veu astations et crier a Dieu misericorde, religieux, prebstres et autres gens, jeunes et vieulx, femmes et enffans, petitz et grandz, questoit une chose effrayee a veoir et a oyr expressement, car len trouvoit le gelee espoisse par le chemin

[Autre procession.]

tournant dud. lieu au convent des Carmes. Dont de ce lieu retournarent en la ville. Et fut trouve que ce soir se perdirent en plusieurs lieux circunvoisins ble et fruytables, bien (que) ne fut point cogneu que lad. gelee eust faict mal ycy autrui que bien peu.

[Retrait de la ferme des deniers communs.]

ITEM, le quatriesme jour du moys de may, lesd. seigneurs consulz recouvrarent les deniers communs, lesquelz avoient este en afferme aux avant le temps de dix annees precedentes. Lesquelz deniers prindrent entre leurs mains, promectant payer chascun a qui estoit deu, prenent lazart de la mortalite, laquelle si fust venue, et que les manans et habitans dicelle eussent delaisse lad. ville, eussent perdu du leur plus de cinq cens livres, car se estoient obliges desd. deniers. Ce que, moyennent layde de Dieu et du bon ordre par eulx donne, ne fust; ains, au temps que lad. peste devoit plus pulluler, elle cessa, et nen fut plus de memoyre. Par quoy lesd. S^{rs} poyarent chascun durant leur annee reallement et de faict, et plus laissarent ce que restoit de leur terme a leurs successeurs. Lequel recouvrement est grandement neccessaire en soulaigement a lad. maison.

[Réparations au pont Saint-Martial et aux ponts-levis.]

ITEM, bientost apres lesd. S^{rs} firent abilher le pont Sainct Marcial, questoit gaste vers les traictz dud. pont, lesquelz firent remuer tout a neuf et les piarres daupres. Ensemble firent habiller les quatre pontz de la ville, les aytz tout a neuf, et fortifier les conoilhes diceulx.

[Maison de prostitution.]

ITEM, plus environ ce temps firent ediffier et bastir la maison commune du bourdeaul de six chambres, et icelles garnir de filhes de joye.

[Réception du gouverneur Marin de Monchenu. — Conflit de préséance.]

SOIT MEMOIRE que mons^r n^{re} gouverneur Marin de Monchenu, baron dud. lieu, fist son entree en ceste ville le xxj^e jour de septembre presente annee; lequel fut receu honnorablement et de bon vouloir par mess^{rs} lesusd. consulz, manans et habitans de cested. ville.

Car premierement les susd. consulz allerent audevant de luy jusques pres la riviere de Laurance, du couste de Nyeulh, acompaignes de troys ou quatre centz compaignons marchans en guerre, bien acoustres, les ungz armes a blanc, tant alecretz (1) que cuyrasses avec picques et autres bastons de sorte. Entre lesquelz estoient les bouchiers, habilles de livree, bien embastonnes avec enseigne, piffre et taborin. Et par sur tous y eust une bande de marchans de cested. ville, tous gens de maison, habilles de livree de veloux noir de capt en pied, les ungz pourtans espees a deux mains, dautres, acquebutes et autres rondeles, marchans bien en ordre apres leurs capitaines et enseigne, laquelle estoit de couleur gris et noir, et au mylieu dicelle avoit en peincture ung triumphe, dedans lequel avoit deux mains en foy, signiffians foy de marchant, lesquelz faisait bon voir. Et mond. S^r le gouverneur y print grand plaisir, comme monstra; car est ascavoir que mess^{rs} de la practique avoient faict une autre bande de compaignons habilles de livree de satin avec enseigne et taborin, lesquelz estoient allez en bande a part avec mess^{rs} les gens du Roy jucques a la mestayrie de mons^r le lieutenent Prouhet, que len nomme Tessonnieres. Et la receurent mons^r n^{re}d. gouverneur, et vindrent jusques au lieu de n^{re} reception, ayans lhonneur devant luy, pensant lavoir ainsin jusques en ceste ville, ce que ne leur fut souffert; ains y eust grosse altercation aud. lieu, tant entre messieurs les gens du Roy que messieurs les consulz, comme entre les bandes. Quoy voyant, mond. S^r le gouverneur declara quil vouloit que les consulz ensemble leurs bandes eussent lhonneur joignant de luy; laquelle chose entendant, les practiciens pliarent leur enseigne, et se esvanoyrent quon ne les vid plus.

Adonc mons^r le consul Chassaigne luy fist le recueil et arange, de laquelle mond. S^r le gouverneur fut trescontent; puis commancerent a marcher mess^{rs} les bourgeoys, manans et habitans, tous a cheval, bien habitues en leurs bonnes robes honnorablement.

Apres marchoient les susd. bandes en ordre a pie, au nombre de six enseignes.

Apres marchoient les taborins, menestriers, trompetes et clerons en grand nombre.

Apres marchoient les officiers de mesd. S^{rs} les consulz avec

---

(1) *Alecret*, corcelet léger fait de mailles. (Roquefort.)

ung homme pourtant lenseigne de la ville, tout arme a blanc de capt en pie, a cheval.

Apres marchoit le porte masse dud. consulat.

Apres marchoient messieurs les consulz avec leurs chapperons et bonnes robes, bien montes, quant et (1) mons^r le gouverneur. Et vindrent passer devant la porte de Montmailler, ou fust sonne de grosse artillerie et fusees en lair, et de la a leglise cathedralle, et puis monte a la porte Maignenye. Et la fust receu dartillerie et fut jouee une moralite a son louenge. Et puis led. gouverneur entra, et sen vint locger en labbaye de Sainct Marcial, en laquelle fist lendemain dans le reffectoir dicelle ung sumptueux banquet a thinier (2) ouvert, la ou fut nombre y avoir quatre centz personnes ou plus. Et fut vray que, quant mond. S^r le gouverneur fut arrive et locge, mesd. S^{rs} les consulz luy allerent faire la reverence, et luy firent present de six taxes dargent, piedz et bortz dores, poysant le poix de quinze marcz troys unces dargent, marche de Paris, coustant quinze livres chascun marc, que montarent deux centz cinquante livres douze solz six deniers tournois sans lestuy.

A laquelle somme sestoient cothises les manans et habitans pour sa bien venue. Et, oultre ce, luy donnarent mess^{rs} les consulz, aux despens des deniers communs, deux barriques de bon vin, que coustarent unze escutz soleil; plus luy donnarent deux douzaines de torches de deux livres cire chascune, plus un cerf, lequel led. S^r gouverneur fist laisser dans les fousses de lad. ville : duquel present fut tresagreable. Et offrist en general et particulier faire plaisir a lad. ville.

ITEM, lesd. consulz recouvrarent six pieces dartillerie questoient a la maison du feu gouverneur de Las Tours despuis les nopces dicelluy, en gros dangier destre perdues, ne fust este la bonne diligence des susd. consulz.

---

(1) *Quant et*, avec.

(2) « *Tinel*, hôtel, maison, salle basse, etc. Dans les cours plénières, on disait que le roi tenait son *tinel* pour désigner que ses barons et leur suite seraient défrayés par le roi. Les Italiens disent *tinello* pour une salle du commun. » (ROQUEFORT.)

Item, les susd. consulz, deuement advertiz que leaue de la fontaine daupres Sainct Pierre se perdoit, se transportarent le troisiesme jour doctobre, acompaignes du prevost criminel, greffier, ensemble les deux serviteurs du consulat de lad. ville et gaigiers. Et vindrent au lieu appele Combe Vinose, et la trouvarent, comme avoient trouve par escript au grant livre rouge de lad. maison du consulat, une boyne quarree que est debout, et de lung couste a les armes de la ville engravees, et de lautre couste les clefz Sainct Piarre; laquelle firent lever, et trouvarent soubz icelle une grand cube de piarre que len nomme la *mach*, ou toute leaue se assemble, et puis de la sen vient par conduictz a lad. fontaine. Quoy voyant, mesd. S^{rs} visitarent et trouvarent quil y avoit deux douatz pour lesquelz leaue venoit dans lad. mach : lung est du couste tirant vers la ville vingt une brasses ; lautre est du couste des vismieres, tirant dans icelles trente quatre brasses, au long desquelz a des piarres debout en boyne. Lesquelles lesd. consulz firent ouvrir en plusieurs lieux, et trouvarent que les racines desd. vismieres avoient empesche le cours de leaue, pource questoient plantes trop prest desd. boynes, et la firent appeller des tesmoingz pour veoir et depposer dudit empeschement. Et sur led. lieu fut dit par sentence que toutes les cosses et vismieres plantees plus prest desd. boynes dessusd. que dune brasse autour seroient couppees et arrachees en ensuyvant une autre sentence et appoinctement faict autresfoys, laquelle est inseree au long aud. grant livre rouge de lad. maison du susd. consulat. Par quoy firent mesd. S^{rs} coupper, en ensuyvant la sentence, toutes les vismieres et cosses questoient plus prest desd. boynes que dune brasse autour ; ensemble firent nectoyer lesd. doatz, questoient tous pleins de boue, et couvrir iceulx et soulder les cors de plombz, dans lesquelz fut trouve une racine nourrie dans iceulx de la longueur de troys brasses. Lesquelles choses ne se firent sans grand mise.

La fontaine St Pierre.

Item, firent plus lesd. consulz rehabiller la fontaine de Sainct Gerault, de laquelle on avoit derrobe les cortz de plomb par ou monte leaue dans icelle, et la piarre et ferrures de dessus ; et firent paver autour lad. fontaine, et aussi firent reffaire le pave traversant le ruisseau davant le cyvoyre dud. Sainct Gerauld.

[Réparations à la fontaine St-Gérald.]

[Cour tenue à Rilhac et à Panazol.] ITEM, firent lesd. consulz tenir la court le jour de sainct Jehan Baptiste a Panasol et a Rilhac, la ou eust gros different, dautant que les officiers de monsr labbe de Sainct Marcial les voulloit empescher. Toutesfoys lesd. Srs consulz furent maistres, et firent tenir illec par leurs officiers lad. court.

Sensuyvent les noms de ceulx qui ont les clefz du tresor.

Pierre Verrier, — iij clefz ;
Marcial Benoist de La Porte, — iij clefz ;
Liennard de Champs, — iij clefz;
Jehan Lascure, — j clef;
Jehan Dinematin (1), — j clef ;
Marcial du Boys des Taules, — ij clefz;
Helies Galichier, — j clef (2);
Marcial Romanet le jeune, — j clef;
Pierre Romanet, — j clef;
Pierre Romanet, filz de Estienne Romanet, — iij clefz;
Martial Disnematin (3), — v clefz petites ;
Mathieu Duboys (4), — j clef ;
Francoys Rougiers, — j clef,
Loys Benoist, — j clef;
Helies Duboys, — j clef ;
Jehan Maladent, — j clef;
Heliot Beneyst, — j clef;
Liennard La Gorce, — j clef.

(1) Le nom a été biffé, et remplacé par celui de « Jehan Texier dict Penicailhe ».
(2) Cette ligne a été biffée.
(3) Ce nom a été biffé, et remplacé en marge par celui de « Mathieu Beyneyt ».
(4) Ce nom a été biffé, et remplacé en marge par celui de « Marcial Grégoire le jeune ».

Memorie que lou coffre deu grand seel de la ville est dans une arche au tresort, et y a doux grandz seelz dargent.

Election des consulz de la ville de Lymoges, faicte par les manans et habitans dicelle le septiesme jour de decembre l'an mil cinq cens trente deux.

Les Taules :
Helies du Boys.

La Porte :
Mathieu du Boys.

Magnenye :
Francoys Rogier dit Pascault.

Le Marche :
Loys Benoist.

La Fourie :
Geoffroy Giroudon.

Le Clochier :
Marcial Fordoisson.

Boucherie :
Leonnard La Gorce.

Lancecot :
Francoys de Teysseulh dit Chaffort.

Les Combes :
Pierre de Boscheys dit Dade.

Le Vieulx Marche :
Heliot Beneyt.

Croissances :

Monsr maistre Mathieu Masautin ;
Jehan Maledent, filz de feu Pierre Maledent.

[Quittance de la somme de dix livres, donnée par G Jauviond.
—
Voir page 139.]

Je, Guillaume Jouviond, abbe commandataire de labeye St Martin lez Limoges et chantre de lesglise cathedrale de Limoges, cognoiz avoir receu reaulment et de fait de messrs les consulz de la ville de Limoges, par les mains de Sr Francoys Rogier, consul, la somme de dix livres tournois, a moy, comme chantre susd., deuez pour cause des escolles de lad. ville, chacun an de rente, de laquelle somme de dix livres t/ les quicte, tesmoing mon seing manuel cy mis, le dix huictiesme de fevrier lan mil cinq cens trente deux.

(Signé :) JOVIOND, *chantre de Lymoges.*

Election des conseilhiers et partisseurs de ceste presente annee mil cinq cens trente deux faicte par les manans et habitans dicelle le premier de janvier.

Des Taules :

Jehan Marcialet dit Lecamus ;
Leonnard Bardet.

La Porte :

Jehan Hardy ;
.... (1).

Maignenie :

Pierre Baud ;
Pierre Cenon.

Le Marche :

Marcial Benoist ;
Pierre Moureil.

La Fourie :

Pierre Sauvaige ;
Pierre Bardonault.

Le Clochier :

Francoys Charreron ;
Guillem Vouzelle.

(1) Ce nom a été gratté ; nous croyons néanmoins pouvoir lire : « Pierre Texandier ».

Bocharie :

Christofle Sanson ;
Marcial Trotier.

Lancecot :

Jehan Le Picart ;
Charles Cotissas.

Las Combas :

Jehan de La Gouteu ;
Thomieu Gadaud.

Le Vieilh Marchat :

Pierre Vertamon dit Cauthele ;
Marcial Pichecay.

Le vj^e de janvier lan mil cinq cens trente deux, labbe et religieux du convent et abbaye Sainct Marcial, considerans la prosperite du temps bon et sain, et quon avoit perceu en Lymosin des bledz et vins competemment et dautres fruictz comme chastaignes, poires, pommes, noix, rabes et prunes plus habundamment, proposerent faire ostension du chief du devôt amy de Dieu mons^r sainct Marcial, patron et protecteur principal des Lemoviques, le mardy de Pasques apres ensuyvant, comme est de bonne costume faire de sept en sept ans. Et, pour ce conclurre, par deliberation et conseil des consulz, bourgeois et autres plus apparens des manans et habitans de lad. ville, envoyarent en la maison de consulat freres Jehan Romanet, cure de Gymel, et le prieur de Saignac, qui remonstrarent laffaire aux consulz, pour lequel le S^r abbe les prioit soy rendre aud. monastere Sainct Marcial led. jour apres vespres. Auquel lieu et heure se trouvarent quatre des S^{rs} consulz a ce deputez, accompaignez de plusieurs notables bourgeois de lad. ville, ou fut la matiere declaree par led. abbe en plein chapitre assistant avec ses religieux pour laquelle sestoyent assemblez, deduictes et debatues plusieurs causes a ce que lad. ostension se fit, concluoit quilz avoyent delibere icelle faire audit temps prefix et acoustume ; mais les consulz, pour ce que le negoce estoit grand et de consequence, ne volurent riens conclurre, et requirent delay pour communiquer icelluy a leurs compaignons, que fut octroye, et de tout relation par lesd. deputez faicte en la chambre du conseil de la maison commune. De ce que dit est fut concluz par les S^{rs} consulz quon communiqueroit cest affaire a la plus saine partie des plus apparens du

[Fixation du jour d'ouverture des ostensions septennales.]

corps de la communite de la ville de Lymoges, lesquelz convoquez aud. consulat, et le cas amplement debatu dung coste et dautre, le populaire de la ville certifie de lad. ostension, esmeu de zele de fervente devotion a veoir led. chef affluant aud. lieu, crya a haulte voix quil tardoit a tous que lad. ostension ne se faisoit plustost. Si fut pour ce ordonne que deux desd. S^{rs} consulz retourneroyent lendemain par devers led. S^r abbe, et feroient leur raport de lad. conclusion de la communite et populaire de Lymoges; laquelle response, comme dit est, faicte par les deux deputez, led. S^r abbe sexcusa, disant que le seoir precedent avoit mal propose, car il navoit point dintention faire aucune chose de lad. ostension sinon par ladvis et deliberation desd. S^{rs} consulz. Si fut lors concluz et arreste que, le mardy dapres Pasques prochain ansuyvant, il commanceroit faire lad. ostension a la mode coustumee.

[Craintes de gelée. Procession.]

Le xxviij^e de mars apres ensuyvant mil v^c xxxiij, sesleva ung merveilleux vent moult froit, dont geloit grandement tant que chascun craignoit la perdition totelle des fruictz de la terre estans tendres, dont eust procede la destruction de tout le pouvre peuple de Lymosin, qui ja afflige de tant de famines consecutives par plusieurs annees, craignant ceste evidente prochaine calamite apparente; car, si lire de N^{re} Sauveur eust lasche sa fureur, sen fut ensuyvie la pire annee de toutes les precedentes. A cause de quoy lesd. S^{rs} consulz, privez de tout autre espoir, ayans recours a la misericorde divine en si extreme necessite, pour laquelle devotement implorer, par ladvis et deliberation de bonne partie des habitans de lad. ville, ordonnerent lendemain matin xxix^e dud. moys, heure de deux apres mynuict, commancer une procession generale en leglise Sainct Marcial, pourtans la chapse ou repose le chef dud. Sainct en grande devotion jusques a la chapelle de Mont Jauvy, et par les Carmes retourner aud. lieu et eglise Sainct Marcial, mectre a repoz lad. chapse, affin que le bon patron intercedast pour son pouvre peuple envers Dieu, a mitiguer son ire de persecution si pernicieuse. Si furent pour ceste cause deux desd. S^{rs} consulz aud. monastere Sainct Marcial remonstrer led. affaire, et prier les religieux soy disposer a faire lad. procession; lesquelz firent de premier grande difficulte pour lostension dud. chief, que tost apres devoyent faire, disans que la frequente communication du Sainct pourroit estre cause de diminuer la devotion particuliere de chascun; ce neanmoins certifierent labbe lors estant a Beauvois. De ce qui cognoissant la requeste desd. consulz proceder de bon zele et raisonnable, et pour juste cause, vint a ceste occasion des le seoir a Lymoges, pour faire lendemain, questoit le sabmedy de *dominica in Passione,* lad. procession. Et commancerent a leure de deux apres mynuyct sassembler, ou se trouverent lesd. S^rs consulz avec leurs officiers en bon ordre. Et, celebree premierement la messe du Sainct Esperit par ledit S^r abbe en grande devotion et luminaire, marcha lad. procession, pourtant lad. chapse, en habundance de lermes emise par le populaire devot avec prieres et oraisons, sortit de la ville par la porte de Montmallier, vint au lieu de Mont Jauvy, et, apres loraison accomplie, descendit par les Carmes entrer a lArenne et fait le tour par les Bans, Manenye, retourna a leglise du monastere Sainct Marcial, ou, faicte la predication solenne a lexortation du peuple, fut remise la chapse dud. Sainct en son lieu acoustume. Et point ne furent vaynes les prieres et oraisons des bonnes gens, car le devot amy de Dieu sainct Marcial tant interceda pour tout le pais de Lymosin vers N^re Sauveur, comme chacun doit piteusement croire, que, combien que Orleans, Berry, Cahours, Poictou et autres regions contigues et plus chauldes les vignes et bledz gelassent et fussent fort damnifiez, le pays de Lymosin se pourta moult bien preserve de gelee et maladie contagieuse, tellement quon ne le cogneust oncques plus sain. Dont soient rendues graces a Dieu tout puissant.

Le mardy dapres Pasques fut commance faire lad. ostension dud. chef sainct Marcial par si bon ordre que nul scandalle nen yssit, et continuee jusques au xix^e jour de juing apres ensuyvant, que fut close lad. chapse et ostension finie pour lentree de mons^r Reverendissime Jehan de Langat, evesque de Lymoges, n^re prelat. A loccasion de quoy falut reparer les fontaines et estangs et autres lieux publiques pour embellir la ville.

[Ostensions]

[Même objet. Représentation d'un mystère.]

Durant lad. ostension du chef sainct Marcial, se faisoit a Sainct Michel ostension semblable du chef sainct Loup, et a Sainct Aurelien du chef sainct Aurelien, avec plusieurs autres reliquiaires. Parquoy le dixʳ jour du moys de juing, par Helies du Boys, Loys Benoist, Mathieu du Bois, Heliot Beneist, Francois Rogier, Jehan Maladent, Leonard La Gorce et Francois de Teysseul, consulz de la ville de Lymoges, furent visitez en la chapelle Sainct Aurelien les ossemens dud. Sainct reposans dans propre chapse, ou fut trouve escript : *Hic sunt ossamenta sancti Aureliani, qui fuit archiepiscopus Lemovicensis et successor beatissimi Marcialis immediatus;* et, en la presence de plusieurs gens de bien de lad. ville, tant deglise que dautres, furent cloz dans lad. chapse, et les clefz apres rompues, estant prieur de Sainct Cessadre et Sainct Aurelien messire Francois du Molin au Roy, illec present. Et, pour amplier et decorer lesd. ostensions et esmouvoir le peuple a devotion, furent jouez par grant appareil le mistere de saincte Barbe et de Theophile par personnaiges, durant ix journees.

[Réception de l'évêque Jean de Langeac.]

Le xxijᵉ jour de juing, reverend pere en Dieu Jehan de Langhac, evesque de Lymoges, fit son entree magnifique dans lad. ville de Lymoges, receu par les Sʳˢ consulz et autres bourgeois, manans et habitans dud. lieu en grand tryumphe et honneur; chanta premierement messe en leglise de Sainct Estienne, ou avoit grand presse pour la multitude du peuple de Lymosin et dailleurs, qui estoit venu de tous quartiers aud. lieu pour gasgner les indulgences planieres de peine et coulpe que notre sainct pere pape Clement VII luy avoit octroyees pour amplifier son entree. Auquel fut donne par lesd. consulz de lad. ville une couppe garnye de couvercle, du poix de cinq marcz une unce dargent, doree et de sumptueux ouvrage.

[Transfert des archives.]

Et, pour ce que le sire Mathieu Benoist, bourgeois de lad. ville, ayant les privileges, libertez, franchises et autres anciens documens et enseignemens de lad. ville depuis long temps dans sa maison des Bancz en garde en une chambre basse voultee, vint prier les consulz dicelles oster, car lad. chambre luy estoit necessaire, par ladvis et deliberation de la plus grande et saine partie des habitans fut concluz de mectre icelles en la chambre voultee ou lon souloit tenir la court ordinaire dans la maison commune de lad. ville, pour la seurte du feu. Et, pour ce faire, fut transmue le parquet en la grand salle et faictes portes et sarrures necessaires a lad. chambre, ou furent pourtees toutes les arches et coffres, sans faire dicelles aucune ouvertures, es presences de mess^{rs} les consulz et plusieurs autres habitans, mises et encloses dans lad. chambre de lad. maison commune, et les clefz baillees a Pierre Verier; Marcial Benoist, de la Porte; Lienard de Champs; Jehan Lascure; Jehan Disnematin; Marcial du Boys, des Taules; Helies Galichier; Marcial Romanet le jeune; Pierre Romanet; Pierre Romanet, fils Estienne Romanet; Marcial Disnematin; Mathieu du Boys; Francois Rogier; Loys Rogier; Loys Benoist; Helies du Boys; Jehan Maledent; Heliot Beneyst, et Lienard Lagorce (1).

Le sabmedy second jour daoust aud. an, fut tenue la court de mess^{rs} les consulz au bourg de Vernueil par ban general, et mesmement davant la maison du prevost dud. lieu, a une brasse pres son huys et es autres lieux acoustumez dud. bourg. Et apres en la lande de Coseys pres le bois de Barracon, es appartenences du Mas Borriane, fut pareillement tenue lad. court, es presences de mesd. S^{rs} les consulz par leurs officiers. [Cour de justice à Verneuil et à Couzeix.]

Et, pour ce que les pontz levis de la ville de Lymoges, assavoir est des portes de Manenye, les Arennes et Montmallier, estoyent fort vieulx et caducz, les nous falut faire tous neufz entierement, tant de boys que de fer. [Réparations aux ponts-levis.]

---

(1) On lit en marge : « Les noms de ceulx qui ont les clefz du thesor sont ici, et plus amplement a la fin du second feuillet precedent ». — V. page 220.

[Défense de laisser vaguer les animaux.]

Et si fut proclame a son de trompe a mode acoustumee, et prohibe a tous publiquement de ne tenir dans ville aucuns pourceaulx dans maison estant en ville, ne permectre iceulx aller par lad. ville publiquement, ne laisser aller moustons, brebis, chevres, chevaulx, asnes ne autre bestail es vignes porter dommaige, sur grosses peines. Lequel edict fut intime hostiatin (1) aux bochiers et autres coustumiers tenir bestail.

[Ban de vendange. — Réparations aux fossés.]

Item, pour ce que aucuns particuliers, convoyteux vendenger avant heure, descouvrent leurs voisins, qui, craignans estre pillez par ceulx qui demeurent hors la closture de la ville, precipitent tellement les vendenges que les vins en sont pires, au detriment de la chose publique, fismes prohiber a son de trompe par les carrefours acoustumez de lad. ville de ne vendenger jusques au xxvij^e jour de septembre, sur peine damende arbitraire, et de ne recevoir led. vin et vendenge dans ville jusques aud. temps prefix. Aquoy saccorderent les gens du Roy, eu sur ce ladvis de plusieurs des habitans. Lequel edict fut garde estroictement contre tous sans avoir esgard a personne quelzconque. Et, pour garder ce pendent les vignes de pillerie, furent establiz guectz en divers lieux toutes les nuyctz a gros nombre de gens, tellement quon ne sceust point que aud. temps aucune pillerie fust faicte. Et semblablement, pour curer les fossez remplis de bouhe au droit de la tour du portal du Puy de Vielhe Monede, ou certains douhatz descendentz de la ville ne pouvoient prendre cours, et recouloit leau es caves basses de plusieurs habitans, firent mesd. S^{rs} les consulz faire ung grand fosse, et parfont a groz fraiz depuis lad. tour de Vielhe Monede jusques a la tour de Mairebuou (2), pour vuyder lesd. eaux, et mectre hors desd. fossez dix mille charges de terre, tellement que les eaux des anciens douhatz retourna a son droit cours, et delaissa plus reffoler es caves desd. particuliers. Et fut refaict

---

(1) *Ostiatim*, de porte en porte.
(2) *Mirebœuf.* — La rue Mirebœuf existe encore.

ung desd. douhatz rompu pres led. puys, au droit la maison de Pierre Vitrat.

Et, pour ce que au dessus la terre de Bregafer y avoit six ou sept vingtz brasses de chemyn rompu ou avoit plusieurs fondrieres dont le charroy ne pouvoit aucunement yssir en temps de pluyes, au grand detriment de la chose publique, fut trouve expedient de icelluy faire reparer; ou falut menner plus de six (1) cens charretees de pierre et de boys pour remplir lesd. fondrieres, faire fossez a divertir le cours de leau, et refaire entierement led. pave, a lonneur de la ville et utilite de la chose publique. [Réparations au chemin de Brégefort, route de Poitiers.]

Et, pour ce que a faire lelection de mess{rs} les consulz de lannee commancant mil cinq cens trente trois, finissant xxxiiij, fut trouve le canton des Taules estre desnue et despourveu de gens ydoines et capables pour estre esleuz en consulz, pource quil y avoit plusieurs bonnes maisons closes, fut advise par mesd. Srs de le croistre de la rue de Font Grauleu, des habitans demeurans du coste de sire Marcial Dohet, et despuis son logis jusques a la maison du sire Helies du Boys. Si furent, pour ce conclurre, appellez plusieurs de mess{rs} du conseil de la ville, qui furent de cest advys, par la deliberation desquelz fut faicte la visee des Taules, et mys en visee les capables demeurans aud. coste de Font Grauleu. Laquelle excreue, le jour de lelection, fut agreable a tous les eslisans, qui estoient cinq cens personnes de nombre ou environ, et esleu Jehan Audier dit Campane. [Adjonction d'un côté de la rue Font-Grauleu au canton des Taules pour l'élection des consuls.]

(1) La première lettre du mot *six* a été grattée, de sorte qu'on lit actuellement « ix ».

Election des consulz de la ville de Lymoges, faicte par les manans et habitans dicelle le septiesme jour de decembre mil cinq cens trente et troys.

Les Taules :

Jehan Audier.

La Porte :

Pierre Boutault.

Maignenie :

Pierre Romanet.

Le Marche :

Marcial Benoist.

La Fourie :

Estiene de Beaunom.

Le Clochier :

Jehan Lascure.

Boucherie :

Pierre Le Roy.

Lancecot :

Marcial Peyteu.

Les Combes :

Maistre Pierre Martin.

Le Vieulx Marche :

Leonard Bonnhaud.

Croissances :

Symeon Boyol ;
Marcial Vertamon.

[Ici se trouve le reçu de dix livres, délivré par Guillaume Jouviond pour les écoles, pour l'année 1533. — V. p. 222.]

Election des conselliers et partisseurs de ceste presente annee mil cinq cens trente troys, faicte par les manans et habitans dicelle le premier jour de janvier.

Les Taules :

Bartholome Bilhard;
Pierre Veyrier le jeune.

La Porte :

Marcial Grenyer;
Leonard Noualler.

Maignenie :

Gabriel Raymond;
Jehan Gaspy.

Le Marche :

Maistre Pierre Hardy;
Jehan Brunot dictz Archavet (ou Archanet).

La Fourie :

Lyenard Gay;
Pauly Barthon.

Le Clouchier :

Andre Gadaud;
Jehan Boubiat.

Boucherie :

Jehan de Mons;
Leonard Ladrat.

Lancecopt :

Jehan Froment ;
Barthollome de Las Flotas dit Le Vieulx.

Les Conbes :

Jehan du Monteilh dit La Paquete ;
Jouvent de Vaul Brune.

Le Marche :

Jaques Bardinet leysne ;
Marcial Bardinet dit Papaud.

Acte de main levee.

[Main-levée de la saisie faite sur les deniers communs.]

Jehan de Prouhet, licencie ez droitz, lieutenent general par auctorite royal de noble et puissant Sr monsr le gouverneur et senneschal de Lymosin, scavoir faisons que le jourduy soubz escript, en la ville de Lymoges, yssue de la court de lad. senneschaucee, se sont comparus en leurs personnes honnorables Symeon Boyol, Mc Pierre Martin et Jehan Lascure, tant pour eulx que pour les autres consulz de lad. ville pour la present annee, lesquelz nous ont dit et expouse que, des le xxve jour du moys de fevrier dernier passe, en vertu de nre commission, avons faict commandement aux consulz de lannee dernierement passee de declarer le revenu et deniers que lad. ville lieve par octroy du Roy ung chacun an, lesquelz se seroient purges, comme en leur declaration et purgation est contenu, au moyen de quoy leur eussions faict commandement de par led. Sr de pourter ou envoyer au Louvre, a Paris, la moytie desd. deniers communs et revenu de lad. ville pour lad. annee, et, en deffault de ce et jusques ad ce quilz nous auroient deuement certiffiez et faict apparoir avoir pourte ou envoye la moytie desd. deniers communs aud. Louvre, eussions mys a la main dudit Sr tous et chascuns les deniers communs de lad. ville, et depputes commissaires au regime et gouvernement desd. deniers. A ceste cause, lesd. Martin, Boyol et Lascure, pour avoir main levee desd. deniers communs saisiz, nous ont monstre et faict apparoir par quictance illec exhibee, datee du dixiesme de janvier dernier passe, signe Preudomme, que lesd. consulz de lannee passee avoieñt envoye aud. tresor au Louvre la somme de six cens livres tournois, moytie desd. deniers communs de lad. ville pour lad. annee; actendue laquelle quictance avons leve la main ausd. consulz de la presente annee, et leur avons permis de lever lesd. deniers communs, en ensuyvant les lectres du Roy a eulx octroyees pour ce faire. Faict a Lymoges, soubz n^{re} signet manuel cy mys et seel de ladicte senneschaucee de Lymosin, le vingt quatriesme jour de janvier lan mil cinq cens trente troys. Ainsi signe : J. de Prouhet, Lamy.

(Signé :) LAMY, greffier (1).

Declaration dexemption du ban et arrierban contenant sentence.

Martin de Montchenu, chevalier, S^r et baron dud. lieu, baylif de Viennoys, senneschal de la Basse Marche, cappitaine de Qimpercorentin, conseiller et premier maistre dhostel du Roy n^{re} S^e, son gouverneur et senneschal de Lymosin, veues les lectres patentes du Roy n^{re} S^e touchant le faict du banc et arrier ban du hault et bas pays de Lymosin n^{re} commission contenens, datees du xviij^e jour de janvier mil cinq cens trente troys, previleges octroyes et confirmes par le Roy n^{re} S^e, donnes et octroyes aux consulz, manans et habitans de la ville et faulx bourgz de Lymoges actaches et exequtoires a iceulx, mises par noz predecesseurs gouverneurs dud. pays, par devers nous mises, monstrees et exhibees par le procureur desd. consulz, manans et habitans en la presence de noz lieuxtenens general et particulier, advocat et procureur dud. S^r aud. gouvernement et senneschaucee, dire et remonstrances desd.

---

(1) On lit en marge : « Led. acte fut mys au tresor le xxiij^e de jung mil v^c xxxiiij ».

consulz, manans et habitans, le tout bien veu et considere, heu sur ce le conseil obtemperant ausd. previleges, suyvant la teneur diceulx, par les causes y contenues, avons declaire et declairons lesd. consulz, manans et habitans contribuables aux tailles et equivalens dud. S^r exemptz dud. ban et arrierban ; parmectant, comme avons parmis et parmectons, lesd. consulz, manans et habitans joyr et user de leurs droitz, previleges, franchises et libertes selon leur forme et teneur, et ordonnons quilz ne seront desormais enrolles aux rolles dud. ban et arrierban, suyvans les lectres du Roy et confirmations desd. previleges. Donne et faict a Lymoges, sous notre seing manuel et seel de noz armes, le xxie jour de may mil cinq cens trente quatre. Ainsi signe : Monchenu ; par commandement de mond. seigneur le gouverneur : Lamy, greffier, et seelle du seel des armes dud. S^r en cire rouge.

(Signé :) LAMY, greffier (1).

Exeqution de la sentence precedente.

Marin de Montchenu, chevalier, seigneur et baron dud. lieu, baylif de Viennoys, senneschal de la Basse Marche, cappitaine de Quinpercorentin, conseiller et premier maistre dhostel du Roy n^{re} S^e, son gouverneur et senneschal de Lymosin, scavoir faisons que, en la ville de Lymoges et en la maison noble du Brueilh, ez presences de maistres Jehan Petiot et Symon des Coustures, se sont comparuz en leurs personnes honnorables maistre Pierre Martin, Pierre Romanet laisne, Jehan Audier et Jehan Lascure, consulz de la ville de Lymoges, avec honnorable Me Marcial Mathieu, leur advocat, lesquelz nous ont dit que, le xxj^e jour de may dernier passe, par n^{re} sentence et appoinctement, lesd. consulz, manans et habitans de lad. ville de Lymoges et faulx bourgz furent declaires exemps destre appelles au ban et arrierban du hault pays de Lymosin, le tout suyvant les previleiges par eulx par devers nous mys et exibes ;

(1) En marge est écrite la mention suivante : « Est aud. tresor, comme la precedente, le xxiij^e de jung 1534 ».

ce nonobstant, craignent que le greffier de la present senneschaucee soubz signe enrolle et mecte esd. rolles lesd. manans et habitans de lad. ville et faulzbourgz ez rolles dud. ban et arrierban, et nous ont requis estre ordonne quilz seront desormais enrolles ne appelles esd. rolles, actendu la sentence par nous baillee. Au moyen de quoy, nous, gouverneur susd., en exequtant lad. sentence, avons appoincte et appoinctons que lesd. consulz, manans et habitans de lad. ville et faulx bourgz ne seront desormais enrolles ne appelles aud. ban et arrier ban. Dont et desquelles choses lesd. consulz nous ont requis acte pour leur servir et valoir en temps et lieu comme de raison. Donne et faict a Lymoges, ez presences que dessus, le penultime jour de may lan mil cinq cens trente quatre.

(Signé:) LAMY, greffier.

Nota, que pour mostrer de lad. execution avons leve le double de renrollement dud. ban et arierban et mostre des nobles et aultres subgectz; lequel dict rolle est entre lesd. pieces aud. tresor (1).

Commission du ban et arrierban.

Francoys, par la grace de Dieu roy de France, au senneschal de Lymosin ou son lieutenent, salut. Pour aultant que de brief noz affaires requierent nous aider et servir de noz ban et arrierban, nous avons ordonne, pour bonnes et grandes causes et considerations a ce nous mouvans, que tous les nobles de v^{re} senneschaucee et autres tenens en fief et arrierefief, de nous exemps et non exemps, privilegies et non privilegies, ayent a eulx monter, armer, tenir prestz et mectre en estat pour nous venir servir au quinziesme jour de may prouchainement venent, et eulx trouver au lieu que adviseres pour faire leurs monstres, et ce sur peine, pour la premiere foys ou ilz deffailliroient, de saisissement en n^{re} main de leurd. fief et arrierefief, et dencourir les poynes indictes et acous-

---

(1) En marge est écrit : « Fut myse, comme les precedentes pieces, aud. tresor ».

tumees en tel cas gardees et observees. A ces causes, nous vous mandons et commandons bien expressement que vous signiffies ou faictes signifier n^{re}d. ordonnance a tous les nobles de v^{re}d. senneschaucee et autres parsonnes de la qualite dessusd., a ce quilz ne deffaillent de comparoir et eulx trouver en lestat que dessus aud. xv^e jour de may prouchainement venent, et aud. lieu, sur lesd. poynes, en faisant crier et publier icelle n^{re} ordonnance a son de trompe et cry publicque, en et par tous les lieux et endroitz de v^{re} jurisdiction ou cry et publication ont acoustume estre faictz, affin que nul deulx ne pretende cause dignorance, car tel est n^{re} plaisir. Donne a .... (?), le xviij^e jour de janvier lan mil cinq cens trente troys, et de n^{re} regne le vingtiesme; signees : Par le Roy, Bayard, et seelleez du seel dud. S^r en cire jaulne sur simple queue. Lesquelles lectres ont este publiees judicialement en la court de la senneschaucee de Lymosin par nous Jehan de Prouhet, licencie ez droitz, lieutenent general de mons^r le gouverneur et senneschal de Lymosin. A Lymoges, le xvj^e jour de fevrier lan mil cinq cens trente troys.

Collation et extraict a este faict au vray original de la presente commission par nous Jehan de Prouhet, licencie ez droitz, lieutenent general de mons^r le gouverneur et senneschal de Lymosin, requerans mess^{rs} les consulz de la ville de Lymoges, comparans par Mathei, leur conseil, en presence de honnorables Mes Gerauld de Beaune, licencie ez droitz, advocat, et Jehan Ardent, procureur du Roy n^{re} S^e en lad. senneschaucee. A Lymoges, le penultieme jour de may lan mil cinq cens trente quatre. Ainsi signe : J. de Prouhet, lieutenent general. (Signé :) LAMY, greffier (1).

Na que ceulx qui on vismieres pres le doat de la fontaine Sainct Pierre ne feront et ne pourront planter cosses de vismes ne pareilhement

Marcial Bardin, notaire royal, lieutenent de honnorable maistre Aymery Essenault, licencie es droiz, juge ordinaire de la ville de Lymoges pour honnorables mess^{rs} les consulz dicelle, sçavoir faisons que, en ladjournement, aujourduy soubz escript par Guillem La Mere, sergent et gacgier dud. Lymoges,

(1) En marge est écrit : « Fut myse, comme les precedentes, aud. tresor ».

comme a relate a la requeste du procureur desd. S^rs, comparant en personne, assistant Mathei, advocat, donne a honnorable maistre Gerault de Beaune, advocat pour le Roy en la senneschaucee de Lymosin; Pierre Botin, Noel Brunet, marchans; maistres Jehan Rogier, notaire, Marcial de La Verigne, bolengier; la vefve de feu Jacques de La Rue, en leurs personnes; Marcial dit Marsaudon Celier, bochier; P. Meillaud; Bartholme Mercier, marchant, par Albiac; Jehan Juge, par Nantiac au lieu de Dupyn; mess^re Leonard Peyroche, prebstre, par Montoudon; Marcial Peyroche, chaussetier, par Penicault; Jehan Deschamps, par Bony, respectivement comparens; Jehan de La Roche dit Vauzelle, garde de la monnoye; Francois Petit; la vefve de Bordier; maistre Leonard Raymond, aussi adjournez a la requeste dud. procureur, contumax reputez pource quilz nont comparu ne aucun pour eulx; actendue la matiere dont est question requerant prompte provision, la partie du procureur a dit que tant les comparens que contumax susd. adjournez ont leurs vismieres respectivement sur les doatz et conduitz de la fontaine de Sainct-Pierre de Lymoges, mesmement sur les sources dicelle au lieu de Combe Vinose, ou les racines des cosses desd. vismes se sont tant estendues et multipliees par lesd. conduictz quilz en sont tous empeschez, tellement que leau croissant esd. sources ne peult coler ne provenir a la maict que les recoit toutes, ainsi quil doit faire, au grand detriment et prejudice de la chose publicque, comme desd. empeschemens a fait apparoir judiciairement par la pyne de lad. fontaine, quil a exhibee toute bouschee, et empeschee en ses pertuys de petites racines, de sorte que gocte deau ny pouvoit entrer ou lesd. racines estoient abeuvrees. Parquoy requeroit, pour le bien de la chose publique et conservation de lad. fontaine, que lesd. adjournez soient condamnez et contrainctz *indilate* (1) arracher, extirper et eveller les cosses et racines estans le long et sur lesd. doatz et conduitz une brasse de chascun coste tout autour desd. conduitz, suyvant certaine sentence et appoinctement judiciairement leu, fait et donne entre les predecesseurs desd. adjournez, tenenciers pour lors desd. vismieres, et les predecesseurs desd. consulz estans pour lors. Led. Beaune a dit que la vismiere quon pretend luy appartenir sur lesd. doatz appartient a son filz, et que mess^rs les consulz de lan mil v^c xxxij, pour mesmes

<small>arbres a une brasse pres de chascun couste dud. douat.</small>

---

(1) *Indilate*, sans différer. (Du Cange.)

causes, se transpourtarent en lad. vismiere, laquelle trouvarent nestre aucunement sur lesd. doatz; toutesfoiz, sil estoit trouve que les cosses et racines dicelle empescher le cours de lad. eaue passant esd. conduitz, consent que soient tollues et extirpees suyvant led. appoinctement, car ne veult

[Dessin placé en marge du manuscrit.]

empescher le bien et utilite de la chose publique. Lesd. Botin, Mercier, Sellier, Rogier, Peyroches, Lavergne, des Champs, Bonnet et de La Rue ont pareillement consenty que les cosses et racines de leursd. vismieres que se trouveront empescher le cours de leaue, et pourtans dommaige a la chose publique, soient tollues et ostees *indilate*. Et led. Nantiac, comparent par led. Jehan Juge au lieu dud. Dupyn, a requis delay pour parler a sa partie. Au moyen de quoy, nous, lieutenent susd., actendu le consentement desd. adjournez comparens, la matiere dont est question que requiert celerite et prompte provision, avons condamne et condamnons lesd. adjournez a permectre et souffrir que les cosses de vismieres et racines dicelles et toutes autres choses pourtans empeschement au cours de lad. eaue passant par lesd. conduictz soient tollues et ostees a une brasse dung coste et a une brasse dautre autour du cours diceulx conduictz, et que le tout soit remys en telle maniere que leaue puisse corir esd. conduictz comme avoit acoustume, que la chose publique nen souffre pour ladvenir, le tout selon led. appointcment. Au surplus, avons inhibe et defendu, inhibons et defendons ausd. adjournez et a tous autres ayans heritaiges sur lesd. doatz et conduictz dicelle fontayne de Sainct Pierre de ne mectre ne planter doresenavant sur lesd. conduictz aucuns vismes, arbres ne autres choses pourtans dommaige et empeschans le cours de lad. eaue, a la poyne de cinq cens livres. Et, pour executer n^{re}d. sentence reaument et de fait, avons ordonne et ordonnons, led. procureur requerant, que nous transpourterons sur lesd. vismieres et lieux dont est question avec des expertz, qui sur ce seront prins et choisiz pour donner et mectre ordre ausd. douatz et conduictz, et pour veoir mectre n^{re}d. sentence et appoinctement a execution. Et avons assigne et assignons aud. procureur et semblablement ausd. adjournez sur lesd. lieux, si bon leur semble, heure de mydi, actendant une heure ampres, du present jour, o (1) intimation que, comparoissent ou non, sera par nous procede avec lesd. expertz qui par nous seront sur ce prins et choisis comme il appartiendra par raison. Fait judiciairement en la court ordinaire dud. Lymoges le xvj^e jour doctobre lan soubz escript. Et, advenant lad. heure de une heure ampres mydi dud. jour, nous, lieutenent susd., led. procureur requerant, acompaignez du greffier civil de lad. court soubz signe, nous sousmes transpourtez aud. lieu de Combe Vinose et lieux contencieux estans sur lesd. douatz et conduictz, et illec ont comparu par davant nous led. procureur en personne et lesd. Botin, Mercier, Martial Peyroche, La Vergne et Brunet, aussi en leurs personnes; Francois Juge, filz dud. Jehan Juge, pour sond. pere, et led. Deschamps, par Antoine Tiendet, son serviteur; et les autres condeffendeurs dessus nommez, deuement appellez par n^{re}d. greffier, ont este reputez contumax, pource quilz nont comparu ne aucun pour eulx. Et, en leur absence et contumace, et en la presence desd. procureur et condeffendeurs, comparens comme dessus, et de honnorable maistre Pierre Martin, licencie es droiz; Estienne de Beaunom et Pierre Bothault, consulz dud. Lymoges, ensemble de Audoyn Dauvergne, prevost et juge criminel dud. Lymoges; apres que led. procureur, pour proceder a lexecution de n^{re}d. sentence et appoinctement, nous a administre Marcial Benoist, pintier; Jehan Boriaud, Guillaume

---

(1, Ce signe *o* nous paraît signifier *avec*.

Lucault, Pierre Lucault, Marcial Campane, Pierre de La Roche, ung nomme Tabory, manouvriers dud. Lymoges, avons visite lesd. doatz et conduictz, lesquelz lesd. S^{rs} avoient fait fossoyer et descouvrir en aucuns lieux par lesd. Benoist et autres deputez. Par lequel descouvrement nous est apparu aplain dud. empeschement que faisoyent les racines desd. cosses de vismes estans sur lesd. conduictz. Ce fait, en procedant a lexecution de n^{re}d. sentence et appoinctement, le procureur requerant, presens les dessusd., avons par lesd. manouvriers, apres que led. Benoist nous a monstre les bornes anciennes estans sur lesd. conduictz, fait fossoyer et marcher avec piquetz de boys une brasse autour desd. bornes, de coste dextre a une brasse, et a une brasse de coste senestre, laquelle brasse a este illec mesuree de la longueur de six piedz et demy, et ce en commancant a la vismiere dud. Mercier, present, et consequemment de tous les autres dessus nommez par ordre. Et, ce paracheve, suyvant n^{re}d. appoinctement, avons ordonne que toutes les cosses de vismes et autres choses estans autour desd. bornes, signees et marquees entre lesd. piquetz de la longueur que dessus, pourtans empeschement esd. conduictz, seront ostees; et, pour ce que lesd. choses ne se pourroyent faire si promptement, pour ce faire et pour mectre n^{re}d. sentence a execution reaument et de fait, avons commis et commectons par ces presentes lesd. Benoist, Guillaume Lucault, Jehan Boriault, Pierre Lucault, Campane, La Roche et Tabory, ausquelz et chacun deulx avons donne et donnons par ces presentes telle puissance comme si estions tousjours a icelles veoir faire present. Et lesquelz Jehan Boriaud, Guillaume Lucault, Pierre Le Lucault, Marcial Campane, Pierre de La Roche et Tabory ont promys et jure aux sainctz Evangiles de Dieu, touche le livre, de bien et loyaument executer leurd. commission, et de oster toutes cosses de vismes, racines et autres choses estans audedans desd. piquetz, et ce que a este par nous fait marcher quilz trouveront porter dommaige ausd. conduictz, empeschant que leaue passant par iceulx ne puisse decorir comme avoit acoustume danciennete. Fait lesd. jour, lieu, heure dessus declarez, lan mil cinq cens trente quatre.

  (Signé :) DE BOIGNAC, greffier. BARDIN, lieutenant du juge ordinaire.

Double dacte de renvoy fait par le lieutenent criminel a lordinaire.

En ladjournement aujourduy cy dessoubz escript par Albert de Costures, sergent royal, comme il a relate a la requeste du procureur des consulz de la ville de Lymoges, comparant par Dauvergne et Mathei, donne a Jehannete Mareschault, femme de Jehan du Masbouchier, ymagenier, comparent par Penicault laisne et Costures, son conseil, dautre, ledit procureur a dit que les consulz de ceste ville ont toute justice, et pour lexercice dicelle il y a prevost criminel, juge, procureur, advocat, greffier, gens entendans bien lestat de practique, et sont bien licterez et scavans pour faire et administrer justice. Et pour raison dicelle justice ont eu arrèst par lequel appert quen premiere instance doyvent cognoistre entre les subgectz dicelle de toutes causes tant civiles que criminelles, lequel arrest a este execute par feu monsr de Lavault, conseiller. Ce estant vray, et, combien que la court ordinaire ait cogneu de certaine matiere dexces entre lad. adjournee et Jehanne Picard, ce nonobstant aurions concede certaines lectres inhibitoires, et en vertu dicelles Jehan Belin auroit inhibe lesd. officiers de lad. ville de ne cognoistre de lad. matiere, combien que la cognoissance leur appartiegne, et de la concession dicelles et inhibition il sestoit pourte pour appellant en la court de parlement a Bourdeaulx, et nous ont somme de reparer les griefz sans plus le mectre en fraiz, car la ville a asses affaire sans icelles et avoir proces en la court, et ont somme lad. Mareschault de declarer si elle veult soustenir et estre partie en lad. appellation, et si elle se veult aider desd. lectres et entend empescher lesd. officiers de la ville de ne cognoistre de lad. matiere. Lad. Mareschal a dit et declare quelle nempesche aucunement la jurisdition desd. consulz, bien est vray que des exces perpetrez par Jehanne Picard, qui lavoit blecee jusques a grand effusion de sang en chemyn publique, elle avoit fait faire charges et informations par la court de ceans, et icelles avoyent este rapourtees en ensuyvant lordonnance, et decrete adjournement personnel contre lad. Jehanne Picard, laquelle a requis faire appeller,

[Procès pour violences et coups.]

laquelle avons fait appeller ; laquelle Picard sest comparue par Montoudon et Villebost, sans prejudice des appellations par elle interjecteez. Lad. Mareschal a requis default contre lad. Picard, actendu quelle ne compart en personne. Led. Montoudon, o (avec) protestation que dessus, a offert la faire comparoir par davant le juge ordinaire en personne demain, et requis le renvoi. Et pareillement led. procureur de la ville de Lymoges, le procureur du Roy en lad. senneschaucee, comparant en personne avec Beaune, ont dit quilz ne treuvent aucun cas privilegie en lad. matiere, et ne contredisent point que le juge ou prevost ne cognoissent de lad. matiere. Actendu que ne trouvons aucune negligence dud. prevost, et quelle ne soit renvoyee pareillement, lad. Mareschault a consenty aud. renvoy en ce que lad. Picard, comparoisse, en lestat quelle estoit tenue de comparoir par devant nous, demain, par davant le juge ou prevost de Lymoges, et quelle fust oye sur les charges et informations faictes par n^re auctorite. Oy messieurs les lieutenent particulier et Aury, conseiller, et actendu le consentement desd. parties et gens du Roy, qui nont volu insister, avons renvoye lesd. parties par devant le prevost et juge criminel a demain ; et comparoistra lad. Picard, en lestat quelle estoit tenue de comparoir par devant nous, par devant icelluy prevost demain, et sera oye sur les charges faictes par n^re auctorite par icelluy, comme de raison. Fait judiciallement a Lymoges, en la court criminelle de la senneschaucee de Lymosin, tenue par mons^r Chantoys, lieutenent criminel en icelle, le ixe jour de janvier lan mil cinq cens trente trois. Signe : Penicault, greffier criminel.

(Signé :) PENICAUD, greffier criminel (1).

[Réparations : murailles, chemins.]

Durant lannee commancant mil cinq cens trente trois, finissant trente quatre, les consulz commancerent reprendre les reparations des fortifications des murailles et tours de la ville de Lymoges, interruptes par longtemps, combien que bon besoing en eussent. Car, joignant la tour de Pissevache, tirant aux tours

(1) En marge est écrit : « Lad. sucte a este mysse au tresor le xij^e jour de novembre lan 1534 ».

des Dejectz, la muraille estoit tumbee, et y avoit une grand berche, et le mur estoit fort caduc et ruyneux par cinquante couldees. Et, si y avoit une des tours des Dejectz ruyneuse et dangereuse de tumber pour sa haulteur, si fut advise dicelle abbatre a la raison de la muraille, et icelle grouter (1), reparer et craneller, de sorte que fust defensable et en seurte; ce quilz firent faire a grand diligence, et edifier la muraille depuis lad. tour des Dejectz jusques a lad. tour de Pissevache, et craneller la plus part dicelle, et reparer la tour ou besoing estoit et muraille, que fut ouvraige sumptueux et de grand costaige. Et si firent faire les pavez davant les portes des Arennes et de Magnenye tout a neuf de six a sept vingtz brasses. Et semblablement firent faire sur les chemyns des villes dAixe et de Solennhac environ huict vingtz brasses de pave : questoient moult necessaires pour le pain et autres vivres que chascun jour on apporte desd. villes a Lymoges.

Item, firent reparer les douactz et cors de plomb des fontaines du Chevalet et de Sainct Pierre, sercher les sources, curer les conduictz dicelles, arracher les vismieres et souches des vismes, car les racines occupoyent les cors et pertuys de la pine de Sainct Pierre, et faire une partie desd. cors de plomb a neuf. [Fontaines.]

Durant laquelle annee fut le ban et arriereban des nobles du hault et bas pays de Lymosin assemble a Lymoges, ou fut present monsr de Montchenu, gouverneur de Lymosin, ou furent faictz plusieurs frais et mises. [Ban et arrière-ban.]

Et, pour ce que plusieurs larrons assemblez par bendes seffor- coyent desrober les privez tant demeurans dans la ville de Lymoges que faulxbourgs, falut faire plusieurs guectz noc- [Larrons.]

---

(1) *Grouter*. Nous avons en patois limousin le verbe *greutá*, mettre du crépi à une muraille, et le composé *deigreuta*, enlever le crépi en grattant. Peut-être, pour l'étymologie, faut-il rapprocher ce mot du français *croûte*; latin, *crusta*; italien, *crosta*; espagnol, *còstra*, *descostrar*, écroûter.

turnes tant par mesd. S^rs les consulz que par le prevost de lad. ville, a grosse compagnie de gens, tellement que la ville demeura en seurte.

[Réparations diverses.] Et ce neamoins firent plusieurs autres reparations tres-necessaires, comme les vistres de la salle de consulat pres lauditoire, au pont Sainct Marcial, reparer grand partie du pont et la tour du Puys de Vielhe Monede, ou par dehors la muraille sen alloit par terre, le Vieulx Marche et les eschelles des dixaines ou besoing estoit, et la muraille du bolevart de Montmallier au droit du pont levis.

Election des consulz de la ville de Lymoges, faicte par les manans et habitans dicelle le septiesme jour de decembre mil cinq cens trente quatre.

Le premier jour de decembre lan mil cinq cens trente sept, messrs les consuls cy nommez ont rendu leurs comptes aux consulz modernez, et en a receu la quictance le greffier criminel cy dessoubz signe. (Signé :) BARDIN.

Les Taules :
Pierre Bastide.

La Porte :
Marcial Granier.

Maignenhe :
Jehan du Boys.

Le Marche :
Guillem Disnamatin.

La Fourye :
Symon du Peyrat.

Le Cluchier :
Helye Galichier.

Boucherye :

Jehan Bonnet laisne.

Lansecot :

Maistre Jehan Meillaud.

Les Combes :

Bartholome Gadaud.

Le Vieulx Marche :

Pierre Verthamon.

Croissances :

Francoys Rogeron ;
Jehan Colin.

[En regard de la liste précédente se trouve le reçu donné par Guillaume Jouviond pour les écoles pour l'année 1534. — V. p. 222.]

Election des conseillers et partisseurs de ceste presente annee mil cinq centz trente quatre, faicte par les manans et habitans dicelle le vingt huictiesme jour de decembre, feste des sainctz Innocens.

Les Taules :

Mathieu Mercier ;
Pierre Montoudon.

La Porte :

Mery Senamaud ;
Mathieu de Lespinasse.

Maignenhe :

Pierre Jabessier ;
Jacques Dourieyras.

Le Marche :

Jehan Vouzelle laisne ;
Jehan Juge, de La Croix Blanche.

La Fourye :

Jehan Favelon ;
Andre Barnon.

Le Cluchier :

Maistre Alber Baignol ;
Leonard Peyrat.

Bocherye :

Marsaud Le Cart ;
Colau Voureilh.

Lancecot :

Jehan Bouriau ;
Maistre Clement de Boignac.

Les Combes :

Peyr Reymond ;
Lucas de Ville Reynier.

Le Vieulx Marche :

Loys Beneys ;
Francoys Varacheu.

Que desormais estans deux en une mesme maison, ne sera que laisne mis en visee tant a faire les consulz que conseilliers.

Sachent tous quil appartiendra que les jour, moys et an soubzscriptz, estans assemblez en la maison du consulat de la ville de Lymoges les manans et habitans de lad. ville, quequesoit la plus grande et saine partie diceulx, pour faire lelection des collecteurs, asseeurs et partisseurs des tailles de lad. ville, ainsi quon a acoustume faire chascune annee, sest comparu illec en sa personne Jean Lascure, bourgeois et marchant dud. Lymoges, filz de feu Guillem Lascure, lequel a requis que Jehan Lascure le jeune, son cosin, aussi bourgeois et marchant dud. Lymoges, fust enregestre et mys en visee de lad. election, ou bien que Jacques du Boys, lequel est nomme en lad. visee comme Jehan du Boys, son frere, et sont demeurans ensemble et communs en tous biens, en fust raye. A quoy a este respondu par mess^{rs} les consulz modernes, assavoir est par maistre Jehan Meillau, Pierre Bastide, Marcial Granier, Jehan du Boys, Guillaume Disnematin, Symon du Peyrat, Helies Galichier, Jehan Ponnet laisne, Bartholme Gadaud, Pierre Vertamon et Francois Rougeyron, Jehan Colin, presens, quilz sen rapourtoient den disposer ausd. manans et habitans illec assemblez, estans en nombre deux cens quatre vingtz sept, lesquelz scructinez lung apres lautre par Martial Granier, lung desd. consulz, ont dit et este tous dadvis que led. Lascure le jeune ne doit estre en visee, et que doresenavant et pour ladvenir, quant il y aura deux personnaiges ou plusieurs, soient freres ou autres, qui seront communs en biens, demeurans ensemble en une mesme maison, et le plus aisne diceulx sera enrolle en la visee tant des consulz que conseillers des tailles; les autres jeunes ny seront plus nommes ne enrollez, pour le bien, proffit et utilite de la chose publique. Et ainsi a este arreste, dit et ordonne par lesd. consulz, manans et habitans de lad. ville, comme dessus assemblez, en presence de maistre Jehan Dauvergne, procureur desd. consulz, manans et habitans, des juge civil, prevost et juge criminel, et de honnorable maistre Marcial Mathieu, leur advocat. Desquelles choses susd. led. Dauvergne, procureur susd., a requis le present acte au greffier criminel de lad. ville soubzsigne, que luy a este concede pour luy servir en temps et lieu. Fait comme dessus, en la maison du consulat de lad. ville, presens et appellez a tesmoings maistre Clemens de Poignac, notaire et practicien de Lymoges, et Jehan Loudeys, marchant dud. Lymoges, le vingt et huictiesme jour de decembre, feste des Innocens, lan mil cinq cens trente quatre.

(Signé :) Bardin.

<small>Nota.
De lhospital du monastere Sainct Marcial.</small>

Senssuit lappoinctement et transaction faict entre messrs les consulz de la ville de Lymoges, demandeurs dune part, et monsr lhaulmosnier du devot monastere monsr sainct Marcial, du consentement de messrs labbe, religieulx et convent, deffendeur daultre.

Comme soyt ainsi que lesd. parties et chascune dicelles, ez noms susd., ont illec dict, narre, cogneu et confesse, des dixhuictiesme jour du moys de jung lan mil cinq centz trente deux, avoir accorde et promis tenir, accomplir dung coste et daultre et observer les articles cy ampres inseres, et desquelz la teneur senssuit et est telle.

Senssuyvent les articles que venerable frere Jehan Chaussade, haulmosnier du devot monastere monsr sainct Marcial de Lymoges, ordre Sainct Benoist, a promis tenir et accomplir le dixhuictiesme de jung lan mil cinq centz trente deux en la forme que senssuit, sous le bon plaisir de la court et par la permission, vouloir et consentement de Reverend Pere monsr labbe de Sainct Marcial, son prelat, et du chappitre et convent dud. monastere.

Et premierement baille led. haulmosnier la tierce partie de tous les fruictz, cens, rantes, domaines et revenuz deuz a lad. haulmosnerie aux pouvres de lhospital de Sainct Marcial, en pourtant la tierce partie des charges qui y sont, tant ordinaires que decimes et aultres extraordinaires, et avecq la tierce partie des charges qui sont deuez par led. haulmosnier a messrs les abbe et convent dud. monastere Sainct Marcial, que aultres que senssuyvent. Et premierement, pour la pension deue ausd. abbe et convent le jour de lApparicion St Marcial, quest le chappitre general dud. convent, le seziesme de jung, pour ce : trente soulz. Item, a loffice de pistaurier de Sainct Marcial, uny aud. monastere : seigle, dix sestiers; argent, quarante solz. Item, le jour de la Convercion monsr sainct Paul, en janvier, led. jour, chascun des religieulx : six deniers. Item, le jour du jeudy de la Cene, pour centz maireaulx pour les pouvres : centz petis blans vallans cinq deniers chascun. Plus led. jour, pour treze pouvres : treze deniers. Item, le jour du vendredy ores, chascun des religieulx et prebstres du communault et officiers dud. monastere et de lhaulmosnier, et chacun deulx : une tourte a seze au sestier. Item, led. jour, doibt bailler haulmosne generalle a tous venans a la porte dud. haulmosnier et claustres.

Item, les jours de processions des Rogations anpres Pasques, a chascun des religieulx et prestres dud. communault et autres officiers dud. haulmosnier : troys verges blanches pour ung chascun, comme est de coustume. Item, a ma dame labbesse de La Reigle, pour les pouvres de la Maison Dieu : segle, soixante unze sestiers et emyne, sans aulcun prejudice des aultres charges deuez et acoustumeez, qui se poyeront sur le revenu de lad. haulmosnerie, et en seront obliges, tant led. haulmosnier que ceulx qui en auront la charge et administracion de lad. tierce partie et les fruictz revenuz de lad. haulmosnerie. Et sera au choiz ou election dud. abbe et convent, sans prendre et avoir action sur lesd. haulmosnier, administrateur ou fruictz dud. revenu de lad. haulmosnerie, reserve aud. haulmosnier sa prebende et porcion monachalle quil a acoustume prandre en lad. abbaye comme ung des aultres religieulx. Item, aussi seront reserves aud. haulmosnier les justice, excercisses et emolumentz dicelle, en faisant les charges de lad. justice, aussi les lotz, vantes et aultres droictz seignouraux et les collacions des viccaries de lad. haulmosnerie et emolumens dicelle.

Item, a este dict et accorde que de tous les leguatz, donacions, haulmosnes, fondacions que se feront desormais *in tuitu* et en faveur des pouvres dud. hospital par les seigneurs, bourgeois, marchans et aultres gens de bien, habitans de Lymoges ou dailleur, seront et demeureront aud. hospital pour lentretenement desd. pouvres, sans ce que led. haulmosnier ny ses successeurs en puissent riens prandre ne approprier a eulx. Sauf et reserve les droictz seignouraulx, justice, loz et ventes si aulcuns en y avoit, et les aultres dons et leguatz que seront faictz a lad. haulmosnerie et en contemplacion dud. haulmosnier et de son office. Les pouvres dud. hospital naront que le tiers, sous les qualites et reservacions susd., et, moyenant ce, led. haulmosnier ne sera tenu fournir ne bailler aud. hospital litz, linge, boys, alimens ne aultres repparacions neccessaires faire ; ains ceulx qui en auront la charge seront tenus de len acquiter. Sauf a mons' labbe et convent leurs aultres droictz, prerrogatives, preheminences sur led. haulmosnier et ses successeurs haulmosniers.

<small>Num.
De lhospital
du
monastere
Sainct Marcial.</small>

ITEM, seront commis troys personnages laiz, gens de bien, ydoynes suffizans et solvables, qui soyent bien accordans entre eulx, et non ayant question emsemble, pour distribuer lad. tierce partie divisee ausd. pouvres aux nom desd. abbe et haulmosnier et de leur successeurs, tant du revenu quest de present a lad. haulmosnerie que de celluy que y pourra estre a ladvenir a cause des legatz laiz et donations que se feront, et le tout sera distribue par lesd. administrateurs dedans led. hospital de Sainct Marcial et non ailleurs, lesquelz leveront et distribueront a la descharge dud. haulmosnier et au prouffit desd. pouvres et hospital. Et seront tenus raindre compte une foys lan a mons^r labbe et aud. haulmosnier et leurs successeurs ou a ceulx du chappitre et convent que par lesd. seigneur abbe et haulmosnier seront commis en la presence de lung de mess^{rs} les consulz dud. Lymoges, qui sera nomme par les autres consulz. — ITEM, seront esleuz et nommes lesd. troys personnaiges, asscavoir est lung par mond. S^r labbe, laultre par led. haulmosnier, laultre par ung consul nomme par les aultres comme dessus, desquelz personnaiges lesd. elizans saccorderont. Et demeureront distributeurs et administrateurs troys ans consequtifz; et randront chascun an leur compte par la forme que dessus, et en prendront leur acquistz par chascun an desd. abbe et haulmosnier ou leur successeurs sans prendre aulcun celaire ne prouffit, et le tout sera aucthorise par la court aux despens de mess^{rs} les consulz. Et par lad. court sera enjoinct comme dessus a mons^r le seneschal de Lymosin ou de son lieutenent de contraindre lesd. personnaiges nommes de prandre la charge et administracion de lad. tierce partie de lhaulmosne, et en rendre compte comme dessus, sans aulcun celaire. — ITEM, et est dict et accorde entre lesd. parties que, en labsence de mons^r labbe et de lhaulmosnier ou de lung deulx, ou bien lad. abbaye vaccant, les religieulx, chappitre et convent dud. monastere mons^r sainct Marcial pourront nommer lesd. commis ou lung deulx. — ITEM, moyennant les choses susd., led. haulmosnier sera et demeurera quicte de tous fraiz, mises et aultres despens, tant par cause dung arrest pronunce le vingt deuxiesme dapvril lan mil cinq centz trente deux, que aultres despens faictz a cause que dessus, et de la leve de lad. haulmosnerie jusques a la feste sainct Jehan Baptiste prochainement venant, que lon comptera mil cinq centz trente cinq. Et sera aucthorise led. appoinctement par la court, du consentement et vouloir de mesd. S^{rs} labbe, religieulx dud. convent et haulmosnier.

Laquelle transaction a este emologuee et aucthorisee par la court de parlement a Bourdeaulx, avecq le consentement de mess^{rs} labbe et convent dud. monastere Sainct Marcial, comme appert par larrest de la court, duquel la teneur senssuit :

HINC EST quod, visis predictis requesta, transactione tercie diei mensis decembris ultimo preteriti, Montoudon signata, auditoque procuratori nostro generali super illa, PREFATA NOSTRA CURIA, partes memoratas predictam transactionem juxta sui formam et tenorem, absque prejudicio fundationis predicte elemosinarie, sique in futurum reperiatur, condennavit et condennat. In cujus rei testimonium, sigillum nostrum hiis presentibus duximus apponendum. DATUM Burdigale, in parlamento nostro, vigesima quinta die mensis januarii anno Domini millesimo quingentesimo trigesimo quarto, regni vero nostri vicesimo.

Concordatum in curia.
DEPONTAC.

Et led. arrest a este exequte par mons^r maistre Pierre de Cyret, conseiller en lad. court, ad ce commis, comme appert par lexequtoyre dicelluy, date du vingneufieme jour de janvier lan mil cinq centz trente quatre. Signe de sa main et sceelle de son sceel.

Et despuis, en ce que requeroit realle exeqution par Jehan Belin, sergent royal ad ce commis, comme appert par son proces verbal, suyvant laquelle exeqution ont este esleuz au chappitre dud. monastere pour troys ans, commencans au vendredy cinquiesme jour de mars mil cinq centz trente quatre, devant le dimenche *Letare Jherusalem*, et finissant a senblable jour lesd. troys ans passes et revoluz, ez qualites contenues en lad. transaction.

Lestraict et vidimus desd. transaction et arrestz et exeqution diceulx a este mys aud. tresor de la present ville, et loriginal, ensemble le proces verbal de Belin, a este balle aux administrateurs et distributeurs dessoubz nommes.

ONT este esleuz : de la partie dud. abbe,.... Jehan Gregoire ;
De la partie dud. haulmosnier,........ Marcial Verthamon ;
De la partie de mess^{rs} les consulz,........ Pierre Bouthaud ;
Lesquelz ont accepte lad. charge, et ont este mys par led.

commissaire en la realle possession de lad. administracion, perception de fruictz, haulmosnes et leguatz, en enssuyvant lesd. arrest et transaction.

[Ici se trouve placé dans le manuscrit le dessin à la plume ci-contre.]

Extraict dung vieulx livre en parchemyn dud. monastere Sainct Marcial.

Tunc, sanctus presul ad Stephanum ducem venire est dignatus, quem, cum cerneret dux, eadem hora cum lachrymis misit se ad pedes ejus, et cunctus excercitus ejus cum primatis Romanis. Ac beatus Marcialis, videns potentes seculi paratos ad credendum, ut eis veritatem fidei demostraret, tenens manum deffuncti, ait : « Ressuscitet te Dominus meus et Magister meus Jesus Christus, quem Judei cruxifixerunt, et tertia die resurrexit a mortuis, qui apostolo suo Petro me sociare dignatus est, et per eum misit me in istam provinciam, ut gloriam ejus manifestarem! In ipsius nomine, sta supra pedes tuos! » Qui, illico surgens, provolutus pedibus sancti Marcialis, (dixit): « Tu es vere pontifex Dei. Peccavi occidens sanguinem justum; sed da michi, obsecro, baptismum christianorum, et fac me christianum ». Beatus vero Marcialis tam ipsi qui ressuscitatus fuerat a mortuis quam Stephano duci et satrapis ejus, cunctoque exercitui suo, credere parato, penitenciam induxit, et baptizavit eos numero quindecim milia. Corpus vero sancte Valerie, una cum capite secto a cervice, sepelivit beatus Marcialis honore preclaro, astante duce et cunctis optimatis ejus. Hoc dum credendum est absque dubio, quod convercionem sponsi sui spiritus sancte Valerie impetravit in celis, quia multas pro eo preces fuderat in terris. Nam hoc sensisse predictum ducem hic perpenditur, quod omnia que dotis nomine sancte Valerie per testamentum dederat, facta solempni donatione, sancto Marciali tradidit, ut ipse ea prout sibi videbatur dispensaret; aurum eidem et argentum multum ac multa preciosa munera dux obtulit pontifici, ut exinde fabricaret ecclesias quas esset fabricaturus. Et, beato antistite et consilium

prebente, construxit hospitale pauperum, et illud redditibus terrarum replevit, ut quothidie pauperes trecenti ibidem alerentur in honorem Christi, pro recordatione beate virginis et martiris Valerie.

Pour ce que le chemym par lequel on va de ceste ville a Sainct Junhien et a Confoulent est le chemym le plus publicque et icelluy ou il passe plus de gens a pie et a cheval, chevaulx charges et charretes chargees tant de bledz, sceel, vins que aultres marchandises venant de La Rochelle, Taillebour, Marenes, Nyort, Fontenays et dailleurs, que aux aultres chemyns autour de lad. ville, estoit rompu, ruyne et tellement foule que lesd. gens a pie et a cheval, chevaulx charges et charretes ne pouvoyent passer ne reppasser, et mesmement en temps dhyver, sans grandz et emynans dangiers; ce considere, et que plusieurs marchans et viateurs se complaignoyent journellement dud. chemym, voyans que cestoit le bien, prouffit et utilite de la chose publicque, avons faict applaner et acoustrer led. chemym, et faict fere troys centz cinquante brasses de pave ou envyron, en forme et maniere que lesd. passans et reppassans peuvent de present et pour ladvenir passer et reppasser aud. chemym en seurte et sans dangier. [Réparations à la route de Saint-Junien.]

Item, avons faict bastir et craneller la muraille de la ville empres la tour de Pissavache, et dedans icelle faict faire les degretz de pierre, gardefoulx et couverture et tout ce qui y estoit neccessaire. [Réparations à la tour de Pissevache.]

Item, aussi avons faict fere le pave et acoustre le chemym tirant de la porte Montmailler au chemym nomme a La Croix des Hommes Trenches, au pres et joignant de las vaulx dud. Montmailler, lequel estoit tellement rompu et tumbe en ruyne que, sans lad. repparacion, led. chemyn estoit perdu et foule, et [Réparations à un chemin.]

tumboit dans les fousses : que fust este double coustaige a la ville. Lesquelles repparacions sont este de grand coustaige et a nous quasi charge importable, actendu que le Roy, ceste presente annee, a prins la moytie des deniers communs.

[Réparations aux fontaines du Chevalet et des Barres.]

Item, avons faict habilher et nectoyer le conduict du douhat de la fontaine du Chevalet, ou le court de leaue estoit empesche, empres le chemyn de Montjauvy, tirant a la maison de Beaureguard, et dans iceulx conduictz faict souder et acoustrer les corps de plomb par Marcial Beyneys, serviteur de mess^{rs}, en sorte que lad. fontaine gecte autant deaue que fist jamais. Et pareillement fismes habiller la fontaine Barree et conduictz dicelle.

N^a. Que ceulx qui doresavant seront esleuz a la dignite de consul feront une piece dartillerie au lieu du festin ou banquet acoustume.

Le xxvij^e jour de mars lan mil v^c xxxv, par ladvis, accord et meure deliberation de mess^{rs} les consulz de la presente annee, et de leur conseilh, ayant zele au bien, prouffit et utilite de la choze publicque, voyant les exces inutilz et superflueux quavoyent acoustume fere cy par avant leurs predecesseurs a cause que tous ceulx questoyent esleuz consulz et au gouvernement de la choze publicque, lesquelz ne lavoyent plus este, par coustume estoyent tenus fere ung sumptueulx banquet a leur plaisir a tous mess^{rs} leurs compaignons conconsulz et a leurs officiers, questoit une choze vaine et inutile a la choze publicque; par quoy lesd. consulz susd., voulans preferer lutilite publicque a lad. coustume inutile, sont estes uniquemant dung advis et accord que doresnavant et de present tous ceulx qui sont et seront esleuz consulz et ne laront plus este sont et seront tenus, pour et au lieu dud. banquet quilz avoyent coustume fere, fere a leur despens certaines pieces dartillerie, lesquelles demeureront perpetuellement a la maison de consulat pour la tuicion et deffence de la ville, la tauxe dicelles reservee a leurs compaignons et freres conconsulz, selon et en enssuyvant la qualite de leurs personnes; et ne pourront ausd. pieces mectre ne fere mectre aulcunes armes ou excussons, sinon tant seulement les armes de la ville et la date de lannee si bon leur semble. Et ad ce fere ont baille leur consentement mess^rs les consulz de la presente annee qui ne lavoyent plus este, asscavoir est François Rogier le jeune, Jehan Colin et Pierre Verthamon, lesquelz, en enssuyvant lad. ordonnance, ont faict fere deux pieces dartillerie du pois de centz livres chascune; lesquelles pieces, par eulx, comme dict est, faictes et baillees, mectons et delaissons a noz successeurs en la maison du consulat pour la tuition et deffence de n^rd. ville et choze publicque, et affin que nosd. successeurs et posteres soyent zelateurs densuyvre ceste bonne et louable ordonnance.

[Arrêt contre Condac.]

Pour ce que Marcely Condac, du bourg de Beaune, accuse de certain homicide, fut prins en la maison du prevoste dud. Beaune, durant la present annee, et plusieurs aultres, en tel ou semblable cas prins tant aux maisons abbatiales, prevostales que des cures ou aultres maisons contiguez des eglises, se sont vouluz ayder et jouyr de limmunite et franchise de lad. eglise, pour monstrer du contraire, avons voulu cy dessoubz inserer la sentence dudict Marcely, de laquelle la teneur sensuyt :

ENTRE LE PROCUREUR de la present court et jurisdiction, demandeur en cas dhomicide, et aultrement deffendeur, dune part, et Marcial dit Marciali Condac, prisonnier detenu ez prisons de ceans, deffendeur et requerant estre remys a limmunite et franchise de leglise, daultre ;

VEU LE PROCES, pieces et production desdictes parties et tout ce que par elles a este deduyt, tout bien veu et considere, par advis du conseil, disons led. de Condac ne devoir joyr de limmunite et franchise de leglise, et sera procede au principal de la matiere comme de raison, et les despens remys *in deffinitive*. Ainsi signe : Audoin Dauvergne, prevost; A. Essenault, Barny, P. Essenault.

Prononce en jugement, comparans les parties, savoir est ledict accusant par Dauvergne avec Mathei, et laccuse en personne avec Durand, le sabmedy seziesme jour doctobre lan mil cinq cens trente cinq.

Double des lectres patentes du Roy de la mainmise touchant les deniers communs [et d'octroi].

Francoys, par la grace de Dieu, roy de France, a tous noz baillifs, seneschaulx, prevostz et aultres noz justiciers et officiers ou a leurs lieuxtenans et a chascun deulx respectivement en droict soit, et si comme a luy appartiendra, salut et dilection. Comme la force et fortiffication de nostre royaume soit et consiste aux villes, chasteaux et places de frontieres dicelles, de sorte que, quant elles seront bien et deuement fortiffieez, le demourant de n^rd. royaume sera en seurte, et ne fauldra quilz doubtent en aucune maniere les ennemys, a ceste cause, lannee finee mil cinq cens trente troys, Nous ordonnasmes que la moytie des deniers que les villes, places et chasteaux de nostredict royaume levoyent par don et octroy de Nous seroyent icelle annee pourtez en nostre coffre au Louvre pour estre convertiz et amployeez esdictes reparations, et furent seulement exceptez lesdictes places, villes et chasteau de frontiere, ausquelles accordasmes que par leurs mains les deniers desd. octroys et aydes fussent employez aux reparations desdictes places, villes et chasteaulx. Toutesfoys plusieurs, par importunite ou aultrement, indeuement par lectres patentes de nous, se sont exemptez et ont trouve moyen de ne nous bailler lesdictz deniers. Et ceulx des frontieres nont entierement employe ce que montent leursdictz octroys et aydes pour les grans fraiz et mises extraordinaires dont ilz les chargent, venans directement contre la teneur de noz lectres que leur faisons expedier pour lever lesdictz octroys, esquelles lectres est expressement dit que le tout sera employe ez reparations, fortifications et emparement dicelles villes et places et non ailleurs. Et sont advenuez les choses, en sorte que nostredicte commission a este inutile, et nous frustrez de nostre intencion au grand prejudice et dommaige de nostredict royaume et chose publicque dicelluy. Et, dautant quil est plusque jamais besoing et neccessaire dasseurer les frontieres de nostredict royaume, actendu la disposition du temps qui court, pour ces causes et aultres a ce nous mouvans, vous mandons et commectons, et a chascun de vous en droict et en son destroit et jurisdiction, que vous faictes venir par devers vous les administrateurs des lieux et villes de vostre jurisdiction qui ont lectres doctroy de nous pour leurs deniers communs, et aussi les receveurs diceulx deniers communs et octroy ausquelz vous enjoindres de par nous vous monstrer les baulx afferme quilz ont faictz de ceste present annee commancee en janvier dernier passe, ou silz les font en aultre temps, ce qui est escheu despuis ledict temps et escherra jusques a la fin de lannee; et leur faictes commandement sur grandes peines a nous a appliquer de ne distribuer iceulx deniers par leurs mandemens ne aultrement, par quelque cause que ce soit, sur peine destre a perpetuite inhabiles et incapables de ladministracion de ville, et de reprendre les deniers sur eulx en leurs privez noms, en deffendant ausdictz receveurs, sur certaines grandes peines, de ne delivrer aucuns desdictz deniers par leurs mandemens ne aultrement, sur peine de les payer deux foys, et ferez scavoir a noz gouverneurs et aultres qui ont charge douyr les comptes diceulx receveurs de ne leur allouer aucune chouse de ce qui aura este faict contre nostre presente commission et mandement. Et oultre nous mandares, apres avoir veu lesdictz baulx et aultres chouses a ce neccessaires, ce que se monteront pour ladicte annee les deniers desdictz dons et octroys par nous concedez. Et commanderez et enjoindrez ausd. receveurs, sur peine damende arbitraire, de pourter ou envoyer, aux moindres fraiz que fere se pourra, tous iceulx deniers en noz coffres du Louvre, a Paris, et il leur en sera baille acquist suffisant pour la reddicion de leurs comptes en la fourme et maniere que ont acoustume les avoir ceulx qui portent argent en nosdictz coffres. Et neantmoins, par les presidens commis ausdictz coffres, leur sera faict taulx raisonnable, dont le payement se fera des deniers quilz auront appourtez. Et serviront les presentes, signeez de nostre main, dacquict a celluy qui delivrera lesd. deniers, en mandant aux gens de noz comptes la lever; et, si, a la signiffication des presentes, aucuns desdictz deniers de la presente annee es oyent ja distribuez, cela sera rambourse sur lannee ensuyvant. Aussi, si lesd. fermes avoyent este faictes en aultre temps que a Noel ou en janvier, voulons et nous plaict que cela soit divise par les quatre quartiers de lan, par egalle portion, sans avoir aucun regard au temps quelles se payent, ne aux termes, car de ce fere vous avons donne et a ung chascun de vous plain pouvoir, commission et mandement special par ces presentes, non obstant oppositions ou appellations quelzconques faictes ou a faire, POUR lesquelles ne voulons lexception estre retardee en aucune maniere. MANDONS et commandons a tous noz justiciers, officiers et subgectz, que a vous en ce faisant soit obey. DONNÉ a Nacteuil, le douziesme jour de may lan de grace mil cinq cens trente cinq et de n^{re} regne le vingt ungiesme. Ainsi signe : FRANCOYS. Par le Roy, BRETON, et seeleez du grand seel du Roy, en cire jaulne.

Double. des lectres du Roy de la main levee desdictz deniers communs et composicion diceulx.

FRANCOYS, par la grace de Dieu roy de France, au seneschal de Lymosin ou a son lieutenant, salut. Pource que nous avons este advertiz du bon devoir que ont faict et font chascun jour noz chers et bien amez les manans et habitans de n^{re} ville de Limoges au faict des reparations, fortifications et emparemens de leur ville, ou elles sont tresrequises, utiles et neccessaires, Nous, a ceste cause, et par aultres bonnes occasions a ce nous mouvans, avons advise que, combien que nous vous eussions ordonne par noz lettres patentes de commission du treziesme de may dernier passe faire prendre et apporter a noz coffres du Louvre a Paris tous et chascuns les deniers communs, dons, aydes et octroys que ont et preignent en vertu de noz lettres lesdictz manans et habitans pour le faict desdictes reparations, fortiffications et emparemens durant ceste present annee commencee en janvier aussi dernier passe, Nous prendrons seulement la moytie desdictz deniers communs, dons, aydes et octroys, pour les causes que vous avons faict entendre par nosdictes lettres de commission, et lautre moytie leur demeurera pour continuer et satisfaire a icelles reparations, fortiffications et emparemens de nostredicte ville. PARQUOY Nous vous mandons, commectons et enjoignons par ces presentes que, apres avoir sceu et veritablement entendu, ainsi que mande vous a este par nosdictes aultres lectre la vraye valeur et somme a quoy se montent les dessusdictz deniers communs, dons, aydes et octroys de nostredicte ville, vous enjoignons de par Nous ausdictz manans et habitans que, selon et en la propre forme et maniere quil est contenu et declaire en icelles nosdictes aultres lectres, ils portent ou envoyent en noz coffres du Louvre, a Paris, la moytie entiere diceulx deniers sans aucune chouse en retenir ne reserver soit pour les fraiz du port ne aultres, lesquelz fraiz se prendront sur laultre moytie que nous avons promis et octroye, promectons et octroyons par ces presentes ausdictz manans et habitans prendre et retenir en leurs mains pour convertir et employer esdictes reparations, fortifications et emparemens dicelle ville selon les clauses et restractions de leurs octroiz et non ailleurs ne aultrement, sur peine destre a jamais punys de ladministration desdictz deniers; avec expresse inhibition et deffence aux auditeurs de leurs comptes de ne passer ne allouer en iceulx aulcunes parties provenans de ladicte moitie qui auront este employez en aultres usaiges. Si vous MANDONS et commectons par ces presentes que, en vous faisant apparoir par iceulx manans et habitans de la quictance ou certification du tresorier despargne ou son commis et aultres noz depputez a la garde de nosd. coffres contenant comme ladicte moytie entiere ara este par eulx baillee et delivree en iceulx coffres, vous, quant a lautre moitie, les faictes, souffres et laisses joyr et user de noz presens, grace, permission et octroy plainement et paisiblement, sans en ce leur faire mectre ou donner ne souffrir estre faict, mis ou donne aucun destourbier (1) ou empeschement au contraire; lesquelz si faictz, mys ou donnez leur estoyent, mectes les ou faictes mectre tantost et sans delay a plaine et entiere delivrance. Car tel est n^{re} plaisir, non obstant le contenu en nosd. premieres lectres de commission et quelzconques ordonnances, restrinctions, mandemens ou deffences a ce contraires. DONNE a Reyms, le sixiesme jour de aoust lan de grace mil cinq cens trente cinq, et de n^{re} regne le vingt ungiesme. Ainsin signe : Par le Roy, BRETON. Seellez a simple queue en cire jaulne.

---

(1) « *Destourbier*, empêchement, embarras, inquiétude; du latin, *disturbium*, trouble, obstacle. » (ROQUEFORT.)

Double dexcqutoire desdictes lectres de composicion a la moytie desdictz deniers communs.

JEHAN DE PROUHET, licencie ez droictz, lieutenant general par auctorite royal de noble et puissant seigneur mons^r le gouverneur et seneschal de Limosin, commissaire royal en ceste partie, SAVOIR faisons que, le jourduy soubz escript, ez presences de maistres Gerauld de Beaune, advocat pour le Roy en la present senneschaucee de Limosin, et de maistre Jehan Ardent, procureur pour ledict seigneur en ladicte senneschaucee, comparens en leurs personnes par davant nous, se sont comparuz en leurs personnes maistre Jehan Melhaud, Jehan Bonnet et Symon du Peyrat, consulz de ladicte ville de Limoges, avec maistre Marcial Mathieu, leur advocat, lesquelz, tant pour eulx que pour Jehan du Boys, Francoys Rogier, Pierre Vertamon, Marcial Grenier, Bartholome Gadaud, Pierre Bastide, Helies Galichier, Guillaume Disnamatin et Jehan Colyn, consulz dudict Limoges, qui nous ont presente certaines lectres patentes du Roy n^{re} sire, donnees a Reims le sixiesme jour daoust dernier passe, signeez : Par le Roy, Breton, et seelleez du seel dudict seigneur a simple queue, contenans nous informer de la vraye valeur des deniers communs, dons, aydes et octroy de ladicte ville, pour chascun an ; et, pour fere apparoir de la vraye valeur diceulx, nous ont requis oyr et interroger Guillaume Johanaud, Pierre Moureau, Gabriel du Mons, Pierre Le Roy et Jehan de Vaubrune, commis et depputez a lever les deniers communs, aydes, dons et octroys de ladicte ville, eaiges, savoir est : ledict Johanaud, de soixante sept ans ; Pierre Le Roy, de soixante ans ; Gabriel de Mons, de trente sept ans ; Pierre Moureau, de quarante ans, et ledict de Vaubrune, de cinquante ans. Lesquelz et ung chascun deulx, moyennant serement par eulx faict et preste sur les sainctz Euvangilles de Dieu, le livre touche, ONT DIT lesdictz deniers, dons et octroys ne valoir a present que la somme de mil livres tournoys ou environ et non davantaige, et ne valent autant quilz ont valu parcy davant de la somme de deux cens livres t/ pour chascun an ; dautant que les bledz, vins et aultres marchandises nont traicte ne valeur comme ont heu les mauvaises anneez qui parcy davant ont heu cours et en temps chair; car, comme ilz dyent, lesd. deniers proviennent des bledz, vins et aultres marchandises que se vendent en ladicte ville. Et le dyent scavoir pour avoir leve lesdictz deniers, dons, aydes et octroys : mesmement led. Johanaud, par espace de quatorze ans ; ledict de Mons, durant le temps de unze ans; Pierre Moureau, durant le temps de quinze ans; Pierre Le Roy, durant le temps de quinze moys, et icelluy de Vaubrune, durant ung an, comme font encores de present. PARQUOY nous, lieutenent susdict, avons intime et notiffie ausdictz consulz le contenu esdictes lectres patentes du Roy n^{re} sire n^{re} commission contenant, et, suyvant icelles, leur avons faict commandement de par le Roy n^{re} sire de apporter ou envoyer a Paris, au chasteau du Louvre, aux moindres fraiz que fere se pourra, la moytie de ladicte somme de mil livres tournoys. FAICT a Limoges, le huictiesme jour du moys doctobre lan mil cinq cens trente cinq. Ainsi signe : J. DE PROUHET, lieutenent susd.; G. DE BEAUNE, advocat du Roy; ARDENT, procureur du Roy.

Election des consulz de la ville de Lymoges, faicte par les manantz et habitantz dicelle, le septiesme jour de decembre lan mil cinq centz trente et cinq.

Les Taules :

Marcial du Boys.

La Porte :

Leonard des Champs.

Manhenie :

Jehan Texier dict Penicailhe.

Le Marche :

Helies Boutaud.

La Faurie :

Maureil Lespine.

Le Cluchier :

Maistre Albert Baignol.

Boucharie :

Pierre La Gorce dict Thomas.

Laussecot :

Maistre Jehan Petyot.

Les Combes :

Lucas de Ville Reynier.

Le Vieulx Marche :

Loys Beney.

Croissances :

Maistre Symon des Coustures, garde des seaulx ;
Marcial Benoist.

Election des conseilhers et collecteurs des tailhes de ceste presente annee, faicte par les manans et habitans, le jour et feste de mons^r sainct Jehan levangeliste, xxvij^e de decembre.

Les Taules :

Marcial de Cordes ;
Franceyr Mauple.

La Porte :

Leonard Saulis ;
Marsa Peyteu lou joune.

Magnenye :

Germo Pinot ;
Johan Boulhon.

Lou Marchat :

Thomieu Juge ;
Merigot Joussen.

La Faurie :

Heliot Arnault;
Mestre Julhe Frenault.

Lou Cluchier :

Peyr Courtaud;
Pierre Lou Chasseur.

Boucharie :

Andrieu de Buat;
Leonard Voureys.

Lanssecot :

Mestre Guilhem Poyleve;
Peyr Courtete lou joune.

Las Combas :

Pierre Gadaud;
Johan Doureil dict Bretanho.

Lou Vieilh Marchat :

Jacme Claven;
Johan Poyleve.

Les noms des conseillers deputez au conseil du proces de la ville et du roy de Navarre.

Maistre Pierre Benoist, official de monsr de Lymoges (1);
Maistre Aymery Villebost (2);
Maistre Marcial Mathieu (3);
Maistre Mathieu Mazeutin ;
Maistre Symon de Culturis, garde du seau;
Maistre Josep de La Chassaigne ;
Maistre Pierre Martin;
Maistre Jehan Dauvergne, procureur de la ville ;
Maistre Jehan Petiot ;
Maistre Barthelemy Texier;
Maistre Albert Baignol;
Maistre Jehan Meillaud ;
Maistre Marcial Bardin (4);

---

(1) En marge est écrit : « *Obiit* ».
(2) Biffé; en marge : « *Obiit* » ; à la suite : « Aud. lieu maistre Guilhem Poyleve », également biffé.
(3) Biffé ; en marge : « *Obiit* ».
(4) En marge : « *Obiit* ».

Maistre Jehan Penicault laisne ;
Pierre Veyrier (1) ;
Marcial du Boys ;
Mathieu Mercier ;
Jehan Audier (2) ;
Helies du Boys (3) ;
Marcial Benoist, de La Porte (4) ;
Marcial Disnematin ;
Symon Peyrat ;
Jehan Bonnet laisne ;
Audoyn Dauvergne, prevost ;
Pierre Bastide ;
Leonard de Champs ;
Jehan Ardit ;
Pierre Boutaud (5) ;
Pierre Romanet, filz de Estienne Romanet ;
Marcial Gregoire le jeune ;
Jehan du Boys, de Manenye ;
Marcial Martin (6) ;
Pierre Romanet, filz de Jehan Romanet (7) ;
Marcial Romanet le jeune ;
Germain Pynot (8) ;
Jehan Gregoire (9) ;
Symeon Boyol ;
Jehan Penicaille ;
Jehan Boillon ;
Marcial Vertamon ;
Mathieu Benoist ;
Jehan Vauzelle laisne ;
Helies Boutaud ;
Loys Benoist ;
Guillaume Disnematin ;
Jehan du Boys, des Bans ;

---

(1) En marge : « *Obiit* ».
(2) En marge : « *Obiit* ».
(3) En marge : « *Obiit* ».
(4) En marge : « *Obiit* ».
(5) En marge : « *Obiit* ».
(6) Biffé ; en marge : « *Obiit* » ; à la suite : « Aud. lieu Aymeric Guibbert » ; à la suite : « *Obiit* ».
(7) En marge : « *Obiit* ».
(8) En marge : « *Obiit* ».
(9) Biffé ; en marge : « *Obiit* ».

Helies Galichier;
Jehan Lascure laisne;
Marcial Romanet laisne (1).

Et le xiiij de may lan mil cinq cens trente huict, ont este esleuz et nommez, au lieu des troys deccedez mess{rs} Villebost, Marcial Martin et Marcial Romanet laisne, honnorables monsr maistre Guillaume Poyleve, licencie es droitz, Aymeri Guybbert et Jehan Lascure le jeune, consulz, qui ont faict le serement en tel cas coustume. (Signé : GUELHAUD.)

LES CONSULZ TROUVARENT PROCES ESTRE MÉU EN la court de parlement entre le procureur desd. consulz seigneurs de la present ville, les manans et habitans, appelant, dune part, et les bochiers dicelle, appelles, daultre, pour raison de linterinement de certaines lectres royaulx contenans certains pretenduz privileiges esquelz le senneschal de Limosin ou son lieutenent avoyt concede lectres dactache portans linterinement desd. pretenduz privileiges; dont led. procureur se fust pourte pour appellant; et, moyenant sond. appel, led. prouces fust devolu en lad. court de parlement a Bourdeaulx. Au moyen duquel different lesd. parties eussent faict plusieurs grans fraiz et mises, et estoyent en voye de faire davantaige. A ceste cause, lesd. consulz, leur procureur et parties adverses diceulx, traitans aulcungs personnaiges de bon advis et conseil, du consentement de la plus saine et majeure partie desd. habitans, et pareillement de tous lesd. bochiers, ONT TRANSIGE et accorde comme appert par le contraict duquel la teneur sensuyt :

A TOUS CEULX qui ces presentes lectres verront et orront, salut. Scavoir faisons que pardevant le notaire et jure soubz le seel auctentique estably aux contraictz en la ville et chastellanie de Limoges, pour honnorables seigneurs les consulz dicelle, et tesmoingtz cy ampres nommez, sont este presens et personnellement establys et constituez en droict Me Symon Descoustures, licencie ez droictz, Marcial Duboys, Leonard Deschamps, Jehan Texier, Helies Botaud, Moureil Lespine, maistre Albert Baignol,

La transaction entre les seigneurs consulz et les bochiers de la presant ville.

---

(1) Biffé; en marge : « *Obiit* »; à la suite : « Aud. lieu Jehan Lascure le jeune ».

Pierre Lagorce et Lucas de Villereynier, consulz de ceste presente annee de lad. ville de Limoges, tant pour eulx que pour maistre Jehan Petiot, Marcial Benoist, de la Porte, et Loys Beneyt, conconsulz, leurs compaignons absens, pour eulx, leurs heoirs et successeurs quelzconques, dune part; et Marcial Bardinet dict Papaud, Jehan Verthamon, Jehan Cibot le jeune, bayles et scindicz de la frayrie et mestier des bochiers de ladicte ville, Heliot Beneyt et Jehan Cibot laisne, bochiers de ladicte ville, tant pour eulx que pour les aultres bochiers de ladicte ville absens, ausquelz et ung chascun deulx, moyenant serement par eulx faict, ont promis, soubz lobligation de tous et chascuns leurs biens, faire ratiffier le contenu ez presentes lectres et articlez cy dessoubz declairez et inseres, pour eulx et ung chascun deulx leurs heritiers et successeurs quelzconques, daultre part, et desquelz articles la teneur sensuyt :

(1) Coume soit ainsi que prouces soit meu en la souveraine court de parlement de Bourdeaulx entre honnorables seigneurs les consulz de la ville de Limoges, prenant la cause pour leur procureur, appellant de monsr le senneschal de Limosin ou son lieutenent, et les bayles des bochiers de ladicte ville de Limoges, appelles et inthimes, daultre, pour raison de la concession de certaine actache concedee par led. senneschal ou son lieutenent, a certaines lectres royaulx obtenues par lesd. bochiers, estans datees du moys de mars lan de grace mil cinq cens trente troys, signees sur reply : Par le Roy, a la relacion du conseil des laudes (2), seellees du grand seel du Roy en cire verte et laz de soye; lad. actache datee du vingtiesme jour de mars lan mil cinq cens trente quatre, signee J. de Prouhet, lieutenent general et commissaire susd., et par mond. seigneur le lieutenent Brays, greffier. Auquel proces lesd. parties alleguoyent plusieurs faictz, causes et raisons dont se esmouvoyent plusieurs differans entre elles. Sur quoy aujourduy soubz escript, par advis et deliberation de conseil, lesd. seigneurs consulz, voulans et desirans norrir et entretenir paix, union et concorde en lad. ville, et eviter .... division en icelle pour les inconveniens

---

(1) La partie suivante de cette pièce, jusqu'aux mots : *Et lesquelz articles leuz*, etc., a été reproduite, mais assez inexactement, dans le *Bulletin de la Société Archéologique du Limousin*, T. I, page 53 et suiv.

(2) « *Laud*, arbitrage, décision ». (Roquefort.) — « *Laude*, terme de coutume : droit de vendition qui se lève dans les foires sur les marchandises; — droit qui se lève sur les habitans de quelques lieux du Berry. » (Trévoux.)

que y pourroyent advenir sur lesd. differens, sont venus en accord avec lesd. bayles et bochiers, sous le bon plaisir de la court, et non aultrement, en la forme et maniere que sensuyt :

Premierement a este dit et accorde que lesd. bayles et bochiers quant ausd. seigneurs consulz, leurs officiers qui sont et seront au temps advenir, manans, habitans, jurisdicz de la justice, juridiction et seigneurie de Limoges appartenant ausd. consulz, manans et habitans de lad. ville, ont renunce et renuncent a leffet desd. lectres royaulx et actache par eulx obtenues, veullent et consentent que dicelles a lancontre deulx ne se puyssent ayder et soyent de nul effect et valleur, et que, si aulcuns exces et donmaiges sont faictz esd. bochiers en leur justice, où les justiciables et subjectz desd. consulz, lesd. bochiers poursuyvront en justice et premiere instance devant lesd. consulz et leurs officiers, comme de raison. Quant aux aultres non subjectz et justiciables desd. consulz, lesd. lectres demeureront en leur force et vigueur, et dicelles se pourront ayder lesd. bochiers comme leur semblera.

Item, ne sera loisible ne permis a aulcun user de mestier de bochier en lad. ville et faulx bourgs dicelle sil nest natif de ladicte ville et filz de maistre dud. mestier ne en loyal mariage ; vefves desd. bochiers, tant que seront vefves, demeurans en lad. rue desd. bochiers par serviteurs pour tuer et appareiller lesd. chairs, qui les vendront esd. bans charniers elles mesmes, ou feront vendre par ung dud. mestier ; ne excercer led. mestier en ladicte ville, faulx bourgz, et vendre en detail aulcunes grosses chairs, comme beufz, vaches et veaulx et aultres grosses chairs, moustons, brebis et porceaulx fraiz, ne ailleurs que en la bocharie publicque de Limoges, au lieu pour ce ordonne, excepte chair de boc, chievres, chevreaux, saufvaisine (1), volletaille et porceau sale sans fraulde, que se vendront par les manans et habitans ainsi comme ont acoustume. Item, si aulcun sefforce faire le contraire, lesd. bochiers les pourront empescher par justice devant lesd. consulz et leurs officiers, qui sur ce leur administreront justice ; et pugnition en sera faicte comme le cas le requerra. Item, lesd. bochiers ou leurs bayles seront tenus visiter de jour en jour toutes et chascunes les chairs dessusd. qui seront mises et expousees en vente esd. ville et faulx bourgs ;

---

(1) « *Sauragine, sauvalgine*, chair de bêtes sauvages. *Poulaille sauragine*, toutes sortes de gibier à plumes, tels que les faisans, les perdrix, etc. » (Roquefort.)

et, silz y treuvent aulcune faulte, le denunceront esd. consulz ou a leurs officiers, avec lesquelz se pourront joindre, et les defaillans ou delinquans poursuyvre en justice comme de raison. Item, lad. visitation nempeschera que lesd. S⁽ʳˢ⁾ consulz ne puyssent visiter ne faire visiter par leurs officiers lesd. chairs expousees en vente et aultres toutesfoys et quantes que bon leur semblera; et, si lesd. seigneurs ou leursd. officiers y treuvent faulte ou delict, pugniront et procederont contre les delinquans et deffaillans comme de raison; et a ladicte visitation lesd. bochiers seront tenus obeyr esd. seigneurs et leurs officiers. Item, lesd. bochiers seront tenus, chascun jour de chair, tenir lad. ville, manans, habitans, passans et repassans en icelle, forny esd. Bans et Bocharie desd. chairs, bonnes, raisonnables, non malades ne infectes, tellement quil ne y puysse avoir de faulte; tuer et appareiller lesd. chairs en lad. boucherie en leur rue publicquement; et les chairs de brebis qui seront expousees en vente esd. bans et en leur rue, seront tenus lesd. bochiers le declairer aux achapteurs que lad. chair est de brebis; et aussi de chair de porceau grane (1) que sera aussi expousee en vente, seront tenus lesd. bochiers le declairer aux achapteurs desd. chairs estre de la qualite susd. Item, ne pourront lesd. bochiers tuer aulcune beste pour la mectre en vente esd. bans, que ne viegne de son pied; et, au cas fortuit de roupture de corps ou de jambe, ou seroit tropt grasse, quil la conviendroit mener en charrete ou aultrement, ne la pourront appareiller que au preallable ne soyt visitee par aulcun desd. S⁽ʳˢ⁾ ou leur prevost et juge criminel, ou aultre qui par eulx sera commis. Item, seront tenus lesd. bochiers, accompaigner les bayles au jour quilz feront leur serement esd. seigneurs consulz et leurs officiers en la maison du consulat, venir jusques au nombre de douze, lesquelz bochiers lesd. seigneurs pourront interroger sur leur estat moyenant serement, qui seront tenus en dire la verite, affin que, sil y avoit faulte audict. estat, lesd. seigneurs en puyssent estre advertis; lesquelz bayles et bochiers feront leurd. serement en la forme et maniere quilz ont acoustumee fairé par cy devant, et dire, declairer le nombre des bochiers de ladicte ville par nom et surnom, lesquelz lesd. seigneurs pourront faire venir devant eulx si bon leur semble. Item, a este dit que la et au

---

(1) Ladre. — « *Granes*, élevures, vessies, boules d'eau qui viennent sur la peau. » (Roquefort.) — En Languedoc, *granos de por*, grains de ladrerie. (De Sauvages.)

cas que lesd. bochiers ou leurs successeurs ne tiendront les choses susd., par leur deffault, y eust faulte en lad. ville ou aultre crime, delict ou malversation, portant donmaige a la chose publicque, et, a faulte quil ny auroit gens souffisans et ydoines dud. mestier pour tenir lad. ville fornye, la pugnition de droict, lesd. consulz, aud. cas et non aultrement, pourront permectre a ung chascun ydoine et souffisant user dud. mestier de bouchier dedans lad. ville et lieux que par eulx sera ordonne. Item, lesd. seigneurs consulz maintiendront ez choses privileiges susd. lesd. bochiers, et a la conservation diceulx bailleront tout ayde, confort, comme leur sera possible par raison et justice. Et, moyenant le present accord, lesd. bayles se sont condampnes et soy condampnent envers lesd. consulz aux despens de la cause dappel, ses circunstances et deppendences, qui seront tauxes par deux desd. Srs consulz et deux aultres qui seront nommez par lesd. bayles, lesquelz, au cas que ne se puyssent accorder de la tauxe, pourront lesd. consulz les faire tauxer en lad. court.

Et lesquelz articles leuz de mot a mot et donnez a entendre ausd. Marcial Bardinet dict Papaud et aultres dessus nommez, ilz ont promis et jure tenir, garder et observer doresenavant de poinct en poinct selon leur forme et teneur. Dont et desquelles choses lesd. consulz ont requis et demande acte au notaire et greffier criminel de lad. justice et jurisdiction soubz signe, que leur a este concede. Donne et faict en la maison du consulat de lad. ville de Limoges, ez presances de maistres Aymery Essenault, Marcial Mathieu, Aymery Villebost, licencies ez droictz respectivement, et Sr Mathieu Benoist, bourgeoys, habitans dud. Limoges, tesmoings ad ce appellez, le samedy premier jour de janvier lan mil cinq cens trente cinq. Et les jour, moys et an susd., en presence desd. notaire et tesmoings cy ampres nommez, en lad. ville de Limoges, sont este presens et personnellement establys et constitues en droict Jehan Farne, Jacques Bardinet le jeune, Valerie Ruault, vefve de feu Jehan d'Aixe, Michel Verthamon, Mathieu Celier, Laurens Celier, Marcial Celier, Pierre Cibot dict Rascault, Mathieu Cibot, Pierre Cibot, Pierre Reynault dict Parrot, Loys Botin, Jehan Reynault dict Parrot, Jehan Reynault dict ...., Jehan Cibot dict Le Bureau, Pierre Verthamon, Jehan Plenasmeygoux dict Gayaud, Jacques Bardinet laisne, Pierre Porret, Jehan Verthamon dict La Commayr, Jehan Cibot dict Godendaud, Jehan Cibot dict

Ringault, Pierre Verthamon dict Cauthelle, Paulye Cibot, Marcial Farné dict Juge, Gregoyre Plenasmeygoux, Pierre Plenasmeygoux, Marcial Cibot dict Las Vachas et Marcial Verthamon dict Armaignat, bouchiers de ladicte ville de Limoges, lesquelz et ung chascun deulx, apres lecture a eulx faicte desd. articles et transaction sus inseres, ont, moyennant serement, iceulx ratiffies, approuves et emologues, promis les garder et tenir de poinct en poinct selon quil est contenu en iceulx, et jamais ne contrevenir au contraire; ez presences de Marcial Blesurat, mehuzier de Limoges, et Leonard Mazurier dict Lou Moyne, habitans des faulx bourgs des Arenes de ladicte ville de Limoges, tesmoings ad ce pries et appellez.

Ainsi a esté faict et accordé.

(Signé:) BARDIN.

SUYVANT LEQUEL APPOINCTEMENT lesd. seigneurs et pareillement lesd. bochiers baillarent respectivement procurations pour par leurs procureurs consentir en lad. court de parlement et bailler requeste affin que led. appoinctement et transaction fust auctorisé et decreté selon sa forme et teneur. Lesquelles requestes et consentemens faictz et bailles, lad. court bailla lad. emologation et auctorisation requise, comme appert par larrest duquel le double est cy dessoubz insere.

Extraict des registres de parlement.

L'auctorisation faicte par la court de parlement a lad. transaction.

Sur certaine requeste baillee a la court par les consulz de la ville de Limoges et les sindicz des bochiers de ladicte ville, contenant que sur le prouces pendent en ladicte court entre lesd. consulz appellans du senneschal de Limosin ou son lieutenent, dune part, et lesd. sindicz appellez, daultre, les parties auroyent faict et passé certain accord et transaction, parquoy requeroyent icelle auctoriser, et condampner icelles parties a lentretenir. Veu laquelle requeste, led. accord et transaction du premier jour du moys de janvier dernier passé, procurations desd. parties pour consentir a ladicte autorisation et icelle requerre, consentement presté par maistres Jehan Milanges, procureur desd. consulz, et Loys Chauvyn, procureur desd. sindicz, et ouy le procureur general du Roy, dit a esté que la court condampne lesd. parties a entretenir led. accord et transaction selon sa forme et teneur, sans despens, et pour cause. Dit aux parties, a Bordeaulx, en parlement, le cinquiesme jour de fevrier lan mil cinq cens trente cinq. Signe : DE PONTAC. Collation est faicte.

LESD. APPOINCTEMENT ET ARREST ONT ESTES reallement exequtes audict an par plusieurs actes, et entre aultres le quatorziesme daoust mil cinq cens trente six, comme appert par lacte que senssuyt.

AYMERY ESSENAULT, LICENCIE EZ DROICTZ, JUGE DE LA JUSTICE ordinaire de la ville de Limoges pour mess^rs les consulz dicelle, scavoir faisons que, aujourduy soubz escript, expediant ladicte court, se sont comparus honnorables Mes Jehan Petiot, Albert Baignol, Marcial du Boys, Jehan Texier dict Penicaille, Helies Bothaud, Pierre Lagorse et Lucas de Ville Reynier, consulz de ladicte ville ceste present annee, tant pour eulx que pour maistre Symon Descoustures, Leonard Deschampz, Loys Beneyt, Marcial Benoist, Moureil de Lespine, leurs compaignons absens, avec mestre Jehan Dauvergne, leur procureur, et Mathei, leur advocat, dune part; Marcial Bardinet, Jehan Verthamon et Jehan Cibot, bayles des bochiers, et comparens en leurs personnes avec Meilhaud, leur procureur, et Villebost, leur advocat, daultre. Lesquelz consulz, par lorgane dud. Mathei, ont dit que proces sestoyt meu en la court de parlement a Bordeaulx entre led. procureur, appellant, et lesd. bayles des bochiers de cested. ville, appelles, daultre; et, pour eviter proces entre icelles parties, elles vindrent en transaction et accord, par lequel auroyt este dit que lesd. bayles et bochiers, jusques au nombre de douze, seroient tenus, ung chascun an, venir faire le serement requis en leur mestier en la maison de consulat de lad. ville, en presance desd. consulz et leurs officiers, comme est contenu en lad. transaction, que fust receue par maistre Marcial Bardin, greffier criminel de ladicte ville; de quoy faire lesd. adjornez sont en demeure. A ceste cause, les ont faict adjorner par devant nous affin quilz soyent par nous condampnes a venir faire led. serement, tout ainsi et par la forme quest contenue audict instrument et transaction autorises et emologues par arrest de lad. court. Lesquelz, apres ce quilz ont ouy et entendu lad. requeste faicte par lesd. consulz ou leur procureur, ilz ont faict appeler Helies Beneyt, Jacques Bardinet, Jehan Farne, Jehan Cibot laisne, Jacques Bardinet, Jehan Cibot dict Godendaud, Mathieu Celier, Marcial Cibot le

Lexeqution desd. transaction et arrest.

jeune et Pierre Verthamon dict Cauthelle, et tous ensemble estans avec lesd. bayles dessus nommés de l'année passée, estans tous en nombre de douze, ont nommé pour bayles ceste présante année Heliot Beneyt, Marcial Cibot, Pierre Cibot et Jacques Bardinet, illec presans, qui ont faict le serement avec les aultres bochiers dessus nommés, l'ung ampres l'aultre, de tenir la ville fornye de bonnes chairs non corrumpues, contagieuses d'aulcune maladie, et declairer, quant vendront de la chair, au personnaige qui l'acheptera que c'est ouaille, et pareillement des porceaulx qui seront graines, et de venir dire et declairer ceulx qui contraviendront a leurd. serement et verseront mal audict mestier. Et ainsi l'ont promis et juré sur les sainctz Euvangiles N^{re} S^r, l'ung ampres l'aultre, de faire ce que dit est, et de tenir tousjours l'appoinctement et transaction faicte entre eulx et lesd. consulz, receue par led. Bardin. Et consentent obeyr par le simple *dictum*, sans lever aultre arrest en forme. Et ad ce faire lesd. bayles et aultres bochiers dessus nommez ont estés condampnés par nous et de leur consentement de tenir lad. ville fornye de chairs et faire ce que dit est. Desquelles choses susd. lesd. procureur et consulz ont requis ce présent acte pour leur servir et valoir ce que de raison. Faict judicialement en la court ordinaire dud. Limoges, par devant nous juge susd., le quatorziesme jour d'aoust l'an mil cinq cens trente six.

(Signé :) Dupin, Nadie (?), commis.

Lesd. transaction et dictum d'arrest sont au thesor de la present ville.

Collation faicte par les consulz de l'an v^e xxxv, finissant xxxvj, de l'hermitaige de Mont Jauvy.

Le unziesme jour du moys de janvier aud. an, trespassa frère Claude Argelier, hermite et orateur dud. Limoges, lequel fut inhumé au cymitiere pres l'esglise et hermitaige de Mont Jauvy, a l'enterrement duquel lesd. consulz firent l'honneur a coustume. Apres lequel enterement deux d'iceulx, accompaignés de leurs officiers, mirent par inventaire les petitz meubles et biens estans audict hermitaige, prindrent les clefz dicelluy et gardarent le tout jusques au vingtiesme jour desd. moys et an ; auquel jour, desirans eslire quelque dévot personnaige, ayant devotion a l'estat de la vie contemplative, se assemblarent au sepulchre ou gist le corps de sainct Marcial, n^{re} patron et tousjours bon intercesseur. Et, apres la celebration dune messe de loffice du Sainct Esperit, se retirarent en ladicte maison du consulat. Illec estans, ayans faicte bonne inquisition des pretendans et requerans led. hermitaige, firent election unicque de la personne de Pierre Las Ayras, homme ancien et bien fame, auquel, luy requerant et demonstrant signes de bonne devotion, et apres lexortacion a luy faicte par maistre Symon Descoustures, licencie ez loix, lung desd. consulz, grand nombre de peuple abstant, furent le dimenche ensuyvant bailles les draptz heremiticques, aux qualites contenuez en lacte que sensuyt. — Nous, SYMON DESCOUSTURES, licencie ez droictz, Marcial Duboys, Leonard Deschamps, Jehan Penicaille, Helies Bothaud, Maureil Lespine, maistre Albert Baignol, Pierre Thomas, maistre Jehan Petiot, Lucas de Ville Reynier, Loys Beneyt et Marcial Benoist, de la Porte, consulz de la ville de Limoges, scavoir faisons que, pour le bon rapport que faict nous a este de la personne de Pierre Las Ayras, a icelluy, pour ses causes et aultres a ce nous mouvens, avons donne et octroye et par ces presentes donnons et octroyons, le lieu de lhermitaige de ceste ville de Limoges, situe pres lesglise parrochielle de Mont Jauvy lez Limoges, a presant vaccant par le decces de feu frere Claude Argelier, dernier et paisible possesseur dud. hermitaige, avec les prouffitz et emolumens que y sont et y appartiennent, moyenant ce quil vivra audict hermitaige en vaccant a prieres et oraisons, comme appartient pour la prosperite du Roy, des consulz et habitans de Limoges, et comme doyt faire ung bon et vray hermite; et en icelluy hermitaige demeurera, sans aller vivre ne faire demeurance avec ses filhes ne aultres parens, et avec eulx despendre les biens et fruictz *in tuitu* (1) dud. hermitaige donnes, lequel hermitaige a son pouvoir entretiendra et reparera. Et, au cas que des choses susd. se trouveroyt faire le contraire, nous avons reserve et reservons pour nous et noz successeurs y pouvoir, pourveoir daultre heremite et expeller dicelluy led. Las Ayras. Lequel Pierre Las Ayras present, a accepte led. lieu pour y resider a perpetuite durant sa vie et ez modifications et qualites susd. FAICT ez presences de monsr. le prevost Audoyn Dauvergne et honnorable maistre Jehan Dauvergne, licencie ez droictz, tesmoings ad ce appellez, le jeudy vingtiesme jour de janvier lan mil cinq cens trente cinq.

(1) *In tuitu*, donnés en consideration de l'ermitage.

— 276 —

CE FAICT, FUST ledict Las Ayras menne et conduict par lesd. consulz, acompaignés de leurs officiers, en lad. esglise de Mont Jauvy, ou fust receu par les prebstres et cure dicelle. Et apres la celebration sollempnelle dune messe de loffice dessusd. luy fut administre le sainct sacrement de Eucharistie, et dillec fut menne et conduict processionallement aud. hermitaige pour vacquer a lestat de contemplation. Dieu luy doinct grace de ce faire ! Amen.

[Les consuls font rayer du rôle des tailles la paroisse de Saint-Lazare, indûment imposée.]

A LA PERSUASION daulcuns habitants de lad. ville, les esleuz au hault pays de Limosin, sans ouyr ne appeller lesd. consulz, additionnarent au rôlle des tailles de ladicte ville la paroisse de Saint Lazare. De quoy iceulx consulz et leur procureur se portarent et declararent appellans, et demandarent ausd. esleuz ce grief leur estre repare ; ce que fut faict apres longue poursuyte, comme appert par la sentence diceulx, datee du ...... (1).

[Réparations au marché au poisson.]

PARCE QUE LES MURAILLES SOUBSTENANS LES clostures et couverture du Gras (2) et Poissonnerie de ceste ville ruynoient, ce que eust bien tost grandement prejudicqué aux revenu et bien publicque, lesd. consulz firent reparer lesd. murailles et clostures ; et, pource que lentree et sortie dud. Gras estoyent mal aises, firent faire les deux portes estans aux deux costes dicelluy.

[Réparations à une partie des fossés et murailles.]

A CAUSE QUE les fosses de lad. ville, despuys la tour de Vieille Monede jusques a laultre tour estant devant le portail du convent des Freres mineurs estoyent remplis deaue et femier, telle-

(1) La date est restée en blanc dans le registre.
(2) On appelait ainsi jusqu'à ces derniers temps le marché au poisson qui se tenait autrefois au carrefour de Saint-Pierre. Le Gras du Queyroix est mentionné dans un acte du xiiie ou xive siècle.

ment que leaue penetroyt les fondemens des murailles, entroyt dans les caves dillec, penetroyt (?) et empeschoit les conduictz venans de lad. ville et dans lesd. fosses, lesd. consulz les firent curer et profonder despuys lune desd. tours a laultre. Ensemble firent reparer les murailles estans aux bors desd. fosses et celles du bolovert de la porte Bocharie.

FIRENT AUSSI reparer les chemyns, (lung) tirant du pont de lAurrance a Poictiers, la longueur de quarente brasses; laultre tirant de la porte et faulxbourgs de Montmaillenq a ladicte esglise de Mont Jauvy, la longueur de cent cinquante brasses; ung aultre tirant de la crbix de Bregaffer a Nyeul, la longueur de quatre vingtz brasses; aultres deux estans pres la croix des Trois Trueidz, lung tirant au bourg dIsle, et laultre a la ville dAixe, la longueur de cinquante brasses chascun ou environ. [Réparations à divers chemins.]

PAREILLEMENT firent rabiller et nectoyer les doatz et conduictz de la fontaine de Sainct Pierre despuys la source dicelle jusques a lotatoire du Crucifix dAyguesparce, et paver ses entours, ensemble ceulx de la fontaine dAygolene le long des Estangs et de la chaulsee estant entre deux, tant de pierre de taille que aultre necessaire a ladicte reparation. [Fontaines de Saint-Pierre et dAygolene.]

AU MOYS DAVRIL mil cinq cens trente six, n^{re} S^{re} le Roy fist bailler assignation aux gentilz hommes et aultres subjectz a larriere ban de ladicte senneschaulcee en ceste ville. Faisant la monstre duquel Mess^{re} Anthoyne dAnglars, ch^{er}, seigneur de Sainct Victour, lieutenent de robbe courte dud. gouverneur et senneschal de Limosin, fist nommer et appeller les susd. consulz, pour raison de la seigneurie de lad. ville, et plusieurs habitans dicelle particulierement. A ceste cause, lesd. consulz se transportarent pardevers led. seigneur, auquel firent appareoir [Lectres dactache contenans lexemption de davrier ban.]

de leur droict dexemption, dons et octroys, moyenant laquelle remonstrance, apres plusieurs fraiz et poursuytes, leur conceda et bailla son actache, et les declaira exemptz, comme par ladicte actache appert, de laquelle s'ensuit le double :

ANTHOYNE D'ANGLARS, seigneur de Sainct Victour, lieutenent de robbe courte de noble et puyssant seigneur mons. le gouverneur et senneschal de Limosin, commissaire royal en ceste partie, scavoir faisons que, les jour, moys et an soubz escriptz, en presance des lieutenent général, procureur et advocat du Roy en la présant senneschaulcée, en faisant la monstre du ban et arrierban du hault pays de Limosin, les consulz de Limoges ont esté appellez. Pour lesquelz a comparu maistre Jehan Dauvergne, licencie ez droictz, procureur de ladicte ville de Limoges, et maistre Jehan Petiot, notaire et practicien de Limoges, lung desd. consulz, avec maistre Aymery Essenault, licencie ez droictz, juge ordinaire de ladicte ville, lesquelz nous ont dit et remonstre quilz sont exemptz de compareoir audict ban et arrierban, et de ce ont bons et vallables privileiges a eulx octroyes et confirmes par les Roys, mesmes par le Roy qui est aujourduy, interines et exequtes tant par mond. S^r le gouverneur que ses aultres preddecesseurs, qui, ouys mess^{rs} les officiers du Roy en la présant senneschaulcee, en a baillé sa sentence, et icelle exequtée, nous requerant les vouloir maintenir et conserver et garder en leursd. droictz, privileiges, possessions et saisines, et, en ce faisans, les declairer exemptz de compareoir et estre appellez doresnavant et pour ladvenir, tant eulx que pareillement les manans et habitans de ladicte ville, audict ban et arrierban, offrant nous monstrer et faire appareoir deuement de leursd. privileiges et exemptions. Laquelle requeste entendue, par advis des dessusd., avons ordonné que lesd. consulz feront appareoir de leursd. privileiges, sentence et exeqution dicelle, pour, iceulx veuz, leur estre pourveu comme de raison. FAICT à Limoges, le tiers jour davril lan mil cinq cens trente six. Et, ADVENANT le quatriesme jour dud. moys, au logis des heritiers feu Laurens Gandy, où pend par enseigne N^{re} Dame, auquel logis estions logés, se sont comparuz lesd. consulz, lesquelz nous ont faict appareoir desd. exemptions et appoinctement faict par mond. S^r le gouverneur, le penultime de may lan mil cinq cens trente quatre, par lequel nous est apparu, ensemble par les aultres privileiges a nous exhibes, lesd. consulz, manans et habitans de lad.

ville, estre exemptz aller compareoir et estre appellez audict ban
et arrierban. Au moyen de quoy, nous, commissaire susd., en
presance des dessusd., lieutenent general, procureur et advocat
du Roy, et par leur advis, en gardant, maintenant et conservant lesd. consulz, manans et habitans en leursd. privileiges,
dons et octroys, avons declaire et declarons lesd. consulz,
manans et habitans de ladicte ville exemptz de aller compareoir
ne estre appellez pour ladvenir audict ban et arrierban, et
ordonne que ne seront plus enrolles ne appellez ausd. rolles, et
en seront rayes et ostes si mys y avoyent este. Donc, lesd.
consulz nous ont requis acte, que leur a este concede, les
jour, moys et an que dessus. Signe : A. de Sainct Victour ; par
mond. S^r, Lamy, greffier.

Ladicte actache est au thesor de ladicte ville.

Audict moys (1), certain nombre de manans et habitans — Les escolles.
dicelle ville vindrent en lad. maison du consulat remonstrer
ausd. consulz, que, aux escolles, avoyt grand et neccessaire
besoing de recteurs et bons maistres, et que, a faulte diceulx,
ausd. escolles, navoyt aulcune discipline ne morigination, et
estoyent lesd. habitans contraincfz envoyer et tenir leurs enffans
aux escolles des villes circunvoisines; que causoyt et seroit
pour causer a ladvenir donmaige irreparable, requerant que
par lesd. consulz y fust baille remede et provision. Ouye
laquelle remonstrance et civile requeste, iceulx consulz, apres
avoir faict bonne inquisition de lestat desd. maistres et regime
desd. escolles, assemblarent leur conseil, et desd. habitans le
plus grand nombre quilz peurent, et par ladvis diceulx fust
concludd denvoyer a Paris, Poictiers, ou aultre ville ayant
universite, pour scavoir et enquerir sil y avoyt quelque recteur
scavant et souffizant a enseigner et apprendre doctrine et
mœurs ausd. enffans; et, affin que tel recteur eust meilleur
desir de ce faire, fut arreste quil seroit prins du revenu des
haulmosnes Saincte Croix la somme de vingt livres ou aultre,
selon que lafferme dud. revenu montera, et se pourra reserver
les haulmosnes selon lintention des fondateurs equitablement

---

(1) Cette pièce est reproduite dans le *Limousin Historique*, p. 434.

faictes, et le surplus pour faire la somme de trente livres, des deniers de la ville; laquelle somme sera constituee et baillee pour gaiges et pension annuelle aud. recteur, et ce oultre les molument et salaire annuel que lesd. maistres ou maistre ont acoustumé prendre de chascun escollier estant ausd. escolles; et, avec ce, lesd. conzulz luy fourniroient maison et lieu souffizant a tenir et excercer lesd. escolles aux despens de ladicte ville. SUYVANT lequel conseil et advis, envoyarent audict Poictiers, et trouvarent moyen den retirer et faire venir de par deça maistre Pierre Pomeranus, lung des recteurs du colliege de Saincte Marthe, lequel a accepté et prins la charge desd. escolles pour ung an, a compter de la feste de la Nativité S' Jehan Baptiste mil v^c xxxv), jusques a semblable jour lan revolu, éz susd. conditions et qualites. De laquelle s'est jusques a présent bien et honnorablement acquicte.

Double dinstrument touchant ledifficefaict par Jehan Texier dict Penicaille en la maison joignant au jardin du consulat.

AUDICT MOYS, Jehan Texier dict Penicaille, bourgeoys et marchant de la presant ville de Limoges, declaira ausd. consulz quil vouloyt bastir et edifier la maison ou jadiz estoyt le pressoir de Jehan Chambon, par led. Texier acquise, et les summa de luy permectre de faire led. edifice, ou bien luy monstrer tiltré par lequel le deussent empescher. Finablement, parce que ne se trouva aultre tiltre que celluy que demonstroyt ledifice ancien, apres avoir consulté avecques les espertz luy fust permis bastir et edifier lad. maison par la fourme et ez qualites contenues en linstrument cy dessoubz escript. — LE MARDY VINGTCINQUIESME jour de juillet lan mil cinq cens trente six, sont estés presans et personnellement establys et constituez en droict honnorable maistre Symon Descousturas, licencié ez droictz, Marcial Duboys, Maistre Jehan Petiot, Leonard Deschamps, maistre Albert Baignol, Pierre Thomas, Mourail de Lespine, et Lucas de Villereynier, consulz de la ville de Limoges, tant pour eulx que pour Marcial Benoist, Helies Bothaud et Loys Benert, conconsulz, leurs compaignons absens, ausquelz et chascun deulx ont promis faire rattiffier le contenu en ces presentes, toutesfoys et quantes que par la partie soubz escripte en seront requis, pour eulx et dune part; et Sr Jehan Texier, aussi consul de lad. ville, pour luy et les siens, daultre part. Led. Texier a dit qu'il estoyt vray seigneur, util proprietaire et possesseur de certaine maison situee en ceste ville de Limoges, et au charreyron (1) appelle de Botin, confrontant par devant a ladicte ruele, d'une part, et, par le dernier, au jardrin de la maison du consulat, d'aultre part; et, de l'aultre couste, aux jardrins de la maison de Loys Benoist, bourgeoys de Limoges, et des heritiers feu Balthezard Douhet, d'aultre partie. Laquelle maison led. Texier veult faire edifier, et jecter, fenestres et prospectz sur ledict jardrin de consulat, requerant que mesd. seigneurs les consulz luy permectent faire led. edifice. Pour ce est il que au jourduy, ampres avoir veu et visite, faict veoir et visiter par expertz, affin que led. edifice ne fust donmageable, audict jardrin et maison commune de consulat, eu sur ce l'advis et deliberation d'aulcuns leurs officiers, lesd. seigneurs consulz aud. nom ont permis et permectent par ces presantes aud. Texier, presant, stipulant et acceptant, de bastir et ediffier lad. maison en la forme et maniere que sensuyt, SCAVOIR que les murs estans dans led. jardrin sont et demeureront communs entre lesd. parties et leurs successeurs, et en et sur iceulx lesd. consulz et leursd. successeurs pourront bastir et appuyer toutes et quantesfoys que bon leur semblera, en payant aud. Texier seullement la somme de quinze livres tournoys pour leur part du coustaige dud. edifice, tant de pierre que de boys. Sur lesquelz murs communs si led. Texier veult mectre aulcun pan de boys, le fera mectre a mylieu desd. murs, tellement que la moytie desd. murs demeurera vacue du couste dud. jardrin. Et audict mur fera icelluy Texier faire des armaires tant dedans que dehors, ensemble des coins denotans led. mur estre commun. Et les stillicides (2) dud. bastiment et maison ne pourra faire tumber dans led. jardrin, ains leur baillera cours ailleurs. Et pourra led. Texier faire fere quatre fenestres sans tenir forme de croisee, lesquelles fenestres seront faictes tant au hault que au bas de ladicte maison joignant au planchis, tellement que par le dedans de ladicte maison ung homme ne y puysse regarder, et closes a la coustume de la ville. Et d'ung couste et daultre ont promis les parties tenir, garder et observer les choses susd., moyenant serement; et leur sont este concedees lectres soubz le

---

(1) Petite ruelle, venelle; c'est notre mot patois charcirou françesé, diminutif du bas latin carreria; ancien français : *charriere*, chemin de charroi, rue, route. » (ROQUEFORT.)
(2) Latin, *stillicidium*; edu qui tombe goutte à goutte.

[Réquisition de chevaux de trait et de charrettes pour l'artillerie.]

BIEN TOST APRÈS LE ROY N. D. SEIGNEUR ENVOYA LECTRES et commission adroissans ausd. esleuz pour ordonner et mectre sur les habitans en leur eslection le nombre de vingt chevaulx telliers et de traict et certain nombre de charrettes, le tout pour mener et conduyre artillerie et aultres munitions de guerre au lieu que par luy seroit ordonné. Suyvant laquelle commission lesd. esleuz chargarent ladicte ville de fornir troys desd. chevaulx, bons et souffizans audict affaire, avecques les harnoys necessaires, lesquelz, nonobstant toutes remonstrances, lesd. consulz furent contraictz de fornir, icelluy garder et nourrir par lespace de quatre vingtz unze jours. Finablement, apres plusieurs requisitions, leur fut permis de les vendre. Et monta la perte, tant de lachapt que la vente diceulx, que de lentretenement et despence, la somme de soixante et treze livres.

[Lettres du Roi prescrivant certaines mesures de défense.]

LEDICT SEIGNEUR envoya ausd. consulz unes lectres, desquelles la teneur sensuyt :

De par le Roy.

CHERS ET BIEN AMEZ, SAICHANS LE GRAND BRUYT de guerre qui peult avoir par tout n're royaulme, et désirans le repoz et tranquillité de corps et desperit de tous noz bons et loyaulx subjectz, nous vous avons bien volu advertir du bon grant ordre et provision que nous avons donne en toutes les frontieres, entrées et passaiges de n're royaulme, qui est telle que quelques grans preparatifz quayent peu dresser noz ennemys pour lexeqution de leurs malignes et dampnees entreprinses, ilz nen peuvent rapporter que honte, vitupere et donmaige. Ce neantmoins, nous, en faisant office de bon prince et pastour, ne nous contentons pas seullement davoir pourveu esd. frontieres et limites de nre royaulme, mais desirans cordiallement que le dedans soyt preservé de toute moleste et oppression, et que nosd. bons et loyaulx subjectz puyssent en vraye seurté et repoz vivre et negocier entre eulx en leurs vaccations et mesnaiges, aussi bien en temps de guerre que de paix, nous volons et vous prions tresacertes que vous regardes aux murs, portaux, fossez, bollovers et aultres fortiffications de nre bonne ville de Limoges, les reduysant par voz dilligences, soing et labeur en tel estat que vous ne puyssies craindre les vacabons, pillars, voleurs ne quelque maniere de gens qui pourroyent vous faire force ou invasion d'hostillité, vous pourvoyant quant et quant de bastons, harnoys, artillerie, et toutes armes qui peulvent servir a la deffence de lad. ville, et ce par la gracieuse remonstrance, cotisation et ordonnance que vous en scaures bien faire tant en general que en particulier par tout et ainsi que besoing sera, selon la fiance et certitude que nous avons de voz obeyssance et bonnes voluntés. Donné a Lyon le vingthuictiesme jour de juillet mil cinq cens trente six. Signé : Françoys; Rapponel

[Réquisition de chevaux de traict et de charrettes pour l'artillerie.]

par lespace de quatre vingtz une jours. Finablement, apres

Pour ausquelles obeyr, et tenir lad. ville en seure garde, lesd. consulz firent revéu particuliere des harnoys et gens de deffence estans en icelle, et, pour la fortiffier, firent bastir et remonter deux grandes bresches estans au long desd. fousses, lune pres des vaulx du prieuré de Sainct Gerault, et laultre aux aultres vaulx venant de la porte Montmailler audict convent des freres Mineurs.

[Revue particulière des soldats et des armes.

Réparations aux murs.]

Pareillement firent faire la faulce porte et pontet de la porte appellee de Bocharie.

[Lettres du Roi prescrivant certaines choses pour la Boucherie.]

Firent aussi faire a maistre Michel Peillot, fondeur, six pieces d'arfillerie, chascune poisant jnq quintal, ou furent mys et employés deux cens vingt et huict livres de pieces rompues et gastees, estans en la maison dud. consulat, et la somme de vingt livres tournoys que fornirent et baillarent liberallement monsr maistre Symon Descoustures, garde des seaux, et Lucas de Villereynier, nouvellement consulz, et ce au lieu du bancquet que chascun consul avoyt acoustumé de faire a son premier consulat.

[Artillerie.]

— 284 —

[Même objet.] FIRENT APRES faire et monter sur roues le canon, poisant quatre cens unze livres; a la fonte duquel fut mys deux cens quarante livres matiere d'un vieulx secret (1) rompu estant audict consulat, et de reste, du revenu de ladicte ville.

[Tour de Saint-Michel.] FUST FAICTE par lesd. consulz la tour appellee de Sainct Michel estant entre les tours de Chante Myeula (2) et la porte du Sainct Esperit, et ce despuys les fondemens dicelle jusques aux creneaux inclusivement. Et na tenu a leur bon vouloir quilz nayent faict davantaige.

[Fontaine d'Aigoulène.] FURENT ADVERTIS deux moys avant la fin de leur consulat, que certains personnaiges avoyent faict copper les doatz conduysans leaue venant du Puy las Rodas a lespillier qui est deca la maison de Celier, assize sur le grand chemyn tirant de ceste ville a St Junien, et dud. espillier a la fontaine dAygolene, et ce pour conduyre et approprier ladicte eaue a leur prouffit particulier. Pour a quoy obvier, ampres avoir faict information dud. cas, fut inhibe de par lesd. consulz de ne tirer oultre. Et, affin de trouver moyen que lad. eaue eust son cours ancien, firent jornellement deslors sercher et nectoyer lesd. doatz et conduictz, lesquelz estoyent et sont encores en partie estoupes (3) et ramplys de terre et piarres, a cause que les voultes diceulx sont en plusieurs lieux ruynees; que cause la perdition et diversion de leaue jadiz venant a la fontaine dessusd^e (4).

(1) Secrétaire, caisse, trésor (?). On appelait autrefois *secret royal* le trésor royal.
(2) *Miaulo, miolar*, en patois limousin, signifient : « milan »; anc. français, *million*; bas-latin, *milio*; latin, *milvus*.
(3) « *Estouper*, boucher, clore : de *stupa*; en bas latin, *estopare*. » (ROQUEFORT.)
(4) Ici un renvoi avec ces mots : « Vade ad fulg. sequentj folio sequenti ». La suite de cette affaire se trouve en effet au recto du feuillet suivant, après la liste des collecteurs des tailles.

Election des consulz de ceste ville de Lymoges faicte par les manans et habitans d'icelle, le vije jour de decembre mil cinq cens trente six.

Les Taulles :

Marcial Decordes l'aisné.

La Porte :

Marcial Decordes le jeune.

Maignenhe :

Pierre Romanet le jeune.

La Mahcké :

Matthieu Benoist.

La Fourie :

Monsr Mr Pierre Gay.

Le Cluchier :

Francoys Charreyron,
Et André de Buat.

Lancecot :

Jehan Saleys.

Les Combes :

Monsr maistre Aymeric Villebost.

Du Vieulx Marché :

Jehan du Mas.

Croissances :

Marcial Gregoyre le jeune,
Et Jehan de La Roche, dict Vouzelle, laisne.

[Ici se trouve le reçu de Guillaume Jouviont, abbé commendataire de l'abbaye Saint-Martin-lez-Limoges, pour les écoles, pour l'année 1536.]

Election des conseillers et collecteurs des tailles de ceste presente annee, faicte par les manans et habitans de ceste ville, le xviij° jour de janvier mil...

_____Les Taulles :_____

Jehan Goudin;
Mathieu Tillier,

La Porte :
Pierre des Cars;
Barthelemy Mercier;

Maigneniye :
Jehan Mosnier;
Jehan de Las Coulx;

Le Marche :
Marcial Juge;
Jacques Reymond;

La Fourye :
Marcial Bachelier;
Pierre Nouailler dict Peyr Nyo,

Le Cluchier :
Pierre Merly;
Bertrand Petit;

Boucharye :
Maistre Jehan Lamy;
Jehan Nadault.

Loys Guéry;
Maistre Penot Blanchart.

Les Combes :

Maistre Jehan Penicault laisne;
Maistre Claude Vincendon.

Comas Guéry;
Guillem Coulombet.

Et, suyvant ladvis precedent et commencement de fere chercher les doatz par nos predecesseurs consulz en intention de faire venir leaue de la fontaine du Puy las Rodas a la fontaine dEygolene, fismes chercher et suyvre lesd. doatz et conduictz par ung long temps et jusques ad ce que les vignes furent en fleur. Et, pour ce que lesd. doatz sont dedans les vignes, ceulx ausquelz lesd. vignes appartenoyent vindrent faire requeste de surceoir led. affaire jusques apres Vendenges, actendu le degastz que on pourroyt faire esd. vignes. Au deste cause surcoyasmes aud. affaire, et bailhasmes permission a mess{rs} les de Lomenya prendre lad. eaue jusques ad ce que aultrement en seroit ordonne, ainsi quil appert par la lectre subsequente, quest au grand advantaige de la ville, comme appert par icelle. Auquel affaire despendismes grosse somme de deniers.

[Fontaine d'Aigoulène.
—
V. page 284, pour le commencement de cette affaire.]

Nous LA GARDE du seel auctentique royal estably et ordonne pour le Roy nostre S{e} aux contraictz, au bayliaige de Limoges, a tous ceulx qui ces presentes lectres verront et orront scavoir faisons que, par devant n{re} feal commissaire et juré en office dud. seel, dessoubz escript et signe, ad ce par nous expressement commis et depputé, et les tesmoingz cy ampres nommes, en la maison du consulat de la ville de Limoges, estans presens honnourables hommes Monsr maistre Aymery Villebost, licencie ez droictz, sires Pierre Romanet le jeune, Marcial Gregoyre le

Tiltre pour la fontaine dEygolesne.

jeune, Marcial de Cordes laisne, Jehan de La Roche dict Vouzelle, Marcial de Cordes le jeune, Francoys Chaffreyron, Andre de Buat et Jehan du Mas, consulz la presente annee de lad. ville, faisans, tant pour eulx que pour leurs successeurs consulz par ladvenir que seront de lad. ville, dune part, et venerables messrs maistres Françoys, aultre Françoys et Hugues de Lomenya, chanoynes de lesglise de Lymoges, pour eulx et leurs partionniers (1), sçavoir est, led. maistre Hugues en personne, faisant tant pour luy que pour lesd. maistres Françoys et aultre Françoys de Lomenia, et appartionniers, par lesquieulx a promis et jure aux sainctz Dieu Evangilles nostre Sr, touche manuellement le livre, faire ratiffier, louer et approuver le contenu en la present transaction et accord; et bailler pareilles et semblables lectres toutes et quantesfoys quil en sera somme ou requitz, aussi pour luy ausd. noms et les siens heoirs et successeurs presens et advenir, daultre part. COMME soit ainsin que par cy devant, en lannee passee, messrs les consulz qui pour lors estoyent comme zelateurs de la chose publicque, advertis que certain cours deaue qui avoit accoustume distiller et descendre et venir par conduictz et meatz a la fontaine appellee de Eysguolene de ceste ville de Limoges, et que lesd. de Lomenya empeschoyent led. cours deaue a cause dung pre quilz ont et possedent appelle de Mourmarie, en empeschant et divertissant led. cours deaue venant a lad. fontaine dEysguolene et le dyvertissant de sond. cours ancien pour le fere venir aud. pre. Et eussent iceulx Delomenya faict fere certaine murete et conreys (2), par ce moyen empeschant le vray cours deaue ancien venant a lad. fontaine dEysguolene. A cause de quoy lesd. consulz, tant de lannee passee que ceulx de la present, eussent faict ouvrir certains douhatz et trenchees pour venir tollir et oster led. empeschement et pour faire venir lad. eaue a son vray cours ancien de lad. fontaine dEyguolene, et soit vray que à present les tenenciers des vignes estans aux tours et voisins desd. douhatz et trenchees disoyent que len leur faisoit tort, et que leurs vignes se degastoyent et depperdoyent grandement; veu et considere la saison que nous sousmes a present, quest saison de fleurir et parvenir a murte, nous remonstrant et requerans que led. affere se remist et actendist jusques ampres ven-

---

(1) Roman, *parsonier*, cohéritier, associé, copropriétaire; en patois limousin, *parsouniei*.
(2) Corpl.

denges, affin quilz puissent recueillir et amasser leurs vins et joyr de leurs vignes et heritaiges, par quoy, veu ce dessus, avons accordé et determiné que pour le present supercederions audit affere et negoce dessusd., et ce pendent avons promys que lesd. Delomenya joyront, par maniere de provision et jusques a ce que par nous et noz successeurs consulz a ladvenir aultrement de et sur ce sera pourveu et determiné, de leaue accoustumée venir à leurd. pré, et ce par maniere de provision, comme dict est dessus, en ce que lesd. Delomenya, stipulans comme dessus, ont voulu et promys et consenty, veulent, promectent et consentent par ces presentes que toutes et quantesfoys que bon semblera à nous et à noz successeurs consulz a ladvenir de lad. ville, nous puissons, et soit loisible et permys joyr et repprendre lad. eaue comme nostre, pour icelle approprier et conduyre au prouffict et utilité de lad. ville, sans ce que lesd. de Lomenya ne aultres nous puissent empescher ne troubler en aulcune maniere en ce faire, et ce de n're propre auctorité, et sans figure de proces, et sans ce que lesd. de Lomenya ne leurs successeurs puissent à ladvenir pretendre aulcun droict, tiltre ne possession en lad. eaue ne cours dicelle par la present transaction ne aultrement. Lesquelles transaction, accord et appoinctement et aultres choses dessusd., lesd. parties et chascune delles esd. noms ont promis tenir, faire et accomplir, et du tout entretenir de poinct en poinct, sans jamais venir au contraire. Et, en deffault de ce, ont promis lesd. parties et chascune delles lune a laultre respectivement emender, poyer, resoudre et resarcir tous donmaiges, interestz, frays, mises, costz et despens que lune dicelles parties ou les leurs feroyent, souffriroyent ou soustiendroyent par le deffault et coulpe de laultre, a cause de ne tenir, faire, accomplir et du tout entretenir le contenu ez presentes, et ce au simple dire ou serement de lune dicelles parties ou dez siens, qui pour raison de ce feroyent, souffriroyent ou soustiendroyent telz despens, donmaiges et interestz, sans aulcune aultre preuve ou taxation de juge, nonobstant le droict disant que nul ne peult et ne doibt estre juge, tesmoing ne arbitre en sa propre cause, auquel droict lesd. parties et chascune delles esd. noms ont sur ce respectivement renuncé, comme renuncent par ces presentes, et à toutes et chascunes exeptions, deffenses, raisons, renunciation et allegations de droict et de faict, tant generales que particulieres, que len pourroit dire et alleguer contre le contenu ez presentes, et par lesquelles, le contenu en icelles pourroit estre adnulle, casse, et enfrainct, et à tout aultre droict sur ce introduict et à introduyre au contraire, et au droict disant que generale renunciation ne vault et ne tient sinon par tant quelle soit exprimee au contraict; promectant en oultre, comme ont promis lesd. parties, et chascune delles lune a laultre respectivement, solempne stipulation sur ce dung cousté et daultre .... de ne venir ne faire venir par elles ne par aultres, directement ne indirectement, contre la teneur et contenu ez presentes, ne donner conseil, faveur ne ayde a aulcun aultre pour venir contre le contenu en icelles, moyenent serement par icelles parties et chascune delles, sur ce faict et presté aux sainctz Dieu Evangilles N⁹ˢ Sʳ, touché manuellement le livre, et ce soubz la expresse obligation et ypothecque de tous et chascuns leurs biens et choses quelzconques desd. parties et de chascune delles esd. noms, tant meubles que inmeubles, presens et advenir, lesquelz quant ad ce ont expressement oblige, affaicte et ypothecque lune partie a laultre respectivement, scavoir est : lesd. seigneurs consulz esd. noms, les biens et revenu de lad. ville de Lymoges. Et a icelles choses susd. et chascune delles tenir et observer ont volu et consenty lesd. parties et chascune delles esd. noms estre contrainctes et compellees par nous et d'noz successeurs et aussi par la court, jurisdiction et contraincte de la senneschaulcee de Lymosin au sieige dud. Lymoges, a laquelle jurisdiction et contraincte de laquelle lesd. parties se sont expressement soubzmises et obstrainctes; et par aultres gens, sergens royaulx et allouez du Roy nʳᵉ Sᵉ, par prinse, saisine, vendition, distribution et alienation de tous et chascuns les biens et revenu desd. parties et de chascune delles add. nom, tant meubles que inmeubles, presens et advenir; et par venerable lofficial dud. Limoges, par censures et fulminations ecclesiasticques; et par chascun deulx seul et par le tout conjoinctement et diviseement une foys et plusieurs, toutes et quantesfoys que besoing sera; et par tout aultre remede de droict et justice ad ce requis et neccessaire. Et a tenir et observer les choses susd. et chascune delles ont esté lesd. parties et chascune delles, comme dessus est dict, presentes chascune delles, instant, requerent et pour icelles et les leurs stipulant et acceptant de leur commun vouloir et consentement, pour et au lieu de nous deuement condampnees par Marcial Deschamps, clerc et notaire, nostre feal commissaire et juré en loffice dud. seel, dessoubz escript et signe, qui les choses susd. a ouyes et receuez, ainsin comme il nous a feablement rapporte par cesd. presentes, de sa propre main signees. A la feable relation duquel nous, garde susd., ez choses susd. adjoustans plaine foy, et icelles louans et affirmans estre vrayes comme si faictes avoyent este en jugement par devant nous, led. seel auctentieque royal en foy et tesmoignaige de verite, pour plus de foy y estre adjoustee, a ces presentes avons faict mectre et appouser. Donne et faict en la maison du consulat de lad. ville de Lymoges, ez presances de Jehan Moret, aguilletier, et de Gerault de Sainctiot, menusier, habitans audict Limoges, tesmoingz cogneuz ad ce requitz et appellez, le vingtiesme jour de jung lan mil cinq centz trente sept.

(Signé :) M. Deschamps.

Lappoinctement et accord faict entre Reverend Pere mons^r *labbe de Sainct Marcial et mess*^{rs} *ses religieux avec mess*^{rs} *les consulz de la ville de Limoges touchant les predications et sermons acoustumes a dire aud. monastere.*

Entre le procureur des consulz de la ville de Limoges, demandeur et impetrant lectres darrest de querelle, comparent par du Pin, assistant Mathei, advocat, dune part ; et le sindic des abbe et religieux de labbaye mons. Sainct Marcial de Limoges, deffendeur et requerant, comparent par maistre Marcial Montoudon, assistant Maseutin, son conseil, daultre part. Apres, lesquelles comparitions, du consentement desd. parties, a este ordonne que le sermon sonnera et sera doresenavant sonne et dit en lad. abbaye selon et en ensuyvant lancienne coustume ez lieux et heures acoustumees, et sans despens dung couste et daultre. Faict judiciallement a Limoges, par devant mons. Lamy, lieutenent particulier, le quatorziesme jour du moys de decembre lan mil cinq cens trente six.

Et advenant le vingtsixiesme jour de décembre an susd. par devant le greffier soubz signé ou son commis, ont esté presens et personnellement constituez Reverend Pere, frere Mathieu Jouviond, abbe du devot monastere monsʳ Sainct Marcial de Limoges, venerables freres Symon Ebreyt, tiers prieur; Albert Pothe, chabessier (1); Jehan Lapine; Guillem Rogier; Jehan Choussade; Pierre Audier; Leonard Boysse; Marcial Ebreyt; Jehan Douhet; Estienne Romanet; Jehan Juge; Joseph Duboys; Leonard Coignard; Bertrand Pothe; Jehan Bordeau; Anthoyne Gay; Pierre Chantoys et Jehan Mandac, religieux de ladicte abbaye, lesquelz tous ensemble ont ratiffié et eu pour aggreable lacte susd. faict par maistre Marcial Montoudon, leur sindic. Faict ez presence de messʳ Guillaume du Masaureys, prebstre, et Balthezard Thiqude (2), cousturier et coustre (2) de lad. abbaye, tesmoingtz cogneuz ad ce appellez et requis.

Et advenant le quart jour de janvier an susd. (3), par devant le greffier soubz signé ou son commis, ont esté presens et personnellement constituez en droict honnorables messʳˢ maistres Aymery Villebost, Pierre Gay, Marcial Gregoyre le jeune, Jehan de La Roche laisné, Pierre Romanet, Françoys Charreyron, Marcial de Cordes laisné, Jehan du Mas et Jehan Saleys, consulz de la ville de Limoges, faisans tant pour eulx que pour Mathieu Benoist, Andre de Buat et Marcial Decordes le jeune, aussi consul avec les susd. lesquelz ont ratiffié et eu pour aggreable, comme ratiffient et ont pour aggreable led. acte, et consentement dessus inseré, faict par leurs advocat et procureur. Faict ez presences de Jehan Moret et

---

(1) *Chefcier, chefecier* ou *cherecier*, nom d'une dignité dans les églises. (V. le Dictionnaire de Trévoux.)

(2) *Coûstéur, coustre, coûtré*, sacristain ; de *custode*. (Roquefort.)

(3) Nous devons ici renvoyer à la note de la page 40, relative au calendrier. La présente pièce semble contredire ce que nous avons dit, comme on peut s'en apercevoir par les dates successives : 14 décembre 1536, 26 décembre 1536 et 4 janvier 1536. M. Chéruel (*Dict. des Instit.*) dit qu'à Paris et au nord de la France, la coutume était de commencer l'année à Pâques, et que cette coutume prévalut jusqu'au milieu du XVIᵉ siècle. Il ajoute que dans le midi on se servait d'un autre calendrier. Limoges, ville du centre, appartenait autant au nord qu'au midi. Il faudrait donc penser qu'à Limoges on comptait l'année à partir de Pâques. Mais alors comment expliquer autrement que par une erreur de copiste ou par un changement de nom postérieur à la pièce relatée page 40, que Bardaud fût mort le veille de Noël 1536 comme il semble, et que, par arrêt du 23 décembre de la même année, son successeur Durand eût été maintenu à l'office de juge civil ?

— 293 —

Marcial Benoist, tesmoingtz cogneuz, ad ce appellez et requis
led. jour, l'an mil cinq cens trente six.

Ainsi a esté faict.

(Signé :) LAMY, greffier.

COUME SOIT AINSI QUE EN LANNEE PASSEE mil cinq cens trente
cinq, finissant mil cinq cens trente six, le Roy n're S'r et souverain seigneur eust demandé, par manière demprunt, en
plusieurs villes de la Guyenne, certaines sommes de deniers,
donc ceste ville de Limoges estoit pour la somme de troys mil
livres tournoys, et dud. affaire estoyt commissaire maistre
Geoffroy de La Chassaigne, conseiller du Roy en sa court de
parlement a Bourdeaulx; lequel advertit les seigneurs consulz
de lad. année, et leur fit lecture des lectres du Roy et de sa
commission, remonstrant les urgens affaires dud. S'r. Par quoy
fut faict assemblée des habitans a son de trompe pour faire
responce audict seigneur commissaire, pour dicelle en advertir
le Roy. Et par lesd. habitans fut concedé led. emprunct de troys
mil livres, icelluy estre prins et levé sur ung chascun selon
lequivallent, pourveu que exemptz et non exemptz fussent
contribuables audict emprunct. Et, pour ce que les monnoyeurs
de lad. ville et aultres soy disans estre exemptz de taille et
aultres subsides, fut eslu par led. commun pour cothiser led.
emprunct quatre des seigneurs consulz de lad. année et quatre
aultres de la ville, lesquelz firent la cothisation au mieulx quil
leur fut possible. Et, considerans la pouvreté de la plus grand
partie des habitans, cothisarent les monnoyeurs a certaine
somme de deniers, chascun en son particulier. Et fut commencé
a lever led. emprunct par les seigneurs consulz de lannée apres
mil cinq cens trente six, finissant trente sept. Et apres, au
summe lesd. monnoyeurs payer ce questoyt cothisé, firent
rebellion et ne vouloyent payer, disans estre exemptz, et pro-
duysirent leurs privileiges pour monstrer de leurd. exemption,
lesquelz avons faict coppier et mys au coffre du thesor.

MEMOIRE que led. emprunct ne sortit poinct son effect, car le
Roy fit declaration quil nentendoit poinct que les villes taillables
payassent emprunct. Laquelle declaration fut faicte verballement

[Emprunt royal de 3,000 livres tournois. — Priviléges des monnayeurs.]

au conseil du Roy. Parquoy fut rendu a ung chascun ce que avoit este leve par lesd. consulz.

Mémoyre aussi que avons retire les lectres et commission vidimées en forme, lesquelles pieces avons mys aux coffres du thesor.

[Réparations à la muraille des Arènes et à la tour Chante-Myeule]

Et pour ce que la muraille dentre la porte des Arènes et la tour de Chante Myeula estoit foible, dangereuse et grandement ruynée, fut advise la faire visiter. Et fut trouvé que estoyt fort convenable faire reparer ladicte muraille et tour, tant pour les inconveniens et dangiers que en porroyent venir et pour le decorement de la ville et murailhes. A ceste cause, avons faict abbatre et demollir presque a la fleur des fossez et jusques ad ce que a este trouve bon pour la reedifier, et y avons faict faire jusques au nombre de trente creneaux, que sont joignans a ladicte tour, esperans, neust este certains proces de consequence ou nous a fallu exposer grans sommes de deniers, icelle faire demollir et reedifier, selon la puyssance des deniers, et comme chose neccessaire et tresconvenable, car, de n^{re} advis, nya reparation plus utile pour le present en tout le tour desd. murailhes de la ville, a cause que ladicte tour estoit tant caducque et ruynée que plus nen peult.

[Reconstruction du *pontet* des Arènes.]

Et aussi, a cause que le pontet des Arènes estoyt caducque, tellement que personne ny ousoyt ny pouvoyt passer, et venoyt directement a la chambrete de ladicte porte a ung petit et ruyneux appentifz, tellement quil estoyt inutil, et que personne ny ausoyt passer, fust advise par plusieurs des manans et habitans, ensemble par ladviz des expertz, quil seroit bon le faire de laultre couste. A ceste cause, le firent faire, ensemble une pile de piarre de taille despuis le sous ou bas des foussez jusques a fleur de terre, pour recepvoir led. pontet.

FIRENT aussi habilher et reparer les eschelles des Vieilhas Claux et de Bocharie. [Réparations diverses.]

FIRENT aussi faire paver et reparer les chemins despuys la porte de Montmailler jusques a la Croix de l'Eychaliere, environ quatre vingtz brasses; laultre au chemyn de Champchouveau, la longueur de cinquante brasses, et celluy que lon va a Sainct Junien despuis les Clicquettes jusques a la maison de Cellier, la longueur de soixante brasses. Lesquelz chemins estoyent tellement mines et concaves a cause de linundation des eauez, piarre et gresle questoyent tumbes le sixiesme daoust dud. an, que ung homme a cheval se fust absconce (1) dans les cavernes et speluncques desd. chemins. Et firent aussi reparer le chemyn et pave dentre la porte des Arenes et des Carmes, la longueur de quatre vingtz brasses.

FIRENT aussi nectoyer et reparer les conduictz ou doatz des fontaines de Sainct Gerauld, de l'Arene et de Sainct Pierre, a cause que les voultes desd. doatz estoyent rompues, et y estoyt tumbe une grand quantité de terre que empeschoit le cours de leaue desd. fontaines.

FIRENT aussi faire a maistre Michel Peillot, fondeur, troys pieces dartillerie poisant chascune six vingtz et deux livres; et en achaptarent une du poix de soixante quinze livres. Et contribuarent pour faire lesd. pieces Marcial de Cordes laisne, Francoys Charreyron, Marcial de Cordes le jeune et Andre de Buat, consulz, la somme de quarante sept livres, et ce pour cause et au lieu du convive ou bancquet que chascun deulx devoyt faire pour son nouveau consulat; et la reste des deniers de la ville. [Commande et achat de quatre pièces d'artillerie.]

MEMOIRE SOIT QUE SAMEDY TREZIESME JOUR DOCTOBRE MIL CINQ cens trente sept, nous, consulz de la ville de Limoges, estans assembles en la maison du consulat de ladicte ville, pour les affaires et negoces de la chose publicque, se sont comparuz par [Sécularisation des religieux de Saint-Martial. Les consuls refusent d'assister à l'entérinement de la bulle du pape.]

(1) « *Absconcer*, cacher, dissimuler, tenir secret; latin, *abscondere*. » (ROQUEFORT.)

devant nous f^res Albert Pothe, prieur de Tarn, et Symon Ebreyt, prieur de Saignac, religieux du devot monastere mons^r Sainct Marcial de Limoges, lesquelz nous ont presente certain double et extraict des bulles obtennez tant par labbe que aultres religieux dud. monastere de n^re St. pere le Pape, ensemble le *vidimus* de certaine missive envoyee a nous par le Roy n^re S^r sur le consentement de reduyre lesd. religieux de regularite en secularite. Et mandoyt led. seigneur par sesd. missives que peussions a empescher aulcunement linterinement de ladicte bulle. En oultre nous supplierent lesd. religieux assister a lendemain aud. monastere pour ce faire. Ausquelz fust faicte responce, apres avoir communicque dud. affaire au conseil led. jour mesmes, que estions vrays obeyssans au Roy et a ses commandemens, mais que, pour certaines causes a ce nous mouvens, ne nous trouverions a ladicte assignation. Bien leur offrismes de leur donner aultrement tout conseil, faveur et ayde, telle que seroit a nous possible.

[Trébuchet du boulevart de la porte Manigne.]

Aussi firent faire le trebuchet du bolevart de la porte de Manhanie.

[Nomination de Martial Disnematin et de Léonard Moret à l'office de garde-porte. V. p. 6, 130 et 173.]

Nous, Mathieu Benoist, Jehan de la Roche laisné, Marcial Gregoyre le jeune, Marcial de Cordes laisné, Jehan du Mas, Francoys Charreyron et Andre de Buat, consulz de ladicte ville, tant pour nous que pour mons^r maistre Pierre Gay, conseiller du Roy en sa court de parlement a Bourdeaulx, maistre Aymery Villebost, Jehan Saleys, Pierre Romanet et Marcial de Cordes le jeune, consulz, nos compaignons, absens, scavoir faisons a tous presans et advenir que, nous confians a plain des sens, prudences, loyaultes et bonnes diligences de Marcial Disnematin et Leonard dict Nardoti Moret, marchant de Lymoges, heu sur ce meure deliberation avec n^re conseil, icelluy Disnematin illec present en n^re consulat et acceptant, et pareillement led. Moret, aussi presant et acceptant, avons faict et constitue, faisons et constituons par ces presentez aux conditions, califications et modifications dessoubz escriptes, et certant que a nous et a noz successeurs que seront pour le temps advenir plaira, et non aultrement, pour nous et soubz nous, garde portes de lad. ville, scavoir est : des portes des Arenes et de Montmailler, led. Marcial Disnematin, et des portes de Maignhenie et de Bocharie, led. Moret, aux gaiges, scavoir est : led. Disnematin, chascune sepmaine de six solz troys deniers ; et led. Moret, de huict solz tournoys, payables toutes les sepmaines, avec le droict des boys que vient et entre dans ladicte ville pour vendre, seullement par icelles deux portes acoustume a lever. Donnons en mandement a tous noz subjectz et aultres que ausd. Disnematin et Moret obeyssent touchant led. office de garde porte jusques ad ce que de nous ou de noz successeurs auroyent mandement du contraire, et que a iceulx garde portes, pour nous et en nom dud. consulat, donhent conseil, confort et ayde quant besoing sera et requis en seront. En ce que lesd. Disnematin et Moret, illec presens, de leur bon gre, pure, franche et liberalle volunté, nous ont promis et jure aux sainctz Euvangilles de Dieu, touche le livre, que bien, feablement et loyaulment excerceront led. office de garde porte tant que nous plaira et a nosd. successeurs, pour nous et au nom de nous et de nosd. successeurs consulz dud. Limoges pour le temps advenir et de nrd. consulat ; et que bons et loyalx seront au Roy nre souverain seigneur, a nous et a nosd. successeurs, a la ville et aux habitans dicelle. Item, et quilz resideront et demeureront continuellement ausd. portes, cest assavoir a icelle que sera du tout ouverte, en propre personne et sans interruption, et en temps de peste et aultrement. Et la, et au cas que ez lieux circunvoisins de la ville de Limoges eust dangier de peste ou daultre maladie dangereuse, ils seront tenus, comme ont promis, resider ausd. portes continuellement, et illec se prandre garde des entrans et sortans en icelle ville, exoines et quelques excusations cessans, sinest par maladie ou aultre extreme et urgente neccessite, auquel cas lesd. Disnematin et Moret inthimeront lad. exoine a nous ou nosd. successeurs, qui pourverront ausd. offices en leur lieu et aux despens de leurs gaiges, sans ce que lesd. Disnematin et Moret puyssent mectre ne commectre aulcun de leur auctorite ne aultrement. Item, et quilz viendront au seigneur ou seigneurs consulz qui seront commis et depputez a garder les clefz desd. portes, tous les matins a lheure que leur sera dicte, pour ouvrir et aller ouvrir en la compagnie dud. seigneur consul ou aultres qui sur ce seront ordonnez ad ce faire; et, ampres ladicte ouverture, retourneront les clefz ausd. consul ou consulz qui en auront la garde, et au clorre et fermer lesd. portes en la compaignie que dessus, a telle heure que par nous ou nosd. successeurs leur sera commande. Et, cloze que soyt ladicte porte, et le pont levé, ne luy sera loisible ne permis descendre led. pont ne ouvrir, sinest du conge et licence de mesd. seigneurs. Et, en oultre quilz ne permectront poinct que aux esses, sur le pont et dans le boloverd de lad. porte aist aulcune multitude de peuple ou fôle. Et aussi que, toutes et quantesfoys le guect sera commande par nous ou nosd. successeurs aux portes, que iceulx Disnematin et Moret seront tenus les actendre, le matin avant louverture; et feront registre des deffailhans audict guect et de ceulx aussi que y viendront sans harnoys, et de ce faire bon et seur rapport au seigneur consul qui sera commis visiter led. guect, ou a aultre sur ce par nous commis ou nosd. successeurs. ITEM, quilz ne permectront poinct entrer deux charretes dans les barrieres et boloverd de ladicte porte jusques ad ce que lune desd. charretes soyt entree et passee le pont leviz, pour obvier aux grans donmaiges et inconveniens que sen pourroyent ensuyvir. Et quilz tiendront les chambres desd. portes garnies de boys pour chauffer ceulx qui feront led. guect. Et ne permectront poinct en icelles aulcun jeu de sort. Lesd. portes et chambres tiendront closes et fermees en clef. Et lesd. boloverdz et essez feront tenir nectz. ITEM, ne prandront ne leveront aulcun boys ou busches du boys des manans et habitans de ladicte ville de Limoges, et ne permectront, ne feront aulcune regraterie ausd. portes. ITEM, et ne actendra de fermer lesd. portes oultre lheure acoustumee et ordonnee par nous ou nosd. successeurs et sans leur conge ou licence. ITEM, et soy informeront avec les passans et repassans des nouvelles et estat des pays et villes donc viendront, et le feront assavoir a nous ou a nosd. successeurs. ITEM, et serviront comme dit est, en personne aud. office, tant en temps de sante, peste que de guerre. ITEM, de quinze en quinze jours forniront a la recluse de nre reclusage devant les Carmes une charge de boys. ITEM, et ont volu lesd. Disnematin et Moret, et de leur gre et volunte se sont soubzmis et soubzmectent, moyenant leurd. serement, que nous et nosd. successeurs, toutes et quantesfoys que nous et a nosd. successeurs plaira, les puyssions debouter, en leurs absences ou presences, desd. offices de garde portes, a nre volunte et sans les ouyr, ou aulcune aultre figure de proces, ne declairer la cause pourquoy. Et de ce et sur toutes et chascunes les choses susd. ont obligé lesd. Disnematin et Moret leurs propres corps et tous et chascuns leurs biens presens et advenir en la meilleure forme. En tesmoingt desquelles choses susd. avons mys et apposé le seel estably pour nous aux contraictz de ladicte ville de Limoges a ces presentes. Donne et faict en n^{re} consulat, ad ce presens et appellez maistre Bartholome Texier, notaire et practicien de Limoges, et Jehan Moret, agulletier, habitans de Limoges, tesmoings, ad ce appellez et requis, le quatriesme jour de decembre, lan mil cinq cens trente sept.

(Signé) BARDIN.

Et comme soyt vray que de tout temps et ancienneté, nous consulz susd. et noz predecesseurs fussions et soyons en possession et saisine de aulcune sigoigne (1) en la place commune de la présent ville appellée communement de la Mouthe; la lanterne de laquelle pend avecques une chayne sur le grand estang de lad. ville, destinée pour punir les bolengiers qu'ilz excedent et delinquent en leur estat; laquelle sigoigne, long temps a, estoyt tumbée et ruynée par vieillesse. A ceste cause, desirans conserver et garder n^{re} jurisdiction et de noz successeurs, et pour le bien et utilité de la chose publicque, avons faict construyre et faire à neuf lad. sigoigne, et icelle mectre au propre lieu qu'estoyt la precedente, comme appert à veüe d'œil.

[Rétablissement de la *cigogne* de la place de La Mothe.]

Election des consulz de la ville de Lymoges, faicte par les manans et habitans d'icelle; le septiesme jour de decembre lan mil cinq cens trente sept.

Les Eaules,
Mathieu Mercier.

(1) « *Cigogne* ou *cigoyne*, machine à tirer de l'eau. » (TRÉVOUX.) — Cette machine servait probablement de pilori.

— 300 —

Élection des collateurs de ceste ville de Lymoges, faicte par les manans et habitans d'icelle le septiesme jour de décembre l'an mil cinq cens trente sept.

La Porte :
Françoys Dauvergne.

Maignenie :
Mar{al} Romanet.

Le Marche :
Aymeric Guymbert.

Les Tanles :
Dommenge Mouret.
Audoyn Thavault.

La Fourye :
Maistre Jehan Bechameilh.

La Porte :
Jehan Sennemault ;
Gregoyre Pinchault.

Le Cluchier :
Jehan Lascure.

Boucheryes :
Me Jehan Lamy.

Maignenie :
Francoys Lymosin ;
Francoys Xavierre.

Lancecot :
Monsr Poilleve.

Le Marche :
Pierre de Leysenne ;
Gabriel Micheau.

Les Combes :
Francoys Mercier.

La Fourye :
Blaistre Anthoyne Gamaud ;
Jehan Boulet.

Le Vieulx Marche :
Mathieu Celier.

Croyssences :
Jehan Mousnier ;
Jacques Raymond.

Le Cluchier :
Maistre Bartholome Texier dict Penthailhe ;
Pierre Gerbas.

Boucheryes :
Maistre Jehan Bonyn ;
Pierre Nadault.

[Ici se trouve le reçu de la rente de dix livres tournois due par les consuls à Guillaume Jouvyond, abbé commendataire de Saint-Martin, pour la cession de son droit sur les écoles, pour l'année 1537.]

Longeras :
Pierre Courtete Iamait ;
Jehan Gay.

———

(1) Ces deux derniers mots sont d'une écriture postérieure.

Election des collateurs de ceste ville de Lymoges, faicte par les manans et habitans dicelle le septiesme jour de decembre lan mil cinq cens trente sept.

Les Taules :

Donmenge Mouret ;
Audoyn Jhavault.

La Porte :

Jehan Sennemault ;
Gregoyre Pinchault.

Maignenve :

Francoys Lymosin ;
Francoys Navierre.

Le Marche :

Pierre de Leyssenne ;
Gabriel Micheau.

La Fourie :

Maistre Anthoyne Gamaud ;
Jehan Boulet.

Le Cluchier :

Maistre Bartholome Texier dict Penicailhe ;
Pierre Gerbas.

Boucherie :

Maistre Jehan Bonyn ;
Pierre Nadault.

Lancecot :

Pierre Courtete lannat ;
Jehan Gay.

Receu de messrs les consulz six solz T. quilz doibvent chascun an de cens a monsr de Sainct Marcial a cause de leur maison joignant le consulat, et ce pour lannee passee mil ve trente sept, finissant trente huict. Faict le xxvije de novembre lan susd. mil ve trente huict. (Signé :) DELEYSSENE.

---

(1) Ces deux derniers mots sont d'une écriture postérieure.

Les Combes :
Jehan La Gouteau ;
M⁰ Jehan Penicault le jeune.

Le Vieux Marché :
Jehan Cibot ;
Loys Vallade.

[Réception de Marguerite, reine de Navarre.]

Soit mémoire que, entre les grans charges et affaires que ont eu par cy davant tous les precesseurs consulz de ceste present ville de Limoges, ceulx de ceste present année mil v^c trente sept, finissant mil v^c trente huict, en ont eu leur bonne part. Car, pour commancement de peine, furent mandez que dame Marguerite de France, seur du Roy n^{re} sire et femme du Roy de Navarre, venoit passer par ceste ville ; à laquelle, pour lordonnance des habitans dicelle, lesd. consulz firent entrée et recueil comme sensuyt.

Premierement, le mecredy vingt huictiesme jour de decembre susd. année, lesd. consulz, après avoir faict abilher les chemins depuis une leue dehors ville jusques à la porte Mont Malier, tapisser, renger, nectoyer les rues de ladicte ville, commencant depuis ladicte porte, suyvant jusques davant le convent des freres Prescheurs, partirent de la maison de lad. ville acompaignez de belle compaignie denfans dicelle, marchans davant eulx, bien montez de chevaulx et acoustrez de cazaques de veloux noir, perpointz de satin cramoysi, chansses de livrée, avec une enseigne gris et noir avec une foy dor au milieu, avec pifres et taborins à la suysse, lesquelz faisoit bon veoir.

Après iceulx marchoyent grand nombre de trompetes et clerons joignans desd. consulz; lesquelz consulz estoyent bien habituez (1) avec les chaperons de damas rouge, bonnetz a ung rebras (2) chescun, pareillement montez à cheval, en bon ordre, ayant à leur suyte grand nombre de bourgeoiz, marchans et

---

(1) *Habituez*, habillés. — V., p. 184, la délibération prescrivant les détails de ce costume.
(2) « *Rebras*, replis, rebords d'une robe, d'un habit. » (Roquefort.)

aultres desd. manans et habitans, a cheval comme dessus, habituez chascun selon son estat.

Lesquelz ensemble vindrent rencontrer la susdicte reyne et princesse en une grand terre a plain champ deca la riviere de lOrrance; et la par eulx fut recueillie, et luy fit la harengue monsʳ le grefier du Roy, maistre Jehan Lamy, lung desdictz consulz, lesquelz marcharent joignant elle, ladresserent entrer a la susd. porte Montmalier, la ou la susd. princesse fut saluee dartillerie en bon nombre, tant quelle pria icelle fere cesser.

Et pareillement furent au davant en belle procession messʳˢ les prebstres des deux parroisses et de tous les religieux des quatre mendians, lesquelz estoyent tous en belle ordonnance, avec leurs croix, marchans davant elle.

Et estoit ladicte reyne de Navarre dedans une litiere, acompaignee de madame la seneschalle de La Chasteneriaye, laquelle litiere estoit portee par deux beaux muletz, sur lesquelz estoyent deux enfans dhonneur triumphalement acoustrez. Lors quatre desd. consulz luy portarent sur elle ung poile de satin blanc, frange autour de fil de soye blanche, ayant au dedans du ciel les armes de Navarre entieres dedans un chapeau de triumphe, et aux quatre coingz les susd. armes entieres et my parties de lad. reyne de Navarre.

Apres lesquelz marchoyent grand compaignie de gentilz hommes et damoiselles, lesquelles estoyent dans chariotz branlans et sur belles haquenees, et aultres desd. manans et habitans de lad. ville; dans laquelle fut, en plusieurs endroictz et carrefours, collaudee (1) de balades chansons composez a sa louange, prononceez par bergiers et damoyselles abilleez en Vertuz. Et, au droict du portal du monastere monsʳ sainct Marcial, monsʳ maistre Mathieu Jouviond, abbe dicelluy monastere, acompaigne de tous ses religieux, tous enchapez richement, vint fere la reverence a icelle, et luy donna a offrir ung reliquaire de monsʳ sainct Marcial. Et fut conduicte jusques au sortir a la porte de Maignenye, ou pareillement fut saluee dartillerie, dauboys, trompetes et clerons.

Dela fut conduicte jusques davant le portal de la grand eglise, la ou fut receue par Reverend Pere en Dieu monsʳ

---

(1) *Collauder*; Iouer; latin *collaudare*.

maistre Jehan de Langeat, evesque dudict Limoges, lequel ampres mena icelle reyne et princesse loger en son logis.

Lendemain, que fut le vingt ungiesme dud. moys de decembre, environ mydi, lesd. seigneurs consulz bougearent de la maison commune du consulat de lad. ville, aconpaigniez de leur juge et procureur, ensemble plusieurs bourgeolz et marchans, ayans davant eulx le prevost criminel; montez a cheval. Et portoit ledict prevost ung bassin dargent dore poizant six marcz sept onces, ayant les armes de ladicte princesse dedans, ensemble une coppe pareillement toute doree, poizant cinq marcz une once douze deniers.

Et portoyent les gagiers de ladicte ville six douzaines de torches de cire, avec grand nombre de toutes sortes despicerie. Et vindrent au susdict. logis dudict nostre evesque, ou trouverent lad. princesse acompaignee de plusieurs grans seigneurs, dames et damoiselles; a laquelle lesd. consulz firent present des susd. choses, ensemble de deux barriques de vin blanc et claret.

Laquelle receust lesd. presens honnorablement, rendans les mercys gracieusement, se offrant fere plaisir a ladicte ville, consulz, manans et habitans, en general et particulier.

Et luy fut faicte une harengue par lorgane de monsʳ maistre Aymery Essenault, comme sensuyt, laquelle despuis a este mise en impressure.

[Réception du roi de Navarre.]

Le lendemain, vingt deuxiesme dudict moys, le susd. Roy de Navarre arriva en la cite de Limoges. Pour lequel lesd. consulz furent au davant, en la compaignie de nostredict evesque et de monsʳ nʳᵉ gouverneur, jusques au rencontre, que fut auprez de la Maison Dieu. Et le conduyrent au susd. logis ou estoit lad. reyne de Navarre, ou luy firent lesd. consulz ung present de toutes sortes despicerie, torches et de vin ypocras muscat et aultre vin; et le saluarent par une harengue que fit ladvocat de la ville, monsʳ Mathei.

[Arrivée de la duchesse d'Etampes.]

Arriva plus, ledict jour, madame la duchesse d'Estampes, laquelle lesd. consulz firent saluer en la maison de monsʳ Bermondet, chanoine de Limoges, ou luy firent ung present dypocras muscat, espiceries, dragee et confitures et torches.

maistre Jehan de Laurent, evesque dudict Lympges, leq[uel]

Le neufiesme du moys de mars, susd. annee, furent saisiz les deniers communs par mons[ieur] le lieutenant Gaultier Bermondet, à la vertu de certaines lectres patentes emaneez du Roy, par lesquelles led. seigneur demandoit la somme de six mil livres, par maniere demprunt, tellement que lad. somme fut cothizee. Parquoy, lesdictz seigneurs consulz envoyarent a la court mons[ieur] le consul Francoys Dauvergne, lequel porta lectres de ne[n] payer poinct pour ceste foiz. Dont la teneur desd. lectres (1), ensemble de la commission, est comme sensuyt :

[Emprunt royal de 6,000 livres.

—

Saisie des deniers communs.

—

Les consuls envoient à la cour François d'Auvergne, chargé de demander l'exonération.]

Double des lectres pour contraindre les villes et habitans a payer ce que ont este cothisez.

Francoys, par la grace de Dieu Roy de France, a noz amez et feaulx conseillers Pierre dAges, seigneur dudict lieu, l'ung de noz maistres dhostelz ordinaires, et maistre Geoffroy de La Chassaigne, conseiller en n[ot]re court de parlement de Bourdeaulx, salut et dilection. Comme, par noz lectres patentes du sixiesme jour de juillet dernier passe, vous avons commis, ordonnez et deputez pour incontinent vous transporter en noz villes de Bourdeaulx, S[ain]t Milion (St-Émilion), Bregeyrac (Bergerac), Agen, Condon, Aux (Auch), Perigueux, Liborne, Sarlat, Cahors, Ville Franche de Roirgue, de Rodez, Montauban et Limoges, pour requerre et demander par forme doctroy de par-ndus et (à) noz bons et loyaulx subgectz les bourgeoiz, manans et habitans desdictes villes les sommes particulieres conteneuz, et declareez par nosdictes lectres pour promptement nous ayder aux grans et urgens afaires que avons de present a suporter pour le faict de noz guerres ; et, pource quil est plus que neccessaire que vous mectez promptement a exeqution nosd. lectres, et quelles sortent leur plain et entier effect a ce que iceulx bourgeoiz, manans et habitans desdictes villes et lieux cy dessus declairez ne puissent pretendre cause dignorance de nostre intention et de lurgente necessite en quoy sont nosd. afaires ; pour eviter le retardement et rompture diceulx, par ce que desd. sommes en avons faict estat, a quoy de nostre pouvoir y voulons donner prompte provision et pareillement aux deniers qui restent a payer de la demande que fismes fere lannee derniere aux bourgeoiz, manans et habitans desd. villes, dont les aulcun deulx ont fourny et satisfaict, et les aultres, comme sousmes advertiz, ont

[Reception

de

de Xan...

Arrivée
de la duchesse
d'Étampes.]

(1) Il s'agit ici des lettres du roi.

T. I. 20

encores les deniers en leurs mains, et sont refuzans et delayans de les fournir et nous en ayder en nosdictz afaires. Pource est il que nous vous mandons et commectons, et expressement enjoignons, par ces presentes que incontinent et sans delay vous transportez par devers iceulx bourgeoiz, manans et habitans desd. villes cy dessus declaireez pour leur fere ladicte remonstrance et demande desd. sommes que nous voulons et entendons estre entierement payez, et pareillement ce qui reste a payer de la demande que leur fismes fere lannee derniere, ou a tout le moins jusques a la concurrence des summes que a present leur faisons demander. Et a ce fere et souffrir contraignez iceulx bourgeoiz, manans et habitans et tous aultres quil appartiendra par toutes voyes et manieres deuez et raisonnables, et comme noz propres debtes et afferes, mesmement par saisissement de leurs deniers communs, dons et octroy, lesquelz feres regir et gouverner par bons et suffisans commissaires qui en puissent et saichent rendre bon compte et payer le reliqua, et tout ainsi quil est contenu et vous est mande par nosdictes lectres dudict sixiesme jour de juillet dernier. Et oultre, si leursdictz deniers communs, dons et octroys quilz ont de nous ne souffisent pour promptement fornir et poyer les summes que a present leur faisons demander, et ce qui reste de lannee passee, comme dit est, voulons, vous mandons et expressement enjoignons par ces mesmes presentes, que vous contraignez et faictes contraindre iceulx bourgeoiz, manans et habitans desd. villes cy dessus declaireez icelles sommes ou ce qui restera dicelles, chascun en leur regard, esgaler, asseoir et imposer sur eulx, le fort portant le foible, en la maniere acoustumee, en sorte que puissions estre satisfaitz, et lesd. sommes promptement formes pour nous en secourir et ayder en nosdictz affaires, en contraignant a ce fere, et lesdictz cothisez a poyer leur quote part par portion, tout ainsi que dessus est dit, et ce non obstant oppositions ou appellations quelzconques, faictes ou a fere, releveez ou a relever, pour lesquelles et sans preiudice dicelles, actendu lurgente necessite de nosd. affaires, ne voulons estre differe ne retarde en aucune maniere. Et les deniers qui proviendront desd. octroys, ensemble ce que sera receu et recouvert par lesd. commissaires par vous establiz pour recouvrer lesd. deniers communs et octroys, voulons estre apportez ou envoyez incontinent la part que serons, et iceulx mys et baillez ez mains de nre amé et feal conseiller et receveur general de noz finances

extraordinaires et parties casuelles, maistre Jehan Lagurtie (?),
par sa quictance, pour estre convertiz et employez ainsi qui
luy sera par nous commandé et ordonné. De ce faire vous
avons donné et donnons povoir, commission et mandement
special. Mandons et commandons a tous noz justiciers, officiers
et subjectz que a vous en ce faisans soyez obeiz. Donné a Lyon,
le iij⁰ jour doctobre lan de grace mil v⁰ trente et sept, et de
nre regne le vingt troisiesme. Ainsi signé : Par le Roy, Breton,
et seellé de cire jaulne a simple queue. Collation a esté faicte a
loriginal par moy, notere et secretere du Roy, le xxij⁰ jour de mars
mil cinq cens trente sept.

*La main levee de loctroy ou emprumpt des
six mil livres.*

Françoys, par la grace de Dieu Roy de France, a tous
ceulx qui ces presentes lectres verront salut. Comme, pour subvenir aux grans et urgens affaires quavons a supporter et
conduire pour resister aux entreprinses de noz ennemys et
adversaires, et pour la garde, conservation, tuition et deffence
de nre royaume et subgectz dicelluy, nous ayons dernierement
faict demander et requerir aux manans et habitans des villes et
citez de nredict royaume, par forme demprumpt, certaine somme
de deniers, ce quilz nous avoyent accordé ; et depuis, considerans la grandeur diceulx nosd. affaires et lurgent besoing quil
estoit dy promptement pourveoir et remedier, et nous tenir sur
noz gardes, ayons, entre aultres moyens et expediens advisé de
fere lever et mectre sus jusques au nombre de vingt mil hommes
de pié, et diceulx demander la soulde et poyement pour certain
temps ausd. villes, selon le departement qui en a esté faict et
qui est contenu aux commissions que avons sur ce faict expedier.
Les habitans daulcunes desquelles villes se sont retirez devers
nous, qui nous ont faict remonstrer que leur seroit impossible
de nous pouvoir satisfere, comme ilz desiroyent bien, ez deux
pointz dessus declairez, nous humblement requerans a ceste
cause sur ce leur pourveoir ; savoir faisons que nous, ayans

regard et consideration a la grand charge et soule (?) que noz subjectz habitans desd. villes et lieux de nostredict royaume ont soustenuz et supportez par le faict et disposition de la guerre, voulans les traicter le plus gracieusement quil nous sera possible, avons dit et declaré, disons et declairons, voulons et nous plait quen fournissant par chascune desdictes villes la somme a laquelle ilz ont este tauzez et imposez pour leur quote part et portion du payement et soulde desd. vingt mil hommes pour le temps aux termes et ainsi quil leur a este declaire et faict scavoir et quil est contenu ausd. commissions sur ce expediees; quen ce cas ilz ne soyent tenuz ne contrainctz de nous fere ledict dernier prest particulier, et lequel nous leur avons (remis et) remectons, ne voulans quil en soit quant a present leve ne exige sur eulx aulcune chouse. Si donnons en mandement par ces mesmes presentes aux commissaires par nous ordonnez, tant sur le faict dudict dernier prest que de limpost et cueillete du soubdoyement diceulx vingt mil hommes en la charge et generalite de Guyenne, et chascun deulx endroict soy, que de noz presens declaration et vouloir ilz fassent, souffrent et laissent les consulz, manans et habitans de n^{re} ville, cité, faulxbourgz et banlieue de Limoges joyr et user plainement et paisiblement, aux conditions et ainsin que dessus est dit, sans en ce leur fere, mectre, ne donner, ne souffrir leur estre faict, mis ou donne aulcun empeschement au contrere. Lequel si faict, mis ou donne leur avoit este ou estoit, len mectent ou fassent mectre incontinent et sans delay a plaine et entiere delivrance et au premier estat et deu, car tel est n^{re} plaisir. En tesmoing de ce, nous avons faict mectre n^{re} seel a sesd. presentes. Donne a Aix en Provence, le vingtiesme jour de may, lan de grace mil cinq cens trente huict, et de n^{re} regne le vingt quatriesme. Ainsi signe sur le reply desdictes lectres : Par le Roy, Breton, et seelees du grand seel du Roy en ciré jaulne et double queue.

Double de lectres de la taixation de la somme imposee par le Roy sur les villes dedans les lectres mencionneez.

FRANCOYS, PAR LA GRACE DE DIEU ROY DE FRANCE, a noz amés et feaulx conseilliers Pierre dAges, seigneur dudict lieu, lun de noz maistres dhostel ordinaires, et maistre Geoffroy de La Chassaigne, conseillier en n^{re} court de parlement a Bourdeaulx, salut et dilection. Comme, pour aucunement subvenir a partie des fraiz extra ordinaires de noz guerres concernans la conservation, tuition et deffense de n^{re} roiaume, soulager et supporter n^{re} poure peuple des creues de tailles et charges que pour cest effect et par necessite sommes contrainctz mectre sus, nous ayons advise nous ayder promptement par empruntz des communaultes de noz bonnes, franches et aucunes autres villes de n^{re} roiaume, ayant puissance et par raison tenues de nous secourir en cest endroit, eu regard aux facultes desd. villes cy apres declairees et a nosd. affaires qui leur sont et doibvent estre communs; POURCE est il que nous vous mandons et commectons par ces presentes que vous transportez incontinent en noz bonnes villes cy apres declairees, et illec remonstrance par vous faicte de nosd. affaires ainsi urgens et pressez que dict est, priez et requerez de nostre part les maires, eschevins, manans et habitans dicelles nous subvenir; cest assavoir: ceulx de la ville de Bourdeaulx, oultre dix mil livres t. nagueres ordonnes estre prins de leurs deniers communs pour les reparations de Bayonne, six mil livres; de Sainct Milion, cinq cens livres; de Bragerat, cinq cens livres; de Bazas, mil livres; de Agen, troys mil livres; de Condon, quinze cens livres; de Aux, quinze cens livres; de Peyrigueux, seze cens livres; de Libourne, mil livres; de Sarlat, mil livres; de Cahours, troys mil livres; de Ville Franche de Rouhergue, quinze cens livres; de Roddes, deux mil cinq cens livres; de Montauban, deux mil cinq cens livres, et de Limoges, six mil livres, et ce oultre et pardessus ce que les communaultes desd. villes ou aucunes dicelles nous ont cy devant preste, dont les avons faict appoincter et asseurer sur noz domaynes, aydes et gabelles. Et la, ou cas que lesd. maires, eschevyns, bourgeoiz, manans et habitans desd. villes seroyent reffusans nous subvenir a tel et si grand besoing et affaire concernans la seurete, tuition et deffense de nostre roiaume, pays, seigneuries et subjectz, ce que n'estimons, eulx cognoissans assez que c'est affaire leur importe autant et plus que aux bonnes gens payans taille, et quil est raisonnable que chascun en son endroict ayde a porter le feiz et charge dessusd., contraignez les reffusans ou delayans a ce faire et fournir, par saisissement de tous et chescuns leurs deniers communs et octroiz mis en n^{re} main ; et au regime et gouvernemant diceulx commectez et establissez noz receveurs particuliers des lieulx, tant de domaine que ayde avec les granetiers (1), chascun en son regard, selon que trouverez la qualité desd. deniers communs et octroiz, pour par iceulx receveurs et grenetiers respectivement en rendre bon compte et reliqua, quant et ainsi quil appartiendra, faisant par vous toutesfois ce pendant lad. saisie tenir jusques a ce que autrement par nous en soit ordonne, fournir et delivrer par lesd. receveurs et grenetiers conmissaires susd., des premiers deniers, provenans de leurs commissions es mains de n^{re} ame et feal maistre Martin de Troies (?), par nous conmis a tenir le compte dud. extraordinaire, icelles sommes respectivement, en ce comprins ce que les receveurs precedans desd. deniers conmuns, dons et octroiz en peuvent devoir du passe, dont ilz vuyderent leurs mains, le delivrant et fornissant comptant ez mains desd. conmissaires par leurs quictances, aux fins que dessus. Et si par les voies dessusd. lesd. sommes ne se pouvoient promptement recouvrer, faictes les asseoir, imposer et egaller, ou ce quil sen deffauldra, sur les manans et habitans desd. villes respectivement, et icelles lever, recouvrer et fournir comme dessus en maniere que a temps et a heure en puissions estre subvenu et ayde en nosd. affaires ainsi urgens et pressez que dit est, contraignant par vous tous ceulx qui pour ce seront a contraindre tout ainsi quil est acoustume de faire pour noz propres debtes et affaires, et ce nonobstant oppousitions ou appellations quelzconques, pour lesquelles, actendu ce que dessus, ne voulons quant a ce estre differe en aucune maniere. De ce faire vous donnons pouvoir,

---

(1) « *Grenetier*, officier, commis du grenier à sel. » (Roquefort.) — « *Granataria*, granarium, vel locus ubi frumentum venum exponitur.* » (Du Cange.)

commission et mandement especial, mandons et conmandons a
tous noz justiciers, officiers et subjectz que a vous en ce faisant
soit obey. Donné a Chailly, le sixiesme jour de juillet l'an de
grace mil cinq cens trente sept, et de n're regne le vingt et
troisiesme. Ainsi signé : par le Roy, Bocheted, et seellé de cire
jaulne a simple queuhe. Collation a esté faicte a l'original par
moy notaire et secretaire du Roy, le xxij^me jour de mars mil
cinq cens trente sept, a.... Signé de Pontac.

Double de lectres de commission et impost du salpestre.

Françoys, par la grace de Dieu Roy de France, a noz
chers et bien amez les consulz, bourgeoiz et gouverneurs de
n're ville de Limoges, salut et dilection. Comme, pour la tuition
et deffense de noz bonnes villes, pais, terres et seigneuries de
nostre royaume, entre aultres chouses soit grandemant requis
et neccessaire avoir bonne et grande municion de salpestres,
sans lesquelz la force de l'artillerie ne peult estre conduicte et
exploictée, et que par ci devant, par faulte de pouldres et
salpestres, sont advenuz en mainctz endroictz de n'd. roiaume
plusieurs maulx et inconveniens, et ont esté obmises et delaissées
aucunes bonnes deliberacions et entreprinses qui eussent esté
facillement conduictes a bon effect, proffit et utilité de nous et
de noz subgectz, seureté et deffense diceulx, aiant (faute ?) en
ceste municion et provision, laquelle peult estre faicte et re-
couverte en plusieurs et divers endroictz de n'd. roiaume en
faisant la perquisicion et amas de matieres a ce neccessaires ;
et si est d'une bonne et si longue garde et de nature et condicion
que de luy mesmes avec le temps se affine et ameliore, et plus
grande seureté ne pourroit estre baillée a noz villes et citez pour
la force, seureté et deffense dicelles que de les faire fournir et
munir de pouldres et salpestres. A quoy par cy devant nosd.
subgectz hont osé vacquer et entendre, obstant noz ordonnances
contenans que tous salpestres doibvent estre apportez en noz
greniers et non ailheurs. Et sur ce, l'affaire mis en deliberation
avec aucuns prinses de n're sang et gens de n're conseilh, avons
conclud de faire recouvrer et assembler en aucunes bonnes villes

de nrd. roiaume une bonne quantite de salpestres et matieres a faire pouldres tant grosse grenee que damorse, et par chascune de nosd. villes, selon son pouvoir et regard, y estre employe des deniers comuns et deniers annuelz dicelles pour en recouvrer la quantite qui a este ordonnee et arrestee par la lixte qui en a este faicte. Pource est il que nous, désirans singulierement nre ville de Limoges estre bien munie et garnie de ce quil luy est necessaire, nous, en ensuyvant ladvis de nrd. conseil, avons voulu, permis et octroye, voulons, permectons et octroyons, nous plaist et vous donnons conge, licence et permission de, pour et au nom de nrd. ville et corps dicelle, faire provision, garnison et municion au grenier dicelle jusques au nombre de dix milliers salpestres durant ceste presente annee et la prochaine, et ce des deniers communs, dons, octroys et revenuz annuelz dicelle nrd. ville. Et, pour leffaict, composicion, affinement et .... desd. salpestres, choisir, eslire telles personnes que vous adviserez expers a ce mestier, les plus capables et suffisans, jusques au nombre de quatre salpestriers, sauf a augmenter par nous ledict nombre sil en estoit besoing; lesquelz seront par vous sallariez et paiez des salpestres quilz feront. Et seront par eulx fourniz bons et marchans ou grenier et municion de nostre dicte ville de Limoges, a telle raison et pris que verres et cognoistres en voz loyaultes et consiences quilz avoient loiaument meritez eu esgard aux achaptz de bois, fraiz, peines et leurs vaccations, et au pris que nous en donnons, qui est de huict livres dix soulz pour cent, poix de marc, bons et marchans, amenez, voicturez et renduz en noz greniers. Lesquelz salpestres, ainsi par vous choisiz et esleuz, auront pouvoir de aller par les lieux ou ilz saront et cognoistront y avoir terre et matiere disposee pour faire salpestres, tant en maisons, masures, caves, celiers, roches et aultres lieux, pour icelluy cueillir, faire et affiner avec lescouvette (1) et aultres utencilles a ce neccessaires, ou enjoignant a toutes personnes, de quelzques estatz, qualitez et condicions quilz soient, quilz aient a faire ouverture, et les laisser entre en leurs maisons, caves, celiers et aultres lieux ou ilz pourront trouver des salpestres, sans leur en faire aucun reffuz; ne les empescher de tirer,

---

(1) « *Ecouvette*, balai. Le salpêtre qui se produit naturellement à la surface des terrains ou des murs était récolté à l'aide de simples balais ou *houssoirs*. De là vient la dénomination de *salpêtre de houssage*. » (*Dict. technologique.*)

prandre et emporter les terriers, esquelz seront lesd. salpestres, et non leur meffaire ne mesdire ne a leurs gens en besoignant de leur estat, sur peine de pugnicion corporelle. Et desquelz salpestres, les paiemens se feront par le receveur diceulx, en vertu des ordonnances et commendemens de vous, et en ensuivant le priz, marches, acquitz et descharges qui seront de vous arrestez et expediez tant pour les achatz et paiements diceulx salpestres, garde diceulx, que pour les aultres fraiz neccessaires a cest effect. Et quant a ce vous donnons pouvoir, et, en tant que besoing seroit, vous y avons commis, ordonnez et depputez, commectons, ordonnons et depputons par cesdictes presentes, rapportant lesquelles ordonnances de vous expediees et certiffication desd. paiemens, aussi comme les salpestres auront este mis en granier de la municion de n^{re}d. ville de Limoges. Nous voulons led. receveur desd. deniers conmuns et aultres qui auront faictz lesdictz paiemens estre tenuz quictes et decharges des sommes quilz en aront paiees, et icelles leur estre passees en la despense de leurs comptes par les auditeurs diceulx et par tout ailleurs ou il appartiendra, en leur mandant ainsi le faire sans aucune difficulte. Car tel est n^{re} plaisir, non obstant les edictz, statuz et ordonnances par nous et noz predecesseurs faictes sur le faict diceulx deniers conmuns, dons, octroiz et revenuz desd. cites et bonnes villes, ou il est dit par expres quilz seront despenduz et emploiez es reparacions, fortifficacions et emparemens dicelles, et non ailleur, ausquelles, quant a ce, pour ceste foy, actendu aussi que la provision dudict salpestre et municions concerne la conservacion et seurete dicelles villes, avons, en tant que besoing seroit, derroge et derogeons pour ceste foys, sans prejudice dicelles en aultres chouses. Et lesquelz salpestres, pour estre en garde propre a leur nature, seront loges par vous en ung grenier de n^{re}d. ville, dons le fonds sera planchie de boys ou de pierre de liais et plastre, et dresse a troys ou quatre piedz de haulteur hors de terre pour le moins, affin que mieulx ilz puissent estre conservez et entretenuz, et que, silz estoient bas et tropt atterrez, ilz viendroient a eulx rendre en eaues et dechetz. Et ainsi mis et logez en grenier de nostre dicte ville demoureront pour municion en icelle sans quilz puissent estre venduz, trafficques, marchandes ne transpourtez ailleurs en quelque maniere que ce soit sans lexpres conge et permission de nous. Et diceulx en avons inhibe et inhibons a tous personnes, de quelque estat, qualite et condicion quilz soient, tous trafficqs, marchandises, transportz et entremises, sur peine de la hart a ceulx quilz seront trouvez avoir faict le contraire et y avoir abbuse et malverse. Et la et quant par n^{re} ordonnance sera prinse en n^{red}. ville aulcune quantite de salpestres pour iceulx menner et conduire en aultres villes et lieux, voulons et ordonnons estre paiez et satisfaictz, a priz raisonnable, par le tresorier de noz salpestres en ceste charge des deniers qui pour ce luy seront par nous ordonnes, et iceulx deniers conventiz incontinent en achapt et recouvrement de semblable nombre qui en ara este print et oste, pour y estre restably en municion de nrd. ville. Et neantmoins, desirant sçavoir le devoir que aures faict au recouvrement dud. salpestre, et ce qui en ara este mis en municion et grenier de nostre dicte ville, voulons do resnavant que vous en envoies chascun an, certification de vous au vray, et en forme deue, aux metre et contrerolleur general de nostre artillerie, pour en faire par eulx registre et nous en respondre aux heures quil leur sera par nous demande. Et si voulons, pour vous faire cognoistre combien ceste matiere nous est a cueur, que ces presentes vous soient presentees de par nous par nostre seneschal de Limosin ou son lieutenent general, auquel nous les envoions et mandons ainsi le faire, et luy en bailleres vostre certification de la reception dicelles; laquelle certification nostre dict seneschal de Limosin ou son lieutenent general nous envoyera es mains de n^{re} ame et feal chancellier, dedans six sepmaines au plustard apres la presentation qui vous aura este par luy faicte de cesdictes presentes, Car tel est nostre plaisir. Donne a Montpellier, le huictiesme jour de janvier, lan de grace mil cinq cens trente sept, et de n^{re} regne le vingt quatriesme. Ainsin signe : Par le Roy, Bocheten.

Double de lectres de limpost de la soulde de quatre cens hommes.

Francoys, par la grace de Dieu Roy de France, a n^{re} ame et feal conseillier et general de noz finances en la charge et generalite de Guienne, maistre Pierre Secondac, salut et dilection. Comme n^re ennemy l'Empereur, voyant qu'il n'a peu mectre a execution ses damnées et maulvaises entreprinses, invhair et opprimer noz roiaume, païs et seigneuries, et, par layde de Dieu et de noz bons et loyaulx subjectz, a esté par nous ou noz armées, ou avons esté en personnes, vaincu et contrainct de se retirer a sa grand honte et confusion coustume (acoutumée); et ce par force, par tous les moyens qu'il peult excogiter et proquerir, de assembler deniers et gens pour redoubter ses forces et armées, y cuidant a ceste foiz parvenir à lexecution de son maulvais et inique vouloir, refusans la paix, laquelle nous avons quise et prochassée par tous moiens et condicions pour le bien et repoz de n^re royaume et de toute la chrétienté; nonobstant laquelle obstination et perseverance de n^red. ennemy, soyons deliberé, avec layde de Dieu et de noz bons et loyaulx subjectz y obvier et resister, et empescher qu'il ne ruyne et destruise et mecte en perde nosd. roiaume, peis et subjectz, comme il se jacte et vente tout en public que en privé, a quoy ne pourroit estre pourveu sans lever et assembler grand nombre de gens tant de cheval que de pied, faire et droisser bonnes et puissantes armées par terre et par mert; et ne pourroient les fraiz si grans et urgens estre pourtes et soubstenu de n^re ordinaire, tailhes et aydes que prenons et levons pour sest effect sur n^re peuple, lequel nous desirons par tous les moyens a nous poussibles soulaiger et supourter mesmes noz subjectz demeurans ez bourgs, villaiges et plat pays, qui ont soustenu et soustiennent plusieurs fraiz, mises et despence pour le passaige de noz gens de guerre, et oultre nosd. deniers ordinaires et provenans de la vendiction et engagement de n^re domaine, et les subventions que nous ont faict les prélatz et gens deglise de n^re roiaume et continuent encores de présent, soyt tresrequis et necessaire nous ayder des habitans en noz bonnes villes et cites franches et aultres, pour chescun en son endroict et regard subvenir a payer la soulde dung nombre de gens de guerre a pied pour la tuition et defense de n^red. royaume, resister a l'invasion et depopulation dicelluy durand les moys de jung, juilliet, aoust et septembre prochain, si tant laffaire dure. Pource est il que nous, apres avoir mis sest affaire en deliberation, et eu sur ce ladvis daucuns princes de n^re sang et gens de n^re conseil, avons, entre aultres chouses, ordonne estre prin, cuili (cueilli) et leve esd. bonnes villes et cites, la soulde de vingt mil hommes de guerre dont celles de vre generalite ont este cothisees et tauxees a la soulde de deux mil cinq cens quatre vingt quinze hommes, montans, pour chescun desd. moys la somme de quinze mil cinq cens septante livres. Et, pour mieulx et plus seurement pourvoir a la deffense de nred. royaulme et estre prestz de cé qu'est neccessaire, la trefve finee, voulons et ordonnons lad. somme pour led. premier moys estre assemblee et mise ez mains de noz receveurs des tailles de vre charge dedans le premier jour de may prochain venent, et, pour le second, tiers et quatriesme moys, semblables sommes les premier jours de jung, juillet et aoust, si tant lafaire dure, comme dit est; et, pour sest effect, vous mandons et conmectons par ces presentes vous transpourter en vre dicte charge et generalite, pour en icelle faire prandre, cuilir et lever le plus promptement que fere se poura des villes et lieux de vred. charge declairees en lestat signe de nostre main lesd. sommes de deniers dont mention est faict en icelluy, que a ceste fin vous envoyons cloz et scellé. Et lesd. sommes dont chescune desd. villes et lieux a este cothisee par ledict estat faictes respectivement mectre ez mains de noz receveurs des tailhes pour estre employes au faict de lextraordinaire de noz guerres, ainsi que par nous sera ordonne. De a ce faire et soufrir et acomplir contraignes et faictes contraindre les habitans desd. villes et chescun diceulx reaulment et de faict, comme est a coustume faire pour noz tailles et aultres devoirs, par prinse, saisine de leurs biens, vente, exploictation diceulx, detention et enprisonnement de leurs personnes, et par toutes aultres voies et manieres deues et raisonnables, leur permectant, où ilz nauront deniers pour satisfaire esd. sommes esquelles nosd. villes sont cothisees par led. estat, de les mectre et imposer sur les contribuables habitans esd. villes et faulx bourgs, le fort portant le foible, et comme est acoustume imposer ez tailles et subventions pour le faict de la guerre, en contraignant ou faisant contraindre chescun desd. habitans par la maniere susd., non obstant oppositions ou appellations quelzconques et sans prejudice dicelles pour lesquelles ne voulons estre difere, actendu limportance de lafaire dont est question, et la cognoissance desquelles avons, de nre propre mouvement, plaine puissance et auctorite royal, retenu et retenons a nous et a nre personne, et dicelles interdict et defendu, interdisons et defendons toute court, juridiction et cognoissance a noz cours de parlement generaulx de la justice des aydes esleuz, et a tous aultres noz juges, cours et officiers, et lesquelles noz presens ordonnances, retention, interdiction, voloir et intention, voulons et ordonnons estre presentes en nosd. cours par n^re premier huissier ou sergent, auquel mandons ainsi le faire, et de ce les faire et signifier par tout ailleurs ou il appartiendra, et aussi faire tous adjournemens, contrainctes et exploictz que par vous seront ordonnes en la faire susd., circonstances et deppendances dicelluy en faisant rapport et certification sufisans. De ce faire vous donnons pouvoir, auctorite, conmission et mandement special, mandons et conmandons a tous noz justiciers, officiers, subjectz que a vous et aud. huissier ou sergent a lexecution des presentes soit obey et entendu, diligemment preste et donne conseil, confort et ayde, et prison si mestier est, et requis en sont. Et, pource que de ces presentes len pourra avoir affaire en plusieurs et divers lieux, nous voulons que au vidimus dicelles faict soubz seel royal foy soit adjoustee comme a se present orginal. Donne a Moulins, le quatriesme jour de mars, lan de grace mil cinq cens trente sept, et de n^re regne le vingtquatriesme. Par le Roy : Bayard ; et scellees de cire jaulne et simple queuhe. Collation a este faicte a loriginal par moy, notaire et secretaire du Roy, le cinquiesme jour davril mil cinq cens trente sept, avant Pasques. Signe : De Pontac.

Avons faict repparer ceste present annee ungt douhat qui est despuis lAlbre, painct jusques aupres du Puy de Vielle Monnoye, duquel la voulte estoit tumbee ; que avoit este cause que la rue, au beau travers, estoit toute enfoncee, que lon ne pouvoit passer, et estoit parfond de lauteur de vingt piedz ou environ. Lequel, fismes voulter tout a neuf, et est une chose fort exellante, et vault bien sen donner garde, car par celluy toutes les inmundicites de la ville passent. [Réparations diverses.]

Fismes plus acoustrer le douhat par lequel leaue du fosse distille dans lestang des Chauchieres (1), lequel sestoit tout

---

(1) Probablement l'étang désigné sous le nom de Palvézy dans un plan de la fin du XVIe siècle. — Le mot *chauchiere* est donné par Roquefort comme signifiant *four à chaux* ; mais nous croyons à une autre étymologie, le mot *chaucier*, en latin *calcearius*, voulant dire *cordonnier* au moyen âge. L'étang Palvézy se trouvait dans le quartier des tanneurs, et subsistait encore à une époque peu éloignée de nous.

enfonse, et y avoit ungt tres maulvays pas entre la porte Bocherie et les freres Mineurs.

Fismes plus acoustrer ungt espillier (1) de la fontaine du Chavalet, qui est au milieu de lad. rue dicelluy, lequel s'estoit enfonce et estoit fort dangereux a passer.

[Logement des gens de guerre. — Priviléges de la ville. — Procès à ce sujet.]

Pareilhement soit memoire que, au moys dayrilh, lan susd. survint ungt conmissaire depputé de par le roy de Navare, gouverneur de Guienne, lequel, en vertu de sa conmission, fist donner assignation ausd. consulz a comparoir par devant luy en la ville de S‍t Yrieys, pour illec voir establir la compaignie du seigneur de Monthezat, partie de laquelle il entendoit assoir et mectre en garnison en la present ville. Au moyen de quoy, et par laduiz du bon conseilh, furent depputez le S‍r Jehan Lascure et le greffier Lamy pour aller en lad. ville de S‍t Yrieys empescher led. establissement de garnisons en lad. ville de Limoges.

Item, certain jour après, led. conmissaire, nomme le S‍r de Montaignac, se transporta en lad. present ville, ou il appelles les officiers du Roy, fist conmandement ausd. consulz de recepvoir et loger en lad. ville partie de lad. compaignie. Ausquelz conmandemens lesd. consulz incisterent. Et tout incontinent et led. jour mesme, arriva ung aultre conmissaire depputé de par le Roy n‍re S‍e, avec bonne et souffisent conmission, de laquelle la teneur est cy ampres inseree. Lequel, en vertu dicelle, en presence du procureur et avocat du Roy et de mess‍rs les lieuctenens, presenta sa dicte conmission, et suyvant icelle, se mist en son devoir establir en lad. ville de Limoges partie de la compaignie du seigneur   (2). Et de ce faire fist conmendement ausd. consulz, a grosses poynes, disant avoir exprès conmendement du Roy n‍re S‍e establir la plus grand partie de lad. compaignie au dedans lad. ville. A lencontre desquelz conmendemens iceulx consulz percisterent, comme par le procez est contenu, et tellement par lesd. consulz fust deffendu

(1) *Espillier*. Le mot roman *espil* signifie « observatoire ». Nous croyons qu'il s'agit ici d'un regard, c'est-à-dire d'une ouverture maçonnée pour faciliter la visite d'un aqueduc, d'un conduit.

(2) Le nom du seigneur est en blanc dans le manuscrit.

que, par sentence dud. conmissaire, lad. ville et faulx-bourgs furent declare exemps de lotger et contribuer ausd. garnisons. Et est ladicte sentence, au tresort de lad. ville, atachee au previliege des gens darmes; et fault noter que lesd. poursuytes ne furent sans grandz fraiz, car falut fraier lesd. conmissaires, et pour ce fare envoier a la court et a Bourdeaulx.

Sensuyt la conmission du S^r de St Pardoulx.

FRANCOYS, par la grace de Dieu Roy de France, a n^{re} cheir et bien ame Pierre Arnaud dict Sainct Pardon, archier de n^{re} garde, salut. Comme nous ayons presentement ordonne que la compaignie de n^{re} ame et feal gentilhomme de n^{re} chambre le Sr de Botieres, qui est de cinquantes lances, soit logee et mise en garnison en n^{re} pays de Limoges, et que, pour ce faire, soit besoing conmectre et depputer personnaige en ce cognoissant et experimente, scavoir vous faisons que nous, ce concidere, confians a plain de v^{re} personne, experiance et bonne diligence, vous avons commis et depute, conmectons, ordonnons et depputons par ces presentes a vous transpourter en n^{re} pays de Forest, ou de present est lad. compaignie de cinquante lances, pour en faire deppartir et deloger et les menner et conduire aud. pays de Limoges, et les y loger et mectre en garnison jusques a ce que par nous aultrement en soit ordonne, les faisans vivre sur les champs en bon ordre et police, et a la moingdre charge et foulle du pouvre peuple que faire se pourra, et leur faire bailher et administrer vivres, logis et aultres chouses a eulx requises et neccessaires, en vous poiant raisonnablement. Et des delinquens faictes en faire la pugnicion et correccion telle quil appartiendra, que le cas le requiera. De ce faire vous avons donne et donnons plain pouvoir, auctorite, conmission et mandement special, mandons et conmandons a tous noz justiciers, officiers et subjectz que a vous en ce faisant soit obey, prestent et donnent conseil, confort, ayde, et prisons si mestier est et requiz en soit. Donne a Molyns, le iiij^e jour de mars l'an mil cinq cens trente sept, et de n^{re} regne le vingt quatriesme. Ainsin signe : Par le Roy, le S^r DE MONMORANSI connestable de France, present Bayard, et seellees du seau dud. S^r en cire jaulne.

— 320 —

[Procès entre les consuls et le roi de Navarre.

Les consuls envoient une députation à Paris.

Arrêt qui condamne la ville.]

Soit memoire que, au moys de jung lan susd., maistre Jehan Rogier, soliciteur de la ville, nous manda que le roy de Navarre avoit tant poursuivy quil avoit faict mectre sur le bureau le proces quil avoit a lencontre de lad. ville, et quil estoit neccessaire envoier a Paris a grosse diligence, actendu que on poursuivoit faire vuyder et juger led. proces. Au moyen de quoy, par advis de toute la commune, furent depputés pour aller a la solicitation dud. proces venerable maistre Marcial Benoist, archidiacre de Limoges, maistres Josept de La Chassaigne, advocat de la present ville, Jehan Petiot, Jehan Lamy, Mathieu Mercier et Pierre Bastide, lesquelz y demeurant long temps, cuydant empescher le jugement dud. proces. Maiz, autant la gravite et grandes sollicitations dud. roy de Navarre, ne fust possible empescher led. jugement, et par la court de parlement fust prononce arrest a lencontre de lad. ville comme par la teneur dicelluy cy apres insere et contenu.

Aussi sera memoire que pendent led. proces, et voyant lesd. consulz que led. affaire estoit en grand trouble, par advis du conseilh et de lad. commune, envoyare devers le Roy nre Sr monsr maistre Françoys Penicailhe, chanoyne de Limoges, et Françoys Dauvergne, consul, pour donner au Roy requeste tandant affin davoir juges non suspectz en nombre competent. A laquelle requeste ne fut possible advoyr despeche.

Parelhement sera memoire, au moys doctobre aud. an, maistre Martin Ruze, conseiller en lad. court de parlement, se transporta en lad. ville pour executer led. arrest, et, pour ce faire, fist donner assignacion ausd. consulz dans le convent des Prescheurs. Par devant lequel Ruze le conseil du roy de Navarre demanda lexecution dud. arrest, et, en ce faisant, vouleut estre mis en possession des chouses contenues ez demandes par luy bailhees, lesquelles seront cy apres inserees. Au moyen de quoy, lesd. consulz, apres avoir veu le contenu ausd. demandes, lesquelles seroient estranges, par adviz de leur conseil, tant de Paris, Poytiers que de ceste ville, et parelhement de toute la commune, empescharent lexecution dud. arrest; et sen retourna led. commissaire sans mectre led. arrest a execution.

Item, apres avoir empesche led. commissaire a lexecution dudict arrest, par ladvis dessusd. fust advise que envoyerions devers le Roy nre Sr luy faire les remonstrances du contenu ausd. demandes. Et, pour ce faire, furent esleuz et depputez honnorables maistres Symon de Cultures, Pierre Martin, advocatz de lad. ville; Jehan Lascure, consulz, et Symon du Peyrat; lesquelz promirent de presenter aud. seigneur les doleances des manans de lad. ville.

Et, quant au principal, lad. court a declaire et declaire quil se peult vuyder diffinityvement sans enquerir la verite des faictz des reproches bailhes par lesd. deffendeurs, et, en ce faisent, a declaire et declaire les seigneurie, justice et juridicion desd. chasteau et ville de Limoges, ses appartenences et deppendences, compecter et appartenir aud. demandeur, comme viconte de Limoges, et, a cause dicelle viconte, a condenne et condempne lesd. deffendeurs a eulx desister et deppartir de la detencion occupacion desd. seigneurie, justice et juridicion desd. ville et chasteau de Limoges, ces appartenences et deppendences, et en laisser et souffrir jouyr led. demandeur comme viconte de Limoges, luy en rendre et restituer les fruictz par eulx parceuz dez et despuys contestation en cause en linstance petitoire intantee lan mil cinq cens quinze par le pere dud. demandeur, au lieu duquel en procedant il a repris le proces; et se sans prejudice du droict pretendu par le Roy ou que led. seigneur porroit prandre esd. seigneurie, justice et juricdicion desd. chasteau et ville de Limoges, ses appartenences et deppendences, et sauf et reserve au procureur general du Roy pouvoir produire le droict dud. seigneur tant par devant lexecuteur de ce present arrest que en ceste court et ailleurs ou il verra que faire se doyve contre les detenteurs desd. seigneurie, justice et jurisdiction et aultres quil appartiendra, en ensuyvant les conclusions dud. procureur general, quil a bailhe par escript. Lequel neanmoings, quant a la requeste formelle en recours de garantie faicte par lesd. deffendeurs a lencontre de luy, viendra deffendre, a lendemain de sainct Martin prochain venent, pour, les parties oyes, leur faire droict ainsin que lad. court verra estre affaire par raison; le tout sans aulcunement prejudicier ou derroger du droict de consulat, sceau et arche, comme a cause dicelluy desquelz lesd. deffendeurs joyront ainsin et en la forme et maniere quil par cy devant faict et a coustume de faire, sans toutesfoiz, pour raison dud. droict de consulat et sceau, entreprendre par lesd. deffendeurs aucun droict de seignorie, justice et juridicion sur les manans et habitans de lad. ville et aultres lieux deppendences dicelle, ne

Extraict de larest .... contre la ville.

prejudicier aulcunement a lad. juridicion cy dessus devant faicte aud. demandeur. Et si les a lad. court condampnes et condempne ez despens de linstance principalle telz que de raison, la tauxation reservee par devers elle.

Election des consulz de la ville de Limoges par les manans et habitans dicelle, faicte le vij^e jour de decembre lan mil cinq cens trente huict.

Les Taules :

Helies du Boys.

La Porte :

Jehan Maledent.

Manhenie :

Germain Pynot.

Le Marche :

Loys Benoyt.

La Fourie :

Me Julien Frenault.

Le Clochier :

Me Pierre Gue, licencie.

De Boucherie :

Leonnard La Gorce.

Lancecot :

Me Joseph de La Chassaigne.

Les Combes :

Pierre Gadaud.

Le Vieulx Marche :

Helyot Beneyt.

Croissances :

Francoys Rogier dit Pascal;
Mathieu Alesme le jeune.

Election des collecteurs de ceste ville de Lymoges, faicte par les manans dicelle le xiij° janvyer lan m v° xxxviij.

Les Taules :

Pierre Tillier;
Bartholme Petit.

Lou Clochier :

Jehan de Beubrueilh d. Peret;
M° Marsau Montoudon.

La Porte :

Jacques Rogier laisne;
.................(1).

Boucherie :

Marcial Trotier;
Christofle Sanson.

Manhenye :

Guillomot Bouty;
Jacques Prat Sainct Yrieys.

Lancecot :

Francoys de Teysseulh dit Chaffort;
Charles Cotissas.

Du Marche :

Guillaume Champaignac;
Jehan du Boys.

Des Combes :

Pierre de Bouscheys;
Jehan de La Gouteu.

La Fourie :

Pierre Bardonaud;
M° Laurens du Pyn.

Du Vieilh Marche :

Jehan Cibot dit Godendaud;
Pierre Porret, bouchier.

---

(1) Cette ligne a été grattée. Nous croyons pouvoir lire comme précédemment : « Jehan Texandier ».

[Ici se trouve le reçu donné par Guil. Jouviond de la somme de 10 livres à lui dues par les consuls, pendant l'année 1538, pour le fait des écoles.]

[Contributions et logements des gens de guerre. — Priviléges de la ville.]

MARIN DE MONCHENU, chevalier, seigneur et baron dudit lieu, conseiller et premier maistre dhostel du Roy n^{re} sire, son gouverneur et senneschal de Lymosin et commissaire depputé par tresreverend Pere en Dieu mons^r larcevesque de Bourdeaulx, primat dAcquitaine, abbe de Sorde et lieutenent du roy de Navarre, gouverneur et lieutenent general du Roy en ses pays et duche de Guienne, scavoir faisons que, comme, par lectres et commission dudit S^r, n^{re} commission contenens, nous soit mande establir ez hault et bas pays de Lymosin la compaignie de mons^r ladmiral, quest de quatre vingtz lances; et, pour ce faire, ayons faict appeller les lieuxtenens general et criminel et advocat dudit S^r en la present senneschaucee de Lymosin en la ville de Lymoges, ville cappitalle, pour faire le deppartement et lestablissement de lad. compaignie, en laquelle le jourduy soubz escript, presens lesd. lieuxtenens general et criminel et advocat du Roy, se sont comparuz honnorables les consulz de Lymoges, lesquelz, avant proceder aud. deppartement et assiete de lad. compaignie, nous ont remonstre que, par plusieurs raison par eulx deduictes et alleguees, lad. ville et faulx bourgz sont exemps de locger lad. compaignie ne autres en garnison en lad. ville et faulx bourgz, et pareillement sont exemps de contribuer pour lesd. garnisons, comme de ce nous ont faict apparoir, par leurs privileges du Roy et atache de feu noble Galiot de Las Tours, en son vivant gouverneur aud. pays de Limosin et commissaire par le Roy n^{re} sire, deppute pour loger aud. pays quatre vingtz lances, la compaignie de treshault et excellent prince le roy de Navarre, lesquelz privileges et atache nous ont monstres et exibes ez presences desd. lieuxtenens et advocat du Roy, et, suyvant iceulx, nous ont requis les declairer exemps desd. logis et contributions ausd. garnisons, et desd. privilleges a eulx octroyes les laisser joyr et user tout ainsi et par la forme et maniere que leurs predecesseurs consulz, manans et habitans de lad. ville et faulx bourgz dicelle ont acoustume de faire. PAR QUOY nous, commissaire susd., apres avoir veu lesd. privilleges et iceulx bien consideres, par advis du conseil et desd. lieuxtenens et advocat du Roy, avons exempte et exemptons lesd. habitans desd. ville et faulx bourgz desd. locgis et contributions desd. garnisons, et de leursd. privilleges et libertes leur avons permis et permectons joyr et user, et en leursd. privilleges et libertes les avons maintenus et maintenons. Donne et faict a Lymoges, soubz n^re seing manuel et seaul de noz armes cy mis, le segond jour du moys de fevrier lan mil cinq cens trente huict. Ainsi signe : Monchenu; par commandement de mond. seigneur : Lamy; greffier; et seelle du seel de ses armes en cire rouge.

Aujourduy dixneuf^me jour de mars, jour de mons^r sainct Joseph, lan mil cinq cens trente huict, en la maison de consulat, a este esleu hermite Helieys Faure, par le decces de feu Pierre Las Ayras, par messieurs les consulz que sensuyvent, scavoir est par honnorables maistres Joseph de La Chassaigne, Pierre Gue, licencie ez droitz; Loys Benoist, Francoys Rogier, Jehan Maledent, Mathieu Alesme, Heliot Benoist, Leonnard La Gorce, Pierre Gadaud et Me Julien Frenault, en labsence de Helies du Boys et Germain Pinot, leurs compaignons. Lequel Helieys Faure, illec present, a accepte le lieu pour y resider a perpetuite durant sa vie, avec les prouffitz et emolumens que y sont et appartiennent, moyennant ce quil vivra aud. hermitaige en vaccant a prieres et oraisons, comme appartient, pour la prosperite du Roy, des consulz et habitans de Lymoges, et comme doibt faire ung bon et vray hermite. Et en icelluy heremitaige demeurera, sans aller vivre ne faire demeurance avec ses filles ne aultres parens, et avec eulx despendre les biens et fruictz *in tutu* dud. hermitage donnes. Lequel hermitaige a son pouvoir entretiendra et reparera. Et, au cas que des choses susd. se trouveroit faire le contraire, nous avons reserve et reservons pour nous et noz successeurs y pouvoir pourvoir dautre heremite, et expeller dicelluy led. Faure ez modifications et qualites susd. Faict ez presences de venerable Me Bartholome Saleys, chanoine de Lymoges, et sire Jehan Texier dit Penicaille, bourgeoys et marchant dud. Lymoges, tesmoingz a ce appelles.

<small>La collation de leremitaige faicte par les consulz en lan mil v^e xxxviij.</small>

Ce faict, led. Helieys Faure, le xxiij² dud. moys de mars an susd., en la maison dudit consulat, heure dentre sept et huict, print les drapz heremitiques; lesquelz lesd. consulz luy baillarent. Apres ce quil fust exorte par monss. Chassaigne, fut menne et conduict par lesd. consulz, acompaignes de leur procureur, gagiers, et plusieurs manans et habitans de lad. ville, au lieu et eglise de Mont Jauvy, ou fust receu par le cure et prebstres dicelle. Et, apres la celebration sollempnelle dune messe de loffice que fut faict en icelle eglise, luy fut administre le sainct sacrament de lEucaristie, et dillec fut menne et conduict processionnellement aud. hermitage, pour vivre en icelluy solitairement et vacquer a lestat de contemplation et a prieres et oraisons. Dont Dieu luy doint grace de ce faire. Amen.

De par le Roy.

[Demande d'un état des ressources et des charges de la ville de Limoges.]

Chers et bien amez, pource que nous desirons singulierement faire pourveoir aux repparations et munitions neccessaires en toutes les villes et places de nre royaulme qui en ont besoing, et en ce estre suffisamment employe de noz deniers, avec layde que se pourra tirer a cest effect des deniers communs, dons et octroys desd. villes que nous voullons bien entendre avant aucun departement sur ce, afin que nulle dicelles villes ne sen treuve surchargee, nous vous ordonnons et enjoignons bien expressement que, dedans six sempmaines apres la presente receue, vous nous envoyes par lun de vous ung estat au vray et par le menu, deuement signe et certiffie, de ce que se montent chascun an les deniers communs, dons et octroyz de nre ville de Lymoges, de quelque nature et qualite que soient lesd. deniers, ensemble de ce que montent, aussi par le menu, les charges ordinaires y estans, et les tiltres originaulx en vertu desquelz vous et voz predecesseurs avez acoustume cy devant lever lesd. deniers et payer icelles charges; semblablement nous envoyez par mesme moyen les troys derreniers comptes renduz par vre receveur desd. deniers communs, dons et octroys, avec ung extraict a part de tout ce que vous avez cy devant depuis dix ans en ca fourny desd. deniers, pour les affaires de noz guerres ou autrement par noz mandemens patens, ez mains du tresorier de lextraordinaire dicelles et autres noz officiers-comptables, mectant aud. extraict les dates et la sistance des quictances pour ce expediees, sans oblier aussi a nous envoyer ung estat des reparations a present neccessaires en lad. ville, pour, le tout par nous veu en n^{re} conseil prive, vous faire entendre au surplus et plus amplement n^{re} vouloir et intention sur ce. Donne a Paris, le xxviij^e jour de juing mil cinq cens trente neuf. Ainsi signe : FRANCOYS, RAPPONEL.

Election des consulz de la ville de Lymoges par les manantz et habitantz dicelle, faicte le vij^e jour de decembre lan mil cinq centz trente et neuf.

Les Taules :

Dominique Mouret.

La Porte :

Pierre Boutaud.

Magnhenie :

Pierre Romanet.

Le Marche :

Marcial Vertamon.

La Fourie :

Estienne de Beaunom.

Le Clochier :

Jehan Lascure laisne.

Boucherie :

Pierre Le Roy.

Lancecot :

Me Bartholme de Voyon, licencie.

Des Combes :

M⁀ Pierre Martin, licencie.

Le Vieulx Marche :

Liennard Bouyaud.

Croissences :

Symeon Boyol;
Jehan Audier.

Election des conseillers et collecteurs de la present annee.

Las Taullas :

Jehan Mydy;
Francoys Vergas.

Le Clouchier :

Jehan Teyssandier (1);
Nardon Penicaud.

La Porte :

Pierre Verrier le jeune;
Mathieu Marlaugon (?).

Boucherie :

Jehan Tabard;
Jehan Bonnet le jeune.

Magnynie :

Gabriel Raymond;
Laurens Cyre dit Vigo.

Lancecot :

Marcial Peytean;
Jehan Froment dit le Bureau.

Lou Marchat :

Jehan Bonnot dit Arcanet;
Jehan Lamy.

Las Combas :

Jehan Pasquette;
Jouvent de Vaubruffe.

La Fourie :

Leonard Gay;
Hugues Coignard.

Le Vieulx Marche :

Marcial Bardinet dit Papau;
Jehan Farne.

(1) Cette ligne a été imparfaitement grattée.

[Ici se trouve le reçu de dix livres pour les écoles, délivré aux consuls par Joviond, chantre de Limoges, le 7 mai 1540.]

Lou dimars xxv⁵ de may mil v⁵ querante, feste de S¹ Urbo, feys en la present ville grandz tempeste, hourage, esclair, et tombet de la grelle grosse come noux generalament, et plus grosse a plusieurs leuez, que feys grand domaige autour de la ville, une legne comensant a Isle, Soubrevaz, Beuveyr, S¹ Marty, Couzeys et aultres leuez circunvezyz, en si grosse inpetuositat que lad. gresle guaste las vignhas jusqz au vielh cep, habestent las mostras, lous haulbreys, fructageys et bladz, pratz, d'si grand haurage et ploye quere hidouzes chause a veire. Et habastet las victras, et feys grandz domageys estymatz a trente ou querante mille escutz. Et disiant la gent que en plusieurs endrechz ou choumavant lad. feste furent preservatz.

[Tempête du 25 mai 1540.]

Le dixneufvyesme jour du moys daoust lan mil cinq cens quarante, en la ville de Limoges, ont estez presens venerable maistre Bartholome de Voyon, licencie ez loix, Pierre Bothault, Jehan Audier et Dominicque Moret, consulz de la ville de Limoges, faisans tant pour eulx que pour les aultres consulz de lad. ville absens, ausquelz ont promis faire ratifier, dune part ; et maistre Estienne Groulaud, paroisse de Champmnystairy (2), dyocese de Limoges, maistre ez ars, daultre part. Lesquelz consulz aud. nom ont baille et confere aud. Groulaud, present et acceptant, la regence dez escholes de lad. ville avec lez salaires accoustumes que lez regens de lad. ville ont accoustume a prendre sur leurs escholiers ; lesquelz salaires montent a treze solz iiij deniers pour lez plus grandz escholiers estudians aux plus excellens poetes, orateurs et aultres haultes facultés ; et, pour les moyens qui estudient a mediocres poetes et basse

[Régence des écoles conférée à Mre Groulaud (1).]

---

(1) Cette pièce a été reproduite par M. Leymarie dans son *Limousin Historique*, page 435.
(2) Champnétery, commune du canton de Saint-Léonard, arrondissement de Limoges.

faculte, dix solz tournois, et lez aultres petis abecedaires, six solz huict deniers, pour chascun an. Desquelz salaires led. Groulaud se pourra faire payer par quarterons et au commencement dung chascun quarteron a lentree de la porte des escholes, et ce dicy a la feste de la Nativite mons^r sainct Jehan Baptiste. Et, durant led. terme, led. Groulaud sera tenu, comme a promis, regenter et fournir de regens idoynes et suffisans qui regenteront avec luy aux heures coustumees, en sorte et maniere que lesd. escholiers nayent occasion de vaguer. Et sera tenu commencer lundy prochain. Et aussi lesd. consulz seront tenus, comme ont promis, fournir la maison ou se tiendront lesd. escholes et dicelle le salaire payer, et luy prester toute ayde, confort et soustenement quil appartiendra par raison contre lez escholiers qui vouldront se revolter et estre rebelles aud. Grolaud et aultres ses collegues regens comme luy. Et ce ont promis tenir, garder et observer lesd. parties et chascune delles, moyennent serement par elles faict et preste aux sainctz Evangilles Nostre Seigneur, le livre touche, soubz obligations de tous et chascuns leurs biens que a ce ont oblige. Et ce ont voleu estre compelles par les cours de la seneschaulcee de Limosin, concede lectres en forme, et ce ez presances de Marcial Beneyst et Jehan Moret, tesmoings a ce appelles. — Et, ADVENENT le second jour du moys doctobre lan susd. mil cinq cens quarante, en la maison du consulat de lad. ville de Limoges, sont estez presans et personnellement establis venerables maistre Bartholome de Voyon, licencie ez loix, et saiges hommes Pierre Romanet, Pierre Bothault, Leonard Coignard, Jehan Lascure laysne, Dominicque Moret et Pierre Le Roys, bourgeois et marchans et consulz de lad. ville de Limoges, assembles en lad. maison de consulat pour les affaires dud. consulat, faisans pour eulx et pour les aultres consulz absens, lesquelz aud. nom ont donne et confere a maistres Nicole dez Ytrins et Estienne de Grolaud, maistres ez ars, regens en la present ville de Limoges, presentz et acceptans, la regence des escholes de lad. ville avec lez salaires accoustumes, au temps et terme de deux ans prochain venans, commencent le jour et feste de Monsr sainct Jehan Baptiste prochain venant, et finissant a mesme jour lesd. deux ans revoluz et passes, avec lez pactes et conditions contenuez ez lectres cy dessus escriptes, par le commissaire soubz escript receuez, entre lesd. maistre Bartholome de Voyon, Pierre Bothault et Dominicque Moret, consulz, et led. Grolaud, le xix° jour daoust lan susd. Et ce ont promis et jure garder et tenir lesd. parties moyennent serement par elles faict aux sainctz Evangilles Nostre Seigneur, le livre touche dez mains; et ce ont voleu estre compelles par les cours de la seneschaulcee de Limosin. Et ce ont concede lectres en forme ez presances de Jehan Moret, marchant, et Pierre Barriere, gantier, demeurans en la ville de Limoges, tesmoings a ce appelles et requis.

(Signé :) DUTEILH.

Election des consulz de la ville de Lymoges, faicte par les manans et habitans dicelle le septiesme jour de decembre mil cinq centz quarante.

Des Taules :

Pierre Bastide.

De la Porte :

Jehan deu Bost, filz de feu Franceys deu Bost.

De Maignenhe :

Jehan Colomb.

Deu Marchat :

Guillem Disnamatin.

De la Fourye :

Symon Peyrat.

De Clochier :

Helyes Gualichier.

De Boucherie :

Maistre Jehan Lavandier.

De Lancecot :

Marcial Peyteu.

De las Combas :

Maistre Jehan Penicaud laisne.

De Vieulx Marche :

Pierre Vertamon dit Cautele.

Croissance :

Jehan Bouillon ;
Jehan Gergot.

[Ici se trouve le reçu de 10 livres tournois délivré aux consuls par Joviond, chantre de Limoges, pour la cession de son droit sur les écoles, daté du 19 mars 1540.]

Election des collateurs de la presente annee mil cinq centz quarante.

Des Taules :

Jehan Colin ;
Bartholome Billard.

De la Porte :

Marcial Granier ;
Mery Senamaud.

De Maignenhe :

Jacques Dorieyras ;
Pierre Gardeu.

Deu Marchat :

Johan Juge ;
Mathieu Loudeys.

De la Fourye :

Maistre Albert Grantchaud ;
Pauly Barton.

De Clochier :

Andrieu Guadaud ;
Jehan Boubiat.

De Boucherie :

Jehan Bonnet lannat ;
Colau Voureilh.

De Lancecot :

Jehan Boriaud ;
Me Clement de Boignac.

De las Combas :

Leonard deu Bouscheys.
Peyr Reymond.

De Vieulx Marche :

Guillomot deu Mas;
Marsaud Cibot dic las Vachas.

Election des consulz de la ville de Limoges, faicte par les manans et habitans dicelle le septiesme jour de decembre lan mil v^c quarante ung.

Des Taules :

Marcial du Boys laisne.

La Porte :

Leonard des Champs.

Maignenye :

Jehan Texier dict Penicailhe.

Du Marche :

Helies dict Liton Boutaud.

De la Fourye :

Maistre Albert de Grandchaud.

Du Clochier :

Monsr maistre Mathieu Maseutin.

De Boucherye :

Pierre La Gorse dict Thomas.

De Lancecot :

Maistre Jehan Petiot.

De las Combas :

Leonard du Bouscheys.

De Vieulx Marche :

Jacques Chaffort dict Claveau.

Croissances :

Maistre Symon Descoustures, garde des seaulx du Roy;
Jehan Veyrier.

Election des partisseurs et esgalleurs des tailhes impousees en lannee mil v^c xlj finissant quarante deux.

Las Taulas :

Bartholome Palays;
Jehan Varacheau dict Rolland.

La Porte :

Pierre Jabessier;
Mathieu de Lespinasse.

Maignenye :

Liton Rougeyron;
Jehan Raymond dict Restoilh.

Lou Marchat :

Jehan Poylleve;
Me Pierre Hardy.

La Fourye :

Heliot Arnaud;
Andre Barnon.

Le Clouchier :

Leonard Peyrac dict Lannette ;
Pierre Le Chasseur.

Boucherye :

Leonard Ladrac ;
Jehan Guyonnet.

Lancecot :

Jehan Picard, relouguayre (1) ;
Francoys de Lachenaud, fondeur.

Las Combas :

Lucas de Villeregnyer ;
Jehan Bonnet.

Lou Vielh Marchat :

Francoys Varacheau ;
Jamme Bardinet lannac.

Election des administrateurs de lhospital Sainct Marcial de Lymoges de la presente annee.

De la partie de monsr labbe.......... Guillem Disnamatin ;
De la partie de monsr lhalmosnier.... Pierre Bastide ;
De la partie de messrs les consulz..... Jehan Ardy.

---

(1) Horloger : rom., *relope*, horloge ; bas lim., *relotze ;* provenç., *relogi-relogiairé*, horloger.

[Les consuls dégagent la masse, les sceaux et deux pièces d'artillerie mis en gage par leurs prédécesseurs pour payer les honoraires de Joseph de La Chassaigne.]

ET TOUT INCONTINENT AMPRES QUE LESDICTZ CONSULZ furent creez consulz, furent advertiz que leursd. predecesseurs avoyent (engagé) la masse et seaulx dargent de la ville, ensemble deux piesses dartilharie, pour cent livres tournoys questoient deuez a maistre Joseph de La Chassaigne a cause de ses salaires et journees, se deliberarent les recouvrer, et les firent saisir et arrester entre les mains de Jehan Bolet, marchant et appothicaire de ceste ville, lequel les avoyt. Au moyen de quoy y heust proces par devant le senneschal de Limosin ou son lieutenent, auquel fust tant procede que lesd. gaiges furent delivres et randuz ezd. consulz. Et, POUR CE que les predessesseurs consulz, par arrest de la court de parlement de Bourdeaulx, avoyent este condempnes a poyer lad. somme de cent livres tournois aud. de La Chassaigne, furent contrainctz lesd. consulz nouveaulx poyer lad. somme aud. de La Chassaigne, laquelle somme de cent livres t/. luy payarent, comme appert par quictance, et proces sur ce faict.

[Réquisition royale de 500 bœufs et 1,000 moutons.]

ET PEU DE TEMPS apres fust envoyee commission de par le Roy aud. senneschal de Limosin ou son lieutenent pour faire envoyer a Bayonne cinq centz beufz et dix mille mostons. Furent tauxes et cothizes les manans et habitans de lad. ville pour leur part a dix beufz de la valeur de quinze livres t/. la piesse et soixante solz pour la conduicte de chascun beuf; ce que fust faict et acomply par lesd. consulz.

[Envoi de pionniers à Bayonne. — Réparations aux portes de la ville.]

AUSSI PAREILHEMENT, par aultre commission expresse dud. seigr, adroissante aud. senneschal ou sond. lieutenent, furent envoyes aud. Bayonne certain nombre de pionïers habilles de livree. Et ad ce fere furent lesd. consulz contrainctz de contribuer pour leur part a laquelle estoyent tauxes. Et, pourtant quil estoit grand bruict de guerre, et quil passoyt plusieurs compaignes de gensdarmes tout alentour et bien apres de ceste ville, lesquelz faisoyent grandz maulx et estoient en grand nombre, et la plus grande partie estoient a cheval, pour la garde et deffanse de lad. ville lesd. consulz firent fere aux quatre portes de lad. ville les esses et barrieres neccessaires, car auparavant ne y avoit aulcunes. Aussi firent ramonter les pontz et pavetz dicelles portes, recouvrir et reparer les chambretes desd. portes, et pareillement les trebuschetz.

Eᴛ ᴏᴜʟᴛʀᴇ ᴘʟᴜs firent fere les redones (1) des fosses tout alentour de la porte de Montmailler, ensemble la muraille du jardrin estant darriere la maison du Consulat. — Eᴛ ᴅᴀᴠᴀɴ-ᴛᴀɪɢᴇ firent fere tout a neuf le ..... (2) du balovard de la porte, ensemble le pontet dicelle. [Réparations diverses.]

Eᴛ ᴘᴏᴜʀ ᴄᴇ ǫᴜᴇ, par commendement et commission expresse du Roy, les grandz jours du parlement de Bourdeaulx furent assignés a tenir en ceste ville, feust expressement envoye par devers monsʳ le lieutenent general et aultres officiers du Roy lhussier Contant avec lectres missives desd. Sʳˢ de parlement a eulx adroissantes, pour de ce les advertir et pour letir bailler logiz et place le plus commode pour tenir laudience et aussi pour loger messʳˢ les presidant, conseillers et huissiers, advocatz et procureurs de lad. court qui viendroient esd. grandz jours, presentz et appelles pour ce fere les consulz de lad. ville de Limoges. Eᴛ ᴘᴏᴜʀ ᴄᴇ que en ceste ville ne feust trouve lieu plus commode pour tenir lesd. grandz jourz que la maison commune de lad. ville, nommee de Consulat, furent contrainctz lesd. consulz icelle leur delaisser avec la chambre du conseil et la chambre du tresor ou souloyt estre lauditoire, et une partie des chambres de davan, et remuer tous les coffres, bans et aultres choses estans dans lad. maison de consulat, et aller tenir le consulat en la maison du Sᵗ Marcial Duboys, consul, quest size audevant la funtaine du claustre de Sainct Marcial. Et feust faict ung moult grand auditoire a parquet pour tenir laudiance en la grand salle, en lad. maison de Consulat, laquelle estoit tout alentour tapissee de moult belle tapisserie. Et fust la petite chambre retenue pour mesd. seigneurs de parlement et pour tenir leur conseil et vuyder les proces, laquelle pareillement fust tapissee tout alentour. En laultre chambre du thresor fust dressee la chappelle avec laultier (3) pour dire chascun jour la messe desd. precidant et conseillers de lad. court, laquelle chappelle estoyt moult bien paree et tapissee. Eᴛ ʟᴀǫᴜᴇʟʟᴇ grand sale fust meynee detz et depotz (4) a lendroit [Les grandz jours de la court de parlement.]

---

(1) « Redon, parement. » (Rᴏǫᴜᴇꜰᴏʀᴛ.)
(2) Ce mot est omis dans le texte.
(3) « Autel. » (Rᴏǫᴜᴇꜰᴏʀᴛ.)
(4) Peut-être « depuis et jusqu'à ». — On dit encore vicieusement à Limoges « depuis » pour « jusqu'à » : Je suis allé *depuis* tel endroit, pour *jusqu'à* tel endroit.

T. I.

de lentree de lad. chappelle. Et, du couste de la porte de lad. maison du Consulat, tirant vers la grand rue, estoient les bans des procureurs de lad. court. Et, pource que lesd. consulz, advertis que mons^r le tiers president de Bourdeaulx, mons^r Brinon, ensemble plusieurs conseillers, huissiers, advocatz et procureurs de lad. court en sa compaigne, venoient en ceste ville pour tenir les grandz jours, le dernier jour daoust, envyron lheure de vespres, lesd. consulz alarent a laudevant, acompaignes de plusieurs manans et habitans de lad. ville avec le massier et gaigiers de lad. ville. Et fut led. seigneur president et aultres de sa compaigne moult honnorablement saluez et receuz, et leur fut faicte une arengue par mons^r maistre Mathieu Masautin, licencie ez droitz, consul de lad. ville. Et de la feurent menes et conduictz lesd. seigneurs, president et conseillers de lad. court et aultres de leur compaigne dans lad. ville, et entrarent par la porte de Manhanye, ou ilz furent bien canonnes. Et dillec feust aussi led. S^r president avec sa compaigne mene et conduict jusques a la maison du Brueil, laquelle luy avoyt este baillee pour son loggis, et les conseillers, huissiers, advocatz et procureurs de lad. court se retirarent chascun en son logis, lequel leur avoyt este assigne. Et le lendemain, que fust le premier jour de septembre, commansarent tenir lesd. grandz jours, et lesd. consulz allarent querir led. seigneur president a sond. logis avec leurs massier et gaggiers; et de la feust par eulx conduict et mene jusques a lad. maison du Consulat, quon appelloit communement le Palays; et illec feust tenue laudiance led. jour par lesd. S^r president et conseillers, a laquelle furent presentz et assistarent lesd. consulz avec leurs chapperons, au lieu que leur avoyt este assigne dans led. parquet. Et feust par lesd. consulz faict ung present ausd. seigneurs president et conseillers de lad. court, advocat et procureur du Roy en lad. court, et au greffier dicelle, et a ung chascun deulx. Lesquelz demeurarent en ceste ville tenans lesd. grandz jours despuys led. premier (dernier) jour daoust jusques au dernier jour doctobre inclusivement, que sont deux moys entiers, durantz lesquelz y avoyt chancellarie ordinaire comme a Bourdeaulx, laquelle expedioit led. S^r president en son logis; et pour ce fere y avoit refferendaires, secretaires, chauffecier et aultres officiers pour lexercice de la chancellarie. Et, pour cause desd. grandz jours, furent par lesd. consulz faictz plusieurs frays et mises.

Et bien tost ampres, advertis par aulcuns gentilz hommes qui passarent en ceste ville en sen allant a la court que la Reyne de France venoyt passer en ceste ville pour aller devers le Roy, pource quelle avoyt este mandee, a ceste cause feurent envoyes par devers elle deux desd. consulz, scavoir est mons^r La Garde et Leonard Deschamps. Lesquelz allarent a Sainct Leonard, ou lad. dame estoit arrivee le jour et feste de Toussainctz, pour scavoir son plaisir et volonte. Laquelle leur feist bon recueil et feist declaration quelle seroit en ceste ville lendemain, questoit le jour des Trespasses, et arriveroit envyron lheure de quatre heures ampres mydy. Et, ouy le rapport desd. S^{rs} consulz, feurent assembles, par commandement de mons^r le lieutenent et aultres officiers, les manans et habitans de lad. ville au reffectoeur de Sainct Marcial, lesquelz y comparurent ou la plus grande et saine partie diceulx. Lesquelz, apres leur avoir remonstre led. affaire, furent tous dadvys aller a laudevant delle et luy fere tout lhonneur quil seroit possible, et luy bailler le poille, et fere ung don et presant honneste, comme appartenoyt de faire a une telle dame, promectant en payer chascun sa part. Au moyen de quoy, led. jour des Trespasses, segond jour dud. moys de novembre, de matin feust crye a sont de trompe par tous les carrefours de lad. ville que on heust a nectoier, parer les rues, chascun en son endroit, et se trouver prest et monte a une heure ampres mydy dud. jour, audevant la maison du consulat, pour aller en ordre avec lesd. consulz a laudavant de lad. dame, laquelle disnoit cedict jour a Sainct Just au loggis de mess^{rs} de Sainct Marcial, ou on luy avoyt apreste son disner. Et, advenant ladicte heure, partirent lesd. consulz de lad. maison de consulat avec plusieurs manans et habitans de lad. ville, montes en bon ordre, ensemble leurs massier et gaiggiers avec leurs bastons; et allarent a laudevant de lad. dame jusques a chappelle appellee de Pabot aupres de Panazou, avec trompetes et clarons, haulboys et aultres instrumentz melodieux. Et illec feust lad. dame saluee et honnorablement receue par lesd. consulz et aultres manans et habitans de lad. ville en grand nombre, lesquelz faisoyt beau veoir. Et luy feust faicte une arrengue et salutation par led. seigneur Masautin, lung des consulz, elle estant dans sa letiere, laquelle les remercia et en feust moult contante. Et dillec feust conduicte jusques au devant leglise cathedrale de Limoges, la ou elle

Lentree de la Reyne de France.

feust honnorablement receue par mess{rs} les doyen et chanoynes de lad. eglise. Et illec lad. dame sourtit de sa letiere, et entra dans lad. eglise, en laquelle elle feist son oraison. Et ampres entra dans sad. lestiere, et dillec feust mennee et conduicte jusques a la porte de Maihenie avec lesd. trompetes et clerons, haulxboys et aultres instrumentz; et illec feust tresbien cannonee. A lentree de laquelle porte avoyt ung eschaffault esleve, auquel avoyt moult de instrumentz melodieux, et au dessus avoyt ung triumphe avec les armes de France. Et en icelluy eschaffault avoyt deux personnaiges, habilles lung en habit de une damoyselle, nommee *Limoges*, et laultre en habit dung homme, nomme *Peuple comniun*, lesquelz par beaulx ditz et rondeaulx humblement saluarent lad. dame. Et a lentree de lad. porte, et apres quelle feust entree dans lad. ville, feurent illec presentz quatre desd. consulz bien habitues, portans ung poille et pavillon de veloux cramoisin, semé de fleurs de lys, de lectres, de (1) et dor, et les franges aussi de fillet dor, lequel estoit moult beau et riche. Lequel ilz mirent sur la dame estant dans sad. letiere, et led. Masautin, consul, luy presenta les clefz de lad. ville, lesquelles elle ne voulcist disant que on les gardast bien, comme on avoyt faict par cy devant. Et dillec feust lad. dame menee et conduicte jusques a labbaye de Sainct Marcial, et les chanoynes de lad. eglise vindrent a laudevant, chappes et bien en ordre. Et ampres lad. dame alla tout droit a son logis, lequel luy avoyt este prepare ches monsr maistre Maurice Chantoys, lieutenent criminel, la ou elle feust loggee, et ses dames et damoyselles tout autour au logis du Brueil, du Bastiment et aultres loggis circunvoisins. Et led. seoir, ampres que lad. dame heust souppé, lesd. consulz luy alarent fere la reverance et luy presenter les biens de la ville. Et luy feust faicte une moult belle arrangue par led. Sr La Garde, consul, lequel luy presenta le don que avoyt este ordonne luy bailler, questoyt ung draggier (2) dargent surdaure, avec une chene dor; lequel don lad. dame receust benignement et heust pour aggreable, et remercia la ville et habitans dicelle, offrant leur fere tout plaisir. Et le lendemain lesd. consulz luy envoyarent de lypogras, et firent plusieurs dons a ses archiers et aultres de sa compaigne, lesquelz en furent bien contans.

---

(1) Un mot omis dans le texte.
(2) Boîte à mettre des dragées; bas-lat., *dragerium*.

Et, pour ce que lad. dame ne voulcist demeurer a disner en ceste ville, ains se alla disner (à) Aixe, pource quelle sen alloit bien hastivement, car le seoir avoyt heu lectres du Roy par ung poste, lesd. consulz alarent la conduire jusques ampres des Trois Trueilhz en allant (à) Aixe, la ou son grand maistre doptel les fist retirer. Au moyen de quoy prindrent conge de lad. dame, et led. seigneur Lagarde, consul, porta la parole, dont lad. feust trescontante et pareillement sa compaignie.

Et, pource que lesd. consulz furent advertiez par maistre Pierre Belut, leur procureur a Paris, que, au proces pandant en lad. court en exeqution darrest entre le roy de Navarre et les consulz, manans et habitans de lad. ville, led. S⁹ avoyt ja faict sa production, et avoyt este ordonne que lesd. consulz et habitans produiroyent dans la sainct Martin, aultrement forcloz; a ceste cause, lesd. consulz firent diligences de cercher et trouver les piesses neccessaires pour fere leur produiction, lesquelles inventorisees furent baillees a maistre Pierre Martin, licencie ez droitz, habitant de ceste ville, lequel y feust envoye expressement pour icelles porter a Paris avec ung serviteur pour icelles produire et dresser n^{re} produiction tout ainsin quil pourroit estre affaire et trouveroyt par n^{re} conseil de par dela.

[Suite du procès entre le roi de Navarre et les consuls.]

Et soyt memoire que, durant lesd. grandz jours, feust donne certain arrest au prouffit des manantz et habitans de la present ville et pareillement de la cite et aultres lieux circunvoisins, duquel la teneur sensuyt.

Extraict des registres des grandz jours.

Sur la requeste presantee par Marcial Andren, recepveur du domaine du Roy en ceste ville de Limoges, et aultres bourgeois, manans et habitans de lad. ville, cite et faulx bourgz dicelle, contenant que la plus part de leur revenu, estant autour de lad. ville, cite et faulx bourgs, consistoit en vignes questoient de grand et de peu revenu; et, pour peu de viniere (1) et inconveniant que leur advinst, estoyent grande-

Larrest de ne mectre le bestaillh dans les vignes.

___

(1) « *Vimaire, vimere*, force majeure, accidents imprévus, comme grêle, gelée, inondation, orage, tempête, peste, famine, enfin toute espèce d'accident qu'on ne peut prévenir : *vis major, a vi majore*. » (Roquefort.)

ment en donmaiges, et par ce les supplians prives de leur prouffit; et, combien que aulcun des manans et habitans de lad. ville ne deussent mectre aulcun bestail esd. vignes, neanmoings plusieurs desd. habitans ordinairement nuyt et jour et en toute saison mectent les chevaulx, jumentz, moustons, brebis, chevres, porceaulx et aultre bestail ausd. vignes et vismieres, lesquelz led. bestail rompent, gastent et deperissent tant aux fruictz que boys dicelles vignes et vismieres; et, de ce non contens, les pastres et gardes faisoyent brusler et deroubovent les boys, fruictz et aulcunes choses quilz trouvoyent esd. vignes; et, y estans trouves, sassembloyent en grand nombre de pasteurs et gens incogneuz, lesquelz batoyent et frappoyent les maistres des vignes, leurs serviteurs, et tellement que par force faisoyent ce quilz voloyent, dont estoient provenuz plusieurs scandales et exces au grand detriment et foulle du pauvre peuple. PARQUOY, requerant leur estre sur ce pourveu, veüe laquelle requeste, la court ordonne que inhibicions et deffanses seront faictes, a peine de la hart, a toute maniere de gens, sans aulcuns excepter, de mectre ne faire mectre directement ou indirectement aulcuns chevaulx, jumentz, mostons, brebis, chevres, porceaulx, tant masles que femelles, ne aulcun bestail esd. vignes et vismieres, rompre ne fere rompre les boys, raisins ne aultres fruictz dicelles vignes, hayes, clousteres et aultres murailles dicellesd. vignes et vismieres, ne derouber le verniz (1), declarant que a ceulx a qui led. bestail appartiendra respondra de faict de son serviteur et sera tenu poyer la chose que sera sur ce adjugee. Et, adfin que aulcun ne puisse pretandre cause dignorance, seront lesd. inhibicions publiees a son de trompe et cry public par les carrefours acoustumes de ceste ville par aulcun des huissiers de lad. court, et neanmoings mises en tableaux ez portes et coings de lad. ville. Et de ce que aura este faict seront faictes informations et rapportees devers le seneschal de Limosin ou son lieutenent, pour par luy estre pourveu comme il devra estre affaire. Faict a Limoges, aux grandz jours, le xxvj° jour doctobre mil v° quarante deux. Ainsi signe. Collation est faicte : DE PONTAC. — LE VINGT HUICTIESME jour doctobre lan escript au blant, le presant arrest et le contenu dicelluy a este par moy, Mathieu de Contac, huissier en la court de parlement de Bourdeaulx, signiffie et

---

(1) *Vergne*, *verne*, aune, arbre.

publie, et les inhibicions y contenues faictes a son de trompe et cry public par les carrefors ordinaires de la presente ville de Limoges, et oultre aux carrefors de la ...... et aux carrefors des Combes, et davantaige en la place publicque de la Cite dud. Limoges, et au pont Sainct Marcial, que quil soyt au carrefor ...... dud. pont, et aux carrefors des fosses de lad. Cité, esquelz carrefors et places publicques plusieurs des habitans et bourgeois ont assiste et esté presentz, et ont dit que la chose estoit raisonnable, et estoit bien faict, car par cy devant plusieurs maulx sen estoient ensuyviz, et que a present, pourveu que la court y mist ordre, chascun se gardera de mesprandre. Et estoient avecques moy assistantz Jacques de Fursac laisne, Guillem Lamere, Jehan Mouret et les deux trompetes ordinaires de lad. ville. Et tout ce certiffie contenir verite, par moy ainsi signé : CONTAC.

Pour lan commensant mil v^c quarante deux et finissant quarante troys, furent esleuz consulz de la present ville par les manans et habitans dicelle, suyvant lancienne et loable coustume, la vigile de la Conception N^{re} Dame, vij^e de decembre aud. an mil v^c xlij comme sensuyt :

Des Taules :

Marcial Decordes laisne.

De la Porte :

Guillaume Aubusson.

De Maignenye :

Pierre du Boys.

Du Marche :

Jehan Poyleve.

De la Fourye :

Me Anthoine Gamaud.

Du Clochier :

Francoys Charreron.

De Boucherie :

Nycholas Voulreys laisne.

De Lancequot :

Monsr Me Michel de Muret.

Des Combes :

Bartholme Gadault.

Du Vieux Marche :

Jehan Cybot laisne.

De croyssance :

Mathieu Benoist ;
Marcial Gregoire le jeune.

Partisseurs des tailles imposees en lad. annee furent esleuz le xiiij^e de decembre aud. an.

Des Taules :

Marcial du Boys le jeune ;
Audoyn Godin.

La Porte :

Marcial de Cordes le jeune ;
Pierre Moureil.

Maignenye :

Jehan Romanet ;
Jehan de Lascoulx.

Du Marche :

Marcial Juge ;
Jehan Pabo laisne dit Le Guorrault.

La Fourie :

Mᵉ Jehan Byais;
Marcial Bachelier.

Du Clochier :

Guillem Vouzelle;
Pierre Merly.

Boucherie :

Andre de Buat;
Jehan Nadau.

Lancequot :

Mᵉ Albert Montoudon;
Loys Guery.

Des Combes :

Jacques Coustures;
Jehan Bertrant, orfevre.

Du Vieux Marche :

Nycolas Guery;
Guillem Colombet.

INCONTINANT APRES nostre eslection, fut conclud par ladvis et deliberation du conseil, et assembles plusieurs des apparens de la ville, pource que le roy de Navarre, touchant lexceqution de larrest, et surce que estions en different de la police avoit produict et estoit dit par arrest que nous baillerions contradictz a sa production, et ferions nostre production dedans ung delay assez brief, autrement forcloz, envoyasmes *maistre Pierre Martin* (1), advocat de ceste ville, nourry en laffaire.

Ledit Martin ala a Paris, et fit faire extraictz et vidimus des

[Procès du roi de Navarre. Délégation de Pierre Martin.]

---

(1) Ces mots sont soulignés dans le texte.

piecces que le conseil cogneust estre neccessaires a produire, fit et droissa nostre production, et par plusieurs requestes fit forcloure le roy de Navarre de production, pource quil lavoit retiree, et fut appoincte que le proces seroit veu et juge parce que se trouveroit produict devers lad. court. Led. Martin retourna les piecces vidimees et les actes de forclusion avec le double de linventoyre signe, lequel est ceans.

[Police des bouchers.] Item, pource que Estí(e)nne Lamy, soy disant prevost du viconte, sefforcoyt cognoistre de la police et mesmes sur les bochiers, les consulz lors estans *firent venir davant eulx* (1) les bayles desd. bochiers, desquelz, suyvant lancienne et loable coustume, receurent le serement de bien et loyaulment excercer loffice de bailles et visiteurs au nom desd. consulz, et de tenir la ville fornye, ne permectre que chairs infectes et putrides fussent vendues en ceste ville, ne bestes, fut dhommailhe, moustons et autres bestes venans de lieux infectz et suspeconnez de maladie suspecte fussent tues ne exposes venans a la boucherie, et autre tel serement quil est requis et acoustume de faire en tel cas.

[Solde de mille hommes de guerre sur le haut et le bas Limousin.] Apres vindrent lectres patentes du Roy pour la soulde de mil hommes de guerre sur le hault et bas Limosin, souldoyes pour quatre moys, montant a vingt quatre mil livres. Lesd. lectres furent signiffiees ceans, et en eusmes coppie. Et, par advis et deliberation des manans et habitans, envoyames devers le Roy pour avoir rabaiz ou autre telle provision que on trouveroyt par conseil, et eusmes lesd. lectres patentes pour cothiser sur exemps et non exemps, en comprenant les gens deglise et tous autres privillegies, desquelles lettres la teneur sensuyt :

[Lettres-patentes du Roi à ce sujet.] FRANCOYS, par la grace de Dieu Roy de France, au senneschal de Limosin ou a ses lieutenans en chascun de ses sieges et à chascun deulx surce premier requis, salut. Receu avons lhumble supplication du sindic du hault et bas pays de Limosin, contenant que, pour la contribution de la soulde de cinquante mil hommes de gens de guerre a pied pour quatre moys que avons ordonne

---

(1) Ces mots sont soulignés dans le texte.

estre levee sur toutes les villes closes et faulx bourgs de nostre royaulme, lesd. supplians, qui ont ete mys, cothises et imposes pour leur cothe part et portion de lad. soulde et payement a la somme de vingt quatre mil livres tournois ; laquelle somme lesd. supplians mectroyent volentiers et imposeroient sur eulx et chascun deulx suyvant vosd. lectres et mandement, sur ce donnez le plus justement et esgallement que faire se pourra. Mais ilz doubtent que aucuns se voulant exempter de lad. contribution soubz umbre de leurs pretendus privilleiges et estatz, aussi que en lad. cothisation ilz ne puyssent mectre ne comprandre les gens deglise pour leurs biens non ecclesiasticques et quilz tiennent tant par succession que acquisition, au moyen de quoy ilz ne pourroient supporter ne poyer led. ayde si par nous ne leur estoit sur ce pourveu de n^{re} grace et remede a ce convenable, humblement requerant icelle. Pource est il que nous vous mandons et commectons par ces presentes que, appelle noz procureurs et officiers, vous asserez et imposez le plus justement et esgallement que faire se pourra, le fort pourtant le foible, lad. somme de vingt quatre mil livres tournoys, a quoy ce monte leur cocte part et portion de lad. contribution sur tous et chascuns les habitans desd. villes clozes et faulx bourgs de vostred. senneschaucee, exemps et non exemps, privillegies et non privillegies, en y comprenant les gens deglise pour le regard de leurs biens immeubles non ecclesiastiques, soient que lesd. biens leur soient advenus par succession ou acquisition, exceptes toutesfoys noz amez et feaulx notaires et secretaires, officiers et serviteurs, domesticques et commansaulx de nostre maison. Et a ce faire et souffrir et a payer chascun son taux et coctisation contraignez et faictes contraindre tous ceulx quil appartiendra par les voyes et contrainctes en nosd. lectres. Car tel est nostre plaisir. Donne a Sainct Germain en Laye, le quatriesme jour de may lan de grace mil cinq cent quarante trois, et de nostre regne le vingt-neufiesme. Signe : par le Roy en son conseil : Coefier ; et seellees du grand seel du Roy en cire jaulne.

Autres lectres furent envoyees par led. seigneur touchant lassignation du payement des deniers de lemprunct ja faictz aud. seigneur, desquelles la teneur est telle :

[Emprunt royal.]

Francoys, par la grace de Dieu Roy de France, a noz amez et feaulx les gens de noz comptes, bailliz et sennechaulx de n^{re} royaulme ou leurs lieutenens, salut et dillection. Comme, dès le moy de jung dernier passe, nous eussions advisé de faire plusieurs empructz de deniers par les villes de nostre royaulme pour subvenir aux grans et urgens affaires de noz guerres, et ordonne que le remboursement diceulx seroit faict sur les deniers de noz finances du quartier doctobre, novembre et decembre ensuyvant qui pourroient estre prestz en nostre espargne a la fin de ce presant moys de fevrier ou dedans le moys de mars prochainement venant; au moyen de quoy ceulx qui nous eussent lors faict prest en eussent peu estre remborses dedans neuf moys ensuyvans. Toutesfoys, pource que la plus part des deniers desd. empructz nont esté receuz si tost comme nous les esperons avoir, et que par advanture ceulx qui les deniers ont preste seroient les premiers a la poursuyte de leur remboursement, en quoy nous desirons faire garder ung ordre raisonnable, scavoir faisons que nous avons commande et ordonne a nostre amé et feal conseiller et tresorier de nostre esparnie, maistre Jehan du Val, voulons et ordonnons que des deniers de nostred. espargne il paye et remborse comptant les deniers empruntes pour nosd. affaires a ceulx qui nous en ont faict prest, dedans lesd. temps de neuf moys, a compter respectivement du jour et dacte de la quictance de maistre Jehan Laguette, recepveur general de noz parties casuelles, es mains duquel ont este delivres lesd. deniers. Et voulons que vous, bailliz et sennechaulx, par la publication de ces presentes en vidimus dicelles, faictes entendre et notiffier nostred. vouloir, affin que aucun nen puisse pretendre cause dignorance; et vous, gens de noz comptes, passes et alloues les sommes de deniers que led. du Val aura ainsi payez et remboursees en la despence de ses comptes, et icelle rabatez de sa recepte, en rapportant cesd. presentes signees de n^{re} main, ensemble les quictances dud. Laguette de la reception desd. deniers et aultres quictances des personnes qui en seront remborses sur ce souffisantes seulement sans y faire aulcune difficulté. Car tel est nostre plaisir, nonobstant quelxconques ordonnances, restrictions, mandemens ou deffences a ce contraires. Et, pource que de sesd. presentes len pourra avoir affaire en plusieurs et divers lieux, nous voulons que au vidimus dicelles deuement collationné foy soit adjouste comme au present original. Donne a Paris, le deuxiesme jour de fevrier lan de grace mil cinq cens quarante deux, et de nostre regne le vingtneufiesme. Ainsi signe : Francoys; par le Roy; Bayard; et seellees en simple queue de cire jaulne.

Autres lectres du roy de Navarre furent envoyez pour abolir les priviliegees de lexemption des garnisons, lesquelles furent publiees a son de trompe par les cantons de ceste ville acoustumes. Mais sembla au conseil que lesd. lectres ne nous font et ne portent prejudice; aussi nont elles fondement. Toutesfoys il y eust appel interjecte; Et la teneur desd. lectres est cy dessoubz escripte.

[Lettres du roi de Navarre abolissant les priviléges d'exemption de garnison.

Appel des consuls.]

Henry, par la grace de Dieu roy de Navarre, lieutenant general du Roy en son pays de Guyenne, Languedoc, Provence, Poictou, et gouverneur dud. pays et duche de Guyenne, etc., au sennechal de Limosin ou son lieutenant, salut. Scavoir faisons que led. seigneur, estant adverty que, au moyen des lectres dexemptions que tant par luy, ses predecesseurs, que par les gouverneurs et lieutenenx de ses terre et pays ont este octroyees a plusieurs gentilhomme et gens deglise et autres pour leurs terres et maisons, de garnison, passaige, lougis et contribution de vivres de gensdarmes, ses subjectz et le commun peuple en ont este et sont grandement foulles et surchargez, et, considerans iceulx supporter et sollager, nous rescript et ordonne revocquer lesd. exemptions, et declairer quil ne veult ny entend que aucunes dicelles, pour quelques raison et considerations quelles ayent este baillees et concedees, ayent aucun effect et valeur, et deffend en bailler aucune si apres; fors et reserve celles, quil a octroye a mons. le duc dOrleans, son filz, et a nous, depuys longtemps, lesquelles il veult et entend estre gardees et entretenues. A ceste cause, nous vous mandons que vous ayes promptement a faire cryer et publier par toute vostre seigneurie et jurisdiction dicelle que doresenavant lesd. gentilhommes et gens desglise, de quelque estat, qualite et condition quils soient, fors et reserve, comme dit est, mondit seigneur dOrleans et nous, ne useront ne joyront aucunement de leffect et contenu desd. exemptions, et que cy apres leursd. terres et maisons seront et demeureront subjectes ausd. garnisons, passaiges, lougis et contributions desd. gensdarmes, tout ainsi que les autres terres non exemptes ny privillegies. Ce que vous enjoignons faire garder et entretenir apres lad. publication scelon et ensuyvant le vouloyr et intention dud. seigneur. Et, pource que lon pourra avoir affaire de ces presentes en plusieurs lieux et endroictz, voulons que au vidimus dicelles, collacionne par ung de noz secretaires ou notaire royal, soit adjouste foy. Donné a Nerac, le douziesme jour de mars mil cinq cens quarante deux. Ainsi signé : HENRY, et contresigné : du Colon. Et au dessoubz est escript : Collation est faicte a loriginal par moy, notaire et secretaire dud. seigneur, le treziesme jour de mars lan mil cinq cens quarante deux. Signé : GENSSAULT.

[Droit de chasse.]

AUSSI y eust autres lectres et ordonnances sur la prohibition de la chasse, qui furent publiees en ceste ville, dont pareilhement y eust appel interjecté par lesd. seigneurs consulz pource quon dit y avoir ceans privilie333e de chasse.

[Les officiers du roi de Navarre troublent les consuls dans l'exercice de la police. — Requête au roi.]

POURCE aussi que les officiers du roy de Navarre de jour en jour, par tous les moyens quilz pouvoient, sefforçoyent nous trobler en la police que de tousjours nous et noz predecesseurs avons exercé, fismes bailler requeste en la court de parlement a Paris, tendent afin de leur faire inhiber de non nous empescher et nactempter pendant le proces, et eusmes lectres de *ne lite pendente*, que fismes inthimer ausd. officiers en plain jugement par Francoys Varacheau, sergent royal, comme appert par son proces verbal cy dessoubz insere. La teneur desd. lectres sensuyt :

[Lettres de litispendence à ce sujet.]

FRANCOYS, par la grace de Dieu Roy de France, au premier huissier de nre parlement ou nostre sergent sur ce requis, salut. Noz amez et feaulx les consulz de la ville de Limoges ont humblement exposé a nostre court de parlement que, comme, par arrest donné en icelle entre eulx, dune part, et nostre trescher et tresame beaufrere Henry, roy de Navarre, dautre, ont este entre autres choses ausd. exposans adjuge le consulat, sceau et arche commune et ce qui en deppend, qui est la cognoissance de la police des pain, chair et mesures ; ce neantmoingtz, au contemps (1) et prejudice dud. arrest, les officiers de nostred. trescher frere auroient troble et empeschoyent lesd. consulz exposans es choses susd., a leur grand interest et dommaige ; sur quoy ilz eussent requis leur estre par nostred. court pourveu. Nous, a ceste cause de lordonnance dicelle et a la supplication desd. consulz dud. Limoges, te mandons et commectons par la teneur de ces presentes que ausd. officiers de nostred. trescher et tresame frere en lad. ville de Limoges et autres quil appartiendra et dont seras requis tu faces expresses inhibitions et deffences, de par nous et nostred. court, et sur certaines et grand peines a nous a applicquer, que aucune chose contre et au prejudice dud. arrest ilz actemptent ou innouvent en aucune maniere, en certiffiant suffisemment icelle nostre court de tout ce que faict auras sur ce. Et au surplus, appelle avec luy nostred. sergent, aucun notaire ou tabellion de court, laye (2), informe toy dilligemment, secretement et bien de et sur lesd. contraventions faictes au prejudice dud. arrest et autres choses susd., circonstances et deppendences dicelles qui a ceste fin te seront baillees en escript, par declaration si mestier est ; et linformation que sur ce faicte avons, icelle feablement close et seellee, renvoye la incontinant et au plustost que faire se pourra par devers nostred. court, pour, icelle par elle veue, estre sur ce pourveu comme de raison. Mandons et commandons a noz justiciers et subjectz que a toy en ce faisant soyt obey. Donne a Paris, en nostre parlement, le quatriesme jour de may lan de grace mil cinq cens quarante trois, et de nostre regne le vingtneufiesme. Ainsi signe : Par la chambre, Berruyer ; et seelle en cire jaulne.

Le quinziesme jour du moys de jung lan mil cinq cens quarante trois, a moy Francoys Varacheau, sergent royal ordinaire en Limosin, a este presente certain arrest et ordonnance donne a Paris, en parlement, le quatriesme de may dernier passe, signe : Par la chambre, Berrouyer, et seelle de [Notiffication des lettres ci-dessus.]

---

(1) *Contemps*, mépris ; lat., *contemtus*.
(2) *Laye*, laïque.

cire jaulne, contenant ma commission de la partie de honnorables les consulz de la ville de Limoges, par vertu duquel, et eulx requerantz, ay signiffie et faict assavoir le contenu en icelles a honnorables maistres Leonard Barny, licencie ez droictz, juge de lad. ville de Limoges, pour le roy de Navarre, vicomte dicelle, et Estienne Lamy, juge prevostal dicelle pour led. seigneur, seantz et expediantz les causes de lad. court et en lauditoire de lad. court, Guillem Poyleve, licencie es droictz, advocat pour led. seigneur en lad. jurisdiction, et Pierre de Charlonya, aussi procureur pour led. seigneur roy de Navarre en lad. jurisdiction dud. Limoges, parlant en leurs personnes; ausquelz et a ung chascun deulx respectivement leur ay faict expresses inhibitions et deffences de par le Roy nostre seigneur, sur peine de cinq cens marcz dor aud. seigneur a applicquer, de nactempter ne innover aulcune chose contre ne au prejudice de larrest dont en icelled. ordonnance est faicte mention expresse. Lesquelz Barny, juge, et Lamy, prevost, pareilhement lesd. Poyleve et de Charlonya, advocat et procureur susd., apres avoir faict lire led. arrest et ordonnance judiciallement par le greffier de lad. court, ont faict responce quilz se garderoyent de mesprendre, et men ont requis ung double de la relation dud. exploict; ce que leur ay octroye. Faict aud. logis judiciallement, led. jour, es presences de honnorables maistres Mathieu Mazautin, Bartholome de Voyon, licencie ez droictz, advocatz aud. Limoges, Loys Deschamps et Leonard Descoulx, greffiers de lad. court, et plusieurs autres tesmoingtz a ce presentz et appelles par moy. Signe : VARACHEAU.

[Répartition de l'impôt des 24,000 livres sur le haut et bas Limousin pour la contribution de mille hommes. — Nomination de commissaires répartiteurs.]

Apres fut procede par monsr le lieutenant general Bermondet, commissaire en ceste partie, sur lexceqution desd. lectres pactantes de la soulde de mil hommes. Et, apres meure deliberation et longue procedure faicte par led. lieutenant general, les advocat et procureur du Roy, furent esleuz pour proceder au deppartement de lad. somme de vingt quatre mil livres tournoys sur le hault et bas Limosin, scavoir est : pour le hault Limosin, sires Marcial Gregoyre le jeune, Marcial de Cordes, bourgeois et consulz, et Jehan Gergot, aussi bourgeois et marchant de Limoges, desquelz toutes les villes dud. hault

Limosin saccordarent; et du party des villes du bas Limosin furent nommez autres, comme appert par lacte et procedure sur ce faictz.

Sensuyvit que, après avoir communicque de laffaire, et poursuyvans ung grand nombre de gens destat, et voyre des plus apparans des villes dud. bas pays, qui, soubz coleur de certaines petites tailles tresmal esgalees sur les villes dud. bas Limosin, pour ce que ceulx mesmes des villes chargent les paroisses et prennent telle petite part et portion que bon leur semble, cuydoient estre quictes de lad. soulde pour quatre ou cinq mil livres tournoys, et nous charger de dix neuf a vingt mil livres tournoys, fut arresté par sentence et appoinctement de mond. seigneur le lieutenant, oyes les parties et ladviz des troys esleuz par led. hault Limosin, et mesmes nostre requeste contenant les doleances et pouvretes du pays, que le hault Limosin, pour sa portion de lad. soulde poyeroit quatorze mil livres tournoys, et le bas Limosin la reste, quest dix mil livres tournoys, comme est contenu par led. adviz et appoinctement sur ce pronunce par mond. seigneur. [Le Haut-Limousin est imposé à 14,000 livres, et le Bas-Limousin, à 10,000 livres.]

MARCIAL Gregoire le jeune, Marcial de Cordes laisne, et Jehan Gergot, bourgeoys et marchans de Limoges, commys et esleuz par les manans et habitans des villes du hault pays de Limosin, ayans confere avec les personnaiges commis par les manans et habitans des villes dud. bas pays de Limosin pour bailler nostre advis sur le deppartement et esgallement de la somme de vingt quatre mil livres requise par le Roy nre souverain seigneur, disons que, heu esgard aux qualites, charges et affaires des habitans des villes dud. hault pays de Limosin, que sont entre autres que led. pays est grandement sterile de fruictz, auquel on ne recoyt de vins pour vendre aux estrangiers, que quelque peu pour le vivre des habitans dud. pays, et durant troys annees lesd. vignes sont gellees, et autrement nont produict de fruict, que les habitans desd. villes ont exposé la pluspart de leurs biens a entretenir lesd. heritaiges et achapter vin dautruy pays pour leurs vivres; et les habitans sont la pluspart artisans et mecanicques, qui, a cause des guerres, nont peu vendre leur marchandise et sont grandement apouvris, les marchans demeurans esd. villes trafficquent plus de lautruy que du leur, et la marchandise na de despeche quilz puyssent estre ayses; [Avis des commissaires concluant à imposer par moitié chacune des deux provinces.]

aussi sont charges de grandes tailles et subcides de cens, rentes, que, si nestoit leur grande parcymonye, poyne et travail, la pluspart seroient mendians leur vie; et led. hault pays de Limosin est de petite estendue, et les habitans dicelluy tiennent hors led. pays leurs heritaiges, pour raison desquelz supportent de grandes charges. A ceste cause, considere leur qualite et des habitans du bas pays de Limosin, qui est pays fertil en vins et bledz vendables a bon pris, et que chascun jour recepvoit argent, et quil y a grand nombre de villes, heu regard a lad. qualite, led. hault pays et habitans desd. villes seroient assez charges de la somme de huit mil livres tournoys; toutesfoys, affin que le Roy soit obey et largent promptement trouve, et lesd. pays estre entretenus en union et concorde, sousmes dadvis que de lad. somme de vingt quatre mil. livres chascun pays en preigne et se charge de la moytie, cest assavoir led. hault pays de douze mil livres, et le bas pays des autres douze mil livres, sauf que, sil plaict au Roy, en faire rebaiz, chascun joyr par moytie dicelluy.

[Convocation du Haut-Limousin afin d'élire six commissaires répartiteurs de la somme de 14,000 livres.]

Apres fut ordonne par led. seigneur lieutenant, avec ladviz et deliberation des advocat et procureur du Roy et autres du conseil, que les habitans des villes du hault Limosin, ou gens ayant charge et fondes suffisemment pour eulx, viendroient au sixiesme de may suyvant au logis dud. seigneur lieutenant commissaire en ceste partie, a une heure apres mydi precisement, pour eslire et sacorder de six personnaiges preudhommes dud. hault pays, affin de proceder au deppartement de lad. somme de quatorze mil livres tournoys, avec intimation en tel cas acoustumee.

[Suite.
La ville de Limoges est taxée à 3,813 l. 3 s. 9 d.]

Aud. jour comparurent les habitans de ceste ville par sire Marcial Gregoire le jeune, bourgeoys et appothicaire de lad. ville, et maistre Anthoyne Gamaud, consulz, lesquelz, de leur part, apres plusieurs altercations, nommarent et esleurent pour lad. ville Helies-Galachier et Jehan Boillon. Les villes du pays incisterent, et que lad. ville et la cite nen devoient avoir pour le plus que deux, car les officiers du Roy estoient tous de la ville. Fut finablement arreste que led. Galachier demeureroyt pour la ville, et Grand Pierre Delavau pour la cite; de Sainct Junien, maistre Jheroisme de Voyon; de Chasluz, maistre Jehan Faure, juge dud. lieu; de La Soubztaraine, maistre

— 355 —

Jacques Bethoulaud, et de Pierrebuffiere, maistre Jehan Gue, qui firent tous le serement entre les mains dud. seigneur lieutenant, de bien et loyaulment, scelon Dieu et conscience, proceder aud. deppartement. Fut procede tellement que par led. seigneur lieutenant commissaire en ceste partie, presens les advocat et procureur du Roy et les dessus nommes, que esgallement desd. deniers de la soulde fut faict et fut taxé, pour la ville de Limoges, faulx bourgs et pont Sainct Marcial, trois mil huit cens treize livres troys solz neuf deniers tournoys, laquelle fut esgallee sur les manans et habitans suyvant la commission que nous fut pour ce envoyee.

Et, daultant que le delay de payer lad. somme estoit bien prochain, car faloit rendre lad. somme entierement a Yssoyre en Aulvergne au premier jour de juilhet entre les mains de monsr de Serieys, recepveur general aud. lieu, nous fismes la meilheur dilligence que nous fut possible de lever lad. soulde, et falut, affin deviter fraiz et mises, en fornir et avancer une grand partie de nre propre. Et envoyasmes aud. Yssoyre maistre Anthoyne Gamaud, consul, en la compaigne de Guilhaume Aubusson, aussi consul, qui estoit commis a la recepte des tailles. Et fut lad. soulde entierement payee, et nous en rapporta led. Gamaud la quictance dont la teneur sensuyt :

[Diligences et avances faites par les consuls. — Envoi de la somme ci-dessus à Issoire.]

Receu des habitans de la ville et faulxbourgs de Limoges et pont Sainct Marcial, par les mains de maistre Anthoyne Gamaud, Guilhaume Aubusson, consulz dud. Limoges, et Jehan Doyneys, la somme de trois mil huit cens treize livres trois solz neuf deniers tournois, en vjc γ a ij d. xv et xvj gr., a xlv s. t/ pce (1), et le surplus monnoye. A quoy ilz ont este coctisez pour leur part et portion de la soulde de cinquante mil hommes pour quatre moys. Faict a Yssoire, le troisiesme jour de juillet mil cinq cens quarante troys. Et est signe : Pour la somme de trois mil huit cens treize livres trois solz neuf deniers t/., DECERIES. Et au coste est escript : Registre le troysiesme jour de juilnet mil vc quarante troys. Signe : FILHOL.

[Quittance de ladite somme.]

(1) « En 600 écus à 2 deniers 15 et 16 grains à 45 sols tournois pièce. » — Ce sont des écus à la salamandre, ou à la croisette, ou au soleil, émis de 1540 à 1541, au titre de 23 carats et à la taille de 71 1/6 au marc de 8 onces. — Chaque denier de poids était égal à 24 grains : d'où un poids de deux fois 24, ou 48 + 15 ou 16 grains, c'est-à-dire 63 ou 64 grains. (Note communiquée par M. de Wailly.)

[Réquisition de salpêtre.

Voir page 311.]

Apres vindrent lectres pactentes du Roy touchant certain psalprestre de long temps auparavant ordonne estre prins et leve sur ceste ville, lesquelles lectres nous furent signiffiees par led. seigneur lieutenant general, et en recouvrasmes la coppie. Et sont de la teneur qui sensuyt:

Francoys, par la grace de Dieu Roy de France, aux bailliz de Touraine, Orleans, Vendosme, Chasteaudun, Montargir et Gien, senneschaulx de Poictou, Anjou, senneschal du Mayne, Nantres, Guyenne, Quercy, Lymosin, Rouergue, Bourbonnoys et Auvergne, gouverneur de La Rochelle, et a tous noz autres justiciers, officiers ou leurs lieutenans, et a chascun deulx salut et dilection. Comme il nous soit tresnecçessairement requis pour aucuns grandz urgens affaires qui touchent la conservation et seurete de nous, noz reaulme, pays et subjectz faire une bonne grande provision et munition de pouldres en noz villes de Tours et Bourdeaulx, et pour cest effect est besoing dilligemment recouvrer la plus grand quantite de salpestre que faire se pourra, et parce que par aultres noz lectres patentes nous avons par cy davant ordonne et mande aux prevostz, maires, eschevins et gouverneurs des villes de n^{re} royaulme faire provision de salprestre en chascune, suyvant la teneur de nosd. lectres, ce quilz doyvent avoir faict; et, pour subvenir ausd. affaires urgens, nous convient faire a toute diligence prendre et recouvrer en nosd. villes tout le nombre de salprestres que avons ordonne y estre faict et amasse; dont, pour ce faire, nous avons presentement despesche n^{re} cher et bien ame Francoys Odin, tresorier de nosd. salprestres es charges et generalites de Languedoc, Guyenne et Bretaigne, auquel nous avons donne charge expresse de aller et soy transporter devers vous et ung chascun de vous pour le recouvrement desd. salprestres, et apres les faire menner en nosd. villes de Tours et Bourdeaulx, et iceulx delivrer es mains de nostre trezorier general et garde de nostre artillerie esd. charges et generalitez, pour apres estre convertiz en pouldres. Nous, a ces causes, voulons, vous mandons, commandons et tresexpressement enjoignons et chascun de vous que, incontinant ces presentes par vous receuez ou le vidimus dicelles deuement collacionne, auquel voulons foy estre adjoustee comme a ce present original, vous voyes et faictes veoir et regarder en toute dilligence tous et chascuns les salprestres qui sont et seront en toutes les villes desd. charges, generalitez de Lenguedoc, Guienne et Bretaigne, et jusques a telle quantite que avons ordonne y estre faicte et amassee en chascune dicelles, ainsi que dessus est dit; et iceulx prenes incontinant et faictes prendre et apprehender royaument et de faict de par nous, et delivres ez mains dud. Francoys Odin, tresorier de nosd. salprestres, pour par luy promptement les faire victurier et conduire en seurette par terre et par eaue le plus aysement et commandement (commodément), a la moindre despence que faire se pourra, en noz gouverneurs et munitions de nosd. villes de Tours et Bourdeaulx, pour apres, comme dit est, estre convertis en pouldres, en baillant par led. Odin ausd. prevostz, mairez, eschevins et gouverneurs dicelles villes sa quictance de la reception que sera par luy faicte desd. salprestres en chascune desd. villes. En rapportant laquelle avec le vidimus de ces presentes seulement, nous promectons et asseurons remectre esd. villes semblable quantite de salprestres que celle quilz auront baillee ou bien largent que pourra monter led. salprestre, comme il est raisonnable. Et ou il ne seroit trouve esd. villes le nombre entier dud. salprestre par nous ordonne y estre faict et amasse, voulons et vous mandons, et chascun de vous en son regard, que lesd. prevostz, maires, eschevins et gouverneurs contraignes royaulmant et de faict a faire cuillir et amasser en chascune desd. villes le plustost que faire se pourra ce que restera a parfaire dud. nombre de salprestre qui leur avoit par nous este ordonne faire. Et pour lesd. charroyrs et voictures, bailles et faictes bailler reaulment et de faict aud. trezorier Odin chevaulx, charrettes, basteaulx, rastelliers, tonneaux cacgnes (1) et autres utencilles neccessaires a la conduicte desd. salprestres, en payant raisonnablement, ainsi quil est acoustume pour noz affairez, en contraignant a ce faire souffrir et obeyr ceulx de nosd. villes, soyent maires, echevins, gouverneurs, procureurs, recepveurs, manans et habitans desd. villes, bourgs, villaiges et tous autres quil appartiendra royaulment et de faict, mesmes par emprisonnement de leurs personnes et toutes autres voyes acoustumees par noz affaires; nonobstant oppositions ou appellations quelzconques, pour lesquelles ne voulons pas vous estre arreste ne disfere en quelque maniere que ce soit, actendu la consequence desd. affaires et les inconveniens que a

---

(1) On trouve *cache*, coffre, dans le *Glossaire de la langue d'oïl* de Burguy.

faulte de ce faire pourroient sen ensuyvir a nous et a nostred. royaulment (sic). De ce faire vous avons donne et donnons plein pouvoir, puissance, auctorite, commission et mandement special par ces presentes, non obstant comme dessus. Et, affin que nous entendons vostre devoir en leffect et exceqution de cesd. presentes, et dont nous en prendrons a voz propres personnes ou faulte en adviendroit, voulons que nous en certifflez bien et deuement dedans le premier jour doctobre prochainement venant au plustard par n^{re}d. tresorier Odin, que avons charge de retourner vers nous pour de sa part nous advertir du recouvrement desd. salprestres. Et les fraiz, mises et despences quil en a convenu et conviendra faire pour cest effect, voulons estre payes et fournis par led. Francoys Odin des deniers de sa charge ou autres que pource luy seront ordonnez scelon les certiffications de vous, baillifz et senneschaulx et autres noz officiers ou lieutenans; en rapportant lesquelles en feront expedier acquit a celluy Odin des sommes des deniers quil aura payees et pour ses journees, peines, salaires et vaccations, ainsi que de raison pour luy servir a la reddition de ses comptes. Car tel est nostre plaisir. DONNE a Fontainebleau, le quatorziesme jour de mars lan de grace mil cinq cens quarante deux, et de nostre regne le vingtneufiesme.

[Réponse des consuls.] Ausquelles lectres fismes responce telle que sensuyt :

Les consulz modernes de la ville de Limoges, en respondant a lintimation des lectres patentes du Roy touchant le salprestre, donnees a Fontainebleau, le quatorziesme de mars dernier passe, signees : Par le Roy, BOUCHETEL, et interrogatoires par vous, mons^r le lieutenant, a eulx faictz silz avoyent cuyly et assemble les dix milliers de salprestre mentionnez es premieres lectres patentes dud. seigneur, dient que du contenu ausd. lectres ilz ne oyrent oncques parler que le jour dhier, tresiesme jour daoust, que vous, mond. seigneur le lieutenant, leurs faictes communication desd. lectres, par ainsi davoir cuylly et assemble led. salprestre ilz avoient a ignorer ce, et declairent quilz nen ont poinct et nen scavent en la present ville, ne vingt lieues pres, et nont le moyen den faire. Et quant est dassembler led. salprestre a ladvenir, il leur seroit chose impossible, car le pays ny est commode, joinct les grosses charges que lad. ville a heu a supporter cy davant, mesmes la present annee a payer leur part de la soulde de mil hommes a pied, payes pour quatre moys, montant à la somme de quatre mil livres tournoys, oultre les tailles ordinaires, creues et autres succides, et que il est notoire le pays de Limoges et autour a este durans quatre annees sterille et infertil, tant par gellees, tempestes et bapteries, que par autre indisposition, en facon quil ny a heu aucuns ou bien peu de fruictz, de vins et autres grains; et, causant lad. sterillite, le peuple sest si trestant apouvri que la plus grand partie dicelle meurt de faim. Et ce peu de deniers communs que lad. ville souloyt assembler en sont tant diminues et amoindris quilz ne souffizent a faire la moytie des repparations requises et utilles, ains est la ville en plusieurs endroictz ouverte et ruynée a faulte de deniers. Et, a ceste cause, comme dessus, leur est impossible assembler led. salpestre. Aussi a present ont este advertis que par cy davant, vous, mond. seigneur, avés saisi, pour ledict salpestre dont dessus est parle, les deniers de la ville et mys a la main du Roy n^{re}d. seigneur, entre les mains de ceulx qui estoient lors consulz, et se fauldroit dresser (adresser) a eulx, et non ausd. consulz modernes, qui nen ont jamais este advertys que le jour dhier, comme dit est.

Et, POURCE QUE fusmes advertys que monseigneur de Montreal, nostre gouverneur, qui par avant avoit prins possession de loffice de gouverneur et senneschal de Limosin, avoit intention faire son entree en ceste ville de Limoges, le premier dimanche du moys de septembre, nous deliberasmes de faire appareil pour le recepvoir comme avoyent este ses predeccesseurs. Et de faict fismes scavoir a tous, par edit general faict a son de trompe par auctorite royal, de chascun en son endroit, soy preparer et mectre en ordre, comme il appartenoit, pour aller au davant dud. seigneur, et le recepvoir le plus honnorablement quon pourroit, et, pour ce, faire nectoyer et paver les rues et les autres preparations acoustumees et que requises sont en tel cas. [Préparatifs pour la réception de M. de Montréal, gouverneur du Limousin.]

Advint que led. jour quon comptoit deuxiesme de septembre, led. seigneur, qui avoit disne en la ville dAixe, incontinant apres disner, en belle et notable compaignie, print son chemyn [Réception.]

pour sen venir en ceste ville. De quoy informez par gens que avions envoyez jusques aud. lieu, nous, en la compaigne de plusieurs notables bourgeois et marchans de ceste ville, avec trompectes et clerons et grand nombre de menestriers, partismes de consulat et alasmes au davant jusques au Troys Truelz, ou illecques arrestames quelque peu despace, pource que, ung petit plus avant, nous avoient precede messieurs les lieutenant general, civil, criminel et particulier, et autres officiers du Roy et gens de justice qui sestoient ja arrestez pour faire leur harangue. Et apres bien tost arriva led. seigneur gouverneur, et, a la descente desd. Troys Treuelhz, pres le chemyn quon torne pour aller a Soubreva, illecques fut par nous honnorablement receu, et, salue par sire Mathieu Benoist, consul, qui fit la premiere harangue; fut led. seigneur, en belle et noble compaigne, conduict le long du cymitiere des Arenes et davant la porte Montmalier, ou et par toutes les tours avoit grand nombre de piecces dartillerie, bien montees et affuctees, lesquelles sonnerent merveilheusement bien, et faisoit tresbon oyr. En ceste facon, comme dict est, le conduisimes jusques a Sainct Estienne, passant davant Sainct Martin. Et, apres sa reception en leglise cathedralle, sen vint led. seigneur entrer a la porte Magnenye, laquelle estoit equippee dartilherie bien en ordre, qui fit merveilhes et grand nombre de fuzees qui triumphoient. Et dura le passetemps a lad. porte lespace de demye heure et plus, car despuys lentree des faulxbourgs jusques a ce que toute la troupe fut entree dedans la ville, ne fut oncques oy tel tonnaire. Fut led. seigneur gouverneur receu par les chanoynes de Sainct Marcial, ou il descendit davant le grand portal du clochier; et apres remonta a cheval, et vint descendre a la maison noble du Brueilh, ou estoit son logis prepare; et fut quasi lheure de sopper. Nous retirasmes en consulat. Et, pource que tout incontinant sceusmes que led. seigneur sen estoit venu avec la seigneurie a la Coronne, ou le bancquet de sopper estoit dresse, nous allasmes devers led. seigneur pour luy faire la reverance et luy presenter des biens de la ville. Et par mons[r] de Muret, consul, luy fut faict harangue en latin; et luy presentasmes ung beau bassin et ung potet dargent, dorez ez endroictz quil est requis, avec deux douzaines de belles et grand torches, merveilheusement bien faictes; lequel present led. seigneur print et receust gracieusement, et offrit a nous et a la ville et habitans dicelle, en general et en particulier, faire tout le plaisir, voire service, que luy seroit possible. Et apres nous fit demeurer a sopper, et fusmes tous assis a sa table qui estoit pour ce reservee, et ny avoit que luy et le seigneur abbe de Dalon.

Le lendemain, qui fut le lundy troisiesme jour dud. moys de septembre, led. seigneur gouverneur monta au siege de la court de la present senneschaucee pour expedier la court, et fit son harangue en latin, bien et retoricquement composee et de bon stile, qui dura lespace dung heure ou plus. Et fut si treseloquent et faconde que cestoit merveilhes de le oyr. Et, apres avoir despeche quelques causes, pource que lheure du disner sapprochoit, led. seigneur et les seigneurs de sa compaigne et plusieurs notables gens de la ville allarent disner a la Couronne, ou nous fusmes conviez ; mais, occupes ailleurs, ne fut possible y assister. Mais, tost apres le disner, alasmes en son logis au Brueil, ou fusmes bien receuz. Et, pource que led. seigneur sen alloit faire son entree a Brive, le seigneur de Pierrebuffiere le conduisit a Aiguesparce, ou estoit le sopper appareilhe. Et nous promist led. seigneur a son partir fayre merveilhes, dont le merciasmes grandement.

Repparations utiles et neccessaires faictes pendant lad. annee.

Au commencement de nostre annee, la fontaine du Chevalet se perdit, en facon quil ne y venoit eaue pource que les conduictz estoient gastez et pourriz. Mesmes au droict de la maison de maistre Jehan Penicaud laine, fault (fallut) faire ouvrir et nectoier les conduictz, ou fut expose grant nombre de journaulx, plomb, soubdures et autres choses requises.

Apres, la fontaine de Sainct Pierre, qui avoit grant besoing de reparation ; et y fismes mectre tel ordre que requis estoit.

Pource que les estangs estoient ruynes tout autour, et a cause de ce que les murailhes dautour estoient tumbees et en decadance et le dedans desd. estangs remply de grande quantité dordure, lesquelles choses causoient et de plus eussent peu causer dommaiges, infection et infortunes, car y avoit plusieurs jeunes enfans et filhes qui, causant les ruynes, estoient tumbes dedans, les fismes nectoier, restaurer les murailhes diceulx en tout et par tout ou il estoit besoing.

Apres, en nous informant des ruynes qui pouvoyent estre ez tours et murailhes et au circuyt de la ville et fossez, fut trouve ainsi et conclud que la tour de Mayrebuou (1) sen alloit par terre, causant que les fondemens estoient pourris ; et, si prompte provision ny estoit mise, pourroit estre ung dommaige irreparable. Pour a quoy obvyer, et affin de nestre increpes (2) de telle negligence, nous mismes en n^{re} devoir faire venir a deligence quantite de piarre de tailhe, chault, sable, arene et autres scemens (3) requis. Et furent mys les ouvriers en besoignes, furent lesd. fondemens faictz et remys en bonne asseurte. Et lequel fondement est de la haulteur de ving cinq piedz pour le moingtz, le tout de piarre de tailhe.

Aussi les murailhes ou redouhez des fossez, despuys la porte Boucherie jusques a lentree de las vaux de Sainct Martin, qui estoient du tout anichilees et de plus grant partie tumbee(s) dedans les fossez, firent (furent) durant n^{re} annee basties, construictes et reediffieez en bonne forme, et couvertes de pierre de taille, le tout a chault et arene. Et est a noter quil y avoit grant quantite de berches (brèches) et imperfections, qui coustarent beaucopt de remectre en nature et estat quil appartenoit, comme on peult veoir a loeil.

Pareilhement, le pave despuys lad. porte de Boucherie jusques a lentree de la porte des Cordeliers fut faict tout a neuf, pource quil en avoit bon besoing ; et sembla a plusieurs des manans lad. repparation estre tresnecessaire.

Davantaige, par adviz de gens expertz, affin que les portaulx, tours, tant grandes que petites, ne fussent ruynez

---

(1) La rue *Mirebœuf* subsiste encore.
(2) « *Increper*, corriger, blâmer, reprendre, réprimander ; lat., *increpare*. » (Roquefort).
(3) Ciments.

par n^re deffault, les fismes toutes recouvrir et racoustrer a chault et arene, en la meilheur forme et facon que nous fut possible.

Pource que le balovard de lad. porte Mayrebuou estoit ruyne et difformoit par ce couste la ville, fut mys par terre, car aussi fut tumbe de luy mesmes. Et a este rebasty et faict a la decoration de la ville; ou il y a unze canonieres (1) tant grandes que petites.

Et, a la porte de Bocherie, une belle et grande canoniere double, faicte par adviz de gens expertz, et venant bien a propoz, regardant et ayant prospect (2) jusques a la porte de Magnenye.

Neantmoingtz, pour aultant que la tour de Beaucay, la sommite de laquelle estoit faicte de torchiz et la couverture toute pourrie, et sen alloit du tout en ruyne et decadance, et que trouvasmes par expertz estoit gros dangier que lad. couverture bien tost tumberoit, fismes demolir le hault et la ruyne dicelle tour, et fut myse a plate forme, pavee par dessus, et le garde fol de piarre de tailhe, et les gorgoules neccessaires pour recepvoir les eaues et icelles faire tumber et distiller es fossez et soubz le pave garny de corroy.

Et, pour myeulx fortifier la ville et murailles dicelle, pource que les garde foulx dicelles estoient ruynees et tumbez depuys lad. tour de Beaucay jusques a la dixaine qui est audessus la tour de Mayrebuou, furent acoustrez tout a neuf, couvertz de piarre de taille, et, au lieu des fenestres qui ancienement y estoient, furent posees quinze canonieres, comme on peult veoir et cognoistre a veue doeil.

Fismes plus racoustrer et faire a neuf le pont dAigueparce; aussi acoustrer le grand chemyn allant de Sainct Gerault aux Carmes, ou a este mys plusieurs gros boys pour la conservation dud. chemyn.

---

(1) « *Canoniere*, embrasure pour placer une pièce de canon. » (Roquefort.)
(2) Lat., *prospectus*, vue.

Aussi faict acoustrer et reparer le pont Sainct Marcial, mesmes de grosses piecces de boys, pource que, au droit ou estoit le boys, estoit pourry.

Pareillement, pource que les conduictz et douhatz anciens estans au droict de la croix de lArbre Peinct qui recoyvent les eaues de la ville estoient empeschez et tellement costupes (1) qui avoient ruyne et faict tumber les murailhes et voultes, et restagnoit leaue par tout, en facon que en avions grosses plainctes des voysins. A ceste cause y a este pourveu, et les avons faict nectoyer et apres racoustrer et faire le tout a chault et arene.

La confirmation et declaration touchant le privillegie quavons du ban et arriere ban, que avons retire et est au tresor de ceans.

Gaultier Bermondet, seigneur de la Quintaine de Sainct Laurens de Gore, conseiller du Roy n^{re} sire, lieutenant general par auctorite royal de noble et puissant seigneur mons^r le gouverneur et senneschal de Limosin, commissaire depputte par le Roy en ceste partie, scavoir faisons que, de la partie de maistre Jehan Petiot et autres consulz, manans et habitans de la ville de Limoges, nous a este expose que, par privillieges a eulx octroyes et confirmes tant par le Roy moderne que par autres ses predeccesseurs Roys de France, ilz sont exemps daller ou envoyer au ban et arriereban pour raison des fiefz et arrier-fiefz quilz tiennent, de tant mesmement quilz soient contribuables et cothises aux tailles par chascun an, aussi quilz sont charges de tenir munie et en deffence lad. ville de Limoges, requerans, suyvant le vouloir dud. seigneur, les tenir et conserver en lad. exemption et privillieges, en presence du procureur du Roy. Sur quoy avons ordonne que lesd. privil-

---

(1) Constipés, du lat. *constipare*, resserrer, presser, comprimer.

lieges seroient communicques aud. procureur du Roy, pour, iceulx veuz, dire ce quil appartiendra. Faict en la ville de Limoges, le xxiiij jour doctobre lan mil cinq cens quarante deux. — Et, advenant le vingt cinquiesme jour des moys et an susd., sest comparu en personne led. procureur du Roy, qui a dit avoir veu lesd. privillieges et par iceulx trouve declaration tant du Roy dernier deccede que autres ses predeccesseurs quilz entendoient et vouloyent lesd. consulz, manans et habitans estre exemps daller et contribuer aud. ban et arriereban pour leursd. fiefz, ce que a este confirme par le Roy moderne. Toutesfoys dit led. procureur du Roy que cella sentendoit des fiefz nobles non ayant justice haulte, moyenne et basse, car les fiefz de lad. qualite ne sont ne doyvent estre comprins ausd. privillieges, ne comprins ausd. taillees, car redonderoit (1) au detriment et dommaige dud. seigneur. Sur quoy avons ordonne et ordonnons, veuez lesd. privillieges et heu sur ce adviz et conseil avec maistre Francoys Lamy, lieutenant particulier, Pierre de Grandchaud et Pierre Aury, conseiller au present siege, que lesd. consulz, manans et habitans de lad. ville de Limoges sont exemps dud. ban et arriereban pour raison de leurs fiefz et arrierefiefz quilz tiennent, non ayant justice, et ne seront dores en avant enrolles dud. ban et arriereban suyvant les autres appoinctemens. Et, quant aux fiefz nobles ayant justice et jurisdiction, declairons iceulx nestre comprins ausd. privillieges. Fait les moys et an que dessus. Signe : LAMY, greffier.

Suyvant la transaction faicte entre les abbe et haulmosnier de Sainct Marcial et les consulz de Limoges, ont este esleuz administrateurs de lhospital de lad. abbaye de Sainct Marcial, cest assavoir : [Nomination des administrateurs de l'hôpital.]

De la partie de mons^r labbe....... Guillaume Disnematin;
De la partie de lhaulmosnier...... Pierre Bastide;
Et de la partie desd. consulz....... Jehan Hardy.

---

(1) « *Redonder*, rebondir, rejaillir. *Redonder a domaige*, faire tort, occasionner du dommage. » (ROQUEFORT.)

De par le Roy.

[Changement du jour de la foire de Saint-Martial.] Lon faict assavoir a tous en general que la foire que lon a coustume tenir en ceste ville de Limoges a la feste de mons^r sainct Marcial, que se celebre le dernier jour du moys de jung un chascun an pour lhonneur de Dieu et dudict sainct Marcial, son appostre, a este dit et ordonne par mons^r le lieutenant general et autres officiers de la seneschaulcee de Limosin au siege de Limoges que dores en avant et pour ladvenir icelle foire ne se tiendra et ne se fera led. jour et feste mons^r sainct Marcial, ains au lendemain, premier jour de juillet ensuyvant. Et, sil advient que ledict lendemain fut le dimanche, on la tiendra le troisiesme jour dud. moys de juillet, quest lendemain de la feste de la Visitation N^{re} Dame. Et lon faict inhibition et deffence de ne tenir ne faire foire ne marche daucunes marchandises led. jour et feste mons^r sainct Marcial, a peine damende arbitraire et de confiscation desd. marchandises.

Le quinziesme jour du moys doctobre lan mil cinq cens quarante troys, par moy, Anthoine de Mons, sergent royal en Limosin, a este le present edit leu et publie a cry publicque et son de trompe, a haulte voix, en la place publique de Sainct Gerauld, hors la ville et pres des murs dicelle, en troys lieux et endroitz dicelle place ou lon tenoit la foyre appellee la foire de Sainct Girault, et aussi par les quarriffours de lad. ville de Limoges et faulx bourgs et en la cyte dud. Limoges, ez presences de Jehan Charbonier, Pierre Navarre, Leonard des Quars, sergens de la justice ordinaire dud. Limoges; sires Loys Sodoyrault, Me Pierre Deschamps, Grant Jehan de Bon Eyssec, Jacques Martin, marchans; Gory de Plenasmaisons, bouchier; Me Jehan Barnon, prebstre dud. Limoges, et plusieurs autres tesmoingtz. Signe : A. DEMONS.

[Destitution d'un *gagier*.] Pource que Jehan Caffignac, gagier de ceans, fut accuse de maladversation, mesmes en ce quil avoit charge de se donner garde sur le cloistre et marche du ble, et tenoit les six esmynaux de la maison de ceans, affin de mesurer oud. cloistre sans en prendre aucun salaire; toutesfoys il faisoit le contraire tant aud. estat que autrement; et fut trouve en plusieurs faultes, que furent deuement veriffieez par mess^{rs} les consulz. Lesquelz, apres en estre suffisamment informez, par advis de conseil, destituerent led. Caffignac tant de lad. charge du cloistre et esmynaux que aussi de loffice de gagier. Et en son lieu fut commis quant aud. cloistre Jehan de Fursac, aussi gagier, auquel furent delivrez six esmynaux ferrez et garnys de mesures, comme il appartient, desquelz fismes faire lung pource que led. Caffignac lavoit perdu. Et est a noter que led. de Fursac promist et jura de estre fidele, et, en evenement quil seroit trouve en faulte quelconques, consentoit estre deboute. Aussi y est commis seulement tant quil plaira a Messrs, et a gaiges, pour led. cloistre, huict solz t/. pour moys.

Election faicte par les manans et habitans de la present ville de Limoges, selon et en ensuyvant lancienne coustume, des consulz dicelle ville, la vigille de la Conception N^{re} Dame, au moys de decembre lan mil cinq cens quarante troys.

Des Taules :

Pierre du Boys.

De la Porte :

Marcial de Cordes le jeune.

De Maignhenie :

Jehan Romanet.

Du Marche :

Pierre de Cordes.

De la Fourie :

Pierre Bardonault.

Du Clochier :

Jehan Lascure le jeune.

De Bocharie :

Maistre Jehan Bonyn.

De Lancequot :

Maistre Clement de Boignac.

Des Combes :

Lucas Reynier.

Du Vieulx Marche :

Mathieu Celier.

Croissances :

Jehan Colyn ;
Francoys Dauvergne.

Partisseurs des tailles imposees en lad. annee furent esleuz le xiiij^e de decembre and. 1543.

Des Taules :

Jehan Douhet ;
Anthoine Ladrat.

La Porte :

Gregoire Pinchaud ;
Bartholome Mercier.

Maignenye :

Francoys Navyeres ;
Marcial Malhot.

Du Marché :

Bartholome Juge;
Jozeph Thounyaud.

La Fourie :

Jehan Boulet;
Pierre Noalher.

Du Clochier :

Maistre Bartholome Texier dict Penicailhe;
Bertrand Petit.

Boucherie :

Mᵉ Jehan Lamye;
Marcial Le Quart.

Lancequot :

Mᵉ Guilhaume Poyleve;
Bartholome des Flotes.

Les Combes :

Francoys du Bouscheys;
Pierre de Muret.

Le Vieulx Marche :

Mathieu Brugiere;
Jacques Pipeyr.

Tost apres nostre election, le pont de Maignhenie, qui estoit ancien et caducque, tumba dedans les fosses; et fusmes contrainctz le faire faire a neuf, daultant que le boys dicelluy estoit tout pourry. [Pont de Manigne.]

En apres fismes faire le pont de Montmailler aussi a neuf, pource quil ne pouvoit plus servir, a cause de son antiquite, [Pont de Montmailler.]

avec une partie dune des pilles de pierre qui soubstient led. pont, laquelle estoit ruynee.

[Procès du rol de Navarre avec les consuls.]

Et, pource que, au moys de fevrier, de la partie du roy de Navarre et a sa requeste, nous fust donnee assignation en la ville de Sainct Leonard, a certain jour ensuyvant, par davant monsr maistre Pierre Auctor, lieutenant particulier a Garaict (Guéret), pour veoir proceder a la faction de certains extraictz, avec inthimation, furent esleuz pour aller et comparoir a lad. assignation messieurs les consulz Jehan Colin, Jehan Romanet et Mc Clement de Boignac; lesquelz, en la compaigne de monsr maistre Pierre Masautin, advocat, furent en lad. ville, comparurent davant led. Auctor, et assistarent a la faction desd. extraictz, lespace de unze jours, et emportarent la coppie diceulx extraictz, firent mectre et inserer leur dire au proces dud. commissaire.

Certain jour apres, led. de Boignac fust en la ville de Garaict par lordonnance desd. consulz, et recouvra dud. Auctor, commissaire susd., le proces verbal qui est en la maison de ceans, contenant demy rame de papier ou environ, avec la coppie desd. extraictz. Et est le tout dedans ung sac a part. Lequel proces verbal servira de memoire pour faire les contraditz aux pieces produictez par led. seigneur roy de Navarre au proces quil a contre la presant ville de Limoges en la court de parlement a Paris.

[Naissance de François II. — Réjouissances publiques.]

Et aud. moys de fevrier, receusmes certaines lectres missives du Roy nre sire, contenant ce que sensuyt (1) :

A nos treschers et bien amez les consulz, bourgeoys et habitans de nostre bonne ville de Limoges.

De part le Roy.

Treschers et bien amez, ayant Dieu tant faict de grace a nous

(1) V. Leymarie, Limousin historique, page 417.

et nostre royaulme que de luy donner ung beau filz de nostre treschere et tresamee belle fille la Daulphine, nous avons bien voullu, comme noz bons et principaulx, vous advertir incontinant dune si bonne et joyeuse nouvelle, vous priant luy en rendre graces par prieres et processions, et faire telle demostration daise et plaisir par feuz et autres apparances publicques, que merite ung tel et si grand heur quil a pleu a sa bonte faire a nous et a noz subjectz. Donne a Fontainebleau, le vingtiesme jour de janvier cinq cens quarante trois. Signe : Francoys et de Laubespine.

Tout incontinant apres avoir receu icelles missives, plusieurs desd. consulz se transportarent par devers monsr le lieutenant general du Roy aud. Limoges, auquel, presens les procureur, advocat et autres officiers dud. seigneur, monstrarent lesd. missives. Et, apres avoir communicque ensemble, fust arreste que, le jeudy ampres ensuyvant plus prochain de caresme prenant, on feroit une belle procession generalle devers le matin, et lepresdiner dicelluy jour, on feroit feuz de joye en signe de resjoissance. Et fust ordonne par led. lieutenant que ce que dessus seroit crie et proclame a son de trompe et cry publicque par les lieux et carreffours de cested. ville de Limoges, acoustumes de faire crys et proclamations, et ce, par Pierre Besse, sergent royal, auquel fust donne en mandement de ce faire. Lequel Besse, suyvant son mandement et puissance, le mercredy vigille dud. jeudy plus prochain dud. caresme prenant, acompaigne de plusieurs trompectes et autres instrumens sonnans melodieusement, fit et publia lad. proclamation et esdict par lad. ville, comme sensuyt :

De par le Roy.

Lon faict assavoir a tous en general, requerans les consulz de la ville de Limoges, suyvant les lectres a eulx envoyees par led. seigneur, que pour les joyeuses et triumphantes nouvelles advenuez de la naissance du filz de monsr le Daulphin, au tresgrand proffit et honneur du royaulme, demain se fera procession generalle, que partira du monnastere monsr Sainct Marcial, et se pourtera la chasse dud. sainct, affin que chascun se mecte en devotion pour rendre graces et louanges a Dieu de lad. joyeusete, naissance ; et commandement a tous tenir leurs maisons fermees comme a jour de feste, tout led. jour, et assister a lad. procession ; et que ung chascun face les feuz de joye par les rues apres lad. procession, chascun en son endroict, comme on a acoustume en telz affaires, a poine destre declaires desobeyssans aud. seigneur et damende arbitraire. Signe : Par commandement de monsr le lieutenant, M. Lamy, greffier.

Et le lendemain, jour assigne (questoit le jeudy) pour faire lad. procession, lesd. consulz en bon ordre, ayans leurs chapperons acoustumez, et audavant deulx leurs porte masse et gagiers, partirent de la maison de Consulat devers le matin, avec taborins de Suysse, trompectes, clerons, haulxboys et autres instrumens. Et fust descharge illec six grosses pieces dartillerie. Et en lordre susd. lesd. consulz furent en lesglise collegialle monsr Sainct Marcial, et illec firent dire une belle messe en note, ou se trouvarent et assistarent messrs les lieutenant general, criminel, advocat du Roy et plusieurs autres advocatz, notables bourgeoys et marchans de lad. ville, avec innumerable quantite de peuple dicelle ville.

Et, la messe dicte, messieurs les chanoines de lad. eglise, en la forme acoustumee, prindrent la chasse du glorieux sainct Marcial, audavant laquelle marchoient grand quantite de divers instrumens sonnans melodieusement. Laquelle fust par eulx portee en procession moult devotement avec celle de monsr sainct Loupt et plusieurs autres sainctz, par lad. ville de Limoges, suyvant la coustume ancienne, y assistans les quatre Mandians et autres abbayes, avec leurs croix, comme est de coustume.

En laquelle procession marchoient lesd. consulz en lordre que dessus, ayans chascun deulx une torche cyre dune livre, allumee. Ausquelles torches estoient ataches les pananceaulx aux armes de lad. ville. Consequemment marcharent lesd. lieutenant general, criminel, advocat du Roy, ayans chascun deulx une torche cyre de pareil poix que celles desdictz consulz. Aux unes estoient ataches panunceaulx les ungs aux armoiries du Roy et les autres aux armes de monseigneur le Daulphin. Et apres suyvoient ung grand nombre de peuple estant en chemise, avec grand quantite dadvocatz, bourgeoys et marchans et autre innumerable peuple de lad. ville.

Et pour lepresdiner dud. jour, lesd. consulz firent droisser ung arbre en la place publicque des Bancs de lad. ville, de la haulteur de quatre vingtz a quatre vingtz dix piedz ou environ. Lequel firent garnyr de grand quantite de fagotz tout au long, avec force pouldre de canon, une barricque ou y avoient grand quantite de terbentine; et au bas et pied dud. arbre firent mectre six ou sept charges gros boys avec pouldre de canon et terbentine semmee ensemble, et un peu loing dud. arbre et derriere le pilloyre (1), firent dresser toute lartillerie de lad. ville, chargee de pouldre et papier. Pour garder de passer les gens et tirer oultre vers lad. artillerie, y avoit barrieres de boys faictes expressement, le tout par grand ordonnance.

Et environ une heure ampres mydi dicelluy jour, se rendirent en la maison de Consulat de lad. presant ville lesd. lieutenant general, advocat du Roy et plusieurs advocatz au siege dud. Limoges. Audavant desquelz lieutenant et advocat dud. seigneur a leur arrivee marchoient les sergens royaulx, habitans en lad. ville, ayans chascun deulx une verge blanche en là main. En laquelle maison lesd. lieutenant general et autres firent collation, laquelle leur avoit este apprestee par le commandement desd. consulz.

Bien tost apres partirent de lad. maison pour aller mectre le feu aud. arbre lesd. lieutenant general, advocat et autres de leur suyte tous les premiers en lordre que dessus, et lesd. consulz ayans leurs chapperons avec leur porte masse et gaigiers. Et une grosse suyte de notables bourgeoys et marchans de lad. ville marcharent apres deux a deux. Plusieurs trompectes, clerons, haulxboys et autres instrumens sonnans melodieusement alloient davant eulx, menans et faisans grand joye. Aussi y avoit douze enfans, pourtans douze torches chascun dune livre, allumees, avec panunceaulx : les dix, aux armes de la ville; lung, aux armes du Roy, et lautre, aux armes de monsr le Daulphin. Et en lordre que dessus lesd. officiers du Roy et consulz marchans allarent en lad. place des Bancs. Et illec, apres avoir faict troys tours a lentour dud. arbre, lesd. trompectes, clerons, haulboys et autres instrumens sonnans, la torche en laquelle estoit le panunceau aux armes du Roy fust donnee aud. lieutenant general, et celle au panunceau des armes du Daulphin, aud. advocat du Roy, et les autres dix ausd. consulz. Ce faict, led. lieutenant mist le feu aux fagotz et paille estans au pied dud. arbre, le prevost de consulat apres luy, et les autres apres eulx. Lequel feu tout incontinant monta jusques a la sommite dud. arbre, et en ung mesme instant lartillerie sonna. Que fust une chose fort triumphante, joinct que en lad.

(1) Pilori.

place et ez maisons dautour avoit huict ou dix mil personnes regardans.

[Imposition de 24,000 livres sur le Limousin pour la solde de 1,000 hommes de guerre.

Le Haut-Limousin est taxé à 14,000 livres, le Bas-Limousin à 10,000 livres.

Le Bas-limousin appelle de cette décision.]

Au moys davril apres ensuyvant, Francoys de Pontbrien, seigneur de Montreal, gouverneur et senneschal en Limosin, pour proceder a la cothisation et deppartement de la somme de vingt quatre mil livres tournoys pour la soulde de mil hommes de pied, imposee sur les villes closes dud. pays de Limosin, comme luy estoit commis et mande par certaines lectres patentes du Roy n^{re} sire, vint en ceste ville de Limoges. Auquel, de la partie desd. consulz, tant pour eulx que pour les autres manans et habitans dud. Limoges, furent faictes plusieurs remonstrations touchant la pouvrete des villes du present hault pays de Limosin, auquel lad. presant ville est assize.

Aussi, de la partie de ceulx du bas pays de Limosin, que vindrent en ceste ville en grand nombre, furent faictes autres remonstrations en contre de nous aud. seigneur gouverneur, ses lieutenant general, particulier et autres officiers.

Et finablement, apres avoir debatu le cas dung couste et dautre par davant led. seigneur gouverneur, ensemble les lieutenant general, advocat et procureur du Roy au siege de Limoges, advocat et procureur du Roy du baz pays de Limosin, appellez a lad. cothization par led. seigneur gouverneur et commissaire, fust par eulx tous ensemble depparty, tauxe et cothise sur led. hault pays de Limosin la somme de quatorze mil livres, et sur le baz Limosin la somme de dix mil livres. De laquelle taxe ceulx dud. bas Limosin se pourtarent pour appellans au conseil prive. Et tout incontinant, en vertu dung relief dappel donne a Sainct Germain en Laye, quilz avoient illec razure (1) en la date et en dautres lieux, par Denys Geoffrenet, sergent royal, nous firent inthimer leur appellation, et adjourner led. lieutenant general comme en pays de coustume. A laquelle inthimation bailhasmes n^{re} responce par escript, inseree dedans le proces dud. Geoffrenet; le double duquel est en la maison de ceans, ensemble le double dud. relief et

---

(1) *Rasurer*, raturer, effacer. (*Gloss.* de Burguy et de Roquefort.)

de la procuration des sindicz dud. bas pays, et aussi des lectres patentes du Roy touchant lad. soulde.

Et environ la fin dud. moys, apres avoir receu missives de mons' Belut, nostre procureur, touchant le proces que avions contre le roy de Navarre, contenant questions forcloz de contradictz, et le proces receu en droict pour estre juge sauf troys sepmaines, fismes assembler en la maison de ceans plusieurs advocatz, et autres bourgeoys et marchans de lad. ville, ausquelz monstrasmes lesd. missives. Et furent dadviz, apres les avoir veuez, denvoyer memoyres a nostre conseil a Paris, pour faire noz contradictz, et pareilhement dy envoyer deux personnaiges pour solliciter et se prandre garde dudict proces. Et pour ce faire furent esleuz mons' maistre Pierre Martin, advocat, et M⁰ Clément de Boignac, notaire, lung desd. consulz. [Procès entre le roi de Navarre et les consuls (1).]

Et, ADVENANT le dernier jour dud. moys davril, lesd. Martin et Boignac partirent dud. Limoges, garnys de memoyres pour faire lesd. contradictz, ensemble des autres piecces touchant le proces de la soulde contre ceulx du baz pays de Limosin pendant au conseil prive. Et furent aud. Paris suyvant leur charge et pour icelle excequter, ou demeurarent jusques au seiziesme de septembre ampres ensuyvant, pendant lequel temps firent plusieurs dilligences et sollicitations, et mesmes aud. proces que avons contre led. roy de Navarre, a cause des droictz, franchises et libertes de la present ville. Et fust tant procede par la court de parlement dud. Paris, que, la vigille de la Nativite Nostre Dame, aud. moys de septembre, fut pronunce arrest comme sensuyt :

ENTRE le roy de Navarre, viconte et seigneur des ville et chastel de Limoges, demandeur en matiere dexecution darrest, [Arrêt de la cour] pronunce le vᵉ de septembre 1544.

---

(1) Voir LEYMARIE, *Limousin historique*, page 121 et suiv.

dune part, et les consulz, manans et habitans desd. ville et chastel de Limoges, defendeurs en lad. matiere dexecution darrest, d'autre part :

Veu par la court led. arrest, la demande en exceqution dicelluy, defences, repplicques et dupplicques respectivement baillees par lesd. parties, lappoinctement en droict, les lectres, tiltres et enseignemens respectivement produictes en lad. instance dexecution darrest, contradictz et salvations desd. parties, la requeste presante par led. demandeur le vingtiesme jour daoust dernier passe, tendant afin que lextraict faict par feu maistre Jacques de La Barde, conseilher en lad. court, des pieces produictes par lesd. defendeurs ou proces principal sur lequel est intervenu led. arrest, fust joinct au presant proces pour en icelluy jugeant y avoir tel esgard que de raison ; autre requeste presantee par lesd. defendeurs le vingtungiesme jour dud. moys daoust ensuyvant et dernier, a ce que la requeste presantee par led. demandeur fust communicquee a leur conseil pour se pourvoir comme de raison ; oy sur ce le rapport de certain commissaire de lad. court, commis a executer led. arrest, et tout considere :

<small>Clefz des prisons.</small> Il sera dit, en faisant droict sur le differend desd. parties, premierement, quant au faict des prisons de lad. ville, a ordonne et ordonne la court que les clefz du lieu ou lieux esquelz on a acoustume cy davant mectre, garder et detenir les prisonniers de justice seront baillees et delivrees aud. demandeur ou a ses officiers pour y faire mectre et tenir lesd. prisonniers de justice soubz bonne et seure garde.

<small>Cens et rentes.</small> Et, quant aux censives, rentes, acaptts, lotz, ventes, droictz et autres devoirs seigneuriaux requis par led. demandeur, icelle court a condempne et condanne lesd. defendeurs a eulx desister et deppartir, souffrir et laisser joyr led. demandeur desd. droictz, <small>Nota.</small> desquelz les vicontes avoient acoustume joyr et user danciennete, a cause de leur viconte, seigneurie et justice dicelle, et desquelz lesd. defendeurs auroient joy durant le temps quilz ont este detenteurs et occupateurs de la seigneurie et justice de lad. ville et chastel de Limoges. Et a ceste fin seront lesd. defendeurs tenuz dexiber et monstrer aud. demandeur les lectres, tiltres et enseignemens, comptes, pancartes, papiers de levez (lièves?), et aultres tiltres et enseignemens du revenu de lad. ville, tant

anciens que nouveaux, faisans mention desd. censives, droictz et devoirs dessusd. et prestacion diceulx, s aucuns en ont par dentre eulx, et se purgeront par serement. Et a ce faire seront contrainctz par toutes voies et manieres deues et raisonnables, mesmement par saisie des biens de consulat et deniers de la communaulte de lad. ville; et pourra led. demandeur faire interroger lesd. consulz tant anciens que nouveaulx ou autres que bon luy semblera, pour la verifflication desd. droictz et redevances diceulx. Et si a permys et permet aud. demandeur de faire proceder par monitions generalles pour raison desd. droictz jusques a la revellation diceulx, *nemine dempto* (1). Et quant aux particuliers, manans et habitans de lad. ville sur lesquelz lon pretend lesd. droictz de censive et autres droictz et devoirs dessusd., ordonne la court quilz seront tenuz comparoir par davant lexcequteur du presant arrest, et par davant luy exiber les lectres, tiltres et enseignemens des maisons et heritaiges quilz tiennent en lad. ville, et de sen purger par serement; contre lesquelz pourra led. demandeur pareilhement faire proceder par censures jusques a revellation desd. droictz. Et ou lesd. habitans particuliers desireroient lesd. droictz de censive et autres droictz dessus declaires, ordonne lad. court quilz seront tenuz bailher par escript leurs defences par davant led. excequteur, et informeront lesd. parties, tant par lectres que tesmoingtz, scavoir est, led. demandeur sur lesd. droictz de censive et autres dessus par luy pretenduz, et lesd. defendeurs sur la liberte et exemption diceulx par eulx articulee en leurs defences et autres que lesd. particuliers habitans pourront bailler dedans quinzaine par tous delays, ampres quilz auront este appelles par lexecuteur de larrest, pour, ce faict et rappourte par devers la court, estre faict droict ausd. parties quant ausd. droictz, ainsi quil appartiendra par raison. Et pourront lesd. parties informer des faictz par eulx mys en avant, cest assavoir led. demandeur que pendant le proces principal en lad. court, lesd. defendeurs pour lors consulz, pour fraulder et priver led. demandeur de sa preuve, ont plusieursfoys cherche de maison en maison desd. habitans et retire devers eulx tous les tiltres quilz ont peu trouver entre les mains diceulx habitans, faisans et servans pour la justification des droictz dud. demandeur; et aussi que lesd. defendeurs ont faict faire inhi-

---

(1) *Nemine dempto*, sans excepter personne.

bitions et defence aux particuliers, manans et habitans de lad. ville de Limoges, sur grosses peines, de ne monstrer ou declairer leursd. tiltres au conseil dud. demandeur, et lesd. defendeurs au contraire, si bon leur semble. — Et QUANT a la maison communement appellee le Consulat, requise par led. demandeur, lad. court a deboute et deboute icelluy demandeur de sa demande et conclusions par luy prinses pour ce regard, et en a absoulz lesd. defendeurs, et a ordonne et ordonne que lesd. defendeurs pourront retirer et mectre en lad. maison comme leurs harnoys et munitions et autres choses neccessaires pour la tuition et defence de lad. ville, et en icelle faire assemblee et convocation des manans et habitans de lad. ville pour le faict des repparations et autres affaires et negoce de lad. ville de Limoges, quant bon leur semblera et sera requis y pourvoir. — Et, quant aux clefz des tours et forteresses de lad. ville de Limoges, ordonne icelle court quelles demeureront en la garde desd. defendeurs soubz lautorite toutesfoys dud. demandeur, viconte de Limoges et souverainete du Roy, a la charge de presenter lesd. clefz aud. viconte lorsquil fera son entree et nouvel advenement en lad. ville, et quant led. viconte y viendra en personne en lad. ville; lesquelles clefz il sera tenu faire rendre quant il senyra dicelle pour sen retourner en autre part; et neantmoings seront tenuz lesd. deffendeur ouvrir les portes aux officiers dud. demandeur quant il sera besoing ou il y aura cause urgente et neccessaire. — Et QUANT a aider et suyvre par lesd. defendeurs les senneschal et prevost et autres officiers dud. demandeur, tant en lad. ville de Limoges que dehors pour prandre et constituer prisonniers les vagabons et malfaicteurs, lad. court a declaire et declaire que lesd. defendeurs ne seront tenuz faire lad. ayde et suyte, sinon en lad. ville de Limoges, ou les sergens et officiers dud. demandeur requerront iceulx defendeurs et habitans de lad. ville estre ayde de justice. — Et AU REGARD de la delivrance et possession requise par led. demandeur du lieu et place appellee *la Mothe*, assise audedans les murs de lad. ville de Limoges, en laquelle il pretend avoir eu antiennement ung chasteau, ensemble des maisons et edifices faictes, pretendues avoir este faictes et basties aud. lieu par aucuns particuliers habitans de lad. ville, et sur ce que led. demandeur requiert lesd. defendeurs estre condannes luy faire construire et bastir aud. lieu ung chasteau au lieu de lantien chasteau quil pretend estre demoly par iceulx defendeurs ou aucuns deulx, lad. court a ordonne et ordonne que, pour le regard de la propriete des maisons particulieres estans audict lieu de la Mothe et de la reedification dud. chasteau requise par led. demandeur, lesd. parties articuleront plusamplement leurs faictz si bon leur semble, et dedans ung moys prochainement venant lesd. defendeurs et chascun des detenteurs et possesseurs desd. maisons basties et ediffiees, tant aud. lieu et place de la Mothe que ez lieu circonvoysins et tenans et abboutissans a lad. place, seront tenus monstrer et exiber aud. demandeur toutes et chascunes les lectres, tiltres et enseignemens quilz ont, faisans mention desd. maisons et propriete dicelles et de ce avoir faict; ou, si par dol et fraulde ilz ont delaisse a avoir aucunes desd. lectres, chascun des dessusd. sera tenu se purger par serement par davant lexecuteur du present arrest. Et neantmoingtz a lad. court permys et permect aud. demandeur de pouvoir faire proceder par censure, *nemine dempto*, afin de revellation desd. lectres, tiltres et enseignemens. Et dedans le jour et feste sainct Martin prochainement venant par tous delays, lesd. parties informeront tant par lectres que tesmoings des faictz ja par eulx alleguez ou qui seront cy apres par eulx articulez dedans led. temps concernant ce que dessus. — Et quant aux prez pretendus par led. demandeur estre appelles *les prez vicontaulx* et *les marais*, et a luy appartenir comme viconte de Limoges, a aussi lad. court ordonne et ordonne, avant que proceder au jugement dud. article, que led. demandeur fera veue et monstree ausd. defendeurs, en la presence de lexecuteur de ce present arrest, desd. prez, et declairera led. demandeur en quel endroict et de quelle estandue il les pretend; et, ce faict, informeront lesd. parties *hinc inde* des faictz tant par elles ja mys en avant touchant lesd. prez, que ceulx quilz pourront plusamplement articuler en faisant lad. veue et monstree, et produiront plusamplement, si bon leur semble, dedans le lendemain dud. jour sainct Martin pour tous delays; autrement, led. temps passe, sera procede au jugement du contenu aud. article, comme de raison. — Et au regard de la maison de la Monnoye de lad. ville de Limoges, demandee et pretendue par led. demandeur, lad. court a ordonne et ordonne, avant que proceder au jugement du contenu aud. article, que la production desd. parties sera communicquee au procureur general du Roy et a son substitud aud. pays de Limosin, pour, eulx oys, en estre ordonne comme de raison.

<small>Prez vicontaulx.</small>

<small>Maison de Monnoye.</small>

Et a ceste fin fera led. demandeur veue et monstree du lieu ou il pretend estre lad. maison de la Monnoye aud. procureur general ou sond. substitud ; les choses ce pendant demeureront en lestat ouquel elles sont a present. — Et quant a la deli- Bans charniers et poissonnerie. vrance du lieu de la poissonnerie vulgairement appellee *le Gras*, des bancs charniers, du charbon, hales et autres bancs et places publicques, icelle court a pareilhement ordonne et ordonne que, dedans le lendemain de lad. feste sainct Martin prochainement venant pour tous delays, lesd. defendeurs feront apparoir deuement de tiltre souffisant et particulier par eulx allegue desd. bancs et choses dessusd., pour monstrer quilz leurs appar- tiennent ; autrement, ou ilz nauront ce faict, et led. temps passe sans autre forclusion, lad. court a des a present, comme pour lors, adjuge et adjuge aud. demandeur lad. poissonnerie, bancs charniers, hasles et autres bancs et places publicques, et a condenne et condanne lesd. defendeurs a eulx en desister et deppartir, et en laisser et souffrir joyr led. demandeur. — Et Vanaige, barraige, vinaige, layde et panaige. quant au barraige, peage, vinaige et panaige, requis par led. demandeur, et que lesd. defendeurs pretendent leur appar- tenir, lad. court a aussi ordonne et ordonne, avant que pro- ceder au jugement dud. article, que lesd. defendeurs seront tenuz dexhiber et monstrer dedans led. temps et delay dung moys prochainement venant aud. demandeur tous et chascun les comptes, lievez, registres et autres enseignemens tant anciens que nouveaulx faisans mention desd. droictz ; et a ce faire seront contrainctz par toutes voyes et manieres deues et rai- sonnables, mesmement par saisie des biens de leur consulat et deniers de la communaulte et revenu de lad. ville. Et pourra led. demandeur faire interroger tant les officiers du Roy, lesd. consuls tant anciens que nouveaulx, recepveurs, greffier et autres que bon luy semblera silz ont en leurs possessions aucuns papiers ou enseignemens concernans les droictz et choses dessusd., et silz en scavent quelque chose par oy dire ou autre- ment, et si par dol ou fraulde ilz ont delaisse a avoir aucuns desd. papiers et enseignemens, et a ceste fin sen purgeront par serement. Et neantmoings a permys et permet icelle court aud. demandeur de pouvoir proceder par censures, *nemine denpto*, afin de revellation desd. choses et au demourant que lesd. parties informeront tans par lectres que tesmoings des faictz par eulx articulez, et ce dedans led. temps et delays de la sainct Election de consulz. Martin. — Et aussi a lad. court ordonne et ordonne, avant que proceder au jugement de larticle par lequel led. demandeur requiert que les consulz eleuz en lad. ville lannee de lexecution dud. arrest fussent cassez et ostez, et que defences fussent faictes ausd. defendeurs de ne proceder a lelection desd. consulz de lad. ville de Limoges, sans appeler led. demandeur ou ses officiers et commis, et aussi, sur ce que led. demandeur pretend quil a droict de commectre et instituer en lad. ville cinq desd. consulz dicelle, et sur la prestation de serement de fidelite, foy et hommaige et autres sermens quil pretend luy estre deubz une foi lan par lesd. manans et habitans de lad. ville de Limoges et faulxbourgs dicelle, estans de leaige de quatorze ans et au dessus, que lesd. parties informeront tant par lectres que tesmoings des faictz par eulx respectivement posez et articulez en leur demande, defences, repplicques et dupplicques, pour le regard du contenu ausd. articlez, dedans led. delay dessusd. — ET CE PENDANT ordonne lad. court, par maniere de provision et jusques a ce que autrement en ait este ordonne, que lesd. manans et habitans eliront lesd. consulz en la maniere acoustumee, et neantmoings que les consulz qui seront de nouvel esleuz en lad. ville feront le serement tant aux officiers du Roy que dud. viconte de bien, deuement et loyaulment administrer led. estat de consulat, et deuement garder lad. ville et le bien de la chose publicque dicelle. — ET AUSSI que les consulz qui seront lors que le viconte fera son entree et nouvel advenement en lad. ville, seront tenuz, pour eulx et les manans et habitans dicelle ville, luy faire serement quilz luy seront bons et loyaulx subjectz, sans ce que lesd. particuliers manans et habitans de lad. ville soient tenuz faire aucun serement aud. viconte ne ausd. consulz. — ET QUANT A ce que led. demandeur requiert que lesd. defendeurs le suyvent en armes es pays de Limosin et Angoulmoys, lad. court a ordonne et ordonne que lesd. parties informeront de leurs faictz, et si les habitans des autres villes subjectes aud. viconte et autres circonvoysines sont subjectes a lad. suyte en armes et a quelz despens elle se doit faire. — ET AU REGARD DES fours et moulin pretenduz bannaulx, et taille au quatre cas (1) requis par led. demandeur, icelle court a ordonne et ordonne que lesd. parties informeront respective-

<small>Serement des consulz nouveaulx.</small>

<small>Serement de fidelite.</small>

<small>Suyte en armes.</small>

<small>Four, molin et quatre-cas.</small>

---

(1) Dans quatre cas ordinaires le droit de taille était dû au seigneur suzerain. C'était : 1° quand il mariait sa fille aînée ; 2° lorsqu'il faisait son fils aîné chevalier ; 3° lorsqu'il entreprenait le voyage d'outre-mer ; 4° lorsqu'il était fait prisonnier. (Note de M. Leymarie.)

ment, tant par lectres que tesmoingtz de leurs faictz, et seront tenuz chascun des habitans de lad. ville exhiber aud. demandeur les lectres, tiltres et enseignemens quilz ont par devers eulx faisans mention desd. droictz s aucuns en ont ; et sen purgeront par serement comme dessus, et neantmoings sera informe *ex officio* par tesmoings en turbe (1) si, par la coustume generalle du pays, des vicontes, senneschaucee et pays de Limosin, les seigneurs chastellains dud. pays sont fondez par coustume ausd. droictz, sans recognoissance particuliere des subjectz, et aussi par tesmoings particuliers, quant aux actes particuliers, quel est lusance et observance. — ET AU REGARD de la restitution requise par led. demandeur des fruictz prins et perceuz par lesd. defendeurs des ville et chastel, justice et seigneurie de lad. ville de Limoges, dès et depuys le moys de jung cinq cens dixhuict, que la cause fut contestee, a la raison de trois mil livres tournoys par chascun an, icelle court a ordonne et ordonne que, actendu la longue joissance que en ont eu lesd. defendeurs, ilz seront tenuz bailher par declaration les fruictz desd. choses par eulx prins et perceuz a cause de lad. justice et seigneurie de lad. ville de Limoges des et depuys led. temps, et affermer leurd. declaration contenir verite, et dexiber et communicquer aud. demandeur leurs papiers de recepte, lectres, pancartes et autres enseignemens concernans la perception desd. fruictz, dedans led. delay dung moys prochainement venant, et sen purgeront par serement par davant led. excequteur ; et neantmoings pourra led. demandeur bailler plusample declaration desd. fruictz, a laquelle lesd. defendeurs pourront responde par dijunction, et sur le tout informer respectivement dedans led. jour de sainct Martin prochainement venant, pour, ce fait et rapporte par devers lad. court, estre faict ausd. parties comme de raison. — ET EN TANT que touche la police dicelle ville que lesd. parties respectivement pretendent leur appartenir, ha lad. court pareilhement ordonne et ordonne, avant que faire droict sur led. article, que lesd. parties respectivement informeront, tant par lectres que tesmoingtz *super modo utendi*, de temps que la justice et jurisdiction de lad. viconte de Limoges estoit excercee par le viconte et ses officiers, et aussi

Restitution de fruictz.

La police.

---

(1) L'enquête par *tourbe* ou *turbe*, abolie par l'ordonnance de 1667, se faisait pour éclaircir la difficulté d'un point de coutume ou d'un usage allégué par une partie, lequel n'avait point été inséré dans les coutumes. Dans ces sortes d'enquêtes, la déposition de dix témoins n'était comptée que pour une seule déposition. (TRÉVOUX.)

sur la maniere de user par les consulz des villes prochaines que ont consulat et seigneur subalterne. Et ce pendant, par provision, lad. court a ordonne et ordonne que lesd. vicontes et leurs officiers excerceront et auront toute cohertion, justice et jurisdiction, mesmes en faict et matiere de police. Et neantmoings, par provision, comme dict est, a lad. court ordonne et ordonne que, lesd. consulz appellez, et assistans si bon leur semble le juge ordinaire dud. viconte et son procureur, se assenbleront en la maison de Consulat pour adviser et deliberer ensemblement sur le taux et estimation des vivres et victuailles et autres marchandises de lad. ville sur lesquelles ilz ont acoustume en lad. ville imposer pris; et ce qui sera par eulx ou la plusgrand partie advise sur ce que dict est et autre faict de police sera mys a execution ou il sera besoing dauctorite de justice, soubz lauctorite dud. viconte et par ces officiers. Et visiteront tant lesd. officiers dud. viconte que lesd. consulz ensemblement par provision, comme dit est, les chair, poisson, pain et autres victuailles, sans ce que, pour raison de ce, ilz en puissent pretendre aucun salaire; et des faultes qui se trouveront la correction, pugnition, repparation et amende appartiendra aud. demandeur, sans ce (que) lesd. consulz puissent quereler ne demander aucune part et portion desd. amendes et proffitz de justice, le tout par maniere de provision et jusques autrement en soit ordonne, comme dessus. — ET AUSSI pourront lesd. consulz, par provision, comme dict est, faire par leurs officiers et gaigiers convocation et assemblee des manans et habitans de lad. ville pour traicter et adviser des affaires neccessaires de lad. ville et consulat. Et aussi pourront faire convocation desd. manans et habitans pour aller en procession avec torches ayans les armes de la ville, avec leursd. officiers et gaigiers, sans faire lesd. convocations et assemblees par cry public, ains seulement par mandement de leursd. officiers ou gaigiers, lesquelz, pour aller ausd. processions ou autres affaires de lad. ville, ne pourteront aucuns harnoyx ne bastons ne masses, mais seulement verges en leurs mains. — ET AU REGARD des droict et auctorite de bailler et esgaller les aulnes, poix, couldes (1) et mesures, et visitation dicelles, pugnition et correction des abbuz qui se trouveroient y estre commis, lad.

Processions et assemblees par les consulz.

Aulnes, poix et mesures.

---

(1) Coudées. — La forme est masculine (*coltés*) dans le *Roman de Rou*. (V. LITTRÉ, *Dict. franç.*)

court a declaire et declaire led. droict et cognoissance appartenir aud. viconte et ses officiers seulement, et non ausd. consulz. — Et au regard des mestiers de lad. ville, a aussi ordonne et ordonne icelle court que les maistres et jurez diceulx, s aulcun en y a, seront receuz par les officiers dud. viconte et exerceront lesd. mestiers soubz lauctorite dud. viconte ou ses officiers, auquel appartiendra la correction des faultes et abbus s aucun en y a. — Et en tant que touche les voiries et allignemens des bastimens vieulx et nouveaulx et visitation diceulx, le tout appartiendra seulement aud. viconte et ses officiers. — Pareillement lad. court a ordonne et ordonne que lesd. consulz pourront faire la cothisation et deppartement des tailles du Roy, comme ilz ont par cy davant acoustume de faire. — Pourront semblablement lesd. consulz faire faire les fortifficeations et repparations de lad. ville et pavez dicelle; et ne pourront toutesfois entreprandre court, jurisdiction ne cognoissance sur les varletz, chamberieres, nourrices, faire arrester marchandises, ou, pour raison diceulx, faire aucun acte ou excercisse de justice, et dud. arrest entreprandre cognoissance ne jurisdiction aucune. Aussi pourront lesd. consulz adviser sur le faict de la police des mestiers avec les officiers dud. viconte, ainsi que dessus est dit, mais ne pourront lesd. consulz faire statuz concernans lesd. mestiers. — Et quant a louverture des greniers de lad. ville pour visiter les grains y estans et y mectre et asseoir pris, lesd. consulz et officiers dud. viconte se pourront assembler pour adviser sil est besoing de faire ouverture desd. greniers; et en sera faicte la contraincte et execution par les officiers dud. viconte, selon quil sera advise en lad. assemblee; auquel viconte la correction, pugnition et amendes appartiendra, s aucunes en y a. — Et quant a faire le guet en lad. ville, a lad. court ordonne et ordonne que lesd. defendeurs feront faire le guet en lad. ville comme ilz ont par cy davant acoustume; et, si aucuns sont prins et constituez prisonniers par led. guet, et aussi si aucuns estoient defaillans a faire led. guet, et a ce faire se commectroient aucuns abbuz, la cognoissance, cohertion, pugnition et les amendes, s aucunes en estoient pour ce deues et adjugees, appartiendront aud. viconte. — Et au regard des pestifferes et malades de maladie contagieuse, lesd. consulz, par provision, comme dessus, se assembleront avec lesd. officiers dud. viconte pour adviser entre eulx et donner ordre ausd. malades, tant pour leur vivre que autrement, pour la sante de lad. ville. Et ce qui sera par eulx advise sur ce sera execute soubz lauctorite dud. viconte et par ses officiers, et ne pourront lesd. defendeurs ou leur officiers et gaigiers constituer aucuns prisonniers, sinon par les officiers et soubz lauctorite dud. viconte. — ET EN TANT que touche les impositions que lesd. defendeurs ont par octroy et permission du Roy sur les manans et habitans de lad. ville de Limoges pour les fortiffications et repparations de lad. ville, elles demeureront ausd. consulz, manans et habitans pour estre employees esd. repparations et fortiffications, et non ailleurs. — AUSSI LESD. consulz pourront commectre portiers es portes de lad. ville, pour icelles garder, ouvrir et fermer, scelon quilz ont acoustume de faire. — Semblablement pourront lesd. consulz faire mectre et apposer les armoiries de lad. ville es portes, tours et forteresses et par tous autres lieux publicques de lad. ville où bon leur semblera, pourveu que lesd. armoiries soient mises au dessoubz des armoyries du Roy et dud. viconte. — AUSSI pourront pourter lesd. consulz robbes et chapperons telz quilz ont acoustume de pourter a cause dud. consulat. — OULTRE, lad. court a ordonne et ordonne que lesd. defendeurs auront le seel de leur consulat pour en user es affaires de lad. ville et consulat, tant seulement selon et ensuyvant led. arrest. — ET ne pourront lesd. consulz donner permission de jouer moralites, farces et autres jeuz de pris. — AUSSI ordonne la court que lesd. consulz pourront avoir ung clerc, scribe ou grefier pour registrer par escript les actes et deliberations faictes aud. consulat. — ENSEMBLE auront procureur et advocat pour requerir et defendre les droictz de la communaulte de lad. ville, le tout par provision comme dessus. — ET QUANT aux clefz des estans, fontaines, fosses et pontz, ordonne icelle court que lesd. parties pourront plusamplement articuler leurs faictz et sur iceulx informer dedans led. jour sainct Martin, et ce pendant les choses demeureront en lestat quelles sont. — ET EN TANT que touche le droict que lesd. defendeurs disent avoir dacquerir et retenir noblement, bastir maisons en tourasses, lucarnes, avecques girouettes, larmiers, gargouilles et autre forme, a la decoration de lad. ville, tenir columbiers et garennes, le tout ainsi quil est contenu au vingtneufiesme article des defences desd. defendeurs, icelle court a ordonne et ordonne que lesd. parties respectivement articuleront plus amplement leurs faictz et sur iceulx informeront dedans led. jour et feste

Impositions faictes ausd. consulz par octroy du Roy.

Portiers et portes.

Armoyries.

Robbes et chapperons.

Seel de consulat.

Moralites.

Scribe ou grefier.

Advocat, procureur et clerc.

Clefz des estangs et fontaines.

sainct Martin, pour tous delays, tous despens reservez en diffinitive.

[Procès avec le Bas-Limousin pour la contribution des gens de guerre. — Voir page 374.]

Aussi lesd. Boignac et Martin, estant audit Paris, furent dillec a Sainct Germain en Laye, a lassignation touchant la soulde contre ceulx du bas pays de Limosin, baillarent la procuration et autres piecces a mons^r Brenat, procureur du Roy en lostel dud. seigneur; lequel comparust et se presenta pour lesd. consulz, au jour assigne, aud. conseil prive, ou est encores le proces pendant. Et a led. Brenat nosd. piecces.

[Lettres d'exemption de ban et arrière-ban.]

Cy ampres ensuyvent et sont inseres au long les lectres dexemption du ban et arriere ban, donnees, a la monstre faicte dud. ban et arriereban en cested. ville, par mond. seigneur le gouverneur de Limosin, au moys de may dernier.

Francoys de Pontbriant, chevalier seigneur de Montreal et du Chapdeilh, cappitaine pour le Roy du chasteau de Bregeyrat, conseiller et chambelain du Roy, son gouverneur et senneschal de Limosin, et commissaire en ceste partie, a tous quil appartiendra, salut. Scavoir faisons que, le jourduy soubz escript, a la monstre du ban et arriereban du hault pays de Limosin, en presence des lieutenant general, advocat et procureur du Roy aud. hault païs, et aussi present et appelle avec nous les seigneurs de Sediere et de Saincte Fortunade, gentilz hommes, commis et depputez par le seigneur de Lorges, cappitaine general du ban et arriereban de France, ampres avoir faict appeller les consulz de la ville de Limoges, se sont comparus par davant nous lesd. consulz par Jehan Lascure et Jehan Romanet, consulz de lad. ville, tant pour eulx que pour les autres et habitans dicelle, assistant Masautin le jeune, leur conseil ; lesquelz nous ont remonstre que de tout temps et anciennete, par privilleges des Roys de France, confirmes par le Roy moderne, lesd. consulz, manans et habitans de lad. ville de Limoges estoient et sont exemps daller ne contribuer aud. ban et arriereban, comme ont dit apparoir tant par lesd.

privillieges, confirmation diceulx, estant lad. confirmation du deuxiesme de mars mil cinq cens douze, seelle du grand seel du Roy, et signe : Par le Roy : ROBERTET; que pareilhement par les sentences et exemptions tant de noz predecesseurs gouverneurs que autres commissaires qui par cy davant ont este depputtez au faict dud. ban et arriereban, nous requerans les maintenir et garder en leursd. privilleges, et suyvant iceulx les declairer exemptz daller ne contribuer aud. ban et arrierban, et quilz soient rayez du roolle dud. arrierban, comme a este cy davant ordonne. Et ausd. fins nous ont exibe et mys par devers nous lesd. privillieges et sentences de nosd. predecesseurs et autres commissaires; lesquelles piecces veuez, par adviz et deliberation des dessusd., et oy led. procureur du Roy, avons declaire et declairons lesd. consulz, manans et habitans de lad. ville de Limoges privillegies et exemptz daller ne contribuer aud. ban et arrierban; et ordonnons que lesd. consulz, manans et habitans de lad. ville seront rayez des rolles dud. ban et arrierban, et ne seront plus appellez en iceulx, sinon ceulx qui auront fiefz nobles en justice ou jurisdiction. Faict a Limoges, le dixneufiesme jour de may lan mil cinq cens quarante quatre. Ainsi signe : PONTBRIANT; et, par commandement : LAMY, greffier.

AU COMMANCEMENT dud. moys de septembre, fusmes advertys que une bende de Gascons, gens sans adveu, estans en nombre de quatre a cinq mil hommes a pied et cinq cents chevaulx legiers ou environ, ayans faict maulx indicibles par les pays de Poictou et Torrenne, ou ils avoient passe, sestoient gectes au pays de Berry, ou ilz avoient destruict plusieurs villes closes et gros bourgs; en sorte que tout le monde fuyoit davant eulx, a cause de leur fureur et pour evicter les maulx innumerables quilz commectoient; laquelle bende, comme on disoit, venoit devers Arnat, le droict chemyn de Paris, pour se gecter en ceste ville, aux faulxbourgs de laquelle, en la cite et pareilhement en la ville, ilz avoient delibere loger et se tenir plusieurs jours, pilher et faire a leur appetit; comme avoient faict ez autres villes, qui donna un grand estonnement aux habitans de lad. ville, joinct que lesd. Gascons, gens de cheval, estoient tous cothemailhes, et pareilhement la pluspart desd. gens de pied, et tout le residu

[Limoges est assailli par une bande de Gascons.]

en tresbon ordre de picques, hallebardes et espees a deux mains, et hacquebuses. Quoy saichant, lesd. consulz envoyarent plusieurs postes a cheval et gens de pied audavant desd. Gascons pour scavoir si lad. bende venoit en ceste ville; lesquelz firent rapport quilz avoient trouve lad. bende bien pres de lad. ville, laquelle se jactoit et ventoit quelle logeroit aux faulxbourgs et cyte de lad. ville, et dedans lad. ville si bon leur sembloit; et ny auroit homme qui les empeschast.

Ouy lequel rapport, considerans lesd. consulz que lad. bende tenoit les champs sans adveu ne commission du Roy, ne dautre ayant puissance dud. seigneur, mengeant la poulle, pilhant et destrossant les gens quilz trouvoient en chemyn, et pareilhement les villes esquelles pouvoient entrer; apres avoir faict offre a ung de leurs forriers que vint en ceste ville et en la maison de ceans, le tout par ladviz de mons^r le lieutenant general, advocat, procureur du Roy, et autres des principaulx manans et habitans dud. Limoges, de bailler et delivrer a lad. bende une bonne quantite de vin et pain, en ce que lad. bende tireroit oultre sans prandre logis esd. faulxbourgs et cyte, ce que led. forrier ne volust acepter, faisant responce pour leur coronal et cappitaines quilz logeroient esd. faulxbourgs, ailleurs et ou bon leur sembleroyt, lesd. consulz, par adviz que dessus, conclurent et arrestarent fermer les portes de lad. ville, et resister a la dampnee entreprinse desd. Gascons et bende sans adveu, si le cas estoit quilz les vinssent assalir, et firent faire par les habitans plusieurs jours et nuytz le guet sur la murailhe.

Finablement, le douziesme jour dud. moys de septembre, advertys deuement que lad. bende estoit logee au villaige de Beaubrueilh, quest a demy lieue de lad. ville ou environ, au Palays, a Rilhat et aux bourgades et villaiges dautour, lesquelz, soubz la charge dung quon nommoit le baron de Veze, qui se disoit leur corronel, avoient delibere executer leur entreprinse contre ceste ville quilz avoient en singuliere recommandation, comme eulx mesmes se jactoient et vantoient, et que a lendroit dud. villaige de Beaubrueil avoient tue et occis environ vingt quatre ou vingt cinq personnaiges, gens de villaige, et en eussent tue davantaige neussent este quelques fousses esquelz les pouvres gens se saulvarent, lesd. consulz firent fermer toutes les portes de lad. ville, et garnierent les tours et murailles de lartillerie de lad. ville preste a descharger, et de bons conducteurs et cappitaines quilz avoient esleuz et choisis dung chascun canton, le tout pour obvier et resister a la dampnee entreprinse desd. Gascons, si le cas estoit quilz se missent en leur devoir de vouloir entrer en lad. ville par force ou faire autre chose qui ne se deust faire.

Et ledict jour, douziesme dud. moys, environ lheure de dix heures de matin, lad. bende de Gascons, en batailhe, avec enseignes desployees, entra en la cite, y voulant loger a toute force, ensemble aux fortz (faulx) bourgs de la present ville, ou ilz fyrent et commirent plusieurs murtres, mesmes les gens de cheval de lad. bende, lesquelz entroient dedans les vignes, et illec occisoient les gens. Quoy voyent, ceulx de la ville, estans sur la murailhe dicelle, oultre le gre et vouloyr desd. consulz, dessararent grand quantite dartillerie a lencontre de lad. bende, ainsi marchant a lendroit de la maison de mons^r lofficial de Limoges. A cette cause, lad. bende tire oultre jusques au pont Sainct Marcial, se vindrent plaindre des maux que lad. bende faisoit et commectoyt aud. pont; fust dessarre aucunes piecces dartillerie de la muraille de lad. ville a lendroit ou estoit lad. bende, oultre led. pont, que fust la cause que lad. bende deslogea et tira oultre vers Solompnac (Solignac) sans longuement arrester aud. pont. Et fust le tout faict sans murtre du coste de lad. ville.

Les choses susd. costarent beaucoupt a la maison de ceans, tant en pouldre de canon, torches, chandelles que despence; laquelle payasmes pour plusieurs que veilharent avec lesd. consulz, troys nuytz sur les murailhes, faisans le guet affin que ne fussions surprins de lad. bende.

Dava(n)taige il y a sentence en la maison de ceans, donne a n^{re} requeste, par mons^r Bermondet, lieutenant general, seignee de la main dud. lieutenant, et Gamaud, greffier, par laquelle est inhibe a toutes revenderesses dentrer au cloistre et marche de ble que lheure ordonnee ne soit escheue, a poyne du fouet. A lad. sentence est atachee lesdit faict en vertu dicelle, a son de trompe, par Jehan Geoffrenet, sergent royal.

[Défense aux revendeuses d'entrer au marché au blé avant l'heure indiquée.]

[Réjouissances à l'occasion de la paix.] Au moys doctobre furent envoyees lectres dressante au sennechal de Limosin ou son lieutenant, faisans mention de la paix finale conclue et arrestee entre led. seigneur et lEmpereur; lesquelles receuez par monsr Bermondet, lieutenant general en la presant senneschaucee, fust de par le Roy la procession generalle arrestee et publiee a son de trompe au dimanche ensuyvant; et envoya led. lieutenant appeller lesd. consulz, lesquelz furent en sa maison, que que soit partie diceulx, ausquelz, presant le greffier de lad. senneschaucee ou son commis, exhiba lesd. lectres, et leur remonstra le contenu dicelles, leur faisant commandement, en vertu desd. lectres, faire feuz de joye et rejoissance en signe de lad. paix, led. jour de dimenche apres ladicte procession generalle, tout ainsi quilz avoient faict par cy davant au moys de fevrier pour la naissance de lenfant royal de monsr le Daulphin, ou mieulx silz pouvoient.

ET LEDICT jour de dimenche ampres ensuyvant, quon comptoyt le douziesme jour dud. moys, devers le matin, iceulx consulz envoyarent leurs gaigiers, avec six torches et penunceaulx aux armez de lad. ville, en lesglise cathedralle Sainct Estienne, en laquelle fust faicte lad. procession; et dabondant, obeyssant aux comandemens a eulx faictz, firent adresser ung arbre en la place des bancs charniers de ceste ville, au mesme lieu ou fust dresse le precedant, au moys de fevrier, garny en la forme de lautre. Et le presdiner dud. jour, led. lieutenant general, acompaigne de ladvocat du Roy, et plusieurs autres officiers dud. seigneur, et advocatz au siege, se rendit en la maison de lad. ville, et illec fust receu par lesd. consulz; lesquelz, en la compaigne dud. seigneur lieutenant et sa troppe, ayans leurs chapperons, marchans deux a deux en bon ordre et ordonnance, furent en lad. place des Bancs pour mectre le feu aud. arbre en signe de rejoissance. Et marchoient tous les premiers lesd. lieutenant general et advocat, et audevant deulx grand quantite de taborins de Suysse, trompectes, clerons, haulx boys et autres instrumens avec douze torches allumees, ayant chascune dicelle ung panunceau; lesquelz torches douze enfans jeunes pourtoient, et entre icelle en y avoyt une que avoit ung panunceau aux armes du Roy et lautre aux armes du Daulphin, et toutes les autres avoient panunceaulx aux armoiries de lad. ville. Et, a lordonnance que dessus arrives en lad. place, en laquelle et ez maisons dautour assistoit innumerable quantite de peuple, firent trois tours autour dud. arbre. Ce faict, la torche ayant le panunceau aux armes du Roy fust baillee et delivree aud. seigneur lieutenant general, et celle aux armes de mond. seigneur le Dauphin aud. advocat, et les autres dix, aux consulz qui assistoient, a chacun deulx une. Ce faict, led. lieutenant general mist le feu le premier au pied dud. arbre; le prevost de consulat apres, et les autres apres, en criant: *Vive le Roy!* Et en mesme instant lartillerie de lad. ville, que estoit au mesme lieu quelle estoit quant on fit les feuz de joye precedans, dessarra et sonna si impetueusement et en telle sorte que on ne oyoit parler lung lautre. Furent aussi illec sonnees plusieurs trompectes et clerons, et tost apres, en mesmes ordonnance que dessus, lesd. consulz, en la compaigne desd. lieutenant et advocat dud. seigneur, en mesme ordonnance que dessus, retournarent en la maison dud. Consulat, en laquelle fust donne la collation aux dessusd.

[Emprunt forcé de 5,075 écus sur les habitants de Limoges les plus aisés.]

Tout incontinant apres, et dedans led. moys doctobre, arriva en ceste ville mons^r le general Secundat, lequel, en vertu de certaines lectres patentes quil avoit du Roy nostre souverain seigneur pour lever par maniere demprumpt la somme de cent mil escutz sur la duche de Guienne, fist appeller lesd. consulz, lesquelz, que que soit aulcuns deulx, a ce commis et depputes par les aultres leurs compaignons, furent parler a luy en la maison de Gergot, ez faulx bourgs de Magnenye, ou il estoit louge. Ausquelz, apres leur avoir donne a entendre le vouloir du Roy contenu esd. lectres, il fist commandement de luy declairer les plus aises de la presant ville, afin que summairement et promptement il peust proceder aux taulx quil avoit delibere, suyvant sa commission, imposer sur lad. ville. Lesquelz consulz luy firent responce quilz estoient vrays obeyssans au Roy, toutesfoys quilz ne scavoient poinct de gens aisez en lad. ville. Mais, ce nonobstant, led. general, auquel fust faict grand quantite de remonstrances de la partie desd. consulz et autres manans et habitans de lad. ville, se transporta en la ville de Pierrebuffiere, ou fust suyvy par Francoys Dauvergne, Pierre de Cordes et Jehan Lascure, consulz dud. Limoges, et certains autres de lad. ville; et illec bailha et delivra un rolle cloz et seelle ausd. trois consulz; lequel roolle iceulx consulz pourtarent en la maison de ceans, et firent assembler les principaulx des manans et habitans de lad. ville, et, en leur presance, fust led. roolle ouvert, et fut trouve que sur les nommez en icelluy avoit este impose la somme de cinq mil soixante quinze escuz, pour estre levee sur eulx promptement par maniere demprumpt; et, pour icelle somme lever et cuyllir, estoient commys et deppuctez lesd. Dauvergne, Decordes et Lascure. Et ceste venue cousta beaucoupt a la maison de ceans.

[Office de garde-porte.] Le vingt troisiesme jour de novembre an que dessus, messieurs, estans advertys de la mort et deccez feu Leonard dit Nardon Mouret, garde porte de la presant ville de Limoges, assavoir de Boucherie et Magnenhe, et pource quil falloit promptement pourvoir aud. office, se sont assembles pour cest effect en la presant chambre de conseil du Consulat et maison commune tous les dessus nommez consulz, fors et reserve du sire Jehan Romanet, lequel estoit absent pour aucuns affaires. Et, illec estans assembles, comme dict est, ayans oy et entendu plusieurs requestes daucuns des manans et habitans de lad. ville pour led. estat et office de garde porte vaccant par le deces dud. Mouret, apres par mesd. seigneurs en avoir confere ensemble, par ladviz et deliberation de tous ou de la plusgrand partie diceulx, pour cest effect assembles, comme dict est, a este Jehan du Vergier, habitant dud. Limoges, lung desd. requerans, esleu et nomme par mesd. seigneurs. Lequel du Vergier, ce faict, ont faict appeller en lad. chambre, et a icelluy present, acceptant et requerant, comme dict est, par davant leur greffier soubz signe, ont donne, suyvant led. adviz et conclusion univocque (1), led. estat et office de garde porte de lad. ville, vaccant, comme dict est, par le deccez dud. feu Mouret, dernier et immediat possesseur dicelluy, pour en joyr aux droictz, proffitz et prerogatives acoustumez et que souloit recepvoir led. feu Mouret, quest vingt solz pour sepmaine, pourveu que mesd. seigneurs ou leurs successeurs consulz

---

(1) D'une seule voix, unanime.

pourront destituer led. du Vergier dud. office, sil est trouve en aucune faulte, erreur, mesconte ou en flagrant delict, et non autrement. Moyennant ce, led. du Vergier, par serement par luy faict et preste aux sainctz Dieu Evangilles, le livre touche entre les mains de mesd. seigneurs, de bien et loyaulment garder lesd. portes a luy commises, soubz lobeissance du Roy n^{re} sire, tant en temps de peste, guerre que autrement, et y resider en personne, sinon quil fut malade, auquel cas sera tenu advertir mesd. seigneurs pour y commectre durant led. temps; aussi de clore et fermer aux heures deuez et acoustumees et autres que par lesd. consulz luy seront commandes, et les advertir en temps de guerre ou peste des entrans, passans et reppassans et autrement, comme ung bon et loyal portier est tenu faire, et de rendre bon compte, et mectre dans la boette destinee a cest effect les deniers quil recepvra de limposition esd. portes, sans y faire faulte; autrement le pourront lesd. consulz debouter, comme dict est et non autrement. Et a este mys icelluy du Vergier en la possession dud. office par mesd. seigneurs les consulz susd., par la tradition de lad. boette et des clefz desd. portes, prians et requerans les manans et habitans luy obeyr et entendre aud. estat et office de garde porte. Fait ez presences de mons^r maistre Francoys Duboys, eslu pour le Roy, et de sires Marcial Gregoire le jeune, Francoys Duboys et Joseph Disnematin, contrerolleur, tesmoings. (Signé:) F. DAUVERGNE, BONYN, P. DECORDES, P. DUBOYS, LASCURE, C. DE BOIGNAC. Par mesd^{rs} les consulz : NADAULT, greffier de mess^{grs}.

Et, advenant le sixiesme de decembre ensuyvant, mesd. seigneurs estans assembles en lad. chambre du conseil pour les affaires de la ville, led. Romanet, lung diceulx, ayant este absent a ce que dessus, et present ce jourduy, apres avoir leu et entendu les choses susd. et contenu aud. acte, a icelluy approuve, loue et emologue, volu quil sorte effect tant que luy touche par davant led. greffier soubz signe, ez presences dud. Disnematin et Jehan Mouret, tesmoings. (Signé:) ROMANET; NADAULT, greffier susd.

Elecyon fete par les manans et abitans de la prezant ville de Lymoges, selon et en suyvant la coustume, des consulz discele vylle, la vygille de la Conceptcyon N^{re} Dame, au moys de desambre lan mil v^c xliiij.

Des T_Jules :

Matyeu Mercyer.

De la Porte :

Pieres Mauple.

De Magninie :

Francoys Navulier (Noualhier?).

Du Marche :

Guillyaume Chanpanyat.

De la Fourye :

Mar(c)yal Bachelyer.

Du Clouchier :

Maistre Barthouloume Tescyer.

De Boucherye :

Mestre Andre de Buact.

De Lancequoct :

Monsr mestre Joseph de La Chassanie.

Des Conbes :

Pierre Gadaud.

Du Vieux Marche :

Helye Benoyst.

Croyssances :

Jehan du Boys des Bans ;
Francoys Cenon.

Partisseurs des tallyes inposees an ladyte annee furent eslus le xiiij jour de desanbre mil v^e xliiij.

Des Taules :

Jehan de Nougat ;
Piere Bouton.

La Porte :

Jehan Magladent ;
Jehan Sennemault.

Mogninie :

Jehan La Fose ;
Jehan Gaspy.

Du Marche :

Jehan de La Roche ;
. . . . (1).

La Fourye :

Me Jullyen Frenaud ;
Me Marcyal Dengrassas.

Le Clouchier :

Psaume Peret ;
Jehan Douyneys.

---

(1) Cette ligne a été grattée : nous croyons pouvoir lire encore, comme précédemment : « Teyssendier ».

Boucharye :

Lyenard La Gorse;
Marcyal Trouctier.

Lancequot :

Francoys de Teyseulh;
Charles Coutyssas.

Las Conbas :

Mᵉ Lourens Banyol;
Jehan de La Gouteu.

Le Vieuxs Marche :

Peyrot Vallade;
Lourens Cellier.

[Mesures prises par les consuls pour empêcher la sortie du blé.] Le soir de nʳᵉ election, considerans que, ez alimentz et vivres necessaires pour la vie, urgente celerite y est requise, fust ordonne que jusques ad ce que les fruictz nouveaulx fussent perceups et leves, les portiers ne souffriroyent sortir aulcun bled sans brevet, ne aucunes charges sans estre visitees, a cause quil courroit ung bruict et rumeur que des marchans de la presant ville transportoyent le bled a Lyon a charges embaste en forme de marchandize, ou, pour lors, il valoit de neuf a dix livres la charge; dont sensuyvit que le bled augmenta de pris en la claustre de six ou sept solz pour sestier dans une sepmaine. Parquoy, de tous noz pouvoirs volans obvier que cella ne pullulast, furent delegues deux de messʳˢ les consulz pour en aller advertir monsʳ le lieutenant general, lequel conceda lectres de confiscation contre tous ceulx qui seroyent trouves transporter led. bled hors lad. ville et pays, suyvant lordonnance du Roy. Lesquelles lectres furent publiees; et y fust mys si bon ordre que (aydant la grace du Plasmateur (1)) durant nʳᵉ

---

(1) « *Plasmateur*, facteur, créateur. » (Roquefort,) — Lat. ecclésiast., *plasmator*. (Freund.)

annee led. bled naugmenta plus, ains fust reduict au premier pris; qui redonda au grand soulagement de ladicte republicque et des manans de la presant ville.

---

(1) EMPRES sensuict faictz certains que mons^r Me Pierre Martin, pour reste daucuns gaiges quil pretandoyt luy estre deubz pour ung voyaige et residance quil avoyt faictz a Paris a la solicitation du proces que le roy de Navarre a contre nous et aultres manans et habitans de la present ville, avoit faict executer lesd. consulz et prandre une des pieces dartilherie de fonte, et icelle faict depposer entre les mains de sire Marcial du Boys le jeune. Laquelle fismes saisir, et, empres lexhibition et verification dicelle, nous fust par mons^r le lieutenent general delivree et mise dans la chambre de laudience avec les aultres, que sont en nombre de douze a chevalet, et ung canon a roues, toutes de cuyvre a fonte. — CE FAICT, volans obvier a ce que lannee precedente cestoyent rompues cinq des haquebuttes a crot de fer en les deschargeant, durant ce que les bendes des Gascons, estans en nombre de quatre a cinq mil hommes, soubz la charge de mons^r le cappitaine Ladeveze, passarent devant ceste ville, et auroyent lesd. pieces blesse plusieurs des adstantz, pour ce les fismes visiter par George et Marcial de La Jaquote, maistres haquebuttiers, lesquelz firent rapport quil y avoit plusieurs fosses et concavites audedans les canons dicelles. Parquoy en fismes foureter (2) dixhuit desd. haquebutes et faire leurs molles, charger et remonter de descharges; et empres furent lesd. haquebutes mises en lad. chambre de conseil avec les aultres, qui sont en nombre vingt neuf, scavoir est dixhuit ramontees et unze a ramonter.

[Les consuls se font restituer une pièce d'artillerie saisie à la requête de Pierre Martin.]

[Réparations aux arquebuses.]

---

(3) AU MOYS DE FEBVRIER fusmes par aucuns de noz amys suyvans la court advertis que led. roy de Navarre estoit en deli-

[Procès contre le roi de Navarre. (Suite.) Convocation de la commune.]

---

(1) V. LEYMARIE, Limousin historique, page 533.
(2) Diminutif de fourer, forer, percer.
(3) V. LEYMARIE, Limousin historique, page 533.

beration envoyer ung commissaire par de ca, pour mectre a execution le dernier arrest pronunce en la court de parlement a Paris, le septiesme de septembre lan mil cinq centz quarente quatre. Parquoy fismes assembler des plus apparans de la ville, tant gens de conseil et robbe longue que aultres patriciens, en presence desquelz fust faicte repetition desd. advertissementz, et empres chascun avoyr bien rumine laffaire, fust conclud unicquement estre necessaire convoquer la commune de la present ville en la maison du Consulat, et illec leur faire eslire ung nombre de gens desquelz ilz eussent confidence, en approuvant et confirmant led. conseil. Obtismes de mons^r le lieutenant general lectres de contraincte contre les deffaillans, et puyssance les pouvoir mulcter; lesquelles furent publiees par Geoffrenet, sergent royal, ez lieux assuetes (1) a ce faire.

Et, advenent le lendemain, heure de lad. assignation, pour plus animer lesd. manans de meilleur ceur y assister, fismes sonner la grosse cloche de Sainct Marcial despuys dix heures de matin jusques a deux heures empres mydy. A laquelle assemblee assista grandissime nombre des habitantz, et, empres avoyr este faicte par mons^r maistre Joseph de La Chassaigne, consul, declaration de lestat ou resultoit et pendoit le proces entre led. S^r et les manans de la presant ville, les fraiz que sen pourroyent ensuyvre si led. commissaire venoit de par de ca, remonstra aussi les accidens tant emynentz ou nous pourrions encheoir estantz en hayne dud. S^r roy de Navarre, et le solaigement, faveur et repos que pourrions avoyr ayans recouvre sa grace, les priant ruminer et bien penser aud. affaire, et silz trouvoyent ce que avoit este advise le soir precedant par nous et lesd. gens de conseil bon (que leur fust declaire), quilz le confirmassent par election, daultant quil estoit impossible sassembler tousjours quant on a affaire pour la urgence de la republicque et susd. proces, et que tous les habitans estans gens artisans occupes a leurs negoces particuillers tout deduyct, saccordarent et convindrent tous lesd. astans a loppinion de trente, scavoir est troys de chascun quanton, avec lesquelz mess^{rs} les consulz pourroyent conferer de tous les affaires et negoces venans a lad. maison commune, promectans le tout avoyr aggreable, comme appert par lacte sur ce receue par maistre Marcial

(1) Accoutumés.

Gadault, le (1) febvrier aud. an. Duquel accord et consentement furent tous les patriciens et gens dapparance (2).
Plusieurs auroyent este esleuz et delegues pour medioner paix envers led. S^r et lesd. manans; lesquelz, empres avoir accorde aulcuns articles, et diceulx lecture faicte en la maison commune, lesd. plebeyens, les trouvans, selon leur sens, trop rudes, ne les volurent jamais accorder. Dont led. S^r, estant par aulcuns de ce adverty, fust mal content contre la ville, manans et habitans dicelle.

Les noms des esluz furent :

Des Taulles :

Jehan Veyrier,
Audoyn Dauvergne,
Et Marcial de Cordes laisne.

De la Porte :

Sires Jehan Hardy,
Jehan Malledent,
Jacques Benoist.

De Maigninye :

Sires Marcial Gregoire le jeune,
Jehan Penicailhe,
Helies Rogeyron.

Du Marche :

Sires Marcial Vertamont,
Mathieu Benoist,
Guillem Disnematin.

De la Fourye :

Sires Symon du Peyrat,
Me Anthoine Gamaud,
Jehan Boulet.

---

(1) La date est en blanc dans le texte.
(2) Il y a ici un blanc de la valeur d'une ligne dans le texte.

Du Clochier :

Messʳˢ maistres Mathieu Maseutin,
Pierre Gue,
Sire Helies Gallichier.

De Bouscharie :

Maistres Jehan Lamy,
Jehan Lavandier,
Leonard La Gorce.

De Lancequot :

Maistres Jehan Petiot,
Clement de Boignac ;
Sire Pierre Bastide.

Des Combes :

Messʳˢ maistres Symon des Coustures,
Pierre Martin,
Bartholome Gadault.

Du Vieulx Marche :

Sires Jehan Cybot,
Leonard Boignault,
Et Jehan Lascure laisne.

Faicte ladicte election, lesd. manans, empres les avoyr pries en singuliere recommendation avoyr laffaire, et q'ung chascun tant en particuillier que generalite priassent le Plasmateur nous conceder par sa grace implorer icelle de nʳʳd. seigʳ viconte, sen retournarent ung chascun en sa maison, ormys les trente estant esleuz, lesquelz furent appelles a la chambre du conseil; et illec, empres plusieurs deliberations, fust arreste quon en esliroit quatre pour faire lad. legation, lesquelz furent : sires Jehan Du Boys, des Bancs, consul; monsʳ Mᵉ Symon Des Coustures, juge de la garde des seaulx; sires Marcial Gregoire le jeune, Helies Gallichier, entre les mains desquelz, non obstant articles a eulx bailles, fust commise la totale charge dud. accord, les supplians mectre dilligence apprester leurs affaires, car estoit necessaire partir en brief, ce que fust este faict.

Election faicte par les manans et habitans de la present ville de Lymoges, scelon et en ensuyvant lancienne costume, des consulz dicelle, la vigille de la Conception N^{re} Dame, au moys de decembre mil cinq cens quarante cinq, fenissant quarante six.

Des Taules :

Jehan Douhet.

De la Porte :

Jehan Hardy.

De Maigninye :

Helye Rougier.

Du Marche :

Jehan de La Roche dict Vauzelle.

De la Fourye :

Jehan Boulet.

Du Cluchier :

Jehan Lascure layne.

De Boucherye :

Leonard La Guorse.

Lansequot :

Me Bortholome de Voyon.

Des Conbes :

Francoys Lavaud.

Du Vieulx Merche :

Leonard Bonnyaud.

Croyssances :

Pierre Romanet ;
Ma⁶ Pierre Fourest.

Partisseurs des tailhes imposees en lad⁶. annee furen esleux le xxviij⁶ de decembre mil v⁶ quarante cinq.

Des Taules :

Dominicque Moret ;
Bartholome Petit.

La Porte :

Pierre Veyrier ;
Mathieu Marlaugon.

Maignenyè :

Guillaume Botin ;
Francoys Rougier dit Pascault.

Le Marche :

Marcial Verthamon ;
Jehan Benot dit Larcanet.

La Faurie :

Leonard Gay ;
M⁶ Jehan Albin.

Le Cluchier :

Guillaume de La Nouaille dit Richard ;
Heliot Peyrat dit Lannete.

Boucharie :

Christofle Pauson (?) ;
Colas Voureys le jeune.

Lansequot :

Pierre Masbaye;
Jehan Froment.

Les Combes :

Gouvent (Jouvent) de Vaubrune;
Pierre Ardent.

Le Vieulx Marche :

Jehan Farne;
Marcial Papault.

Election des administrateurs de lospital Sainct Marcial de ymoges de la present annee, esleuz, scavoir est :

De la partie de mons' labbe.....	Mons' lesleu Francoys du Boys;
De la partie de mons' laulmosnier	Pierre du Boys, des Taules;
De la partie de mess'ˢ les consulz	Helie Rogyer, consul.

Nous, Jehan Douhet, Jehan Hardy, Helie Rougier, Jehan de a Roche dict Vouzelle laisne, Jehan Bolet, Jehan Lascure, ienard Laguorse, maistre Bartholome de Voyon, licencie ez roictz, Lienard Boniault, Pierre Romanet, consulz de la ville e Limoges, faisant tant pour nous que pour Mᵉ Pierre de oresta et Francoys du Bouscheys dit Lavault, noz compainons conconsulz absans, scavoir faisons a tous presentz et dvenir que, nous confians a plain des sens, prudence, loyaulte bonne diligense de Pierre de Cordes, habitant de la present ille de Lymoges, heue sur ce meure deliberation avec nʳᵉ nseil, icelluy Pierre de Cordes, illecq present en nʳᵉ consulat acceptant, avons faict et constitue, faisons et constituons par s presentes, aux condicions, qualiffications et modifications cy ssoubz escriptes, et ce tant que a nous ou noz successeurs

[Nomination d'un garde-porte.]

que seront pour le temps advenir plaira, et non aultrement
pour nous et soubz nous, garde porte des portes de Maigneny
et Boucharie de lad. ville de Lymoges, aux gaiges de ving[t]
livres t/, payables chascun an durant n^{re} plaisir ou de nos[d.]
successeurs, par quarterons, avecq le droict des boys que vien[t]
et entre dans lad. ville pour vendre, seulement pour icelle[s]
deux portes, pour vendre accoustume a lever. Donnons e[t]
mandement a tous quil apartiendra que aud. de Corde[s]
obeyssent touchant led. office de garde porte, jusques ad ce qu[e]
de nous ou de noz successeurs auroyent mandement du con[-]
traire, et que a icelluy garde porte, pour et en nom du[d.]
consulat, donnent conseil, confort et ayde quant besoingt ser[a]
et requitz en seront ; en ce que led. de Cordes, illecq present, [de]
son bon gre, franche, pure et liberalle volente, nous a prom[is]
et jure aux sainctz Dieu Evangilles N^{re} S^r, touche le livre de se[s]
mains, que bien, feablement et loyaulment excersera led. offic[e]
de garde porte tant quil nous plaira et a nosd. successeurs[,]
pour nous et au nom de nous, et a nosd. successeurs consul[s]
dud. Lymoges pour le temps advenir et de n^{re} d. consulat ; [et]
que bon et loyal sera au Roy n^{re} souverain S^r et a nous et nos[d.]
successeurs et a la ville et aux habitans dicelle. Item, et qu[il]
residera et demeurera continuellement ausd. portes, ce[st]
assavoir a icelle que sera du tout ouverte, en sa personne [et]
sans interruption et en temps de peste et aultrement ; et la, et a[u]
cas que ez lieulx circunvoisins de lad. ville de Lymoges, eu[st]
dangier de peste ou daultre maladie dangereuse, il sera tenu[,]
ainsin que a promis, resider a lad. porte continuellement, [et]
illecq se prendre garde des entrens et sourtans en icelle ville[,]
exoines et quelzconques excusacions cessans, sauf par malad[ie]
ou aultre extreme et urgente neccessite, auquel cas led. [de]
Cordes inthimera sad. exoine a nous ou a nosd. successeurs, qu[i]
pourvoiront aud. office et en son lieu et aux despens de se[s]
guaiges, sans ce que led. de Cordes puisse mectre ne commect[re]
aulcun de son auctorite ne aultrement. Item, et quil viendr[a]
au S^r ou S^{rs} consul ou consulz qui seront commis et depputes [a]
garder les clefz desd. portes, tous les matins, a lheure que lu[y]
sera dicte par lesd. S^{rs} ou leurs commis pour ouvrir et alle[r]
ouvrir en la compaigne dud. S^r consul ou daultres qui sur c[e]
seront ordonnes a ce faire, et ampres lad. ouverture retourner
les clefz aud. consul qui en aura la garde, et au clorre et ferme[r]
lesd. portes en la compaigne que dessus a telle heure que pa[r]

nous ou nosd. successeurs luy sera commende. Et, close que soit lad. porte et le pont leve, ne luy sera loisible ne permys descendre led. pont ne ouvrir, si nest du congie et licence de nosd. S^{rs}. Et, en oultre quil ne permectra poinct que aux esses, sur le pont, dans le ballovard de lad. porte, ait aulcune multitude de peuple ou foule. Et aussi que, toutes et quantesfoys que le guect sera commende par nous ou noz successeurs ausd. portes, icelluy de Cordes sera tenu, comme a promis, de les actendre le matin avant louverture; et aussi fera regestre des deffailhans aud. guect et de ceulx aussi que y viendront sans harnoys, et de ce fera bon et seur rapport aud. S^r consul qui sera commis visiter led. guect ou aultre sur ce par nous commis ou nosd. successeurs. Item, quil ne permectra poinct entrer deux charretes dans les barrieres et ballevard de lad. porte jusques a ce que lune desd. charretes soit entree et passee le pont leviz, pour eviter les grandz dommaiges et incohvenientz que sen pourroyent ensuivir. Et quil tiendra les chambres desd. portes garnies de boys pour chauffer ceulx qui feront le guect. Et ne permectra poinct en icelles aulcun jeu de sort ausd. portes et chambres estre faictz ne commis. Et les chambres tiendra closes et fermees en clefz. Et lesd. ballovardz et aisses fera tenir nectz. Item, ne prendra ne levera aulcun boys ou estelles du boys des manantz et habitans de lad. ville de Lymoges ausd. portes. Item, et ne actandra de fermer lesd. portes oultre lheure ordonnee par nous et nosd. successeurs et sans leur conge et licence. Item, et soy informera avecq les passantz et repassantz des nouvelles et estat des pays et villes dont viendront, et le fera scavoir a nous et a nosd. successeurs. Item, et servira, comme dict est, en personne aud. office tant en temps de sante que de peste et de guerre. Item, de quinze en quinze jours fournira a la recluse de n^{re} reclusaige de devant les Carmes une charge de boys. Item, et a volu led. de Cordes, veult et de sa volente sest soubzmis et soubzmect, moyennant sond. serement, que, quant a nous et nosd. successeurs plaira, le puissions debouter, en son absance ou presence, dud. office de garde porte, a leur volente et sans louyr ou aultre figure de proces, ne declairer la cause pourquoy. Et de ce et sur toutes et chascunes les choses susd. sen oblige led. Decordes son propre corps et tous et chascuns ses biens en la meilheure forme. En tesmoing desquelles choses susd., avons mys et appouse n^{re} seel et de lad. ville et chastel de Lymoges a ces presentes. Donne et faict en n^{re} consulat, a ce presentz et appelles Srs Marcial Gregoyre le jeune et Marcial Decordes aussi le jeune, bourgeois et marchans dud. Lymoges, et plusieurs aultres manans et habitans de lad. ville de Lymoges, tesmoingz cogneuz, ad ce requitz et appelles, le lundy cinquiesme dapvril lan mil cinq centz quarante six. — (Signé :) M. DES CHAMPS, scribe desd. consulz.

[Nomination de Paul Noël aux fonctions de gardien et porte-masse.]

Nous, Pierre de Foresta, bachelher ez droictz; Jehan de La Roche dict Vouzelle laisne; Pierre Romanet; Jehan Bolet; Helie Rogier; Lienard Boniault, et Lienard Laguorse, consulz la present annee de la ville de Lymoges, faisant tant pour nous que pour honnourable Me Bartholomy de Voyon, Francoys du Bouscheys dict Lavault, Jehan Hardy, Jehan Douhet et Jehan Lascure laisne, aussi consulz noz compaignons absans, a tous ceulx qui ces presentes lectres verront, salut. Scavoir faisons que, sur le rapport que faict nous à este de la personne de Pol Noel dict Nadault, marchant et aguilhetier de la present ville de Lymoges, et pour les peines, travaulx, secours et services quil nous a faictz durant n^{re} annee a la lieve et recepte des deniers des equivallens, tailles, crue et aultres deniers quil a leve pour nous durant n^{re}d^{te} annee; a cause de quoy, nous confians a plain de luy et de ses sens, soufisance, loyaulte et prudhommie et bonne deligense, par ces causes et aultres justes et raisonnables a ce nous mouventz, aud. Pol Nadau, present et acceptant et devant nous present et requerant, luy avons donne et octroye, donnons et octroyons par ces presentes loffice de n^{re} gardien et porte masse, a present vaccant par le deces et trespas de feu Pierre Darfeuilhe, marchant, quant vivoit, de Lymoges, dernier, paisible et possesseur dicelluy; pour dicelluy office joyr et user avecq ses droictz, prouficz, esmolumens, franchises, libertes, prerogatives et preeminences accoustumees et aud. office a perpetuite. Et ampres ce que nous avons receu le serement dud. Pol Noel, et quil a jure sur n^{re} juratoire (1) ez

(1) « *Jurator*, livre des saints Évangiles sur lequel on prêtait serment. » (ROQUEFORT.) — On conserve encore à la Bibliothèque publique de Limoges, dans un recueil factice de pièces, la plupart en langue romane, désigné sous le nom de « Premier Registre consulaire » au Catalogue d'HISTOIRE de cette Bibliothèque (page 281), on conserve, disons-nous, les deux images enluminées sur lesquelles on faisait prêter serment. Le livre étant ouvert, à gauche on voit le Père éternel assis, tenant le monde dans la main gauche et bénissant de la droite; à droite, le Christ

sainctz Evangilles N^re S^r, touche le livre, de bien et loyaulment led. office excerser; le prouffit et utilite de nous et de n^red. consulat et de toute la ville procurer et garder; le mal, dommaige et inconvenient eviter a son pouvoir; faict et preste tout aultre serement ad ce requitz et ....., led. Pol Noel present et requerant avons mys en la possession paisible, reale et actuelle dud. office, et ce par le bailh et tradicion dud. juratoire par nous a luy baille. Et, en tesmoingt de ce, nous luy en avons donne et octroye ces presentes lectres de don, seellees de n^re seel a nous reserve, et faictes signer par n^re scribe soubz signe pour plus grand foy, et firmete ez choses susd. estre mise et adjoustee. Donne et faict en la chambre du conseil et maison commune de consulat de la ville de Lymoges, ez presences de Jehan Moret et de Jehan de Fursac, noz serviteurs, habitans dud. Lymoges, tesmoingtz cogneuz ad ce requitz et appelles, le quart jour du moys de decembre lan mil cinq centz quarante six.

Ainsin a este faict.

(Signé:) M. DES CHAMPS, scribe desd. S^rs consulz.

en croix, entouré de divers personnages. Ces deux images sont sur parchemin. Le fond est or; les couleurs ont dû être très-vives, mais le frottement des mains les a en partie enlevées. Au revers de chaque image se lit la formule du serment que prêtaient les consuls à leur entrée en charge :

Derrière l'image de droite :

« Lo sagrament que fan lous S^rs quant sont eslegit coussols nouveaux :

» Messrs, vous juras sur los sanxs Evangelis de Dieu que aquesta vila vous tendreys et gardareys a vostre podeyr, soubz la vraye et bonne subjeccion et obeyssance deu Reys, n^re souveran S^r, et que ben et lealement vous vous portareys ou gouvernament de la villa, lo be vous ly procurareys, lo mal evitareys, et la garda, justissa, pollicia et autras bésonhas appertenens au be de ladicha vila vous fareys et fareys far a vostre podeyr, et per hayne ou favour lo contrari vous no fareys ni far no suffrireys; et bon conte et reliqua a la fin de vostro annado rendreys.

» Et de la voluntat et cossentiment de la gens desta villa et per lor electieu eyssi facha, nous vous instituem cossols et guovernadors de ladicha vila et deux habitans dela per una (annada) et vous en metem en pocessieu, pregant Dieu (que la) gracia vous en do jouvir et nous touts. »

Derrière l'image de gauche :

« Lo sacrement que an acoustumat a far los senhours quant sont elegitz consulz nouveaux :

» Messeigneurs, vous juras sur los sainctz Evangelis de Dieu que aquesta villa vous tendreys et gardareys a v^re podeyr, soubz la vraye et bonne subjeccions et obeyssance deu Rey, n^re souverain seig^r, et que be et leyalment vous arez au gouvernement de ladicta villa, lo be vous y procurareys, lo mal vous evitareys, et la garda, justice, pollice et aultras chousas et besonhas neccessaires et appertenans au be de lad^te ville vous fareys ou farez far a v^re podeyr. Et, pour hayne, malvolhance ou favor, le contraire vous no farrey ne suffrirez faire; et bon compte et reliqua a la fin de v^re annada vous rendreys.

» Et de la voulentat et consentiment de la gens de la villa, et pour eleccion de ilhs facha, nous vous instituem consuls et gouvernadours de lad^a villa et deulx habitans daquella, pour ung an, et vous en mectem en possession, pregant Dieu que par sa gracia vous en doint jouvyr et nous tous. »

Ellection des consulz de la ville de Lymoges, faicte par les manans et habitans dicelle, assembles en la maison commune dicelle ville, comme est de loable costume, pour la present annee mil v^e quarante six, et le septiesme jour de decembre, et finissant mil v^e xlvij. Lesquelz manantz et habitans, ampres le serement faict en telz cas requitz et accoustume de bien et loyaulment, selon Dieu et consciense, eslire en consulz de lad. present annee advenir ceulx quilz verront et cognoistront estre pour ce faire ydoynes et sufisantz, et ont procede a lad. ellection en la forme et maniere que sensuyt :

Le canton des Taules.

Pierre Bastide.

La Porte :

Jacques Benoist.

Maignenÿe :

Jehan Gergot.

Le Marche :

Guillem Disnematin.

La Faurie :

Me Marcial Essenault.

Le Cluchier :

Helie Gallichier.

Boucharie :

Me Jehan Lavandier.

Lansequot :

Marcial Peysteul ;

Les Combes :

Mᵉ Jehan Biays.

Le Vieulx Marche :

Loys Benoist.

Croissances :

Jehan Maledent ;
Joseph Rogier.

(Signé :) M. DES CHAMPS, scribe desd. Sʳˢ consulz.

Les partisseurs des tailles impousees lad. annee mil vᶜ xlvj finissant mil vᶜ quarante sept, esleuz par les manans et habitans de la present ville, comme est de coustume, le xxvijᵉ jour de decembre lan susd. mil vᶜ xlvj.

Le canton des Taules :

Aymery dict Merigot Veyrier ;
Helie Duboys.

La Porte :

Marcial Granier dict Greu ;
Aymery Senomault.

Maignenye :

Pierre Raymond ;
Maistre Marcial dez Champs.

Le Marche :

Pierre de Leyssenne dict La Voulte ;
Jehan Juge, de La Croix Blanche.

La Fourie :

Symon Dupeyrat ;
Pierre Arnault.

Le Cluchier :

Mathieu Charles dict Nyhot;
Andre Gadault.

Boucharie :

Maistre Lienard du Teil ;
Jehan Lymosin dict Jay.

Lansequot :

Jehan Boriault laisne ;
Gerauld Legier.

Las Combas :

Jehan Veyrinault dit Baudet;
M⁰ Marcial Nantiac.

Le Vieulx Marche :

Guillaume du Mas;
Pierre Verthamon dict Cauthelle.

Le vij° jour de decembre en lan mil v° xlvij fut faicte la eslection des consulz de la present ville de Lymoges, en la plasse et cimitiere de Soubz les Arbres de labbaye de Sainct Marcial, hors la maison du consulat, pour le emynant danger de peste estant alors en ladicte ville et maison dudict consulat. Et furent esleuz :

Des Taules :

Jehan Verrier.

De la Porte :

Leonard des Champs.

De Manhenie :

Jehan Texier dict Penicaille.

Du Marché :

Marcial Vertamon.

De la Fourie :

Stiene de Beaunom.

Du Cluchier :

Jehan Doyneis.

De Boucharie :

Pierre La Gorsse dict Thomas.

De Lanssecot :

Jehan Froment.

Des Combes :

Leonard du Boscheis dict La Vau.

Du Vieulx Marche :

Jacques Chaffort dict Claveau.

Les *croissances* furent faictes le ix^e jour dud. mois, au convent des freres Prescheurs ; et furent esleuz :

Monsr maistre Symon des Coustures ;
Marcial du Boys laisne (1).

Leslection des conseillers et partisseurs des tailles et aultres subsides dud. an mil v^e xlvij, finissant xlviij, furent esleuz aud. lieu de Soubz les Arbres le second jour de janvier.

Des Taules :

Bartholome Billard et Psaulme Peconnet.

(1) On lit en marge, et d'une écriture postérieure : « Ledict Marcial du Boys alla de vie a trespas environ le xve jour de septembre 1548 ; lequel avoit este sept foys consul, et tousjours byen faict son debvoir. Dieu en ayē lame ! »

De la Porte :

Jehan Tabard et Jehan Favelon.

De Manhenie :

Jehan Raymond et Jehan Moureau.

Du Marche :

Helies Botaud et Jacques Juge.

De la Faurie :

Andre Barnon et Laurancz du Rieu.

Du Cluchier :

Pierre Bardonau le jeune et Leonard Peyrat dict Jannete.

Boucharie :

Leonard Ladrat et Jehan Bonnet laisne.

Lanssecot :

Mathieu David et Francoys de La Chanau.

Des Combes :

Jehan Penicaud et Jehan de Garaict.

Du Vieulx Marche :

Marcial Cibot dict Las Vachas et Jacques Bardinet le jeune.

[Peste.
Six
à sept mille
décès.]

APRES QUE LES SUSDICTZ furent esleuz, eulx, voyans le grand dangier de peste, lequel estoit en la present ville despuis lan precedant et continuoit tousjours tellement que les habitans dicelle nosoyent retourner en leurs maisons, dont la majeure partye estoyent infaictes; iceulx consulz, ensemble messieurs les officiers du roy de Navarre, seigneur de ladicte ville, tindrent sur ce leur conseil. Et fut conclud que toutes assemblees, tant des predications que autres, en quelque maniere ou par quelque occasion que ce fut, seroyent inhibees et deffendues, et que tous les corps de ceulx que decederoyent, tant en ladicte present ville que faulx bourgs, seroyent ensevelis aux cimitieres estantz hors la ville, et seroyent tous visites et palpes avant leur enterrement pour scavoir silz avoyent aucune contagion pestiffere. Et, pour entretenir ladicte ordonnance, furent commys deux desd. consulz, avec eulx gens dessoubz eulx, lesquelz avecques la sollicitation et fraiz que lesdictz consulz ont faict, la police y fut telle que lesd. manans et habitans commencarent a retourner, car on feit extreme diligence de faire nectoyer les maisons, rues, cantons, murailhes et fosses de tous les draps, linges et autres infections, lesquelles y estoyent en grand quantite. Ladicte ordonnance et nectoyement des maisons pestifferees furent gardes et continues despuys leslection des susd. consulz, en lan mil cinq cens quarante sept, jusques a la fin du moys doctobre ensuivant, pendant lequel temps survindrent plusieurs inconvenientz. Et tant en lan precedant que durant ledict temps moururent en ladicte ville, faulx bourgs, cite et autres lieux adjacentz, le nombre de six a sept mille personnes, desquelz Dieu veuille avoir les ames. Finablement ledict dangier, moyenant la grace de Dieu, par lintercession de la vierge Marie et des autres Sainctz, cessa et fut estainct audict moys doctobre mil cinq cens quarante huict.

Par ce que le Roy Henry, a present regnant, feit, a son nouveau advenement a la couronne, faire commandement, par esdict general, par tout son royaulme, pays et seigneuries, que tous les gens ayans offices, ensemble les villes ayans privileges, les portassent devers luy pour iceulx confirmer, et ce sur les peynes contenues aud. esdict; a ceste cause, lesd. consulz envoyarent devers led. seigneur monsr Me Simon des Coustures, licentie ez droictz et juge de laudience du seel, consul, pour obtenir du Roy la confirmation des privileges de ladicte ville; ce quil poursuivit longuement et finablement, la obtint, comme appert par les lectres du Roy nre souverain seigneur, seellees de son grand seel, desquelles la teneur sensuyt : [Confirmation des priviléges de la ville.]

Henry, par la grace de Dieu Roy de France; a tous presens et advenir, salut. Scavoir faisons : Nous avons receu [Lettres de confirmation.]

lhumble supplication de noz chers et bien amés les consulz, bourgeois, manans et habitans de n^{re} ville de Lymoges, contenant que, pour bonnes causes et considerations, leur ont de long temps par noz predecesseurs roys este donnez et octroyes plusieurs beaulx privileges, octroiz, franchises et libertes, et iceulx confirmes et continues de regne en regne, mesmes encores par le feu Roy n^{re} treshonnore seigneur et pere, que Dieu absolve; et desquelz lesd. supplians ou leurs predecesseurs ont jouy et use jusques a present sans aucun contredict. Toutesfois, au moyen du trespas de n^{re}d. feu seigneur et pere, ilz doubtent a ladvenir y estre empeschez par noz officiers ou autres, silz navoyent sur ce noz lectres de confirmation. A ceste cause, nous ont treshumblement faict supplier et requerir leur impartir sur ce noz grace et liberalite. POUR CE EST IL que Nous, liberallement inclinans a la supplication et requeste desd. supplians, et en consideration de la bonne amour et fidelite quilz ont tousjours portee a la couronne de France, les voulans pour ce entretenir en tous et chascuns leursd. privileiges, octroiz, franchises et libertes, iceulx leur avons continues et confirmes, continuons et confirmons de noz certaine science plaine puissance et auctorite royal par ces presentes, pour en jouyr par eulx et leurs successeurs doresnavant tant et si avant, et par la forme et maniere quilz en ont cy devant deuement et justement jouy et use et jouyssent encores de present. SI DONNONS EN MANDEMENT par cesd. presentes a noz amez et feaulx conseillers les gens tenans n^{re} court de parlement a Bourdeaulx, seneschal de Limosin, juge et garde de noz seelz audict pays de Limosin, et a tous noz autres justiciers ou a leurs lieutenens presens et advenir, et a chascun deulx si comme a luy appartiendra, que de noz presenses continuation et confirmation, ilz facent, seuffrent et laissent lesd. supplians jouyr et user plainement et paisiblement, sans en ce leur faire mectre ou donner ne souffrir estre faict, mys ou donne ores ni pour le temps advenir aucun empeschement au contraire; et lequel si faict, mys ou donne leur avoit este, ilz reparent et remectent ou facent reparer et remectre incontinent et sans delay au premier estat et deu. Car tel est n^{re} plaisir. Et, afin que ce soit chose ferme et feable a tousjours, nous avons faict mectre n^{re} seel a cesd. presentes, sauf en autres choses n^{re} droict, et laultruy en toutes. DONNE a Fontainebleau, au moys de mars lan de grace mil cinq cens quarante sept avant Pasques, et de n^{re} regne le premier. Ainsy signe

— 415 —

sur le reply : Par le Roy, Mahieu et Coefier, et seellees du grand seel en cire verte, et le pendant de soye rouge et verte.

Gaultier Bermondet, seigneur de Sainct Laurens sur Gorre et de La Quintaine, conseiller du Roy nre sire, lieutenant general en la seneschaucee de Limosin au siege de Limoges, commissaire royal en ceste partye, scavoir faisons que nous, sceantz en jugement de la partye des consulz, bourgeois, manans et habitans de la ville de Limoges, comparans par Me Simon des Coustures, licencie ez droictz, advocat au present siege, et lung desd. consulz, tant pour luy que pour ses autres conconsulz de ladicte ville ; lequel, en presence des advocat et procureur du Roy en la present seneschaucee, cest assavoir de honnorables Mes Joseph de Beaune, advocat, et Pierre Ardent, procureur dudict seigneur, a presente les lectres du Roy nre sire, a present regnant, en forme de chartre et edict de confirmation des beaulx, privileges, octrois, franchises, libertes et exemptions, donnes et concedes ausd. consulz, bourgeoys, manans et habitans dudict Limoges, donnes a Fontainebleau, ou moys de mars mil v^c xlvij, signees : Par le Roy : Mahieu, seellees en cire verte sur las de soye, avec le visa et contentor (1), Coefier ; et dicelles a requis la lecture et publication affin quon nen puisse prétendre cause dignorance, et neantmhoings lexecution dicelle, comme par lesd. lectres nous est comys et mande. Lesquelles lectres, par nous veues, avons ordonne estre leuez et publiees ; ce que a este a haulte et intelligible voix par le commis du greffier ; et, interpelles lesd. advocat et procureur du Roy silz ont causes pour empescher lexecution desd. lectres, comme par icelles est contenu ; lesquelz ont dict avoir veu les privileiges contenus et describes ez lectres et chartre de feu bonne memoyre le Roy François, dernier decede, et lesd. lectres de confirmation et consentement et lenterinement selon le bon plaisir et vouloir du Roy declare et contenu en icelle. Parquoy, veu par nous lesd. lectres et confirmation ausquelles ces presentes sont atachees, avons concede acte de la lecture et publication dicelle, et pour les causes y contenues avons faict, permis, souffert et laisse, et, par ces

[Publication des lettres de confirmation.]

---

(1) « *Contentor*, terme de pratique, droit de registre qui appartient aux audienciers et contrôleurs des chancelleries, dont il est fait mention dans l'édit du roi Henri II de l'an 1551. » (Trévoux.)

presentes, faisons, laissons et permectons jouyr et user plainement et paisiblement lesd. consulz, bourgeoys, manans et habitans de la ville de Limoges presens et advenir des privileges, octrois, franchises et libertes dont esd. lectres de confirmation, continuation et approbation est faicte mention, sans leur faire ne souffrir estre faict ores ne pour le temps advenir aucun destourbier ou empeschement au contraire; et inhibition et deffence a tous les subjectz du Roy ny contrevenir a peyne damende arbitraire audict seigneur appliquer. Et donnons en mandement au premier sergent royal sur ce requis signiffier a tous ceulx quil appartiendra, et de ses exploictz faire deue relation. Donne et faict judiciairement a Limoges, en laudience royal de la court de la seneschaucee de Limosin, le neufiesme jour du moys dapvril lan mil cinq cens quarante huict. Ainsy signe : Bermondet, et des Vignes, commys du greffe.

[Ermite de Mont-Jauvy.] Parce aussi que le lieu et hermitage de la present ville, assiz pres leglise de Montjauvy, estoit vaccant a cause du deces de lhermite, lequel y estoit decede de peste, lesd. consulz feirent nectoyer et repparer ledict hermitage, icelluy meublarent des choses necessaires, et, apres longue inquisition de trouver homme suffizant et ayant le zele de vivre audict lieu en contemplation et oraisons, esleurent ung venerable homme deglise nomme frere Pierre Guyart, lequel fut par lesd. consulz et autres habitans de ladicte ville, en grand nombre, mene et conduict en ladicte eglise; et, apres la celebration de loffice du sainct Esperit, fut mene et mys par lesd. consulz en la realle possession dudict hermitage. Et de ce furent passees lectres par Me Leonard du Teilh, notaire, desquelles la teneur sensuyt :

Scaichent tous presens et advenir que le jourdhuy soubz escript, en la maison du consulat de la ville de Limoges, estantz et personnellement establis honnorables Mes Simon des Coustures, licencie en droict, Marcial Duboys, Jehan Penicailhe, Estienne de Beaunom, Marcial Vertamond, Leonard des Champs, Jehan Veyrier, Jehan Doyneis, Pierre La Gorsse, Jacques Chaffort, Leonard du Bouscheys et Jehan Froment, consulz la present annee de ladicte ville de Limoges, lesquelz, a plain informes des bons scavoir, honnestete et bonne vye de la personne de frere

Pierre Guyard, prebstre, natif du pays de France, present, et pour ses causes et autres ad ce les mouvans, de leur bon gre ont donne et octroye et par ces presentes donnent et octroyent aud. frere Pierre Guyard, present, stipulant et aceptant, le lieu, oratoire et maison de lhermitage de ceste ville de Limoges situe pres leglise parrochielle de Mont Jauvy, apresent vacant par le deces de frere Helies, *alias* Alyey, Faure dit Claustre, dernier hermite et paisible possesseur dudict hermitage, avec les questes et autres emolumens dicelluy; en condition et moyenant ce que led. Guyard sera tenu, comme a promis, faire sa continuelle résidence audict hermitage, vivre en icelluy chastement et religieusement, sans vaguer, vacant en prieres et oraisons, solitairement, selon le deu dung bon pere hermite. Et a deffault dacomplir les choses susd., lesquelles icelluy Guyard a promises et jurees tenir, mesd. S^rs les consulz, des apresent comme des lors, et au contraire, ce sont reserves et reservent par ces presentes, tant a eulx que a leurs successeurs consulz, pouvoir expeller ledict Guyard dudict lieu et oratoire, et y pourveoir dung autre ydoine et suffisant. A quoy ledict Guyard a consenty. Dont et desquelles choses susd. mesd. S^rs les consulz ont requis acte et instrument au notaire soubz signe, jure, soubz le seel auctentique de la ville et jurisdiction ordinaire de Limoges, que a este concede pour leur servir et valoir comme de raison. Faict et passe en la ville de Limoges et en lad. maison de Consulat, ez presence de Joseph Disnematin, contrerolleur, et Jehan Reymond, marchantz, habitans de Limoges, tesmoings cogneuz a ce requiz et appelles, le huictiesme jour de juillet lan mil cinq cens quarante huict.

Audict an aucuns personnages mutins, seditieux et prompz au mal sesmeurent en plusieurs lieux de la Guyenne. Le Roy, estant adverty de ce, affin que la sedition et esmeutte cessat, et que on ne adherat a telz gens malingz et despourveuz de bonne raison, envoya ausd. consulz et officiers de la present ville unes lectres desquelles la suscription et teneur sensuyt : [Troubles en Guyenne.]

[Lettre du roi aux consuls.]

A noz chers et bien amez les consulz, officiers, magistratz, manans et habitans de n^{re} ville de Limoges.

De par le Roy.

Chers et bien amez, vous avez entendu les seditions et commoctions populaires advenues en n^{re} ville de Bourdeaulx et autres lieux et endroictz de la Guyenne. Pour a quoy pourveoyr et donner ordre nous envoyons noz treschers et amez cousins les duc dAubmalle et sire de Montmorency, connestable de France, par deux divers endroictz avec fons suffizantz tant des compaignies de n^{re} gendarmerye et chevaulx ligiers que dun bon nombre de gens de pied francois, ytaliens, lansquenetz et suyte dartillerye, pour apres se joindre ensemble, affin de rompre et deffaire les trouppes et assemblees des communes, chastier et pugnir les sceducteurs, autheurs et faulteurs en telle severite que ce soyt example a tous autres. Et, combien que nous estimons, tant de v^{re} loyaulte, fidelite et hobeyssance envers nous pour les bonnes et honnestes demonstrations que vous en avez faictes jusques icy, que vous ne serez pour aucunement adherer, assister ne favoriser ausd. communes, mais plustost pour leur courir sus comme a vrays ennemys de la chose publicque et perturbateurs du repoz dicelle ; toutesfoys nous vous avons bien voulu escripre la presente pour vous admonester de vous tenir joinctz et uniz dedans v^{red}. ville, sans prester a icelles communes conseil ne ayde soit de gens, vivres, munitions ne autres choses quelles quelles soyent, sur tant que tenez chere notre grace, et sur peine dencourir n^{re} indignation. Donne a Sorges, le vij^e jour de septembre 1548. Signe : Henry, et Duthier.

[Réparations aux portes et aux murs.]

Durant lannee desd. consulz furent repares les pontz de Manhenye, Montmalier et des Arenes, et les avant portes des baloartz faictes de neuf. Et la murailhe estant despuys la tour prochaine au portal de Montmalier jusques a lautre tour carree faisant le coing, tirant de la a la abbeye Sainct Martin, de laquelle murailhe tous les machicolis estoyent abbatus, en maniere que nul ne se fust ose apparoir dessus ny faire aucune deffence, fust reparee, et y furent faictes plusieurs canonieres.

— 419 —

Les susd. consulz avoyent grand desir et bon vouloir de faire plusieurs autres bonnes choses pour la republicque de la present ville, mais ne leur a este possible a cause des grandz infortunes et affaires que Dieu a permis advenir, auquel plaise par sa misericorde et le merite de la passion de N^{re} Saulveur Jesus Christ, intercession de la glorieuse Vierge Marie, de St Marcial n^{re} patron et des autres Sainctz, avoyr pitie de nous et ranger le temps tellement que puissions vivre en paix et union, a son honneur et louange, au bon plaisir et contentement du Roy et des seigneurs ausquelz sommes tenus obeyr. Amen.

Eslection de mess^{rs} lez consulz de la ville de Lymoges, faict par les manans et habitans dicelle, assembles en la maison commune de consulat dicelle, comme est de louable et ancienne costume, pour la present annee comensant le vij^{me} de decembre mil v^c quarante huict, et finissant a semblable jour mil v^c quarante neuf. Lesquelz manans et habitans, ampres le serement sur ce faict, en telz cas requitz et accostume de bien et loyaulment, selon Dieu et consciense, eslire lesd. consulz de lad. presente annee advenir ceulx quilz verront et cognoistront estre pour ce faire ydoynes et seuffisans, ont procede a lad. eslection comme sensuyt :

Le canton des Taules :

Marcial Decordes laisne.

La Porte :

Mathieu Marlangon.

Maignenye :

Marcial Gregoyre le jeune.

Lou Marchat :

Jehan Poyleve.

La Faurye :

Pierre Veyrier.

Le Clochier :

Marcial Martin.

Bocharye :

Mᵉ Marcial du Boys.

Lansecot :

Pierre Saleys.

Las Combas :

Jehan Penicaud.

Le Vieux Marchat :

Jehan Sibot laisne.

Croyssances :

Aymery Veyrier ;
Marcial Rogier.

(Signé :) M. DES CHAMPS, scribe desd. Sʳˢ les consulz de Lymoges.

Eslection des conseilhers et partisseurs des tailhes et aultres subsides de lan mil v° quarante huict, finissant xlix: *Et furent esleuz le vingt septiesme jour de decembre an susd* :

Las Taulas.:

Jehan Varacheau dit Rolland ;
Jehan Juge le jeune.

La Porte :

Francoys Vidaud ;
Jacques Bothaud.

Maignenye :

Jehan Boullon ;
Jehan de Las Coulx dit Parabolas.

Le Marche :

Jehan Decordes le jeune ;
Jehan Duboys le jeune.

La Faurie :

Jehan Bardaud dit Germo ;
Jehan Grelet dit Cusgy.

Le Clochier :

Pierre Merly ;
Pierre Mosnier.

Bocharye :

Nycolas Voulreys laisne ;
Jehan Nadaud.

Lansecot :

Francoys de La Neu ;
Jehan Picard dit Relogayre.

Las Combas :

Jehan Bertrand ;
Jehan La Gouteau.

Le Vieulx Marche :

Pierre du Mas ;
Nycolas Guery.

(Signé :) M. DES CHAMPS, scribe desd. S⁻ˢ les consulz de Limoges.

[Gabelle : troubles en Guyenne (1).] LANNEE DERNIERE cinq centz quarante huict, et du consulat de noz predeccesseurs, a cause de limposition de la gabelle, maguesin et grenier a sel ordonnez par le feu Roy sur la Guienne, mesmes pour les faultes et exactions commises par aucuns des officiers establys ausd. graniers et maguesin, sesleva grande commotion de populaire ez pays de Xantonge, Bas Poictou, Engoumoys, La Rochelle, Périgort, Blaye, Bourg et Libourne, que dura depuys le moys de jung aud. an jusques au moys de septembre ensuyvant, tellement que led. trouble et scisme vint jusques a la ville de Bourdeaulx, cappitalle de la Guienne. Et au moys daoust enseuyvant, le commun de lad. ville de Bourdeaulx fit grand commotion, tant quilz demeurarent en armes par tout led. moys daoust, et y furent faictz et commys quelques hommicides par aucuns particuliers de lad. ville. Aussi aux villes de Libourne, Brageyrat, Perigueux et autres villes desd. pays, subcitez par les premiers ceditieux qui journellement faisoyent conspirations et incursions par lesd. villes, reffuzarent les aucuns obeyr, et les autres rompirent lesd. graniers a sel y estans ja establys. Mesmes, en la present ville de Limoges, aucuns particuliers vacabons et arthisans foriens, ramasses et assembles en la ville, a cachettes instigues et praticques par ceulx qui estoient courans et vagans aud. pays de Guyenne, par une nuict se myrent en armes et se saisirent des clefz de la ville. Et le lendemain aussi rompirent le grenier a sel, pi-

---

(1) V. LEYMARIE, *Limousin historique*, pages 492 et suiv. — Cette pièce fait suite à celle commençant ci-dessus, page 417 : l'écrivain avait par mégarde laissé un feuillet blanc, et il l'a rempli avec les listes des consuls et des répartiteurs.

lharent et sacaigearent plusieurs maisons, et, pour le grand nombre quilz estoient, tindrent tout le corps de la ville en telle subjection et perplexite par deux jours. Mais, par le vouloir de Dieu, le troisiesme jour ensuyvant, par les manans et habitans dicelle ville pour ce assembles en armes, furent iceulx vacabons rompuz, les aucuns blesses et mutilles, les autres renduz et mys en fuyte par le pays. Lesquelles choses et mutineries venuez a loreilhe du Roy n^{re} sire, estant pour lors en Piedmont, incontinant despescha monseigneur de Montmorency, conestable de France, et mons^r le duc dOmale avec grand compaignie de gens de cheval et a pied jusques au nombre de soixante mil ou environ, venant led. seigneur conestable par le couste de Thulle, et lautre par le couste de Poictou, jusques en lad. ville de Bourdeaulx, ou ilz se assemblarent. Et, estans aud. Bourdeaulx, faisant justice des seditieux et mutins susd., mond. seigneur le conestable ordonna garnisons estre mises ez pays de Guyenne, a scavoir ez pays de Xainctonge, Perigueux, Engoulmoys et Limosin, deux cens vingt lances, et au reste dud. pays et gouvernement de Guyenne, trois cens. Et ce pendant, daultant que mond. seigneur le conestable fut adverty de la esmotion et sedition que avoit este commise en ceste ville, nous cuydant et estimant estre du nombre desd. mutins et rebelles, non adverty de la fidelite et loyaulte que les habitans de la presant ville ont tousjours eu a la couronne de France, deslors led. seigneur conestable depescha les seigneurs de la Faiecte et Terride avecques chascun sa compaignie, que sont en tout cent hommes darmes avec leur suyte darchiers. Et dabondant, a la suasion et rapport daucuns ennemys et malveilhans de lad. ville, avoit davantaige icelluy seigneur conestable adjouste avecques les dessusd. cappitaines six enseignes de gens de pied, faisant le nombre de deux mil hommes ou environ, et deux grosses pieces dartillerie avec leur munition, conduitz par les seigneurs de Gradmont, viconte dOrthe et Belsompse, cappitaines basques; lesquelz arrivez en la ville de Limoges y firent sejour de dix jours entiers, vivans à discretion, et partirent de lad. ville a lhaube du jour, et despendirent pour chascun jour douze cens escutz et plus, durant ledit sejour desd. dix jours, sans lautre despence dud. de Passi et sa compaignie, questoient venuz deux jours avant, ascavoir depuys le mecredy jour de sainct Leonard, sixiesme de novembre, jusques au vendredy matin quinziesme jour dud.

moys. Et est a noter que lesd. seigneurs cappitaines, avant que entrer en ceste ville, arrivarent deux jours auparavant ung nomme monsr de Passi, commissaire desd. gens de pied, et bon nombre dhommes darmes et archiers; lesquelz arrivez se saisirent des clefz des portes de la ville et maison comune de consulat, et ordonnarent aux consulz, manans et habitans de lad. ville pourter ou envoyer en lad. maison commune tous et chascuns les bastons et autres armes de deffence et offence jusques a ung cousteau de la longueur dung pied, dedans le lendemain, dix heures, et ce a peine de la hart, et le firent ainsi cryer a son de trompe; a quoy fust obey, et lesd. armes furent receuez aud. lieu et maison commune par aucuns hommes darmes desd. compaignies a ce commis. Et ce pendant les autres hommes darmes et archiers faisoient le guet le jour aux portes de la ville, et la nuyt par dehors jusques aud. jour sainct Anthoyne quilz entrarent, comme dit est, dans la ville, en ordonnance, les pietons ayant morions et armet en teste, et les gens a cheval la lance sur la cuysse, tabourins, phifres et trompetes, comme silz fussent este prest a combatre les ennemys. Et logearent les hommes darmes dans le corps de la ville, et les gens a pied en la cyte et faulx bourgs. Et durant leurd. sejour faict aud. Limoges, icelluy de la Fayette, disant avoir charge expresse de mond. seigneur le conestable, ordonna toutes les cloches et arloges, petites et grandes, estans aux clachiers des eglises tant de lad. ville, cite, faulxbourgs que lieux circunvoysins, estre descendues jusques a terre et mises bas, ce qui fut faict. Aussi ordonna, disant avoir charge comme dessus, faire bresche de huict toises ez murtz de lad. ville et rompre ung des principaulx pourtaux dicelluy murt affin que lad. ville demourast ouverte jour et nuict, jusques a ce que par le Roy autrement y fust pourveu ; ce que fut incontinant execute et faict, car le pourtal appelle du Sainct Esperit fust ouvert et les huict toizes de muraillhe abatues entre la tour et pourtal des Arenes et la tour Ronde neufve, le tout aux despens des pouvres habitans. Et furent lesd. commissaires en tout et par tout obeys par iceulx habitans en toute douleur et humilite, comme vrays obeissans et fideles a la couronne de France et au Roy.

Or est il que, a mesme que les dessusd. furent partys et desloges de lad. ville, arriva en icelle ville le seigneur de Busset et de Chasluz, lieutenant de monseigneur le duc dEstampes, avecques sa compaignie, qui est cinquante hommes darmes, par mond. seigneur le conestable ordonnee pour la garnison du hault pays de Limosin, en laquelle ville led. seigneur de Busset et sad. compaignie sejourna quelzques jours, pendant lesquelz il fist le deppartement de lad. garnison. Et, pour le corps de lad. ville seule, y estably quinze hommes darmes et leur suytte darchiers, et le reste fut depparty en la cyte et aux autres villes de lad. senneschaucee. Et fault estimer et croyre que lesd. quinze hommes darmes et leurs archiers faisoient une merveilheuse despance a lad. ville, montant leurd. garnison et monitions acoustumees pour chacun moys la somme de mil vingt quatre livres tournois, dont nosd. predecesseurs ont paye le moys de novembre qui va jusques au douziesme decembre ensuyvant aud. an mil cinq cens quarante huict, et nous avons paye le ramenant (1) a lad. raison de mil vingt quatre livres tournois durant notred. consulat et administration civile, en laquelle nous entrasmes, comme est de bonne coustume, le huictiesme dud. moys de decembre aud. an. En laquelle administration et consulat nous estant, comme dict est, voyant lesd. charges tant excessives et insupportables par lad. pouvre ville, assemblames en lad. maison commune la plus grand part desd. habitans, pour, par leurs advis et deliberation, prandre quelque chemyn remediable et utile pour subvenir ausd. affaires. Et par la seine partie desd. habitans fust conclud et resolu que aucuns notables personnaiges dentre eulx avec deux des consulz, sur ce par lad. compaignie et assemblee choisis, nommes, se retireroient devers le roy de Navarre, n^{re} viconte et seigneur justicier, lors encores gouverneur de Guyenne, en la compaignie duquel estoient la royne de Navarre, madame la princesse sa filhe, monseigneur le duc de Vandosme, leur gendre, pour leur remostrer et faire entendre les doleances et calamites de leurs pauvres subjectz et habitans de la present ville, et iceulx supplier en avoir pitie, et interceder envers le Roy notre souverain seigneur pour eulx. Sur ce furent esleuz et depputtez, ascavoir : sires Marcial Gregoire le jeune et Aymery Verrier, consulz, et mons^r maistre Symon Descoustures, licencie ez droictz, juge de la garde des seaulx.

Item, lesquelz depputes, partans de ceste ville, allarent

---

(1) « R*menant*, restant, surplus ; *quod remanet*. » (Roquefort.)

jusques au lieu de Verteuilh, ou ilz trouvarent les dessusd. princes et princesses ; ausquelz presentarent tant par escript que de bouche leur requeste contenant lestat de lad. ville, desquelz princes et princesses ilz furent benignement receus, et leur fut respondu que, pour le present, seroit difficile obtenir du Roy n^{re} sire octroy et consens de tous les chiefz contenuz en lad. requeste, leur promectans toutesfoys faire faire raison par le Roy n^{rr}d. seigneur du chef et article que a present leur seroyt de plus grand interestz, en actendant la raison des autres chefz de leurd. et eficasse requeste, senquerans avec leursd. deleguez en quoy ilz souffroyent a present plus dinterestz et ce que plus grand celerite et prompte provision requeroit; et lesquelz desd. chefs de leurd. requeste leur viendront a plus grand soulaigement pour le present. Lesquelz deleguez respondirent que cestoit la charge excessive desd. garnisons. Quoy entendu, lesd. princes promirent en escripre incontinent et a mesme heure, et par expres en parler au Roy, n^{rr}d. souverain seigneur, promectans obtenir de luy de brief entiere descharge desd. garnisons, ou de moings modification ou diminution dicelluy, et avecques le temps faire en sorte, par raison persuasives, avecques le Roy n^{rr}d. seigneur, que la requeste seroit entierement accordee et interinee. Au reste et empres ceste responce, sen retournarent lesd. deleguez en la present ville.

Item, bientost apres, quequesoit environ le moys de juillet, nous estans iterativement retirez devers led. seigneur roy de Navarre, gouverneur susd., ayant heu lordonnance du Roy n^{rr}d. souverain seigneur, lequel roy de Navarre, comme gouverneur de Guyenne, de la charge duquel lesd. garnisons deppendent, nous donna et octroya une modification, auparavant diminution dicelles garnisons, et en resta seulement ung quart dicelle a demy des conges, a scavoir est quil fault seulement contribuer les fornitures, comme foin, pailhe, avoyne, huysle, vernis, vinaigre, a demy de premier taux impose, montant, comme dit est, mil vingt quatre livres; laquelle diminution veint au grand soulaigement du pouvre peuple.

Or est il a noter, cuydant sortir daffaire, nous y sousmes entres plus avant durant n^{rr}d. consulat; car, estans les dessusd. deleguez de retour, venans devers led. roy de Navarre, le seigneur de Bonnyvet estant en la ville de Bourdeaulx en garnison, couronal et chef des vielhes compaignies de Piedmont, fust mande par le Roy de se retirer aud. Piedmont. Dont nous advertys, et avant que partir dud. Bourdeaulx avec six enseignes faisant le nombre de deux mil hommes de pied ou environ, nous envoyasmes ung desd. consulz en la compaignie de mons^r maistre Jehan Chantoys, cure de Peyzat, jadiz grand vicaire du feu frere dud. seigneur de Bonnyvet, abbe de Sainct Marcial, pource que led. Chantoys estoit bien fort ayme dud. seigneur de Bonnyvet, aux fins de divertir par tous moyens et detourner le chemyn dud. seigneur par ceste ville ; ce quil ne fut possible obtenir de luy, combien que lesd. deleguez allarent le trouver jusques a Libourne et pres de Bourdeaulx. Toutesfoys, voyant quon ny pouvoyt faire autre chose, fismes tant, avecques lintercession de mons^r des Cars et autres gentilhommes et dud. Chantoys, que led. seigneur de Bonnyvet nous accorda que luy seul et les gentilhommes de sa maison seulement logeroient dans le corps de la ville, et les souldars lougeroient en la cyte et faulxbourgs. Et lors, par son commandement, nous dressasmes les estappes, vivres et monitions pour ung jour, cuydant quilz deslogeassent lendemain, ce que ne volurent faire. Parquoy fusmes contrainctz, et non sans grande peine, fascherie et despence, faire autres estappes pour le segond jour.

Incontinant apres fut mande par led. roy de Navarre, gouverneur de Guyenne, lun de nous ou autre homme cappable, sur ce esleu, aller par devers luy en la ville de Tarbes, pour entendre les doleances et plainctes du pays. Et le semblable fut faict par les villes de Guyenne. Et y fut envoye le sire Marcial Martin, consul, en la compaignie de mons^r maistre Pierre Martin, conseiller en la senneschaucee de Limosin. Et, estans lesd. deleguez aud. lieu, furent enquis par led. seigneur roy de Navarre sur lesd. doleances et charges a eulx donnees par le pays, et si le pays aymeroient myeulx payer les monitions des garnisons en argent et deniers comptans que aux espesses dicelles. A quoy leur fut respondu par lesd. deleguez, mais non par voix conclusant, non ayant expresse charge desd. pays. Au moyen de quoy led. seigneur roy de Navarre remist lesd. delegues a certain jour lors ensuyvant en la ville du Montdemarsant pour entendre le bon vouloir du Roy n^{rr}d. seigneur, auquel ce pendant il escriproit.

Et, advenant et approchant led. jour assigne, sire Marcial de

Cordes, consul, en la compaignie de monsr maistre Joseph Debeaune, advocat pour le Roy en la present senneschaucee, garnis de procuration et pieces neccessaires, se transportarent a lad. assignation au lieu de Montdemarsant assigne, comme dict est ; ou estans, furent advertys et eurent mandement pour eulx rendre en la ville de Paux, ce quilz firent ; et y estans, led. seigneur roy de Navarre leur fit entendre le vouloir et ordonnance du Roy nred. sire sur le faict desd. garnisons, ainsi que dessus.

[Le capitaine de Negre-Pelisse fait séjour à Limoges avec trois cents chevau-légers.]

AUSSI incontinant apres, allarent le cappitaine de Negre Pelice avecques troys centz chevaulx legiers la part que le Roy luy avoit commande. Nous, de ce advertys, pour obvyer quil ne passat par la present ville et luy divertir son chemyn par ailleurs, envoyasmes prier le seigneur de Trenchelyon aller devers luy a ces fins ; ce que led. de Trenchelion fit, mais ne peult obtenir dud. de Negrepellice que luy ne ses gens ne passassent par la ville. Et luy et sa bande lougearent en lad. ville, cyte et faulx bourgs, dont les principaulx logearent aux hostelleries et les autres vesquirent par estappes. Et, oultre lesd. estappes, nous avons rembource les hostes par tauxe faicte par monsr le lieutenant general, pour le sejour de troys jours quilz furent en cested. ville, a raison de douze solz pour jour, homme a cheval, et cinq solz pour jour, homme a pied.

[Le capitaine La Croze et ses soldats. — Les consuls parviennent à les détourner sur St-Léonard.]

DAVANTAIGE, acumulant tousjours a ce que dessus, incontinant apres le partement desd. chevaulx legiers, ariva en la present ville le lieutenant du cappitaine La Croze pour commander dresser les estappes et logis pour troys enseignes de gens de pied que son maistre conduisoit, allans a Boullognhe. Quoy veu, nous assemblasmes pour y pourvoir, et apres moyenasmes avec led. lieutenant, acompaigne de plusieurs des souldardz a cheval, et fismes en sorte quil divertit son chemyn. Et passa lad. compaigne à St Leonard et ailheurs. Et pour les conduyre hors la present senneschaucee luy bailhasmes pour commissaires, et pour leur faire dresser leurs estappes, Jehan et Mathieu du Monteilh dit Pasquette freres, ad ce expers, lesquelz y vaccarent six jours entiers a cheval.

[Les habitants de Saint-Yrieix]

BIEN TOST APRES les habitans de la ville de St Yrieys nous firent action par davant le lieutenant general, requerantz que pour les fraiz et despence faictz par les bandes et compaignies desd. viconte dHorte, seigneur de Gramond et Belsonce, au retour de Limoges, tant en la ville de Sainct Yrieys que ez environs, nous leurs fussions bailles en ayde. A quoy fut par nous inciste, et fusmes relaxes de leur requeste.

[réclament auprès des consuls de Limoges pour les frais occasionnés par le passage des compagnies.

Ils sont déboutés de leur demande.]

DEPUYS les choses susd. fut envoyee commission a la present ville de Limoges et lectres patentes du Roy pour assembler les troys estatz du pays de Limosin en la maison commune de consulat dud. Limoges, comme chef et ville cappitalle de lad. senneschaucee de Limosin bas et hault, a certain jour, aux fins de deliberer sur quel debvoir il vouldroit faire au Roy n^{rr}d. seigneur pour obtenir abolissement de la gabbelle et maguesin imposes en Guyenne, comme dit est, et, apres en avoir confere ensemble, depputer aucuns prudhommes pour aller en la ville de Poictiers, a jour sur ce prefix et assigne, davant les commissaires illec ordonnez par le Roy n^{re} sire, pour oyr lesd. troys estatz tant dud. Limosin, Perigort, Xainctonge, que autres susd.; et, apres leur intention sceue, la faire entendre au Roy pour y pourvoir.

[Assemblée des trois états du Limousin, pour l'abolition de la gabelle.]

A LAQUELLE raison messieurs les depputtez par les troys estatz des villes de lad. present senneschaucee (s')assemblarent en la present maison de consulat aux jours assignez, et, deliberation prinse entre eulx sur ce que dessus, nommarent et choisirent pour aller a Poictiers devers lesd. commissaires, au jour assigne, avecques tous les autres de la Guyenne, ASCAVOIR : sire Marcial Gregoire le jeune, consul susd., avec mons^r maistre Pierre Essenault, advocat en la court de Parlement de Bourdeaulx, estant lors en ceste ville, garniz du consentement et procuration neccessaires, se rendirent aud. Poictiers, en la compaignie de tous les autres, davant lesd. commissaires.

[Envoi de commissaires à Poitiers.]

ITEM, la conclusion faicte aud. Poictiers, et entendu le dire desd. deleguez, estans de retour en ceste ville, fut de rechef besoing et necessaire convocquer et assembler iterativement lesd. troys estatz dud. Limosin pour deliberer denvoyer a la court devers le Roy, comme faisoient ceulx de toutes les autres senneschaucees de Guyenne, avecques procurations speciales pour contraicter avecques le Roy n^{rrd}. souverain seigneur, clorre et

[Nouvelle assemblée des trois états. Envoi de commissaires auprès du Roi.]

confirmer a perpetuite led. abolissement de gabelle, comme il avoit este arreste aud. Poictiers, et de ce prandre lectres patentes et chartre soubz le seel dud. seigneur, ainsi quil estoit requis, et aussi adviser et deliberer quelz personnaiges seroient esleuz pour executer lad. charge, ce que avoit este faict. Et furent choisis, nommes et esleuz par lesd. troys estatz, en la present maison commune assembles, comme autresfoys, en bon nombre :

Ascavoir, pour lestat de leglise, monsr le prevost dEsmotiers, messire Anthoyne David; pour la noblesse, messire .... (1); et, pour le tiers estat, led. seigneur Essenault. Lesquelz furent envoyes a la court avecques leurs despesches au cas requises, et y fyrent long sejour.

[Peste.]

NE VIENT A OBLIER que Dieu, nous voulant encores visiter dautre fleau que de la guerre, auroit permys, causant noz demeritez, que le venin de peste seroit entre en la present ville et ez environs sur le commencement des moys de jung aud. an, et pulluler et cerper (2), de sorte que la plus grand partie des manans et habitans, sur la my juillet, furent contrainctz habandonner la ville, en laquelle toutesfoys la plus grand part de nous a faict sejour en la compaignie de messieurs les lieutenants criminel, particulier, et Martin, conseiller en lad. present senneschaucee, juge ordinaire et procureur de la present ville; ensemble aucuns des principaulx bourgeois et marchans, pour entretenir en paix la present ville et pour obvyer aux inconveniantz, incursions et pilheries des rebelles fugetifz, menassantz lad. ville, et pour icelle entretenir en son credit et auctorite soubz lobeissance du Roy nre sire.

[Pillards.

Les consuls envoient l'avocat Essenault près du Roi.]

PARQUOY, VOYANT led. danger cerper, ainsi que dit est, et donnant ordre a ce que dessus, daultant aussi que la ville nestoit en seurte pour les ouvertures et bresches que lesd. Faiette et Terride avoient faict faire aux murtz dicelle, de sorte que lon entroit et sourtoit de nuit sans contradit par lesd. ou-

---

(1) Le nom est en blanc dans le manuscrit.
(2) Lat. *serpere*, se couler, se répandre, croître, s'insinuer.

vertures; mesmes aucuns desd. cedicieulx fugetifz desja commenceans eulx ramasser et assembler avoient faict plusieurs exces et incidiations nocturnes en lad. ville, sortans dicelle de nuict, quant bon leur sembloyt, et pys pourroient faire estans assembles en plus grand nombre, estant la ville habandonnee desd. habitans, envoyasmes devers le Roy n^re souverain seigneur led. Essenault pour assayer davoir permission de remonter noz cloches et aussi de reclore et fermer lesd. ouvertures et bresches, pour les raisons susd. Auquel Essenault fut par le Roy permys faire clore et fermer lesd. ouvertures et bresches de boys et colunes jusques a ce que autrement y fut pourveu et par maniere de provision. Et a cest effect octroya lectres patentes, que led. Essenault pourta a son retour de lad. court.

Lequel Essenault revenu, fit rapport de sa legation ausd. trois estatz assembles en la present maison comme et commant le tout estoit accorde, touchant labbolissement des graniers, avecques le Roy n^rd. seigneur, avecques lequel lesd. deleguez auroient transige et contracte pour labbolissement desd. greniers, maguesin; et, a ces fins, estoient depeschees lectres patentes et chartre soubz le seel dicelluy seigneur, moyennant loffre par le pays de Guyenne a luy faicte et par luy aceptee de la somme de quatre cens cinquante mil francs une foys payee, en quatre vingtz mil francs chascun an pour labbolissement du quart et demy, quart cy davant acoustume payer; et que led. Essenault avoit laisse a lad. court led. prevost dHesmostiers, actendant lesd. lectres pour faire le deppartement. [Retour et rapport de l'avocat Essenault : le Roi consent à l'abolition de la gabelle moyennant la somme de 450,000 fr. pour toute la Guyenne.]

Et nous dit davantaige led. Essenault que le Roy, ayant heu sur ce adviz avecques son conseil prive, avoit arreste que desd. quatre cens cinquante mil francs le tiers estat poyeroit les deux tiers, et leglise et la noblesse lautre tiers. Apres peu de jours, et environ la fin doctobre dernierement passee, nous receumes lectres missives contenantz que le Roy avoit decerne ces lectres patentes et chartre soubz son grand seel a cire verte, pendant a lacz de soye pour labolissement desd. maguesin et choses susd., aussi les commissions pour lever et cuillir lesd. deniers par senneschaucees et eslections, et le tout envoye a mons^r Doyneau, lieutenant general a Poictiers, commissaire sur ce par luy ordonne; et estoit mande assembler de rechef lesd. trois estatz pour (eslire) aucuns personnaiges dentre eulx et les envoyer aud. Poictiers pour leffect de lad. commission, le seiziesme jour de novembre ensuyvant. Ce que fut par nous faict, et y fut envoye led. Marcial Martin, consul, qui presta le consentement requis davant led. Doyneau, principal commissaire sur ce par le Roy depputte.

[Répartition des 450,000 fr. — La sénéchaussée de Limousin est taxée à la somme de 35,000 fr.]

Et despuis led. jour le lieutenant general de la present senneschaucee a procede au deppartement desd. deniers de quatre cens cinquante mil francs; et se monte la part de lad. senneschaucee, suyvant le deppartement qui en a este faict au conseil prive, la somme de trente cinq mil francs.

[Mesures prises et dépenses faites pendant la peste.]

Fault considerer que durant le dangier de peste, qui a dure depuys le moys de jung jusques au moys doctobre ensuyvant, nous avons entretenu en ceste ville, a gros fraiz et mises, plusieurs gens par nous stipendies et salarises comme serviteurs a servir les pestifferes deaue, pain, vin et autres choses neccessaires, barbier pour les pancer, autres pour pourter les corps en terre, autres pour faire les fosses, autres pour les conduyre, autres pour garder les portes et fontaines et autres les diriger et policer, et faire nectoyer les maisons infectes. Et y avons donne tel ordre que, grace, a Dieu, le dangier a este admorty, ce que ne fust encores sans ledit bon ordre. Dieu soit loue du tout!

Le septiesme jour de decembre lan mil v^c quarante neuf, fut faicte leslection des consulz de la presant ville de Lymoges par les manans et habitans dicelle, assembles en la mayson conmune du consulat, et ce suyvant lancienne et louvable coustume. Et lesquelz habitans ont faict serment, conme en tel cas est requis, de bien et loyaulment, selon et Dieu et conscience, eslire lesd. consulz ceulx quilz verront estre ydoynes, lad. presant annee advenir. Et ont procede a lad. eslection finissant lan mil v^c cinquante en la forme que sensuyt :

Les Taules :

Jehan Colin (1).

La Porte :

Francoys Vidaud.

Magninye :

Jehan Roumanet.

Le Marche :

Jacques Raymond.

La Fourie :

Pierre Bardonnault.

Le Cluchier :

Jehan Lascure le jeune.

Boucharie :

Leonnard Ladrapt.

---

(1) En marge est écrit : « Obiit ipsius anni. Anima ejus requiescat in pace ».

Lansequot :

Francoys de La Chenault.

Les Combes :

Jehan Bertrand.

Le Vieulx Marche :

Jehan Farne laynet (1).

Croyssances :

Pierre Duboys des Taules;
Monsr Me Pierre Crousel, docteur en medecyne.

(Signé :) M. DES CHAMPS, scribe desd. S^{rs} les consulz de Lymoges.

Eslection des conseilhers et partisseurs des tailhes et aultres subsides de lan mil v^c xlix, finissant cinquante, esleuz le xxvij^e decembre an susd.

Las Taulas :

Pierre Faulte;
Jehan Meydy.

La Porte :

Gregoire Pinchaud;
Marcial Decordes.

Maignegnie :

Estienne Bault;
Thomas de Fayolas.

Le Marche :

Pierre Decordes;
Marcial Mailhet.

(1) *Laynet* est d'une écriture postérieure.

La Fourie :

Marcial Arnault ;
Pierre Nohalier.

Le Clochier :

Bartholome des Flotes ;
Jehan Pasquet.

Boucharie :

Jehan Guyennet ;
Jehan Eschaupre.

Lansequot :

Pierre Courtet ;
Marcial Chambinaud.

Las Combas :

Pierre Bouschault ;
Simon de La Gouteu.

Le Vieulx Marche :

Pierre Cibot dit Pilat ;
Jacques Bardinet le jeune.

Ellection de mess^rs les consulz de la present ville de Lymoges de lannee mil cinq centz cinquante, finissant mil cinq centz cinquante ung, faicte par mess^rs les manans et habitans de lad. ville assembles en ung bon, gros et notable nombre en la sale du consulat et maison commune de lad. ville, ampres le serement sur ce faict et accoustume de fere en telz actes, suyvant la bonne et ancienne coustume. Et ont esleu lesd. habitans ceulx qui sensuyvent. Faict le septiesme jour de decembre lan mil cinq centz cinquante.

Les Taules :

Mathieu Mercier.

La Porte :

Pierre Maulple.

Maignenye :

Francoys Navieres.

Le Marche :

Jehan Duboys.

La Faurie :

Estienne Bault.

Le Cluchier :

Pierre Merlin.

Boucharie :

Nycholas Voureys laisne.

Lansequot :

Mathieu David.

Las Combas :

Pierre Gadaud.

Le Vieulx Marche :

Heliot Benoist.

Croissances :

Maistre Martin Bourdays ;
Lazare Martin.

> (Signé :) M. DES CHAMPS, scribe desd. S^{rs} les consulz de Lymoges.

Aultre ellection des conseilliers et partisseurs ou asseurs des tailles et aultres impositions et subsides imposes sur les contribuables de la ville de Lymoges, faulx bourgs, et aultres contribuables en icelle, de lannee mil cinq centz cinquante, finissant mil cinq centz cinquante ung, faicte par les manans et habitans dicelle en ung bon, gros et notable nombre, en la sale commune du consulat de lad. ville, le xxviij^e jour de decembre lan mil cinq centz cinquante.

Les Taules :

Marcial de Beaubrueilh dict Mouston ;
Pierre Bouton.

La Porte :

Bartholome Mercier ;
Joseph Thoniaud (?).

Maignenye :

Michel Taraud ;
Jehan La Fosse.

Le Marche :

Guillaume Champaignac ;
Jehan Langelault.

La Faurie :

Jehan de Lascure dict le Finet ;
Francoys Martin.

Le Cluchier :

Guillaume Vouzelle ;
Psaulme de Beaubrueilh dict Peret.

Boucharie :

Maistre Andre de Buat ;
Bertrand de Montz.

Lansequot :

Francoys de Teysseilh dict Chapfort ;
Charles Cotissas.

Les Combes :

Pierre Vigier ;
Pierre Bonet.

Le Vieulx Marche :

Pierre Valade ;
Thomas Brugierre dict Durand.

(Signé :) M. DES CHAMPS, scribe desd. S^{rs} les consulz de Lymoges.

— 439 —

Lectres du don doffice de garde porte faict par mess^{rs} les consulz de Lymoges a Jehan du Peyrat.

SCAICHENT tous presens et advenir que par devant le notaire royal, conmissaire et jure en loffice du seel, et scribe ordinaire de messieurs les consulz de la ville de Lymoges, dessoubz escript et signe, et les tesmoings cy ampres nommes, sont este presens et personnellement establis et constitues en droict honorables sires Mathieu Mercier, Jehan DuBois laisne, Francois Navieres, Lazare Martin, Pierre Gadault, Pierre Merly, Estienne Bault, Helies Benoist et Mathieu David, consulz la present annee de la ville de Lymoges, assambles en la chambre du conseil du consulat et maison comune de lad. ville, et illec traitans et conferans des affaires et negoces de lad. ville, et mesmes de laffaire et negoce soubz escript, faisant tant pour eulx que pour honnorables Me Martin Boudaix, Pierre Mauple et Nicolas Voulreys, aussi consulz de lad. ville, leurs compaignons absans. Lesquelz S^{rs} consulz, advertis du decces et trespas de feu Guillaume Guibert, en son vivant garde porte des portes de Montmallier et de lArenne de la present ville de Lymoges, et deliberes pourveoir aud. office de garde porte vaccant par le decces dud. feu Guibert, dernier et paisible possesseur dud. office, et ampres soy estre deuement informes de la personne de Jehan dit Jehanicon du Peyrat, marchant de la present ville, et a plain se confiant des sens, loyaulte, seuffisance et bonne dilligence dud. du Peyrat, et pour le bon rapport que faict nous a este de sa personne, pour ses causes et aultres justes et raisonnables a ce les mouvans et incitans, lesd. S^{rs} consulz, de leur bon gre et certaine sciense, ont faict et constitue, font et constituent par ces presentes led. Jehan du Peyrat, illec present, requerant, suppliant et acceptant, garde porte desd. portes de Montmallier, et de lArenne de lad. ville, aux condicions, qualifficacions et modifficacions que sensuyvent, cest assavoir : aux gaiges accoustumes de prandre et recepvoir par led. feu Guibert, dernier et paisible possesseur dud. office, et aultre garde porte ses predecesseurs, paiables par quarterons par lesd. consulz ou leurs successeurs, avec le tiers du boys entrant par lesd. portes pour luy ; et laultre tiers dud. bois aura et prandra le garde guischet desd. portes de Montmallier et de lArenne; et laultre tiers aura et prandra le maistre des œuvres de la present ville, et o (avec) la charge que de quinze en quinze jours led. du Peyrat donnera, comme a promis, une charge de toutled. bois que se prandra desd. trois parties, et se donnera a la devote dame et recluse de la present ville, et o la charge que led. du Peyrat sera tenu, comme a promis, garder lesd. deux portes bien et feablement, et excerser led. office de garde porte tant quil plaira ausd. S^{rs} consulz et a leurs successeurs. En ce que led. du Peyrat a promis estre bon et loyal au Roy n^{re} sire, et esd. S^{rs} consulz leurs successeurs, et aultres manans et habitans de lad. ville; et que led. du Peyrat sera tenu et a promis demeurer et resider et faire sa continuelle residance, sans aucune discontinuacion, ausd. portes et mesmes a celle que lesd. S^{rs} consulz vouldront et plaira tenir ouverte, et ce en propre personne, sans interruption, tant en temps de peste, guerre, dont Dieu nous veille preserver que aultrement. Et la et au cas que aux lieux circunvoisins de lad. ville de Lymoges y eust dangier de peste ou aultre maladie dangereuse, led. du Peyrac sera tenu et a promis demeurer et resider continuellement en la porte que luy sera ordonnee; et illec se prendre et donner garde des entrans et sortans en lad. ville, toutes excusacions et exoines cessans, sinest par maladye ou autre extreme et urgente necessite, auquel cas led. du Peyrat sera tenu de linthimer et faire assavoir ausd. consulz pour pourveoir sur ce aud. office, durant le temps de la maladie dud. du Peyrac, et aux despens de ses gaiges, sans ce quil luy soit loisible et permis mectre aucun garde porte de son auctorite privee en son lieu ; ains sera tenu randre les clefz desd. portes entre les mains desd. consulz ou de leurs commis. ITEM, a este dict que, si lesd. consulz veulent faire ouvrir lesd. portes tous les matins a lheure que luy sera dicte par lesd. consulz ou leurs commis, led. du Peyrac sera tenu aller ouvrir lesd. portes en la compaignie desd. consulz ou aultres a ce commis et ordonnes, et ampres randra les clefz ausd. consulz ou aultre qui aura la garde desd. clefz ; et au clore et fermer lesd. portes en la companye que dessus, et a telle heure que par lesd. consulz ou leurs successeurs luy sera comande ; et, close que soit lad. porte et le pont leve, ne luy sera plus loisible ne permis descendre led. pont, si nest du conge et licence desd. consulz. Aussi a este dict que led. du Peyrac ne permectra poinct que dans les ballovars et pons desd.

portes soit faicte aucune multitude de peuple ou foulle; et aussi que, toutesfoys et quantes que le gaict sera comande par lesd. S^{rs} consulz, icelluy du Peyrac sera tenu et a promis de actandre les matins, avant faire ouverture desd. portes, ceulx qui seront du gaict, et fera registre des deffaillans aud. gaict et aussi de ceulx que y viendront sans harnoix; et de tout ce fera bon et seur rapport ausd. consulz ou a celluy qui a ce sera conmis par (pour) visiter led. gaict. Et aussi ne sera tenu permectre entrer dans lesd. ballovars desd. portes deux charretes a la foys, pour eviter les grandz dangiers et inconvenians que sen pourroyent ensuyvir. ITEM, aussi a este dict quil tiendra les chambres desd. portes pour chauffer ceulx qui feront led. gaict. Et luy a este inhibe et deffendu ne permectre aucun jeu de sort ausd. portes estre faict ne commis. Et lesd. chambres tiendra fermees et closes en clef, et tiendra et fera tenir nectz lesd. chambres et ballovars a ses despens. Et ne sera tenu prandre ne lever aucun bois des manans et habitans de la ville de Lymoges ausd. portes. Et aussi ne sera tenu de actandre de fermer lesd. portes oultre lheure ordinaire, sans le conge et licence desd. consulz ou leurs successeurs. Et sera tenu soy informer avec les passans et repassans des nouvelles et estat du pais dont ilz viendront, et le fere assavoir ausd. S^{rs} consulz. Et aussi a este dict que, quant il plaira ausd. S^{rs} consulz le debouter dud. office, ilz le pourront fere toutesfoys et quantes bon leur semblera. Et ont volu et veulent lesd. S^{rs} consulz que led. du Peyrac, present, requerant et acceptant, ait a jouyr dud. office tout ainsi et par la fourme et maniere que en jouissoit led. feu Guibert, son predeccesseur. Et o lesd. qualites, lesd. S^{rs} consulz ont donne en mandement aux manans et habitans de lad. ville et a tous aultres quil appartiendra que aud. du Peyrac, garde porte susd., obeyssent tochant led. office de garde porte, jusques a ce que desd. consulz ou leurs successeurs ayent mandement du contraire. Et ampres ce que lesd. S^{rs} consulz ont faict jurer sur les sainctz Evangilles n^{re} S^{r}, toche le livre, de bien et loyaulment soy excerser et acquiter aud. office, fere, tenir et accomplir tout ce que dessus est contenu, lesd. S^{rs} consulz ont mis et induict led. du Peyrac, present et requerant et acceptant, en la possession realle, paisible et corporelle dud. office, et ce par le bail du livre appele le *Juratoire* dud. consulat. DONT et desquelles choses susd. tant lesd. S^{rs} consulz que du Peyrac ont demande et requis au notaire roial soubz escript et scribe ordinaire desd. S^{rs} consulz lectres leur estre faictes, baillees et expediees soubz le sel auctenticque roial et du sel reserve par lesd. S^{rs} consulz, ce que leur a este faict pour leur servir et valloir en temps et lieu ce que de raison; et comande aud. scribe soubz signe mectre et enregestrer ces presentes au livre coustumier de leurd. consulat. Faict en la chambre du conseil du consulat et maison comune de lad. ville, es presences de sire Joseph Disnematin, bourgeoys et contrerolleur des deniers communs de lad. ville, Jehan Moret, garde porte pour lesd. S^{rs} consulz des portes de Maignye et Bocharye de lad. ville, et de Marcial Deschamps, clerc, habitans dud. Lymoges, tesmoingz cogneuz, a ce faire requis et appelles, le quart jour de fevrier lan m. v^c cinquante.

Et advenant le sixiesme jour desd. mois et an, lesd. honnorables mestre Martin Bourdaix et Nicolas Voulreys, consulz susd., ampres ce que le notaire et scribe soubz signe a donne entendre ausd. Bourdaix, consul susd., et leue de mot a mot et donne entendre aud. Voulreys, aussi consul susd., presentz et acceptans tout ce que dessus lesd. Bourdaix et Voulreys, consulz susd, tout le contenu es precedante, ont ratiffie, loue et approuve, et a icelle ont donne leur consentement et promis ne venir au contraire. Faict aud. Limoges, es presences, quant aud. Bourdaix, de sire Aymery Veyrier, orphevre, et de Me Pierre de Leobardy, notaire; et, quant audict Voulreys, dud. Jehan Moret et de Marcial Raymond, bonnetier, habitans dud. Lymoges, tesmoings cogneuz a ce fere requis et appelles, les jour, mois et an susd.

Ainsin a este faict par mesd. S^{rs} les consulz de la ville de Lymoges, par devant moy, notaire roial soubz signe et scribe desd. S^{rs} les consulz de Lymoges.

(Signé :) M. des Champs.

Election des administracteurs de lhospital de Sainct Marcial de Lymoges de la present annee, esleus, scavoyr est :

De la partie de mons^r labbe......... Jehan Lascure;
De la partie de mons^r laulmosnier... Françoys Vydaud;
De la partie de mess^{rs} les consulz.... Jehan Romanet.

[Nomination d'Antoine Le Chasseur à l'office de garde-porte.]

Sacchent tous presens et advenir que par devant le notaire royal, conmissaire et jure en loffice du seel, et les tesmoingtz cy ampres nommes, sont este presens et personnellement establys et constitues en droict honorables sires Pierre Mauplo, Francois Navyeres, Pierre Gadaud, Helies Benoist, Pierre Merly, Estienne Baud, Nycolas Voulreys et Mathieu David, consulz la present annee de la ville de Limoges, assenbles en la chambre du conseil du consulat et maison commune de ladicte ville, et illec tractans et conferans des affaires et negoces de ladicte ville, et mesmes de laffaire et negoce soubz escript, faisant tant pour eulx que pour honnorables Mathieu Mercier, Jehan du Boys, Martin Le Bourdoys, aussi consulz de ladicte ville de Limoges, leurs compaignons absens. Lesquelz S^{rs} consulz, advertys du deces et trespas de feu Jehan dict Jehanicon Peyrat, en son vivant garde porte des portes de Montmallier et de lArene de la present ville de Limoges, et deliberes pourvoir audict office de garde porte, vaccant par le deces dudict feu Jehanicon Peyrat, dernier et paisible possesseur dudict office, et ampres soy estre deuement informes de la personne de Anthoine Le Chasseur, marchant et pelletier de la present ville de Limoges, present, et a plain se confiant des sens, loyaulte, souffizance et bonne deligence dudict Le Chasseur, et pour le bon rapport que faict nous a este de sa personne, pour ses causes et aultres justes et raisonnables ad ce les mouvans et incitans, lesdictz seigneurs consulz, de leur bon gre et certaine science, ont faict et constitue, font et constituent par ces presentes ledict Anthoine Le Chasseur, illec present requerent, suppliant et acceptant, garde porte desdictes portes de Montmailher et de La Reine de ladicte ville, aux conditions, qualiffications et modifications que sensuyvent, cest assavoir : aux gaiges acoustumes de prandre et recepvoir par ledict feu Johanicon Peyrat, dernier et paisible possesseur dudict office, et aultre garde porte ses predecesseurs, payables par quarterons par lesd. consulz ou leurs successeurs, avec le tiers du boys entrent par lesdictes portes pour luy ; et laultre tiers dudict boys aura et prandra le garde guischet desdictes portes de Montmalher et de lArene ; et laultre tiers aura et prandra le maistre des aeuvres de la present ville, et o (avec) la charge que, de quinze en quinze jours, ledict Le Chasseur donnera, comme a promis donner, une charge de tout ledict boys que se prandra desdictes trois parties, et se donnera a la devote dame et recluse de la present ville; et o la charge que ledict Le Chasseur sera tenu, comme a promis, garder lesd. deux portes bien et feablement, et exerser ledict office de garde porte tant quil plaira ausdictz seigneurs consulz et a leurs successeurs, en ce que ledict Le Chasseur a promis estre bon et loyal au Roy n^{re} S^e et ausdictz seigneurs consulz leurs successeurs, et aultres manans et habitans de lad. ville; et que ledict Le Chasseur sera tenu et a promis demeurer et resider et faire sa continuelle residence sans aulcune discontinuation ausdictes portes et mesmes a celle que lesdictz seigneurs consulz vouldront et plaira tenir ouverte, et ce en propre personne, sans interruption, tant en temps de peste, guerre, dont Dieu nous veilhe preserver, que aultrement; et la et o cas que aux lieux circunvoisins de lad. ville de Limoges y eust dangier de peste ou aultre maladie dangereuse, ledict Le Chasseur sera tenu et a promis demeurer, resider continuellement en la porte que luy sera ordonnee, et illec se prandre et donner garde des entrans et sortans en lad. ville, toutes excusations et exoines cessans, sinest par maladie ou aultre extreme et urgente neccessite, auquel cas led. Le Chasseur sera tenu de linthimer et fere assavoir ausdictz consulz pour pourvoir sur ce audict office, durant le temps de la maladie dudict Le Chasseur, et aux despens de ses gaiges, sans ce quil luy soit loysible et permis mectre aucun garde porte de son auctorite privee en son lieu, ains sera tenu rendre les clefz desdictes portes entre les mains desdictz consulz ou de leurs commis. Item, a este dict que, si lesdictz consulz veulent fere ouvrir lesd. portes tous les matins a lheure que luy sera dicte par lesdictz consulz ou leur commis, ledict Le Chasseur sera tenu aller ouvrir lesd. portes en la companye desdictz consulz ou aultres a ce commis et ordonnes, et ampres rendra les clefz ausdictz consulz ou aultre qui aura la garde desd. clefz, au clore et fermer desd. portes en la compaignie que dessus, et a telle heure que (par) lesdictz consulz ou leurs successeurs luy sera commende; et, close que soit ladicte porte et pont leve, ne luy sera plus loisible ne permis descendre ledict pont, sinest du conge et licence desdictz consulz. Aussi a este dict que ledict Le Chasseur ne permectra poinct que dans les ballovars et pons desd. portes soit faicte aulcune multitude de peuple ou foule; et aussi que, toutesfois et quantes que le gait sera conmende par lesdictz seigneurs consulz, icelluy Le Chasseur sera tenu et a promis de actendre les matins, avant faire ouverture desd. portes, ceulx qui seront du gait, et fera registre des deffailhans audict gait et aussi de ceulx qui y viendront sans harnoix, et de tout ce fera bon et seur rapport ausdictz consulz ou a celluy qui sera commis pour visiter ledict gait. Et aussi ne sera tenu permectre entrer dans lesd. ballovars desdictes portes deux charretes a la foy, et pour eviter le grand dangier et inconveniant que sen pourroyent ensuyvir. ITEM, aussi a este dict quil tiendra les chambres desd. portes pour chauffer ceulx qui feront led. gait. Et luy a este inhibe et deffendu ne permectre aulcun jeu de sort ausd. portes estre faict ne commis. Et lesd. chambres tiendra fermees et closes en clef, et tiendra et fera tenir nectz lesd. chambres et ballovars a ses despens. Et ne sera tenu prandre (ne) lever aulcun boys des manans et habitans de la ville de Limoges ausd. portes. Et aussi ne sera tenu de actendre de fermer lesd. portes oultre lheure ordinaire, sans le conge et licence desdictz consulz ou leurs successeurs. Et sera tenu soy informer avecques les passans et reppassans des nouvelles et estat du pays dont ilz viendront, et le fere assavoir ausd. seigneurs consulz. Et aussi a este dict que, quant il plaira ausdictz seigneurs consulz le debouter dudict office, ilz le pourront faire toutesfois et quantes que bon leur semblera. Et ont volu et veulent lesdictz seigneurs consulz que led. Le Chasseur, present, requerent et acceptant, ait a joyr dud. office tout ainsin et par la forme et maniere que en joyssoyt ledict feu du Peyrat, son predecesseur. Et o lesdictes qualites, lesd. seigneurs consulz ont donne en mandement aux manans et habitans de ladicte ville et a tous aultres quil appartiendra que audict Le Chasseur, garde porte susdict, obeyssent touchant led. office de garde porte, jusques a ce que lesd. consulz ou leurs successeurs ayent mandement du contraire. Et apres ce que lesd. S^{rs} consulz ont faict jurer aux sainctz Dieu Evangilles nostre S^r, touche le livre, de bien et loyaulment soy exerser et acquicter aud. office, fere, tenir et acomplir tout ce que dessus est contenu, lesd. seigneurs consulz ont mis et induict led. Le Chasseur, present requerent et acceptant, en la possession realle, paisible et corporelle dud. office, et ce par le bailh du livre appelle le *Juratoire* dudict consulat. Dont et desquelles choses susdictes tant lesd. seigneurs consulz que led. Le Chasseur ont demande et requis au notaire soubz escript lectres leur estre faictes, baillees et expediees soubz le seel auctenticque royal et du seel reserve par lesd.

seigneurs consulz, ce que leur a este faict pour leur valoir et servir comme de raison. Faict en la chambre du conseil du consulat et maison commune dud. Limoges, es presence de Jehan Mouret, aguilhetier, et de Mathieu Benoist, pinctier dud. Limoges, tesmoings a ce presens et appelles le vingt neufiesme jour daougst lan mil cinq centz cinquante ung.

(Signé :) CHARTAIGNAC, notaire royal.

[Ermite de Mont-Jovis.] Au jourdhuy vingt cinquiesme jour de juillet lan mil cinq cens cinquante ung, en la maison de consulat, a este esleu hermite Leonard Vaneu, par la vaccation de frere Pierre Guyard, dernier hermite, lequel frere Pierre Guyard delaissa lhermitage au desceu de messrs les consulz, et sen alla randre cordelier au couvent de la ville de Nontron. Laquelle election a este faicte par les consulz que sensuyvent, scavoir est par honnorables Mathieu Mercier, Jehan Dubois, Pierre Mauple, Me Martin Bourdaix, Lazare Martin, Francoys Navieres, Estienne Bault, Nicolas Voureys, Mathieu David, Pierre Gadault, Helies Benoist et Pierre Merlin. Lequel Vaneu, illec present, a accepte le lieu pour y resider a perpetuite durant sa vie, avec les profictz et emolumens que y sont a present, moyenant ce quil vivra aud. hermitage en vaccant a prieres et oraisons, comme appartient, pour la prosperite du Roy, des consulz et habitans de Limoges, et comme doibt faire ung bon et vray hermite ; et en icelluy hermitage demeurera sans aller vivre ne fere demeurance avec ses parens, ne avec eulx despendre les biens, fruictz et revenu dud. hermitage, lequel hermitage entretiendra et reparera a son pouvoir. Et, au cas que des choses susd. feroit le contraire, nous avons reserve et reservons pour nous et noz successeurs y pouvoir pourveoir daultre hermite, et expeller dicelluy led. Vaneu ez modifications et qualites susd. Faict ez presences de honnorables Mes Pierre Martin, licencie ez droictz, conseiller du Roy en la court de la senneschaucee de Limosin, et Simon des Costures, aussi licencie ez loix, advocat ez cours de Limoges, et de plusieurs aultres bourgeois, marchans et notables personaiges dud. Limoges, tesmoingz presens a ce appelles.

Et advenant le vingt huictiesme jour dud. mois de juillet an susd., en la maison dudict consulat, heure de sept ou huict heures de matin, led. Vaneu print les vestemens hereméticques, lesquelz lesd. consulz luy baillarent. Et, apres ce quil fut exorte, sire Mathieu David, consul dud. Limoges et lors prevost, le menna et conduict, accompagne desd. consulz sus nommes et leur procureur, gaigiers et plusieurs manans et habitans de lad. ville au lieu et eglise de Mont Jauvy, ou fut receu par les cure et prebstres dicelled. eglise. Et, apres la celebration solempnelle dune messe, que fut faicte en icelle eglise, luy fut administre le sainct sacrement de lEucaristie ; et dillec fut menne et conduict processionnellement aud. hermitage pour vivre en iccelluy solitairement et vacquer a lestat de contemplation et a prieres et oraisons, dont Dieu luy doin grace de ce faire.

AMEN.

Aussi est assavoir pour ce que en lan mil cinq cens quarante huict, ez mois de jung et juillet et aougst, advint en la ville de Bourdeaulx et certains aultres lieux du duche de Guyenne certaines emotions et assamblees faictes par gens sans adveu, fundans leur entreprinse sur la erection des maguezins a sel establis aud. pays, tellement que en ceste ville aucuns personaiges estrangiers et de mauvaise volunte, sans le sceu des principaulx et majeur partie des habitans de lad. ville, rompirent le granier a sel estably de par le Roy en cested. ville, et, non contens de ce, se mirent en leur debvoir faire plusieurs forces. Quoy cogneu par messrs les officiers du Roy, consulz et aultres citoyens, fut lad. assamblee rompue et destournee. Et, pour plus amplement obvier a lad. emotion et pugnir les sedicieux, par le Roy nre souverain seigneur fut envoye en lad. ville de Bourdeaulx monsegneur de Montmorancy, connestable de France, avec grand compagnie de noblesse et gens de guerre en grand nombre, qui entrarent aud. Bourdeaulx, et fist constituer plusieurs personaiges prisonniers, esquelz le proces faict, aucuns furent condampnes a souffrir mort, les aultres en amandes honnorables; fit descendre les cloches des clochiers, les aucunes rompre, les aultres envoyer ez lieux ordonnes, tellement quil nen demeura aucune pour lofice divin ne aultre-

[Troubles de 1548.

Punition des habitants.

La ville reste trois ans sans cloches.

Le-Haut et le Bas-Limousin sont condamnés par le Roi à payer chacun 7,000 livres tournois.

V. p. 117, 118, 122 et suiv.]

ment. Et le sixiesme jour de novembre, jour de monsieur sainct Leonard aud. an, arriverent en ceste ville mess^{rs} les cappitaines de La Fayette et de La Terride avec leurs bandes, chacun de quarante hommes darmes, le seigneur de Busset, lieutenant de la compagnie de mons^r le duc dEstampes avec partie de lad. compagnie, les Srs de Gramont, vicomte dHorte et de Bellesonce, cappitaines de deux milz cinq cens hommes de pied et plusieurs aultres gentilz hommes et gens de pied, conduysans grosses pieces dartillerye tant a main, sur chariotz, que sur chevaulx. Et lougarent en ceste ville, vivans aux despans dez habitans, a discretion, lespace de huict a dix jours, a telle foulle desd. habitans que cestoit pitie a veoir. Et, lesd. S^{rs} y estans, par comandement de mond. S^r le connestable, lieutenant pour le Roy en Guyenne, firent faire berche et rompre les murailles de lad. ville entre la tour appellee de Pisse Vache et la porte de la Rene, en deux endroictz, en sorte quon pouvoit passer par lad. bresche et porte jour et nuict, comme sil ny avoit poinct heu de muraille; firent porter tous les harnois des habitans de lad. ville en la maison de consulat, et firent fermer le lieu ou furent mises de trois clefz distribuees aux officiers du Roy, du S^r vicomte et consulz pour les bien garder, que les habitans nen peussent garder ne user; firent descendre les cloches des clochiers de lad. ville et cite sans nulz exempter jusques aux orloges inclusivement, tellement que, lespace de trois ans ou environ, on demeura en lad. ville et pays sans ouyr cloche ne orloge, et les murailles ouvertes, questoit une grande desolation aux habitans de lad. ville et pais. Et jusques a ce que, en lannee de n^{re} consulat, en lannee mil cinq cens cinquante finissant mil cinq cens cinquante ung, desirans pourveoir aud. affaire par le moyen de mons^r de Pompadour, fut le plaisir du Roy n^{re} sire dresser commission aud. Sr de Pompadour et mess^{rs} les esleuz du hault et bas pais de Limosin pour faire que, en luy faisant don de la somme de quatorze mil livres pour subvenir a ses urgens affaires, de sa benigne grace, permectoit a lad. ville, cite et pais ramonter lesd. cloches ez clochiers et lieux accoustumes, pour en user comme devant, sans faire aucun scandalle, et a lad. ville fermer et clore lad. bresche de muraille et portal que avoyent este ouvers par les susd. cappitaines et gens de guerre, faictz en lad. annee mil cinq cens quarante huict. Et, suyvant le bon vouloir du Roy, fut accourde payer lad. somme montant a la part du hault pais de Limosin, comprins la present ville, la somme de sept milz livres t/, que a este levee, cuillie et mise entre les mains du recepveur des tailles du Roy, pour iccelle faire tenir aud. S^r. Et, suyvant lad. permission, les cloches furent remontees aux clochiers tant par lad. ville, cite, que par tout led. pais, que fut grande joye et consolation au peuple et habitans de lad. ville et pais. Et nous, consulz susd., avons faict clore et fermer lad. bresche et pourtal du Saint Esperit, tellement que, a Dieu graces, les choses susd. furent remises de n^{re} annee, furent remises aud. estat quon les veoit de present. Et prions a Dieu que conserve et garde lad. ville et pais de recheoir en tel inconveniant et desolation, et que vivons en paix soubz saincte foy chretienne et obeyssance du Roy n^{re} souverain seigneur.

Pareillement, a cause que durant n^{re} annee avons este advertis que monseigneur le mareschal de Sainct Andre, en plusieurs endroictz et affaires de ceste ville, avoit aide a obtenir du Roy la permission de ramonter les cloches et fermer la bresche des murailles de ceste ville de Limoges, et a tenu plusieurs bons propoz au Roy n^{re} sire des habitans de ceste ville, pour nous continuer en la grace dud. S^r, au mois dapvril, madame la mareschalle venant en ceste ville, par adviz et deliberation des manans et habitans dicelle ville, fusmes au devant pour la recepvoir et conduire jusques a son logis ou elle descendit, que fut au Lion dOr, faulx bourgz de Maigninye, ou estant, apres avoir racompte les biens faictz que avions entendu de mond. S^r le mareschal, luy presentasmes une couppe dargent doree, de la valeur de cinquante ung escuz, quelle receust a grand gre, la suppliant de prier mond. S^r le mareschal avoir la ville pour recomandee en ses affaires envers le Roy, et nous estre mediateur a ce que demeurons tousjours en sa benigne grace, ce que lad. dame nous accorda liberallement, et sen alla contente des habitans de lad. ville.

[Réception de la maréchale de Pompadour.]

AUJOURDHUY, en la chambre du conseil du consulat et maison commune de la ville de Limoges, ce tiers jour du mois de

[Porteurs de corps exemptés de la taille.]

novembre lan mil cinq cens cinquante ung, se sont compareuz en leurs personnes Estienne dit le grand Theve, Broullaud et Jehan Belat, pouvres gens, mecanicques et gaigne deniers de la present ville de Limoges, lesquelz ont dict, propose et remonstre a honnorables maistre Martin Bourdaix, licentie ez droictz, Pierre Mauple, Lazare Martin, Nicolas Voulreys et Pierre Merlin, consulz la present annee de la ville de Limoges, et faisant tant pour eulx que pour honnorables sires Mathieu Mercier, Jehan Duboys, des Bancz, Francois Navieres, Pierre Gadault, Mathieu David, Helies Benoist et Estienne Bault, aussi consulz de lad. ville de Limoges, leurs compagnons absans, que lesd. Broullaud et Belat, par cy devant, ont servy la present ville de Limoges, manans et habitans dicelle, en temps de peste, les annees precedantes et tant et durant le temps que lad. peste a heu cours et regne en lad. ville que païs circunvoisins dicelle, et que de tout temps et anciennete leurs predecesseurs pourteurs dez corps pestifferes nont jamais paye aucun taulx ne tailles au Roy notre sire, ne nont este jamais enroolles ez roolles et cothisation de lad. ville sinest puis peu de temps en ca que pour quelque haine et mal veillance daucuns, leurs ennemys et mal veillans, lez ont faict mectre et enrooller a certain petit taulx, toutesfois a eulx importable, veue leur pouvrete et indigence et qualite de leurs personnes, et la grand charge du mesnaige quilz ont journellement a nourrir, joinct daultre part quilz nont nulz biens, possessions ne heritages, et ne vivent sinon que de ce quilz amassent de leurs peines et travaulx. Parquoy, veu ce que dessus, quest tout vray et notoire, ont supplie et requis lesd. S^{rs} consulz presens quil leur plaise permectre et consentir quilz soyent desenrolles et rayes desd. roolles et tailles, car ne sont de la qualite de ceulx que le Roy veult estre contribuables, promectant et jurant, comme ont promis et jure aux sainctz Evangilles N^{re} S^{r}, toche le livre, tousjours doresnavant servir lad. ville, consulz et habitans dicelle, aud. estat de pourteur de corps pestifferes et aultres actes quil plaira ausd. S^{rs} consulz leur commander, et en ce soy excerser et acquiter au mieulx quilz pourront, selon Dieu et conscience. Et a ce se sont obliges eulx avec tous et chascuns leurs biens et choses quelzconques, tant meubles que immeubles, present et advenir, et par expres par prinse, caption et emprisonnement de leurs propres corps et personnes, et estre prins, mennes et detenus en prison et aultrement, en la meilleur fourme, comme en tel cas et actes l'on a acoustume proceder. Ouye laquelle requeste comme juste et raisonnable, lesd. Bourdaix, Mauple, Martin, Voulreys et Merlin, esd. noms de consulz, presens, ont volu et consenty, comme veulent et consentent par ces presentes, que lesd. Broullaud et Belac soyent rayes et desrolles dez roolles dez tailles de la present ville de Limoges. Et, par tant que besoing seroit, ont faict et constitue tous les frequentans de la court de leslection du hault Limosin leurs procureurs pour a tout ce que dessus consentir et bailler pareil et semblable consentement et volunte tant en leur presence que absence. Dont et desquelles choses susd. tant lesd. S^{rs} consulz presens que lesd. Broullaud et Belac ont demande et requis au notaire royal et scribe ordinaire desd. S^{rs} consulz le present acte leur estre faict et baille pour leur servir et valloir en temps et lieu ce que de raison. Ce que a este faict ez presences de honnorable et scientifficque personne mons^r Me Francois Veyriaud, docteur ez droictz, regent des escolles dud. Limoges; Leonard Maslion dict Chantelauve, charpentier, et Jehan Lansade, bastier, habitans du pont St Marcial dud. Limoges, tesmoingz cogneuz a ce faire requitz et appelles, lez jour, mois et an susd.

  (Signé :) M. DES CHAMPS, scribe desd. S^{rs} les consulz de Limoges.

CONME le dixiesme doctobre mil cinq cens cinquante ung, le roy de Navarre, vicomte de Limoges, nous eust envoye par ung de ses chevaucheurs descuirye la missive a nous addressante, dont la teneur sensuyt :

Chers et bien aimes, il a pleu puis naguieres a n^{re} S^r le Createur donner par sa saincte grace a n^{re} fille la princesse duchesse de Vendoumoys, ung beau prince. De quoy vous avons volu advertir, estant assure que en aures aultant de joye et plaisir que nous estimons, mesmes pour le bien et soulagement que en peult advenir a vous et a noz aultres subgectz et serviteurs; aux fins aussi que vous vous mectes en debvoir de luy en randre graces, y faisant faire les processions et aultres demonstrances de joye que ung si tres grand et singulier bien le requiert, et que en pareil cas vous laves accoustume. Et a

[Naissance d'Henri de Bourbon.
—
Lettre du roi de Navarre.
—
Réjouissances.]

tant, chers et bien aimes, N^re S^r vous aye en sa garde!
A Saincte Marie, le xxixe de septembre m. v^c cinquante ung.
Ainsi signe : HENRY, et plus bas : MARTRET.

Laquelle par nous receue, nous, consulz lad. annee, assemblasmes une partie des bourgeois et marchans et habitans de lad. ville pour nous donner leur advis et conseil questoit sur ce de fere, et comment sur ce nous debvions procedder, et furent dadvis lesd. assambles que nous debvions ordonner procession generale pour raison de ce 'estre faicte. Suyvant lequel advis allasmes parler avec Reverend Pere messire Loys de Janoullac, abbe de Sainct Marcial, et a messieurs les chanoines, chappitre et colege de lad. eglise, lesquelz fismes assembler et leur montrasmes lad. missive, les suppliant ordonner procession generale estre faicte par lad. ville, et leur pleust y assister et porter la chasse de n^re glorieux patron et appostre de Dieu, mons^r sainct Marcial; ce que lesd. S^rs abbe et chanoynes liberalement nous accordarent, disans quilz estoyent vray et obeissans dud. S^r et viconte. Parquoy veu leur responce et bon vouloir, fismes proclamer a son de trompe par les carreffours de la present ville lad. procession, et icelle assigner au lendemain, questoit dimanche unziesme dudict moys.

Lequel advenant, lad. procession fut faicte a grand joye, triumphe et devotion, ou furent faictz et dresses quatre grandz et beaux feuz de joye, dont le premier fut dresse devant le clochier de lad. eglise de Sainct Marcial; le segond fut dresse devant la croix de landeyr de Maigninie; le tiers, en la rue du Marche *alias* dez Bancz, et le quart, devant leglise parrochielle de Sainct Michel. Et furent assambles mess^rs les abbe, chanoynes et aultres vicaires, prebendiers et serviteurs de lad. eglise, mess^rs les prebstres des eglises parrochielles de Sainct Pierre et Sainct Michel, avec les beaux Peres et religieux des quatre conventz de la present ville. Et fut porte en grosse honneur, devotion et magnificence la chasse ou repose le precieux chief mons^r Sainct Marcial, avec les chasses dez corps mons^r sainct Aurelien et sainct Loup, chacun en son ordre en la maniere accoustumee. Et est a noter que mess^rs les consulz firent porter lestandart et banniere ou sont les armes et ensegne de lad. ville devant mess^rs les religieux, avec certane quantite dauboys, trompetes, clerons, tabourins, fiffres et aultres instrumens menant joye en bon nombre. Et lesd. seigneurs consulz y allarent en leur ordre accoustume, chacun deulx avec son chaperon de damas rouge sur lespaule, et la masse de n^re consulat, portee par n^re porte masse devant nous, avec mess^rs les juge, prevost, advocat et procureur dudict S^r viconte, estans et marchans mesles avec nous consulz susd., avec chacun ung flambeau ou cierge en la main dune livre et demye cire, ou estoyent les armes de la present ville, avec six de noz serviteurs ayant chacun une torche en la main, en trois desquelles torches estoyent les armes plejnes dud. S^r viconte, et aux aultres troys torches estoyent les armes dud. S^r viconte, mipartis avec celles de monsegneur le duc de Vendosmois, son beau filz et gendre. Et en cest ordre passa lad. procession generale, et furent allumes les quatre feuz de joye par huict de nous, consulz susd., scavoir est : deux de nous avec chacun une torche neufve de cire. Et lad. procession estant de retour, et arrivee en lad. eglise de Sainct Marcial, fut faict sermon public au chappitre de lad. eglise ou estoyent lesd. trois chasses, et illecques randu graces a Dieu, tant par mess^rs de leglise que par le peuple illec amasse en grand nombre, de la naissance et nativite du nouveau prince de Vendoumoys et de Navarre, affin que Dieu, par sa grace et bonte, le veille prester au monde en honneur, triumphe, exaltation et sante, et luy donner grace a ladvenir, nous tenir en bonne paix, amour et unyon. Et pour ce fere, fut paye a ceulx qui pourtarent la chasse du precieulx chief mons^r sainct Marcial dix solz t/, et au coultre ou meriglier de lad. eglise, pour la sonnerie des cloches tant du ceoir que matin, vingt cinq solz t/.

Eslection des consulz de lannee mil cinq cens cinquante ung, finissant mil cinq cens cinquante deux, faicte en la salle du consulat et maison commune de la ville de Limoges, par les manans et habitans de lad. ville, illec assambles suyvant la maniere accoustumee : apres avoir faict le serement en tel cas requis et accoustume, ont procede a lad. eslection, comme sensuict, le lundy septiesme jour de decembre lan mil cinq cens cinquante ung.

Las Taulas :

Jehan Douhet.

La Porte :

Marcial Decordes le jeune.

Maigninye :

Helies Rougier.

Le Marche :

Guillaume Champagnat.

La Fourye :

Pierre Romanet.

Le Clochier :

Pierre Mosnier.

Bocharie :

Maistre Andre de Buat.

Lansecot :

Francois de La Neu.

Las Combas :

Jehan Yvernaud dit La Gouteau.

Le Vieulx Marche :

Francois Varacheau.

Croissances :

Jehan Hardy;
Jehan Decordes le jeune.

Faict led. jour que dessus.

(Signé :) M. DES CHAMPS, scribe ordinaire de mess{rs} les consulz de Limoges.

Aultre election des conseillers ou asseurs des tailhes et aultres imposicions, et subsides impouses sur les contribuables de la ville de Lymoges, faulxbourgs et aultres contribuables en icelle, en lannee mil v^e cinquante ung, finissant mil cinq centz cinquante deux, faicte par les manans et habitans dicelle, en ung bon et notable nombre, en la sale commune de consulat de lad. ville, assemblez le douziesme jour de fevrier lan mil cinq centz cinquante ung.

Las Taulas :

Jehan de Nougat;
Marcial du Boys.

La Porte :

Guillaume Legier;
Jacques Michelon.

Maignenye :

Francoys Rougier dit Pascault;
Jehan Gaspy.

Le Marche :

Loys Romanet ;
Jehan Bonnot dict Larcauct.

La Faurie :

Pierre Duboys ;
Marcial Rougier.

Le Cluchier :

Heliot Peyrat dict Lamiette ;
Marcial Fourdoysson.

Boucharie :

Christofle Xanson ;
Andre Laguorse de Thomas.

Lansequot :

Jehan Boutault ;
Colin Nohaillier.

Les Combes :

Pierre Ardict ;
Pierre de Muret.

Rue Torte :

Jehan Clament dict Pichecay ;
Mathieu Scellier.

(Signé :) M. DES CHAMPS, scribe desd. S^rs les consulz de Lymoges.

[Ermite de Mont-Jovis.] Aujourdhuy dixneufiesme jour de febvrier, lan mil cinq centz cinquante ung, en la maison du consulat, a este esleu hermite mess^re Loys Bernard dict de Leschelle, prebstre, habitant au bourg de St Priest las Olieyras, present et luy requerant, vaccant par la vaccacion de frere Lienard Vaneau, dernier hermite, laquelle ellection a este faicte par mess^rs les consulz que sensuyvent, scavoir est par honnorables hommes S^{es} Helie Rougier, prevost, Pierre Romanet, Jehan Douhet, Guilhaume Champaignac, Pierre Mosnier, Jehan Yvernaud dict de Lagouteau, Francoys de La Neu, Francoys Varacheau, et Marcial de Cordes, presens, faisant tant pour eulx que pour Jehan de Cordes le jeune, Jehan Hardy et Me Andre de Buat, aussi consulz la present annee, absans, stipulantz. Lequel mess^{re} Loys Bernard, illecq present, a accepte le lieu pour y resider a perpetuite durant sa vie, avec les fruictz et esmolumentz que y sont a present; moyennent ce quil vivra aud. hermitaige en vaccant a prieres et oraisons comme sappartient pour la prosperite du Roy, de mess^{rs} les consulz et habitans de Lymoges, et comme doibt fere ung bon et vray hermite. Et en icelluy hermitaige demeurera sans aller vivre ne fere demeurance avec ses parens, ne avecq eulx despendre les biens, fruictz et revenu dud. hermitaige; lequel hermitaige entretiendra et repparera a son pouvoir. Et au cas que des choses susd. feroit le contraire, nous consulz susd., pour nous et noz successeurs, avons reserve et reservons y pouvoir pourveoir daultre hermite et expeller dicelluy led. mess^{re} Loys ez modifficacions et qualites susd. Faict ez presances de Mathieu Benoist et George de La Moline, tesmoingz.

Nous, Anthoine du Boys, Jehan Boilhon, Marcial du Boys layne, Marcial Disne Matin dict le Dourat, Marcial Mathieu, licencie ez droictz, Helie Lascure, Jehan de Losme et Jehan Petiot, Bartholome Pauly dict Gadaud, Pierre du Mas, Marcial Roumanet et Leonard Granyer, consulz (1) de lad. ville, chasteau et chastellanye de Limoges, scavoir faisons que les jour et an cy dessoubz escriptz, nous estans en la maison et salle de consulat de lad. ville, ou estoient assambles a son de cloche (2), ainsin quil est de loable coustume, le jourduy plusieurs des manans et habitans de lad. ville et la plus grande et saine partie diceulx, pour par iceulx estre concede (procédé) a la election et creation

[Année 1512. — Les monnayeurs ne peuvent être élus consuls, parce qu'ils sont en procès avec la ville relativement à l'impôt du *souchet*.]

(1) On ne trouve pas à l'année 1512 la liste des consuls : elle était probablement relatée au feulllet qui a été enlevé, ainsi que nous l'avons indiqué page 57.

(2) En marge est écrit, d'une écriture postérieure. « Loriginal de cest acte est dans le coffre, signe, en parchemyn ».

des nouveaulx consulz de lad. ville, et procedans en eslissant la visee par banyeres, par lorgane dudict Mathei se sont comparuz illec en leurs personnes saiges honmes Leonard Suyduraud et Guilhem de Julien, monnoyeurs de la monnoye de ladicte ville, et plusieurs aultres desd. monnoyeurs aussi illec presans, lesqueulx nous onct dict et remonstre, en .... la premyere banyere des Taules, que a este mal faict a nous davoir obmys descripber, mectre et enroller en ladicte banyere Jehan de Sandelles, garde de ladicte monnoye, comme ung des aultres habitans de lad. ville. De quoy a este par nous, par lorgane dudict Mathieu, respondu que de tout temps et ancienete il a este et est de coustume de asembler en la maison de la ville, le jour de lavant vigille de la feste Nostre-Dame de Conception du moys de decambre, plusieurs des bourgoys, manans et habitans de la ville de Limoges pour fere regestre et visee diceulx qui pourront et seront capables de estre esleuz consulz de ladicte ville. Et, selon ladvys et deliberation de ceulx qui sont assambles, et, faict led. regestre et visee, et en icelluy sont describes ceulx qui doyvent estre nommes, pour estre concede a la nomination et election des futurs consulz, et nul autre que ceux qui sont enregestres ledict jour ne doyt estre nonme pour estre esleu consul, synest que par erreur et inadvertance onct heust obmys de en y mectre quelcun desd. habitans, disant que ledict jour que lad. visee avoyt estee faicte par advis et deliberation de ceulx qui avoyent estes assambles, avoyt este dict que les monnoyeurs de ladicte ville de Limoges ne devoyent estre mys en visee pour estre esleuz consulz, a cause et moyenant le proces que lesdictz monnoyeurs avoyent ou soubstenoyent contre le procureur de lad. ville pour cause et raison du droict du souchet et appetissement de la messure, lequel droict du souchet differoyent de payer lesdictz monnoyeurs a tort et sans cause, combien que de toute ancienete ilz heussent acoustume de payer, et combien que ceulx qui achaptoyent le vin poyent ledict droict du souchet, en payant plus petite mesure, et non nye lesdictz monnoyeurs et que de toute ancienete a este observe et guarde en ladicte maison de consulat que toutes et quantesfoys aulcuns des habitans de lad. ville a proces, en quelque instance que ce soyt, contre lesdictz consulz ou leur procureur, ils ne sont describes ne mys en vissee pour estre mys consulz de ladicte ville ne appelles au conseil et negoces dicelle. Toutesfoys, si par lesdictz manans et habitans de ladicte ville illec assambles, il estoyt dict que lesd. monnoyeurs et chascun deulx fussent mys en visee et regestre, nous estions contens les y mectre, car ny avons aultre interestz synest le conmun. Et, sur la requeste faicte par lesd. monnoyeurs, avons demande ladvys et oppignon desdictz habitans illec presans en grand nombre, lesqueulx et chascun deux, tous dune voix, onct dict que, actandu que lesd. monnoyeurs onct proces contre la ville, ilz, ne aulcun deux, ne doyent estre mys ne descripbes en lad. vissee. PARQUOY nous consulz susd., veu ladvis et oppignon desdictz habitans, avons ordonne et ordonnons que, tant que lesd. monnoyeurs aront proces en lad. ville, ilz ne seront enrolles ne descripbes en lad. vissee, et neantmoingtz avons procede a la creaction et election desdictz consulz, en la forme contenue ez regestre dudict consulat, et requis acte au sustitue du greffier criminel cy dessoubz escript des choses susd. FAICT en la ville de Limoges, le septiesme jour de decembre lan mil cinq cens et douze. Signe : DE LA CROYS, substitue du greffier.

Le unziesme jour du moys doctobre lan mil cinq cens cinquante deux, a Limoges, dans la salle de consulat et maison conmune dudict Limoges, onct este presans sires Piere Roumanet, Jehan Ardy, Guilhen Champaignat et Francoys Varacheau, consulz dudict Limoges, tant pour eulx que pour les aultres consulz dudict Limoges absans, ausquelz onct promys faire ratiffier pour eulx, etc., dune part, et Jehan Belat, manouvrier dudict Limoges, aussi present pour luy, etc., daultre part. Lesd. consulz, de leur bon gre, onct f(av)orise et accorde avecques ledict Belat que icelluy Belat sera tenu et a promys tenyr lad. ville et faulx bourgcz de Limoges nectz, tant que toche les bourry (1), femyer et terre qui sera par les rues de lad. ville et faulx bourgcz, avecques ung cheval de poil gris et ung charreton apartenant ausdictz consulz. Et quant passera par les rues, sera tenu recepvoyr le bourry des maisons, par ce que a este inhibe de ne le mectre dans le ruysseau, quilz onct bailhe et delivre audict Belat saing et nect. Lesqueulx cheval et

[Enlèvement des boues et immondices.]

(1) *Bourry*, mot du patois limousin qui signifie *balayures*; languçd., *bouril*; bas lat., *burra*, bourre, paille, fétu.

charreton led. Bellat a confesse avoyr en sa puyssance et a promys nourrir et entretenyr led. cheval a ses despens bien et honnestement comme bon pere de familhe. Et si, par son dol, faict et coulpe, ledict cheval se gastoyt ou mouroyt, il sera tenu le payer. En ce quil a este dict et acorde entre lesd. parties que au temps que ledict Belat naura aultre chose affaire, et quant par lesd. ville et faulx bourgcz ara aulcun femyer, boury ou terre pour oster, il pourra mener avecques lesd. cheval et charriot les femyer, bourry et terre qui seront par les rues qui auront este gectes par les habitans dicelle ville et faulx bourgcs de leurs maisons ou estables, aux despens de ceulx qui les y auront mys ou faict mectre et gecter, qui seront tenuz les payer et satisfaire. Et quant aulx femyers qui seront gectes des estables ou maisons et seront trouves par lesdictes rues, si ceulx qui les y arons mys ou faict mectre ou gecter ne les font oster dans troys jours empres, ledict Bellat les pourra oster, prandre et emmener, et seront a luy suyvant le edict par cy devant faict par auctorite du roy de Navarre, seigneur et viconte de Limoges. Et ne pourra ledict Bellat faire emmener ne conduyre ledict cheval et charreton par le boureau ne par ses serviteurs. Et ce pour le terme de troys moys prochainement venans. Lesqueulx consulz ont promys et promectent par ces presantes bailher et payer audict Bellat, pour la nourriture et entretenement dudict cheval, cinquante solz tournoys pour chascun moys, que luy ont promys payer chascun moys. Et onct promys lesdictz consulz entretenyr ledict charreton a leurs despens durant ledict temps. Et avecques ce onct promys lesd. parties emander dommaiges, etc., ... etc., obliges par arrest de corps, quant audict Bellat, etc., et concede lectres soubz le seel du Roy, auctenticque royal, en la melheur forme. FAICT ez presences de sires Guilhen Boutin et Mathieu Benoist, tesmoingtz.

(Signé :) CHARTAIGNAC, notaire royal.

[Contribution des gens de guerre.

Immunités de la ville.

Procès à ce sujet.]

ESTANS ADVERTIS, BIEN tost ampres avoir estes crees consulz, messrs les esleuz vouloir cothizer les manans et habitans en la present ville de Limoges et faulx bourgtz dicelle a ung nouveau subcide ou taillon que le Roy avoyt erige sur toutes les villes et lieux de son royaulme ou se trouveroit les logis des gensdarmes et garnisons avoir este par cy devant assiz et dressés, redondant ledict taillon et emolument dicelluy a laugmentation des gaiges et souldes de sadicte gendarmerie, montant pour leur cothite sur les villes et lieulx susdictz estant en leslection dudict hault pays de Limosin la somme de quatre mil livres. Que fust cause, pour dissuader lesdictz seigneurs esleuz de leur pretandu conceu (1), les allasmes par plusieurs foys supplier, sil estoit leur plaisir, ne quiecter (n'inquiéter) ne molester ladicte ville sans raison, leur remonstrant comment eulx mesmes estoyent asses certiores (2) ladicte present ville estre et avoir joy par temps inmemorial dimunite de garnisons et de contribuer a icelles, et de ce avions bons privilieges, confirmes par plusieurs roys, lesquelz priviliges a present nestoyent en noz pouvoir den fornir promptement, daultant quilz estoyent produictz par devers la court de parlement de Paris pour quelques proces que lesdictz manans et habitans dudict Limoges avoyent en icelle. Mays, voyant occulairement la tenacite et vouloir desdictz S^{rs} esleuz a ce fixe, leur fismes dabundant remonstrer par mess^{rs} Martin, conseilher pour le Roy au siege dudict hault pays de Limosin, et par le juge de la garde des seaulx, lesquelz, pour mieulx nerver (3) n^{re} dire, leur exibarent quatre sentences contenans en substance comment, apres lecture faicte de noz previlieges, en presence des procureur et advocat du Roy, qui declairarent ne incister. Parquoy, veu leurdict consentement et teneur de nosdictz previlieges, messieurs les gouverneur et senneschaulx, ensemble auctres ayantz charge et puissance asseoir garnisons audict hault pays de Limosin, ont tous jours declaire lesdictz manans et habitans de ladicte ville et faulx bourgtz estre exemptz et imunes recepvoir garnisons ne contribuer aulcunement a icelles. Ce nonobstant, sentans lesdictz seigneurs esleuz ne vouloir surcryer (4) pour tout ce que dessus, ains estre resoluz en decider selon ladvis et oppinion du conseil de Poictiers ou Perigeulx, comismes (5) avec lesdictz seigneurs esleuz, et partismes de ceste ville le vingt septiesme de decembre

---

(1) « *Consau, conseu,* dessein, sentiment, avis, conseil, délibération. projet. » (Roquefort.)

(2) Assurés ; du compar. lat. *certior.*

(3) *Nerver,* fortifier : le français n'admet plus, au sens figuré, que le composé *énerver.*

(4) *Surcryer,* pour surcreer, surcroire, avoir confiance. Le simple *creer,* croire, se trouve dans le *Glossaire de la langue d'oïl* de Burguy.

(5) *Commettre,* au xvie siècle, avait aussi le sens de « se mettre aux prises ».

pour aller audict Poictiers : de la partie desdictz seigneurs esleuz, messieurs les esleuz Duboys et Massiot; de n̄re partie, lesdictz sieurs Martin et garde des seaulx, ensemble sire Andre de Buat, consul audict Poictiers, assembles au palaix, en la chambre des aydes, messieurs Lucas et Laisne, advocatz; messieurs des Albaine et Vernon, esleuz audict Poictiers, et monsʳ Le Rat, rappourteur. En presence des parties fut dict par les susdictz, veues lesdictes sentences, enqueste par lesdictz consulz · faicte, par laquelle deuement apparressoit de noz possession et exemption, et autres pieces par nous produictes, ladicte ville et faulx bourgtz dicelle ne debvoir estre pour le present audict taillon cothizee, et que dans six moys prochainementz venentz lesdictz manans et habitans ferroient aparoir de lorriginal des susdictz allegues priviliges ; et, o (ou) differant de ce faire, lesdictes villes dudict hault pays de Limosin serroyent ramborcees de ce que ladicte ville heust peu et deu pourter pour son taulx. Ce que avoyt este resolu par ledict conseil de Poictiers fut confirme par sentence par lesdictz seigneurs esleuz de ce hault pays de Limosin au moys de janvier. Ledict voyage cousta beaucoupt a la maison de consulat, car ledict Debuat aux despens et poursuyte dicelle fraya tout tant journees, espices que despans de dix chevaulx, tant pour laler, sejour que retour.

La teneur de la sentence :

Veu par nous les lectres du Roy n̄ʳᵉ sire, contenans n̄ᵗᵉ commission, donnees a Paris le vingt neufiesme jour de novembre dernier passe sur le faict des garnisons, pour asseoir, cothiser et imposer sur les contribuables en leslection de ce hault pays de Limosin le plus justement et esgallement que faire se pourra les sommes contenues en n̄ʳᵉdicte commission, la requeste a nous presentee par les consulz de la present ville de Limoges, tendant affin destre conserves en lexemption de ladicte imposition et charge pour les habitans de ladicte ville et faulx bourgtz dicelle, par le moyen du privilege allegue en icelle requeste, le dire, requisitoire et declaraction du procureur du Roy en ladicte eslection, avecques la production des tiltres et inquisition de tesmoingtz par n̄ʳᵉ ordonnance faicte, et tout ce qua este mys et produict par devers nous avec lappoinctement a oyr droict, et tout considere, heu sur ce advys au conseil, disons la matiere presente nestre en estat de vuyder diffinitivement, et ordonnons que lesd. consulz de ladicte ville de

Limoges feront dilligence de informer plus amplement de leurs pretanduz previlieges allegues sur le faict de la pretandue exemption, et ce dedans troys moys prochains, pour, ce faict, leur estre faict droict sur la declaraction dexemption par eulx allegue et requise, ainsin quil apartiendra, et, en deffault de ce faire, sera sur eulx faict cothisation de la somme dont est question a la raison et pour le regard que lesd. consulz, manans et habitans de ladicte ville et faulx bourgtz dicelle en pourront justement et raisonnablement porter, pour estre levee et payee ou ramboursee a la descharge des autres contribuables et sommes contenues en ladicte commission; et ce pendent sera par nous procede au departement des sommes contenues en lad. commission sur aultres contribuables ainsin que de raison. Signe : Chantoys, esleu; Benoist, esleu; Massiot, esleu; F. Duboys, esleu; A. Vernon, Delbene, Rat, Laisne et Lucas; et plus bas escript : Tauxe, pour le voyage de deux de nous en la ville de Poictiers expressement, et pour la visitation et conseil, vingt escuz soleil, signe : Chantoys, esleu, et Benoist, esleu.

Ladicte sentence fut pronuncee le neufiesme de janvier 1551. Ainsin signe : Chartanya.

Despuys craignans, veu la qualite de la susdicte sentence, lesdictz seigneurs esleuz nous pouvoir cothizer ledict temps expire, fut resolu assembler les manans et gens du conseil de la present ville en la maison de consulat. Lesquelz assembles, et entendu le discours de la matiere susdicte, fut conclud par tous envoyer vers le Roy pour obtenir lectres pactentes confirmatoires de nosdictz previllieges, contenant specialite et comment, de grace et puissance absolue, ledict seigneur declaira ladicte ville de Limoges et faulx bourgtz dicelle imune recepvoir garnisons et contribuer a icelles ne commutation de deniers provenans pour cause dicelles; et prestarent tous consentement contribuer chascun sa qualite pour obtenir icelle dictes lectres. Par quoy estans advertis le seigneur des Plantz, homme de chambre de mons^r. le mareschal de Sainct Andre, estre a Pompadour, et ruminans que noz antecesseurs, par le moyen dudict seigneur de Sainct Andre, avoyent obtenu lectres et permission remonter les cloches, reediffier la breche clousant du pourtal Sainct Esperit, et pourter espees et dagues; et estantz asses advertis du bon vouloir et faveur que pourtoit a la

[Démarches pour le même objet.]

present ville, comme de sa grace il sestoit offert, fut esleu et delegue le sire Pierre Roumanet, consul, pour aller traicter dudict affaire avec ledict seigneur des Plantz, ayant memoires. Et convindrent lesdictz seigneurs Roumanet et des Plans, moyennent quelque compromis dung don et present honneste que la ville et manantz feroyent audict seigneur mareschal, ledict seigneur des Plantz se fist fort et promist obtenir lesdictes lectres selon la forme et substance des memoires a luy par ledict seigneur Roumanet exhibees, comme delegue et stipulant pour la susdicte ville et habitans dicelle. Despuys nayantz aulcunes nouvelles et responce dudict seigneur des Plantz, voyant le temps se terminer et la matiere dont est question requerir selerite, envoyasmes monsr Martin, conseiller au present siege, au Roy expressement, a la court et au conseil estant, pour cause des guerres, lors a Chaslons, pour solliciter ledict seigneur des Plantz et se prandre garde sil avoyt nre affaire a cœur. Ledict Martin fist long sejour a ladicte court avec deux chevaulx, et par fin obtint responce verballe dudict des Planctz lesdictz previlieges nestre le temps pour lors opportun a les obtenir, ains estoit tresneccessairement requis actendre la termination de la guerre, disant le Roy pour lors se trouver et le temps plus commode pour obtenir lesdictes lectres. Voyant ledict Martin ne pouvoir obtenir aultre despesche, et les fraiz du sejour a ladicte court estre grandz a la present ville, print son conge, speciale reconmandation, a son retour passa a Paris pour veoir les affaires et proces que la present ville y avoyt pardillec tant a la court de parlement et devant messieurs les genneraulx, y mist lordre quil cogneust y estre requis, et retira plusieurs tiltres et originaulx estantz produictz au proces pendent contre le roy de Navarre; lesquelz nre procureur Belut avoyt retires vers luy, et, craignant iceulx sesgarer et perdre, les pourta par deca, lesquelz avoyent retires de luy, inventorises, et pource que navons les clefz de la chambre des tiltres ou a present sont les harnoix, les vous laissons dans le coffre pres la cheminee. Il sera le plaisir de messieurs noz successeurs, sil(z) recouvrent lesdictes clefz de ladicte chambre, les serer en lieu de seurte. Au moys de jung subsequent, envoyasmes de rechief sire Guilhaume Botin a la court et conseil estant encores, pour cause des susd. guerres, audict Chaslons, pour solliciter ledict seigneur des Plantz. Ledict Botin rapporta missive dudict des Plantz contenant pareilhe substance a celle que verballement nous avoyt mande par monsr Martin, ne voulans laisser ung acte si commode.

Veu et considere le grand donmaige que sen ensuivroit si lad. ville estoit une foiz couthisee audict tailhon, despeschames monsr de Sainct Sorny, chanoyne du Dourat, homme affable et ayant cognoissance a ladicte court, ayant charge, sil cognoissoit ledict seigneur des Plantz, se monstrer sompnolent a nre affaire ny vouloir entendre, saddresser autres, lesquelz luy dismes sestre offertz employer tous leurs pouvoir a faire plaisir a la present ville et manans dicelle. Ce que despuys ledict Sainct Sorny a faict et nous a rescript, ensemble le seigneur qui a prins ladicte charge, quilz esperent en brief obtenir lesdictes lectres confirmatives de noz previlieges, selon la teneur et memoires audict seigneur de Sainct Sorny par nous baillees. Il est bien requis, veu la consequance, ne laisser le present acte en obly.

Au moys de febvrier receures (sic) messieurs les esleuz lectres pactentes du Roy par lesquelles leur estoit mande lever sur les villes de leur eslection le nombre de troys centz pionniers. Lesdictz seigneurs esleuz ordonnarent que la present ville, pour sa cothite, en dresseroit trante six. Ne voulans de nre part contrevenir au vouloir et commandement dudict seigneur, fismes ledict nombre. Pareilhe obeissance firent toutes les autres villes de lad. eslection, et comparurent tous en la present ville le xxvije dudict moys de febvrier, habitues de jouppes rouges semees par dessus des pieces de drapt jaulne, rondes, a forme de bouletz, garnis et armes, les ungs de ferremens servantz dung couste de picq et de laultre de tranche, aultres de marteaux a massons et estruelle, et les autres de mailletz, sizeaulx, bedasnes (1), syes et autres otifz de charpenterie, induictz aussi de chausses et bonnetz de mesme couleur et parence (apparence) de leurs juppes. Firent monstre generalle avec enseigne, fiphres et tabourins, et, ampres avoir reside deux jours en la present ville pour soy repatrier, marcharent en ordre vers Metz en Lorraine, soubz la charge et conduicte de messrs les esleuz Duboys et Massart (?).

[Levée de 300 pioniers dans l'élection.
—
Limoges en fournit 36.]

---

(1) « Bec-d'âne, outil de charpentier et de menuisier pour faire des mortaises ». (Littré.)

[Impôt de 24,000 livres.

Difficultés relatives à la répartition de cet impôt.]

AUDICT MOYS ENVOYA le Roy autres lectres adressantes a monsʳ le gouverneur ou son lieutenent, contenant cothiser et esgaller sur les villes du hault et bas pays de Limosin une soulde montant la somme de vingt quatre mil livres. Voulant ledict gouverneur mectre lesdictes lectres a execution, nous fist faire commandement comparoir a la ville de Segur pour veoir faire ledict departement. Pareilh commandement nous feist faire le faire scavoir et notiffier aux autres villes dudict hault pays. Voyant ledict griefz, fusmes parler audict gouverneur, luy remonstrant comment dantiquite et temps inmemorial tous departemens se faisoyent en la ville, comme estant chief et ville cappitalle desdictes villes dudict hault et bas pays de Limosin, le summant dabundant de sa parrolle .... que noz antecces- seurs consulz de lannee mil cinq cens quarante quatre, sestant presente en leurdicte annee pareilhe soubde, laquelle ledict gouverneur, seigneur de Montreal, allast departir a Brive, et dont lesdictz se pourtarent pour appellans, et rellevarent leurdict appel, estantz en bonne deliberation en faire deccider par arrest, ne fust ledict gouverneur leur promist nentendre icelluy departement donnant et concedant acte venir vuyder et faire tous departemens et autres assemblees genneralles desdictz hault et bas pays en ladicte ville de Limoges. Voyant noz re- monstrances ne le dissuader de son conceu, nous pourtasmes pour appellans. Ce nonobstant, ledict gouverneur proceda audict departement, et, icelluy faisant, chargea lesditz vingt quatre mil livres, lhault pays de la somme de quatorze mil livres, et le bas pays de Limosin de dix mil livres, lesquelz quatorze mil livres, nonobstant que fussions surcharges et appellans, payasmes a monsʳ le recepveur de Julien. Accumulant despuys ledict gouverneur grief sur griefz, luy estantz en la ville a Brive, nous fist donner autre assignation audict Brive pour veoir departir quatre mil livres, en quoy les villes de la viconte de Turaine estant de leslection du bas pays avoyt este cothises, et despuys, par lectres pactentes du Roy, descharges et randuz imunes. Envoyasmes maistre Jehan Martin a ladicte assignation pour dire comment estions appellantz et protestant des apten- tatz, advenant le cas que ledict gouverneur proceda oultre. Mais, nonobstant tout son dire, percista audict departement, et, tant pour faveur que autrement, desdictz quatre mil livres nous onera de troys mille deux centz, en laissant seulement ez villes dudict bas pays huict cens; encores que ledict bas pays debvoir pourter et bailler le tout, car lesdictes quatre mil livres provenu y eust de leur taux et premiere somme de dix mille livres, veu et considere que nous avions poye les quatorze mil livres esquelz avions este cothizes. Parquoy, voyant ledict grief insupportable et exorbitant de toute raison, envoyasmes obtenir lectres au conseil prive, par lesquelles, suyvant noz memoires, fut mande faire adjourner au vingtiesme de septembre ledict gouverneur par devant mess^rs les genneraulx (1) a Paris, et faire inthimer lesdictes lectres a tous les consulz et sindictz des villes du bas pays de Limosin, ensemble ez villes de la viconte de Turaine, et leur faire donner pareilhe assignation a comparoir devant lesdictz seigneurs genneraulx, pour soubstenir et defandre lesdictz griefz par nous pretanduz, si bon leur semble. Lesdictes lectres furent mises en execution, et pour ce faire furent delegues maistre Andre de Buat, consul, et sire Guilhaume Botin, lesquelz se transpourtarent a Deonzenac, Userche, Brive, Tulle et autres villes dudict bas pays, ensemble ez villes dArgentat, Beaulieu, Turaine et autres villes de ladicte viconte, estant du ressort, eslection dudict bas pays de Limosin. Envoyasmes homme expres a Paris pourter les piecces et proces verbal sur ce faict a mons^r de Sainct Sorny, lors estant audict Paris pour les affaires de ladicte ville, qui fist appeler ladicte cause, laquelle pend a present devant lesdictz seigneurs genneraulx. Ledict de Buat, en inthimant les susdictes lectres ez susdictz consulz et sindictz desdictes villes du bas pays, ayant charge de nous, leur cautionna et parla silz vouloyent entendre a decider le contenu ez lectres que nous avons receu par cy devant de la partie des sindictz et consulz de Tulle et faisant mention estre noz plaisirs eslire et decerner lieu pour sassembler eulx et nous affin de transiger de toutes souldes et autres subcides que se pourroyent presenter à nosdictz deux pays, et scavoir que chascun pays prandroit pour sa part et cothite, qui seroit un grandissime bien pour lesdictz deux pays, les rellevantz de grandz frais. A quoy lesdictz de Brive pour lors ne voulurent entendre, causant quelques debatz intestins estantz entre ceulx de Brive, Tulle et Userche, pource que ceulx de Brive avoyent obtenu arrest pour faire supprimer les sieges dudict Tulle et Userche, qui avoyent este eriges, du temps

---

(1) Les généraux des finances.

de la caption du feu roy Francoys, par sa mere, regente en France. Despuys lesdictz sindictz et consulz dudict bas pays se sont randuz en ceste present ville. Et fut accorde en la maison de consulat entre eulx et nous que de tous subcides, garnisons, souldes et autres charges se presentantz esd. deux pays, nous en prendrions de douze sept et demy, et ceulx du bas pays quatre et demy, horsmis que, si a ladvenir ladicte viconte estoit remise a cothisation, ledict bas pays seroyt recharge de ce que ladicte viconte pourroit et debvroit pourter, et le hault pays descharge. Aussi, sil advenoit lesdictes chastellanies de Bellac, Rancon et Champaignat estre extraictz de leslection et senneschaucee de lhault pays de Limosin et reduictes a la duche de Chastelleraud, comme elles ont este deux foys par cy devant, ledict hault pays sera descharge de ce que lesdictes villes desdictes chastellanies de Bellac, Rancon et Champaignat pourroyent ou debvroyent pourter, et le bas pays honnere. Ledict accord pend encores imparfaict, et na este emologue par la court. Parquoy seroyt bien requis et tresne(ce)ssaire le faire du consentement desdictes parties emologuer et deccider a ladicte court, car est acte qui redondera a grand conmodite et exemption de grandz fraiz esdictz deux pays.

[Même objet. Répartition sur tout le royaume du subside dont est exonérée la vicomté de Turenne]

POURCE QUE mons^r le viconte de Turraine, ayant bailhe requeste au conseil prive tendent afin sadicte viconte estre declairee inmune, franche et libre de tous subcides, laquelle requeste avoyt este enterinee, et, en linterinant, dict les pays du hault et bas Limosin pourter le taux et taille que ladicte viconte pourtoit, jusques a ce que autrement y soyt pourveu, montant, pour ceste presente annee, a la somme de unze mille cinq cens livres, questoyt pour la partie de n^{re} hault pays cinq mil deux centz cinquante livres. A quoy voulans obvyer, et affin ledict acte ne redondast a consequance, maistre Andre de Buat fust parler ez sindictz du bas pays affin dy pourveoir, veu que ledict acte leur touchoit comme a nous. Et fut accorde que ceulx du bas pays y envoyeroient de leur couste solliciteur expres, et nous aussi du n^{re}; ce que fut accomply. Et, au temps des estatz, furent donnees par lesdictz solliciteurs plusieurs requestes a mess^{rs} du conseil prive tendentz affin

destre deshonneres dudict subcide et descharge de ladicte
viconte, actendu les grandz et insupportables fraiz dont lesdictz
deux pays estoyent charges, considere linfertillite et incomo-
dite desdictz pays. Le tout veu et rumine par ledict conseil, a
este ordonne ledict taux et descharge de Turaine estre universel-
lement esgallee et assis sur toute la genneralite de France,
comme apert par la teneur des lectres concedees au conseil
prive, desquelles la teneur sensuyt :

Aujourduy quatriesme jour de septembre mil cinq cens cinquante deux, le Roy en son conseilh, tenu a Villiers Coterestz,
auquel estoyent messeigneurs les cardinaulx de Bourbon et
Chastillon, duc de Montmorancy, pair et connestable de France,
garde des seaulx, mareschal de Sainct Andre, president, Remon
Dumortier et de La Chesnaye, et, pour les grandes raisons et
mesmes consideractions que seront a plain contenues es commissions qui sexpedieront pour le faict de la taille, conclud et
ordonne quil sera mis sus et leve pour lannee prochaine es
tresoreries generalles estans des pays et provinces de Languedoc,
Normandie, oultre Seine et Yronne (Yonne), Champaigne,
Picardie et Guyenne, pour le principal de la taille, creue et anticipation, ainsin quil a este faict ceste presente annee, la
somme de cinq millions deux centz mil livres avec les fraiz
neccessaires, ensemble lequivallent accoustume et les deniers
ordonnes pour le poyement des commissaires et prevost des ma-
reschaux, lieutenans et archiers et autres choses accoustumees
estre mises sus avec le principal de ladicte taille et avecques la
somme de unze mil cent quatre vingtz livres cinq solz tournoys
pour lexemption des sujectz, des manans et habitans de viconte
de Turaine. Et oultre sera mys en ladicte charge et pays de
Languedoc, es elections de Tours, Chinon, Loches, Angiers,
Saumur, Lodun, le Mayne, Laval, Bloys, Vendosme, Chaudun,
Bonneval, Orleans, Gien, hault Auvergnhe, la Marche, Com-
brailhe et Chaulmont, la somme de douze deniers tournois pour
livre, en esgard a ce que porte le principal de la taille, montant
quatre millions, pour iceulx douze deniers pour livre estre
convertis et employes ez reparactions des turcyes (1) et levees de
la riviere de Loyre. Semblablement sera mis sus es tresoriers
generalles de Lion, Bourges et Rion la somme de soixante mil

---

(1) « *Turee*, turcie, levée, digue. » (Roquefort.)

livres pour les reparations et fortiffications de la ville dudict Lyon, ainsi que par cy devant a este faict; et en la generalle tresorerie de Poictiers, la somme de quatre mil cinq cens neuf livres ung sol quatre deniers, laquelle cy devant avoit este ordonnee au senneschal de Poictou ou son lieutenant de cothizer sur ledict tiers estat dudict pays de Poictou restant des vingt troys mil livres qui avoyent este ordonnees estre levees au pays de la haulte et basse Marche pour la suppression de la gabelle, le tout ainsin quil est contenu par la commission dudict senneschal ou son lieutenant, qui est demeuree non exequtee. Et pareilhement la somme de six deniers pour livre, oultre ledict sort principal de la taille que portent les pays de Poictou, Sainctonge et Angoumoys pour les edifications des digues estans le long de la mer et entretenement des portz de mer desdictz pays, qui seront distribues ainsi que cy ampres sera par ledict seigneur Roy ordonne. Plus sera mis es eslections de Bourbonnoys et bas Auvergne six deniers pour livre pour la construction des levees de la riviere dAllier, et autres six deniers pour livres en leslection de Nevers pour la reparaction du pont de la ville, en esgard a ce que les eslections portent du principal de la taille, laquelle, de cinq millions deux cens mil livres, sera payable es mains des recepveurs desd. tailles, scavoir, au premier jour de novembre prochainement venant, par anticipation, la somme de douze cens mil livres, et la portion des fraiz pour raison dicelle, et le surplus, montant quatre mil livres, avec lesdictz equivallents, paiement des commissaires et prevost et autres fraiz et choses acoustumees estre mis avec le principal des tailles et exemption de ladicte viconte de Thuraine, ensemble les deniers de ladicte reparaction desdictz turcies, fortiffication de la ville de Lyon, reparaction des digues et portz de mer de Poictou et Xainctonge, levees de la riviere dAllier et reparaction du pont de Nevers sera payable par quart et esgalle portion au premier jour de janvier et apvril cinq cens cinquante deux et aux premier jour de juillet et octobre cinq cens cinquante troys, et que desdictes sommes departement sera faict par messieurs les tresoriers generaulx des finances, selon lesquelz departement commissions seront expediees par les secretaires du Roy signant en ses finances, et ïcelles addressees ausdictz tresoriers generaulx pour estre par eulx envoyees ez eslections de votre charge. Ainsin signe: BURGENSIS.

RECEUSMES lectres le premier jour de mars du roy de Navarre, lieutenant general pour le Roy en ces pays de Guyenne, par lesquelles nous estoyt mande faire provision de vivres pour subvenir a plusieurs compaignies tant de chevaulx legiers que gens de pied gascons, nous enjoignans expressement prandre lesdictes compaignies a lentree de la present senneschaucee, et les conduyre jusques a la sortye dicelle, les faisant vivre par estappes et poyer a gre a gre des hostes ou lesdictz gens de guerre seroyent loges. Esquelles lectres a este par nous deuhement obey, et avons tous jours absiste, ung ou deux des consulz de la present ville, a toutes lesdictes compaignies associes des seigneurs de Barberolles, gentilhomme et maistre dhotel de monsr de Pompadour, Tranchellion et Millet de Nouvillards, ou de lung diceulx, lesquelz nous ont faict grand plaisir et secours audict affaire, car sans iceulx les pauvres gens fussent este fort foulles, actendu que lesdictz gens de guerre ne vouloyent obeir ne entendre audict commandement et edict dudict roy de Navarre, nonobstant toute deuhes et civilles remonstrances faictes aux cappitaines desdictes compaignies et ostention desdictes lectres, par lesquelles estoyt mande faire information des contrevenantz esdictes lectres. Icelles faictes, les envoya vers le Roy, pour diceulx que se trouveroyent delincquantz estre faict telle pugnition que les aultres infracteurs y prinssent exemple. Les compaignies des chevaulx legiers qui ont passe par cest hault pays sont celles des seigneurs de Lauvauguyon, Haudouyn et Carbon, ayant chascun desdictz troys seigneurs cappitaines charges de cent chevaulx legiers; de gens a pied en a passes douze enseignes. Es susdictes compaignies, tant de pied que cheval, a este si bien pourveu et donne ordre que nen a passe par ceste ville les compaignies des cappitaines Bazaudan et Mouthe Gondrin (?), estant en nombre de six centz hommes. Ce neantmoinctz y eust il quelques mauldictz et iniques emulateurs (1), lesquelz nayant la craincte de Dieu devant les yeulx, ains usans dingratitude, au lieu de recognoistre les labeurs par nous prins a les divertir de ceste ville, le seoir que lesdictes compaignies de Bazaudran et Mouthe Gondrin estoyent loges es faulx bourgtz, Cite et Naveys (2),

[Passage de gens de guerre.
—
Dégradations aux propriétés de deux consuls.]

---

(1) « *Emulateur*, envieux, méchant. » (ROQUEFORT.)
(2) *Naveys* : le Naveix, port au bois de Limoges.

demolirent les villes, murailhes, portes et loges de deux des consulz; et le bruict et rumeur courroit que ceulx qui avoyent commis cest acte tant nephande (1) estoyent des habitantz de la cite. De quoy a este faict plusieurs censures ecclesiasticques et intente proces, lequel pend a present a la court de Bourdeaulx.

[Gabelle.

Le Limousin demande à être redimé.]

Au moys de jung receusmes lectres du seigneur dEstissat, lieutenant pour le Roy, en absence du roy de Navarre, ez pays de Poictou, Sainctonge, ysles et ville de La Rochelle, faisant discours et mention comment le Roy, en son voyage de Touraine, lavoit encharge faire chevaulchees et prandre soigneuse garde ez pays susdictz de son gouvernement, nestre faicte aucune foule ne mal versation au peuple et subjectz dudict seigneur, ce que ledict seigneur dEstissat ayant deuement faict nauroit trouve aulcune plaincte ni oppression fors seulement ez chevaulchees du sel. Dequoy, ampres en avoir adverty le Roy, fut ranvoye par ledict seigneur a la Reyne et son conseil, quil avoyt statuee regante en France, estant pour lors a Chaslons. Laquelle et conseil sestant retire, fut ordonne ledict seigneur dEstissat faire assembler les syndictz des villes de son gouvernement pour scavoir le vouloir des pays ausquelz avoyt faict donner assignation au tiers jour de juilhet à la ville de Sainct Jehan dAngely, ou envoyasmes de nostre part maistre Pierre Chartaignat, notre procureur, a deux chevaulx, qui comparu pour la present ville et pays de Limosin. Et fut, ledict jour, accorde le contenu, en lacte duquel la teneur sensuyt :

AUJOURDUY TIERS DE JUILLET mil cinq cens cinquante deux, suyvant la remise faicte par monseigneur mons^r dEstissat, lieutenant pour le Roy ez pays de Poictou et Xainctonge, ville et gouvernement de La Rochelle en absence du roy de Navarre, les depputes daulcunes villes de la duche de Guyenne se sont comparruz au couvent des Jacopins (sic) de ceste ville Sainct Jehan, scavoir est : pour ladicte ville Sainct Jehan, noble homme maistre Pierre Peyrichon, maire et cappitaine dicelle, et maistre Jehan Favereau, procureur de ladicte ville; pour la ville dAngoulesme, noble homme Michel Provereau, mayre, et

(1) Latin : *nefandus*, horrible, détestable.

honnorable homme maistre Loys Destivalle, licencie ez loix, eschevin de ladicte ville ; pour la ville de Xainctes, noble homme maistre Jehan Rellion, mayre et cappitaine dicelle, contrerolleur de leslection de Xainctonges, ville et gouvernement de La Rochelle, et maistre Jehan de Auphor, sindict des habitans de ladicte ville ; pour la ville de Peyrigeulx, honnorable homme maistre Jehan Gallebrune, licencie ez loix, esleu dudict lieu; pour la ville de Libourne, maistre Jehan Daupuys, maire dicelle, et maistre Jehan Gautier, consul et grenetier de ladicte ville; pour la ville de Limoges, maistre Pierre Chartaignac, procureur des consulz dudict lieu; pour la ville de Coignac, sires Andre Allevet (?), mayre, Andre Bernard et Pierre Gibriel, eschevins de ladicte ville; pour la ville de Bregeyrat, maistre Helies de Castaignes, consul et advocat dicelle, et maistre Helyes de La Combe, recepveur de ladicte ville; pour la ville de Sarlat, sire Jehan Simplier, consul de ladicte ville; pour la ville de Taillabourt, maistre Vincent Couffent, fermier dudict lieu, maistre Jehan Jau (?) et Jacques du Poit; et pour les ysles de Marennes, Oleron, Alvers et Yers, honnorables hommes maistre Jehan du Cymintiere, Arthus Mege, Pierre La Loche, Jacques Maillard, Pierre Bignet et maistre Estienne Merin (?). Pour adviser a faire responce a mondict seigneur dEstissac touchant le faict du quart et demy du sel, et pour icelluy remectre et commander en forme dequivallent; pour tous lesqueulx dessus nommes, comparans esdictz noms, ampres avoir ensemblement confere dudict affaire, a este conclud et arreste quilz supplient treshumblement le Roy n^{re} sire et souverain seigneur, leur treshonnoree dame et princesse la Reyne, a present regente en France, et nosseigneurs du prive conseil dudict seigneur, abolit le quart et demy du sel deu par les habitans du pays et duche de Guyenne, et le quint accoustume estre leve au lieu de Coignat, et comuher le tout en ung equivallent a la somme de cent mil livres tournoys pour chascun payable par les contribuables audict quart et demy quart, qui sera le grand proffict du Roy et soulagement inextimable au pouvre peuple, pour les raisons quils entendent deduyre et bailler par escript avecques les qualites et modiffications par eulx alleguees, se remectant toutesfoys du tout a la discrection et vouloir dudict seigneur, sauf et reserve en ce que dessus lesdictes villes de Sainct Jehan et Taillebourg, pour le regard dudict quint de Coignat, et aussi non seulement offert pour ladicte conmutation dudict quart et demy en forme dequivallent que la somme de quatre vingtz mil livres. Et pour expedier le present acte a este commis par lesdictz depputes maistre Jehan Bonneau, greffier de ladicte ville Sainct Jehan et notaire royal en Xainctonge. Ainsin signe : BONEAU.

[Même objet.
Envoi de délégués à Paris.
L'affaire reste en suspens.]

POURCE QUE ceulx des villes de Sainct Jehan dAngely et Taillebourgt ne voulurent consentir quant au regard du quint de Coignat, et noffrirent pour la suppression et conmutation du quart et demy du seel que la somme de quatre vingtz mille livres, et aussi que les villes et pays estantz sur les rivieres de Dourdongne et Gironde navoyent comparuz, fut remys et assigne le present affaire au vingtiesme daoust a Paris. A laquelle assignation envoyasmes homme expres avec memoires, ensemble toutes les villes ayant este assignees et suyvant la teneur dune missive que receusmes de monsr de Sainct Sorny, qui, comparu pour la present ville, fut presente au Roy par lesdictz sindictz de toutes les villes de Guyenne, ou ledict quart et demy est assiete et coustumee lever, la somme de cent mille livres par forme dequivallent intitule equivallent provenant de la supression du quart et demy. Laquelle offre le Roy et son conseil ne voulurent accepter. Et estans advertis lesd. sindictz aulcuns de Poictou avoir faict offre pour ledict quart et demy, qua precedent montoit quatre vingtz mille livres, la somme de six vingtz mille livres, et craignans ledict quart et demy encheoir ung don gratuit au Roy une fois poye oultre les susdictz cent mille livres, de six vingtz mille livres, et madame la duchesse de Valentinoys ung aultre de dix mille livres, toutesfoys, pour cause des guerres, qui estoyent pour lors grandes, et autres affaires ou le conseil estoyt occupe, ne fut riens expedie dudict acte, ains demeura imparfaict. Les susdictz sindictz estantz en grand nombre, se tirantz du long sejour et fraiz, et voyantz ne pouvoir faire interiner leur requeste, se retournarent chascun en ses quartiers.

[Enlèvement des boues et immondices.]

POURCE QUE en lannee precedante mil cinq cens cinquante ung, le procureur du roy de Navarre fit commendement par devant le juge ordinaire, les consulz estant pour lors requerant iceulxdictz consulz estre condampnes fornir dung cheval et charreton, ensemble dhome pour le regir, affin de purger et nectoyer et mectre hors la present ville les inmundicites estantz par les rues dicelle, ou, a deffault de ce faire, lesdictz consulz serroyent condampnes a quicter les deniers provenantz de non vallentz pour estre convertys audict acte, affin que la present ville fut preservee et permanast en sante et les occasions qui se pourroyent presenter pour cause de vapeurs et corruption desdictes inmundicites fussent ostees. A quoy firent lesdictz consulz responce estre de coustume chacuns des manans nectoyer en son endroict et devant sa maison ce quilz avoyent tous jours faict, et les nonvallentz ou deniers provenans diceulx estoyent appliques a nectoyer les fosses, chemins et conduictz ou douatz des fontaines, tant fut procede audict acte que par sentence dudict juge ordinaire avons este condampnes a fornir ledict charreton ou promectre lesdictz deniers des nonvallentz estre perceuz par lesdictz officiers dudict roy de Navarre pour estre conmues audict affaire. Despuys ladicte sentence fut confirmee par monsr le senneschal. Delaquelle ayantz appelle et relleve a la court de parlement a Bourdeaulx, ou, ampres avoir faict consultation et trouve par conseil la cause nestre soubstenable, ampres avoir assemble une partie des manans de la present ville et les aulcuns articles que nous voullions transiger avec lesdictz officiers dudict roy de Navarre, iceulx trouves bons par iceulx, les avons faict emologuer par sentence, de laquelle la teneur sensuyt :

Entre le procureur de la present court, demandeur, comparent en personne, dune part, et les consulz de la present annee de la present ville de Limoges, defandeurs, comparens par Chartaignat, leur procureur, dautre part, ledict procureur a dict quil a este faict plusieurs commandemens ausdictz defandeurs de obeyr a la sentence de la present court, confirmee par le senneschal, et ce faisant quil ayent a fornir le charriot dont est question, cheval et personnaige pour le conduyre, pour expeller les inmundicites de la present ville, ou, a faulte de ce faire, suyvant les appoinctemens sur ce donnes, a requis que soyt permys au recepveur pour le roy de Navarre en la presente ville de lever les deniers des non vallens pour a ce que dessus estre convertis suyvant lesd. sentences, le tout pour la conservation de la sante et salubrite des habitans de ladicte ville.

Lesdictz consulz ont dict avoir relleve leur appellation en la court de parlement a Bourdeaulx, et ne pouvoir estre procede au prejudice dicelle. Ledict procureur a dict que, actendu quil est question de police, il ne doibt estre differe a ladicte appellation, et a requis comme dessus. Lesdictz consulz, veu le dire dudict procureur, ont consenty quilz soyent condampnes fornir ledict charreton garny de ce que y fault, ensemble dhome et de cheval pour le conduire, affin dexpeller les inmundicites de ladicte ville, qui seront menees et conduictes au lieu qui sur ce sera ordonne par le personnaige que sur ce par eulx sera deppute, lequel pourra vendre ledict femier, et largent qui en proviendra converty aux reparactions de la ville et entretenement dudict charreton. Aussi pourra ledict personnaige prandre salaire de celluy par devant la maison duquel ledict bourry et femyer sera trouve, lequel salaire sera modere par les officiers et consulz. Pourront toutesfoys lesdictz habitans faire expeller a leur despans par aultre que bon leur semblera, pourveu quilz le fassent faire dans troys jours; autrement ledict personnaige conduisant ledict charriot lemmenera et aura executoire pour chacune charretee telle quil sera advise, comme dict est. Et quant au bourry de par les rues, lequel on ne pourra scavoir par qui avoit este mys, ledict personnaige expellera *sine custu* (1), et apres sera paye. Et luy sera ordonne salaire anuel sur les deniers provenans de la vante desdictz femiers. Et lequel personnaige ainsin conduisant ledict charreton sobligera ausdictz consulz de lentretenir, ou si ledict cheval mouroit, ou autrement ledict charreton se degastoit, lesdictz consulz ont consenty en fornir dautre ou en faire fornir audict personnaige. Et ce que dessus ont offert faire par maniere de provision et pour evicter a proces. Ledict procureur a dict quil a seullement interestz que ledict negoce soyt execute en quelques condictions quil se puisse faire et pourveu que lauctorite, cohertion et contraincte en demeure audict seigneur et ses officiers, et le tout soubz son bon plaisir. A quoy lesdictz consulz ont consenty. Parquoy, du consentement des parties, a este ordonne que, par maniere de provision et jusques autrement en soyt ordonne, lesdictz consulz fourniront de charreton et tumbareau, ensemble dhome et de cheval pour le conduyre, en facon que les inmundicites, femmier et bourry soyent journellement et sans sejour expelles de ladicte

---

(1) « Sans salaire » : bas lat. : *custus, costus* ; espagnol : *costa* ; pat. lim. : *cóto*, coût, frais.

ville et faulx bourgtz pour la salubrite et sante des habitans dicelle et autrement comme dessus est dict, le tout par maniere de provision, soubz lauctorite dud. seigneur et avecques modiffications et condictions dessus contenues. Et avec ce lesdictz consulz pourront disposer desdictz deniers de non vallens au proffict de ladicte ville comme ilz avoyent de coustume faict. Juge a Limoges par mons' Barny, juge de lad. ville pour ledict seigneur roy de Navarre, seigneur et viconte dicelle, en absence de mons' le prevost de ladicte ville, le vingt septiesme jour du moys de juillet mil cinq cens cinquante deux. Ainsin signe : Gros (ou Giry (?))[1], greffier criminel.

Despuys ayantz experimente les fraiz provenantz tant pour les gaiges de lhomme gouvernant ledict charreton que pour lentretenement du cheval et charreton, trouvons meilleur et estre plus commode a la present ville ceder ausdictz officiers lesdictz deniers des non vallans que continuer ledict charreton; car trouvons lentretenement du charreton couster plus de cent cinquante livres pour an, et les deniers provenans des non-vallentz ne scauroyent monter trante livres, nous repourtons et remectons du tout sur voz bons advis et deliberactions.

Pource que par cy devant les manantz et habitans ez pays de Poictou, Xainctonge, Rocheloys, Angoumoys, haulte et basse Marche, hault et bas Limosin, Perigord et enclaves diceulx eussent accorde au Roy pour la suppression de la gabelle, grenier et maguesin a sel et officiers dicelluy, la somme de deux centz mille escus, et vingt cinq mil livres tournois pour les fraiz; laquelle somme aist este par les gens des troys estatz desdictz pays despuys departis et esgalee en la forme et maniere que sensuyt : scavoir est que lEsglize payeroit la sixiesme partie de ladicte somme ; la noblesse, lautre sixiesme, et les gens du tiers estat, les quatre parties, que monte au pays du hault Limosin, sur ledict tiers estat, pour sa cothite desdictz deux centz mille escus, la somme de trante troys mille livres, et pour les fraiz la somme de seize centz livres, laquelled. somme ceulx dudict tiers estat payarent perentierement et nonobstant les seigneur de Rochefort, Sainct Jehan Ligoure et des Valletes

[Rachat de la gabelle.

Opposition d'une partie de la noblesse.

Arrêt du conseil privé.]

prez La Pourcharie, escheuz pour la noblesse a departir leur sixiesme partie, cothisaient ceulx dudict tiers estat et habitans dudict hault pays a grandes sommes, se targantz sur ce que les susdictz du tiers estat tenoyent et possedoyent plusieurs fiefz nobles, terres, donmaines et seigneuries, et furent par ledict Sr de Sainct Jehan Ligoure, comme ayant charge de ladicte noblesse a lever ladicte sixiesme partie, contrainctz a payer. Parquoy, veu lesdictz griefz, fut donne par les consulz et gens du tiers estat requeste au Roy et son conseil, pour laquelle fut interinee, et concede lectres a Paris, datees du unziesme jour davril an mil cinq cens cinquante, par lesquelles le Roy declaira nentendre lesdictz du tiers estat estre cothises ne inquietes, seulement que aux taux et faict cothize sur ledict tiers estat, et inhibe les inquieter ne importuner a ladvenir, et ce quauroit este faict reparer et rambourcer chacun diceulx dudict tiers estat de ce que se trouvera avoir este poyer despuys. Pour empescher lesdictes lectres, ledict seigneur de Sainct Jehan Ligoure donna entendre audict conseil pour que les deniers estoyent retardes, et quil ne pouvoit lever le contenu en son rolle, pource que ceulx du tiers estat y estantz comprins differoyent poyer pour certaines causes, desquelles ne lui compectoit la cognoissance et ingerence, requerant audict conseil lui conceder provision. Sadicte requeste presentee ains audict conseil prive, estant pour lors a Nantes, fut interinee, et concede lectres de contraincte et compulsoire sur tous ceulx qui se trouveroyent estre contenus en son rolle, nonobstant oppositions ou appellations, concedees et donnees audict Nantes, le dixiesme de julhet mil cinq cens cinquante ung. Despuys, et le vingt sixiesme jour daoust mil cinq cens cinquante ung, ampres le faict avoir plaidoye, et debatu ladicte cause et lectres par devant le senneschal de Limosin ou son lieutenent par plusieurs termes, touchant linterinement desdictes lectres, fust par mons^r Bermondet, lieutenant susdict (1) ...., et ordonne que les parties se retireront devers le Roy et son conseil, obtiendront dans ung moys nouvelles lectres declaratives plus amplement de son vouloir, et ce pendent se pourra faire poyer ledict seigneur de Sainct Jehan Ligoure de ladicte noblesse des taux a eulx imposes, et ce affin que lesdictz deniers dudict seigneur ne soyent retardes. Parquoy avons este contrainctz,

---

(1) Il y a ici un blanc dans le texte.

suyvant lad. sentence, envoyer a la court et conseil prive, et obtenir nouvelles lectres, desquelles la teneur sensuyt :

HENRY, PAR LA GRACE DE DIEU, Roy de France, au seneschal de Limosin ou son lieutenant a Limoges, salut. Combien que par le deppartement faict en notre prive conseil de la somme de deux centz mil escus a nous accordee par les gens des troys estatz de noz pays de Sainxtonge, Poictou, gouvernement de La Rochelle, Engoumoys, hault et bas Limosin, haulte et basse Marche, Perigort, anciens ressortz et enclaves diceulx, pour la suppression de la gabelle a sel, maguesins et officiers dicelle, et de la somme de vingt cinq mille livres que nous avons permis ausdictz des estatz cothizer et lever pour leurs fraiz, les gens du tiers estat dudict hault Limosin eussent este cothizes pour leur part de ladicte somme de deux centz mil escus a la somme de trante trois mil livres tournois, et pour les fraiz a la somme de seize cens livres; lesquelles eussent este departies et levees par lesdictz gens du tiers estat, et que sur ce que ceulx de lestat de noblesse avoyent voulu comprandre et cothizer en la part et portion a eulx contingente desdictes sommes ceulx dudict tiers estat qui tennoyent terres, seigneuries et biens nobles; par noz lectres pactentes du unziesme davril mil cinq cens cinquante, apres Paques, nous eussions declaire que par lesdictz departemens nous navons entendu ne entendons que pour raison des biens nobles que ceulx dudict tiers estat tennoyent audict hault pays de Limosin ilz fussent comprins ne cothises au departement desdictz gens de lestat de noblesse, ains que tous lesdictz gens des troys estatz eussent este et fussent cothises selon et ensuyvant lesdictz departemens faictz en nrᵉdict prive conseil des sommes dessusdictes, sans que ceulx dudict estat de noblesse peussent comprandre ceulx dudict tiers estat en leur departement pour raison desdictz biens nobles quilz tiennent, ne autrement; ne ceulx dudict tiers estat comprandre les nobles en leurdict departement, et que Francoys de Coignat, seigneur de Sainct Jehan Ligoure, commis a lever la part et portion desdictz nobles, pretandans que les commissaires depputes a faire le departement de leurd. part et portion eussent par le rolle a luy delivre comprins ceulx dudict tiers estat qui tenoyent biens nobles, ayant veu nosdictes lectres et declaration se deust estre retire par devers ceulx qui luy avoyent delivres lesdictz rolles pour refformer ledict deppartement ou recothiser ce quil avoyent departy sur lesdictz gens du tiers estat sur (ceux) de ladicte noblesse. Neantmoins, delaissant ceste droicte voye, auroit trouve moyen obtenir lectres de notre chancellerie du quinziesme jullet dernier passe, par lesquelles est mande au premier n^{re} huissier ou sergent contraindre en general tous les comprins au rolle a lui bailler chacun pour sa part et cothite. Sur lesquelles, vous, parties oyes, auriez, par notre sentence du vingt sixiesme daoust dernier passe, ordonne que les parties se retireroyent par devers nous, et vous aporteroyent dedans ung moys declaration ne (de) noz vouloir et intention, et que ce pendant, affin que le poyement desdictz deniers ne fut retarde, ledict de Coignat se pourroit pourveoir sur lesdictz nobles suyvant nosdictes premieres lectres, lesquelles, ensemble les secondes obtenues par ledit Coignac et sentence par vous donnee, lesdictz gens du tiers estat dudict hault Limosin ont presentees a n^{re} conseil prive, auquel elles ont este veues, scavoir vous faisons que nous, en ensuyvant ladvis et deliberaction de n^{re}dict conseil, vous mandons, commectons et enjoignons par ces presentes que, de leffect et contenu de nosdictes premieres lectres dudict unziesme avril mil cinq cens cinquante ampres Pasques, vous faictes lesdictz du tiers estat joyr et user plainement et paisiblement, et, en ce faisant, les declarer nestre tenus paier et contribuer pour ce quilz tiennent............

(Cette pièce n'a pas été continuée au registre : il y a à la suite cinq pages blanches.)

TABLE DES MATIÈRES.

(Nous renvoyons à la fin du dernier volume des Registres pour la Table générale alphabétique des matières.)

		Pages
	Rapport sur le projet de publication des *Registres consulaires* de la ville de Limoges, lu par M. É. Ruben dans la séance du 28 août 1865.	VII
	Règles adoptées pour la transcription du manuscrit.	XI
Années		
1504	Nomination d'un garde-porte.	1
—	Nomination du juge criminel de la ville.	2
1506	Nomination de l'avocat des consuls.	5
1508	Nomination de gardes-portes.	6
—	Fontaines : appointement entre les consuls et l'abbé de Saint-Martial.	9
—	Travaux et réparations.	14
—	Prêt d'une cloche à l'église de Saint-Pierre-du-Queyroix.	15
—	Fontaines du Chevalet et autres : accord entre les consuls et l'abbé de Saint-Martial.	id.
—	Entrée du sel : franchise pour vingt-cinq ans.	21
—	Liste des dépositaires des clefs du trésor.	id.
—	Recluse des Carmes.	22
—	Dépositaire des sceaux de la ville.	id.
—	Élection des consuls.	id.
—	Élection des conseillers-répartiteurs.	id.
—	Lettre du Roi aux consuls. — Paix de Cambrai.	24
1509	Ferme du jeu de l'arbalète.	id.
—	Élection des consuls.	25
—	Élection des conseillers-répartiteurs.	id.
1510	Conflit de juridiction entre les consuls et les officiers du pariage de la cité.	26
1488	Rente sur une maison sise rue Banc-Léger.	28
1510	Élection des consuls.	id.

T. I.

Années		Pages
1510	Élection des conseillers-répartiteurs.	29
1511	Conflit au sujet d'une borne.	id.
1510	Moulin d'Auriéras près Beaune.	30
1511	Élection d'un juge civil : procès et incidents ; formalités de l'élection.	32
1512	Entrée du duc de Bourbon.	57
1511	Taille : extrait du registre de la cour des aides.	59
1489	Statuts faits par les consuls sur la taxe des tailles.	60
1512	Élection des consuls.	65
—	Élection des conseillers-répartiteurs.	id.
—	Exemption du ban et de l'arrière-ban : lettres de confirmation des priviléges.	66
1513	Exécutoire desdites lettres.	68
—	Élection des consuls.	69
—	Élection des conseillers-répartiteurs.	id.
1514	Arrêt de la cour des aides contre l'essayeur de la monnaie	70
—	Arrêt du parlement de Bordeaux contre les monnayeurs touchant l'impôt du *souchet*.	72
—	Élection des consuls.	75
—	Élection des conseillers-répartiteurs.	76
—	Exécution d'une sentence rendue par les consuls.	id.
—	Mort de Louis XII : envoi d'une députation à Paris pour obtenir la confirmation des priviléges.	77
1515	Élection des consuls.	78
1371	Exemption du logement des gens de guerre.	id.
1515	Élection des conseillers-répartiteurs.	79
1516	Baillette d'une partie du jardin du Corps-de-Dieu.	80
(S. d.)	Dépositaires des clefs de la ville.	82
1516	Élection des consuls.	id.
—	Élection des conseillers-répartiteurs.	83
—	Ermite de Mont-Jauvy.	84
1517	Recluse des Carmes.	85
1516	Le grand-pardon général de la croisade.	87
1517	Élection des consuls.	id.
—	Élection des conseillers-répartiteurs.	88
—	Lettre du Roi aux consuls relative à la naissance du Dauphin	89
1518	Élection des consuls.	90
—	Élection des conseillers-répartiteurs.	91
1517	Arrêts relatifs à la juridiction des consuls.	92
1519	Élection des consuls.	95
—	Élection des conseillers-répartiteurs.	96
1487	Rente de 10 livres due par l'abbé de Saint-Martial.	97
1520	Recluse des Carmes.	104
—	Réparations diverses.	105
(S. d.)	Dépositaires des clefs du trésor.	106
1520	Élection des consuls.	id.
—	Élection des conseillers-répartiteurs.	107
—	Fontaine du Chevalet.	id.

Années		Pages
1521	Représentation du mystère de la Passion	108
—	Acensement de la place appelée Bon-An	111
—	Élection des consuls	112
—	Élection des conseillers-répartiteurs	113
(S. d.)	Liste des *centenaulx*	114
1522	Élection des consuls	117
—	Élection des conseillers-répartiteurs	118
(S. d.)	Les *mille diables* : élection de capitaines chargés de leur répression	119
1512	Démarche faite par les consuls pour faire lever la main mise par le Roi sur les deniers communs	120
—	Les consuls font lever la main-mise moyennant dix mille livres tournois, plus mille livres pour les frais	122
—	Compétition pour l'office de prévôt et juge criminel	123
—	Paiement définitif des onze mille livres. — La ville rentre dans ses priviléges	*124
—	Fixation du traitement des possesseurs d'offices	125
—	Élection du prévôt	id.
—	Nomination de gardes-portes	126
—	Exemption de ban et arrière-ban	127
1523	Invasions et troubles en France. — Attaque de Poitiers	id.
—	Défaite des *mille diables* près de Charroux, et exécution à Limoges de trois chefs et de cinq bandits	128
—	Passage de compagnies	id.
—	Attaque de Limoges à la porte Boucherie	id.
—	Désordres dans la ville	129
—	Réparations à la muraille des Arènes et nomination de capitaines	*id.
—	Inventaire des objets qui se trouvent dans la chambre du consulat	id.
—	Nomination de garde-portes	130
—	Entrée à Limoges de l'abbé de Saint-Martial	133
—	Élection des consuls	id.
—	Élection des conseillers-répartiteurs	134
—	Réparations au pont Saint-Martial	135
—	Recluse	id.
—	Exemption du logement de gens de guerre	id.
—	Réception de Mme de Lautrec	136
1524	Élection des consuls	id.
—	Élection des conseillers-répartiteurs	137
(S. d.)	Dépositaires des clefs du trésor	139
1525	Transaction entre les consuls et le chantre de Saint-Martial au sujet des écoles	id.
—	Paix avec l'Angleterre	150
1524	Lettre de la régente aux consuls relative aux pillards et aux vagabonds	153
—	Réception du gouverneur Galiot de Las Tours	155
1525*	Élection des consuls	id.

Années		Pages
1525	Élection des conseillers-répartiteurs.....................	156
—	Quittance de la somme de dix livres donnée par M. Jouviond	157
1526	Élection des consuls..	158
—	Élection des conseillers-répartiteurs.......................	id.
1527	Halle au blé : titre pour la ville.............................	159
—	Baillette d'une terre sise près de l'Aurance...............	162
(S. d.)	Liste des conseillers contre le roi de Navarre.............	163
1527	Élection des consuls..	164
—	Élection des conseillers-répartiteurs.......................	id.
—	Police de la boucherie...	165
1528	Procès et exécution de Simon Reys.........................	167
—	Déclaration d'incompétence de la cour des Combes. — Procès pour coups et blessures.......................	id.
1527	Dépôt au trésor de pièces relatives aux francs-fiefs......	171
1528	Élection des consuls..	172
—	Élection des conseillers-répartiteurs.......................	id.
—	Nomination d'un garde-portes...............................	173
(S. d.)	Nomination du gardien des étangs..........................	176
1529	Les consuls donnent à bail la maison du consulat........	id.
1528-29	Réparations à la maison du consulat.......................	177
—	Disette en Limousin..	id.
—	Procès entre les consuls et le roi de Navarre..............	178
1529	Élection des consuls..	id.
—	Quittance de dix livres donnée par M. Jouviond.........	179
—	Élection des conseillers-répartiteurs.......................	180
—	Vol d'une partie de la grande-croix d'argent de St-Martial..	181
—	Chapperon et livrée des consuls.............................	184
—	Réception de Henri d'Albret, roi de Navarre..............	185
—	Procès entre les consuls et le roi de Navarre..............	188
—	Mesures prises contre les *capons*..........................	id.
—	Condamnation de malfaiteurs................................	189
—	Froids tardifs. — Processions................................	id.
1530	Mesures prises en faveur des pauvres......................	192
—	Réjouissances pour le retour d'Espagne de la reine et des princes..	193
—	Suicide. — Procès fait au corps.............................	id.
—	Suite du procès contre le roi de Navarre..................	id.
—	Transaction entre les consuls et la dame de Lynars.....	194
—	Élection des consuls..	196
—	Élection des conseillers-répartiteurs.......................	197
—	Pluies, inondations...	198
1531	Grands froids, disette...	id.
—	Processions..	199
—	Cherté du blé : mesures prises..............................	200
—	Affluence de pauvres étrangers dans la ville..............	id.
—	Mesures prises par les consuls..............................	id.
—	Nombreuses aumônes..	id.
—	Réparations...	201

Années		Pages
1531	Mort de Louise de Savoie	201
—	Peste	id.
—	Disette	id.
—	Élection des consuls	203
—	Quittance de dix livres donnée par Guillaume Jouviond	id.
—	Élection des conseillers-répartiteurs	id.
—	Conflit de judiction. — Arrêt du parlement de Bordeaux	204
1518	Même affaire : extravagante du pape Léon X relative aux délits commis par des ecclésiastiques	205
1531	Arrêt contre Albert de Granchault	208
1532	Arrêt contre Pierre Peyrnoulx	209
—	Arrêt contre Jean Choussade	id.
—	Disette	210
—	Guet	id.
—	Mesures prises pour la vente du blé	id.
—	Même objet : meuniers ; — boulangers ; — poids du pain ; — aumône Sainte-Croix	211
—	Distribution du pain	212
—	Les pauvres sont logés et entretenus	id.
—	Larrons pendus	id.
—	Nettoyage des étangs	213
—	Peste	id.
—	Construction d'une partie du mur d'enceinte	id.
—	Usure	id.
—	Crainte de disette. — Processions	id.
—	Retrait de la ferme des deniers communs	216
—	Réparations au pont Saint-Martial et aux ponts-levis	id.
—	Maison de prostitution	id.
—	Réception du gouverneur Marin de Monchenu. — Conflit de préséance	id.
—	Réparations à la fontaine Saint-Pierre	219
—	Réparations à la fontaine Saint-Gérald	id.
—	Cour tenue à Rilhac et à Panazol	220
—	Dépositaires des clefs du trésor	id.
—	Lieu où est déposé le grand sceau de la ville	221
—	Élection des consuls	id.
—	Quittance de la somme de dix livres donnée par G. Jouviond	222
—	Élection des conseillers-répartiteurs	id.
—	Fixation du jour d'ouverture des ostensions septennales	223
1533	Crainte de gelée. — Procession	224
—	Ostensions	225
—	Même objet. — Représentation d'un mystère	226
—	Réception de l'évêque Jean de Langeac	id.
—	Transfert des archives	id.
—	Cour de justice à Verneuil et à Couzeix	227
—	Réparations aux ponts-levis	id.
—	Défense de laisser vaguer les animaux	228
—	Ban de vendanges. — Réparations aux fossés	id.

Années		Pages
1533	Réparations au chemin de Brégefort, route de Poitiers.	229
—	Adjonction d'un côté de la rue Font-Grauleu au canton des Taules pour l'élection des consuls.	id.
—	Élection des consuls.	230
—	Quittance de la somme de dix livres donnée par G. Jouviond	231
—	Élection des conseillers-répartiteurs.	id.
—	Main-levée de la saisie faite sur les deniers communs.	232
1534	Déclaration d'exemption du ban et de l'arrière-ban.	233
—	Exécution de la sentence précédente.	234
—	Commission du ban et de l'arrière-ban.	235
—	Fontaine Saint-Pierre : défense de planter à moins d'une brasse du lieu où elle prend sa source.	236
1533	Procès pour violences et coups.	241
1533-34	Réparations : murailles, chemins.	242
—	Réparations : fontaines.	243
—	Ban et arrière-ban.	id.
—	Larrons.	id.
—	Réparations diverses.	244
1534	Élection des consuls.	id.
—	Quittance de la somme de dix livres donnée par G. Jouviond	245
—	Élection des conseillers-répartiteurs.	id.
—	Décision portant qu'à l'avenir, lorsque deux personnes possédant des biens en commun habiteront la même maison, l'une d'elle pourra seule être portée sur la liste des électeurs appelés à nommer les consuls et les répartiteurs	246
1532	Transaction entre les consuls et l'aumônier du monastère de Saint-Martial relative à l'hôpital dudit monastère.	248
(S. d.)	Extrait d'un vieux livre en parchemin du monastère de Saint-Martial : martyre de sainte Valérie; fondation de l'hôpital Saint-Martial.	252
—	Réparations à la route de Saint-Junien.	255
—	Réparations à la tour de Pissevache.	id.
—	Réparations à un chemin.	id.
—	Réparations aux fontaines du Chevalet et des Barres.	256
1535	Décision portant qu'à l'avenir ceux qui seront nommés consuls, au lieu d'offrir un banquet à leurs collègues, feront don à la ville d'une pièce d'artillerie.	id.
—	Arrêt contre Condat.	257
—	Lettres-patentes du roi touchant la main mise sur les deniers-communs.	258
—	Lettre du roi touchant la main-levée desdits deniers communs.	260
—	Exécutoire des lettres ci-dessus.	262
—	Élection des consuls.	263
—	Élection des conseillers-répartiteurs.	264
(S. d.)	Liste des conseillers dans le procès contre le roi de Navarre	265
1535	Transaction entre les consuls et les bouchers de la ville.	267
—	Ermite de Mont-Jauvy.	274

Années		Pages
(S. d.)	Les consuls font rayer du rôle des tailles la paroisse de St-Lazare, indûment imposée....................................	276
—	Réparations au marché aux poissons........................	id.
—	Réparations à une partie des fossés et murailles............	id.
—	Réparations à divers chemins................................	277
—	Fontaines de Saint-Pierre et d'Aigoulène....................	id.
1536	Exemption de l'arrière-ban...................................	id.
—	Pierre Pomeranus, recteur du collége de Sainte-Marthe à Poitiers, est mis à la tête des écoles de la ville............	279
—	Transaction entre les consuls et Jean Texier dit Pénicaille relative à une maison confrontant au jardin du consulat..	280
—	Réquisition de chevaux de trait et de charrettes pour l'artillerie..	282
—	Lettre du roi prescrivant certaines mesures de défense......	id.
—	Revue particulière des soldats et des armes. — Réparations aux murs...	283
—	Porte Boucherie...	id.
—	Artillerie...	id.
—	Même objet...	284
—	Tour de Saint-Michel..	id.
—	Fontaine d'Aigoulène..	id.
—	Élection des consuls..	285
—	Quittance de la somme de dix livres donnée par G. Jouviont	286
—	Élection des conseillers-répartiteurs........................	id.
1537	Fontaine d'Aigoulène et titre y relatif (pièce faisant suite à celle insérée page 284)..................................	287
1536	Accord entre l'abbé et les religieux de Saint-Martial, d'une part, et les consuls, de l'autre, relatif aux sermons prêchés dans ledit monastère..........................	291
—	Emprunt royal de 3,000 livres tournois. — Priviléges des monnayeurs...	293
(S. d.)	Réparations à la muraille des Arènes et à la tour de Chante-Myeule...	294
—	Reconstruction du *pontet* des Arènes......................	id.
—	Réparations diverses..	295
—	Commande et achat de quatre pièces d'artillerie............	id.
1537	Sécularisation des religieux de Saint-Martial. — Les consuls refusent d'assister à l'entérinement de la bulle du pape...	id.
—	Trébuchet du boulevard de la Porte-Manigne...............	296
—	Nomination de gardes-portes...............................	id.
—	Rétablissement de la *cigogne* de la place de La Mothe......	299
—	Élection des consuls..	id.
—	Quittance de la somme de dix livres donnée par G. Jouvyond	300
—	Élection des conseillers-répartiteurs........................	301
—	Réception de Marguerite, reine de Navarre.................	302
—	Réception du roi de Navarre................................	304
—	Arrivée de la duchesse d'Étampes...........................	id.
—	Emprunt royal de 6,000 livres. — Saisie des deniers com-	

Années		Pages
	muns. — Les consuls envoient à la cour François d'Auvergne, chargé de demander l'exonération...............	305
1538	Main-levée de l'emprunt de 6,000 livres..................	307
1537	Taxe établie par le Roi sur certaines villes...............	309
—	Impôt du salpêtre......................................	311
—	Impôt pour la solde de quatre cents hommes.............	314
—	Réparations diverses...................................	317
—	Logement des gens de guerre. — Priviléges de la ville. — Procès à ce sujet.......................................	318
1538	Procès entre les consuls et le roi de Navarre. — Les consuls envoient une députation à Paris. — Arrêt qui condamne la ville..	320
—	Élection des consuls...................................	322
—	Élection des conseillers-répartiteurs.....................	323
—	Quittance de la somme de dix livres donnée par G. Jouviond	324
—	Contributions et logements des gens de guerre. — Priviléges de la ville...	id.
—	Ermite de Mont-Jauvy.................................	325
1539	Demande par le Roi d'un état des ressources et des charges de la ville de Limoges................................	326
—	Élection des consuls...................................	327
—	Élection des conseillers-répartiteurs.....................	328
1540	Quittance de la somme de dix livres donnée par G. Jouviond	329
—	Tempête..	id.
—	Régence des écoles conférée à Mᵉ Groulaud..............	id.
—	Élection des consuls...................................	331
—	Quittance de la somme de dix livres donnée par Jouviond...	332
—	Élection des conseillers-répartiteurs.....................	id.
1541	Élection des consuls...................................	333
—	Élection des conseillers-répartiteurs.....................	334
—	Nomination des administrateurs de l'hôpital de St-Martial	335
—	Les consuls dégagent la masse, les sceaux et deux pièces d'artillerie mis en gage par leurs prédécesseurs pour payer les honoraires de Joseph de La Chassaigne........	336
—	Réquisition royale de 500 bœufs et 1,000 moutons.........	id.
—	Envoi de pionniers à Bayonne. — Réparations aux portes de la ville..	id.
—	Réparations diverses...................................	337
1542	Tenue à Limoges des grands jours du parlement de Bordeaux	id.
—	Entrée de la reine de France à Limoges.................	339
—	Suite du procès entre le roi de Navarre et les consuls......	341
—	Défense de mettre le bétail dans les vignes..............	id.
—	Élection des consuls...................................	343
—	Élection des conseillers-répartiteurs.....................	344
—	Procès du roi de Navarre. — Délégation de Pierre Martin...	345
—	Police des bouchers....................................	346
1543	Solde de mille hommes de guerre sur le Haut et le Bas-Limousin...	id.

Années		Pages
1542	Emprunt royal..	347
—	Lettre du roi de Navarre abolissant les priviléges d'exemption de garnison. — Appel des consuls.	349
(S. d.)	Droit de chasse...	350
1543	Les officiers du roi de Navarre troublent les consuls dans l'exercice de la police..	id.
—	Lettres de litispendence à ce sujet.........................	id.
—	Notification des lettres ci-dessus...........................	351
—	Répartition de l'impôt de 24,000 livres sur le Haut et Bas-Limousin pour la contribution de mille hommes. — Nomination de commissaires-répartiteurs......................	352
—	Le Haut-Limousin est imposé à 14,000 livres, et le Bas-Limousin à 10,000 livres.	353
—	Avis des commissaires concluant à imposer par moitié chacune des deux provinces................................	id.
—	Convocation du Haut-Limousin afin d'élire six commissaires-répartiteurs de la somme de 14,000 livres.	354
—	Suite. — La ville de Limoges est taxée à 3,813 l. 3 s. 9 d....	id.
—	Diligences et avances faites par les consuls. — Envoi de la somme ci-dessus à Issoire.	355
—	Quittance de ladite somme...................................	id.
1542	Réquisition de salpêtre.......................................	356
1543	Réponse des consuls...	358
—	Préparatifs pour la réception de M. de Montréal, gouverneur du Limousin.	359
—	Réception de M. de Montréal................................	id.
1542-43	Réparations diverses...	361
1542	Priviléges de la ville : exemption du ban et de l'arrière-ban	364
1543	Nomination des administrateurs de l'hôpital de St-Martial..	365
—	Changement du jour de la foire de Saint-Martial............	366
—	Destitution d'un gagier.......................................	id.
—	Élection des consuls...	367
—	Élection des conseillers-répartiteurs........................	368
—	Ponts de Manigne et de Montmailler........................	369
—	Procès du roi de Navarre avec les consuls.................	370
—	Naissance de François II. — Réjouissances publiques........	id.
1543-44	Imposition de 24,000 livres sur le Limousin pour la solde de 1,000 hommes de guerre. — Le Haut-Limousin est taxé à 14,000 livres ; le Bas-Limousin, à 10,000 livres. — Le Bas-Limousin appelle de cette décision.......................	374
—	Procès du roi de Navarre avec les consuls.................	375
1544	Arrêt de la cour dans le procès du roi de Navarre avec les consuls, prononcé le 5 septembre 1544....................	id.
(S. d.)	Procès avec le Bas-Limousin pour la contribution des gens de guerre...	386
1544	Lettres d'exemption de ban et arrière-ban..................	id.
—	Limoges est assaillie par une bande de Gascons............	387
—	Défense aux revendeuses d'entrer au marché au blé avant	

Années		Pages
	l'heure indiquée.	389
—	Réjouissances à l'occasion de la paix.	390
—	Emprunt forcé de 5,075 écus sur les habitants de Limoges les plus aisés.	391
—	Nomination d'un garde-porte.	392
—	Élection des consuls.	394
—	Élection des conseillers-répartiteurs.	395
—	Mesures prises par les consuls pour empêcher la sortie du blé.	396
—	Les consuls se font-restituer une pièce d'artillerie saisie à la requête de Pierre Martin. — Réparations aux arquebuses.	397
—	Procès contre le roi de Navarre (suite). — Convocation de la commune.	id.
1545	Élection des consuls.	401
—	Élection des conseillers-répartiteurs.	402
—	Nomination des administrateurs de l'hôpital St-Martial.	403
1546	Nomination d'un garde-porte.	id.
—	Nomination de Paul Noël aux fonctions de gardien et porte-masse.	406
—	Élection des consuls.	408
—	Élection des conseillers-répartiteurs.	409
1547	Élection des consuls.	410
—	Élection des conseillers-répartiteurs.	411
1548	Peste : six à sept mille décès.	412
1547-48	Confirmation des priviléges de la ville.	413
1547	Lettres de confirmation.	id.
1548	Publication des lettres de confirmation.	415
—	Ermite de Mont-Jauvy.	416
—	Troubles en Guyenne.	417
—	Lettre du Roi aux consuls.	418
1547-48	Réparations aux portes et aux murs.	id.
1548	Élection des consuls.	419
—	Élection des conseillers-répartiteurs.	421
1548-49	Gabelle : troubles en Guyenne. — Le capitaine de Nègre-Pelisse fait séjour à Limoges avec trois cents chevau-légers. — Le capitaine La Croze et ses soldats ; les consuls parviennent à les détourner sur Saint-Léonard. — Les habitants de Saint-Yrieix réclament auprès des consuls de Limoges pour les frais occasionnés par le passage des compagnies : ils sont déboutés de leur demande. — Assemblée des trois états du Limousin pour l'abolition de la gabelle. — Envoi de commissaires à Poitiers. — Nouvelle assemblée des trois états. — Envoi de commissaires auprès du Roi.	422
—	Peste.	430
1549	Pillards. — Les consuls envoient l'avocat Essenault près du Roi.	id.
—	Retour et rapport de l'avocat Essenault : le roi consent à	

Années		Pages
	l'abolition de la gabelle moyennant la somme de 450,000 fr. pour toute la Guyenne.................................	431
—	Répartition des 450,000 fr. — La sénéchaussée de Limousin est taxée à la somme de 35,000 fr....................	432
1548–49	Mesures prises et dépenses faites pendant la peste..........	id.
1549	Élection des consuls..	433
—	Élection des conseillers-répartiteurs.......................	434
1550	Élection des consuls..	436
—	Élection des conseillers-répartiteurs.......................	437
—	Nomination d'un garde-porte...............................	439
—	Nomination des administrateurs de l'hôpital Saint-Martial..	442
1551	Nomination d'un garde-porte...............................	443
—	Ermite de Mont-Jauvy.....................................	446
1548	Troubles de 1548. — Punition des habitants. — La ville reste trois ans sans cloches. — Le Haut et le Bas-Limousin sont condamnés par le Roi à payer chacun 7,000 livres tournois	447
(S. d.)	Réception de la maréchale de Pompadour...................	449
—	Porteurs de corps exemptés de la taille.....................	id.
1551	Naissance d'Henri de Bourbon. — Lettre du roi de Navarre. — Réjouissances..	451
—	Élection des consuls..	454
—	Élection des conseillers-répartiteurs.......................	455
—	Ermite de Mont-Jauvy.....................................	456
1512	Les monnayeurs ne peuvent être élus consuls, parce qu'ils sont en procès avec la ville relativement à l'impôt du souchet..	457
1552	Enlèvement des boues et immondices.......................	459
1551	Contribution des gens de guerre. — Immunités de la ville. — Procès à ce sujet..	460
—	Démarches pour le même objet.............................	463
—	Levée de 300 pionniers dans l'élection. — Limoges en fournit 36..	465
—	Impôt de 24,000 livres. — Difficultés relatives à la répartition de cet impôt..	466
1552	Même objet. — Répartition sur tout le royaume du subside dont est exonérée la vicomté de Turenne...................	468
—	Passage de gens de guerre. — Dégradations aux propriétés de deux consuls...	471
—	Gabelle. — Le Limousin demande à être rédimé............	472
—	Même objet. — Envoi de délégués à Paris. — L'affaire reste en suspens..	474
1552	Enlèvement des boues et immondices.......................	id.
(S. d.)	Rachat de la gabelle. — Opposition d'une partie de la noblesse. — Arrêt du conseil privé...........................	477

www.ingramcontent.com/pod-product-compliance
Lightning Source LLC
Chambersburg PA
CBHW050603230426
43670CB00009B/1237